21世纪高职高专规划教材·金融保险系列

国际金融实务（第二版）

主　编　刘金波
副主编　苗　闫　张婷婷　张　涛
参编者　许鸿凤　赵丽娟　孙　煊　余　浩

中国人民大学出版社
·北京·

21 世纪高职高专规划教材·金融保险系列

参编人员及单位

马海涛	中央财经大学	王　力	山西财税专科学校
孔立平	东北财经大学	王玉雄	中国人民银行营业管理部
王红梅	哈尔滨金融高等专科学校	石月华	山西财税专科学校
付　菊	保险职业学院	邢天才	东北财经大学
刘连生	广东金融学院	安秀梅	中央财经大学
邢俊英	中央财经大学	刘淑娥	北京财贸职业学院
伏琳娜	辽宁金融职业学院	关颖哲	辽东学院
李元伟	辽宁信息职业技术学院	张为群	浙江金融职业学院
李　民	福建商科高等专科学校	张伟芹	北京财贸职业学院
李军燕	山西财税专科学校	张劲松	浙江金融职业学院
李杰辉	福建江夏学院	张晓洁	山东理工大学
杜　鹃	上海金融学院	张强莉	山东轻工业学院
武　飞	北京财贸职业学院	郑讳华	辽宁金融职业学院
杨　虹	中央财经大学	赵锡军	中国人民大学
赵煜光	中华女子学院	倪信琦	福建江夏学院
唐宴春	山东轻工业学院金融职业学院	夏雪芬	保险职业学院
温来成	中央财经大学	景海萍	陕西财经职业技术学院

第二版前言

自2009年9月出版以来，本教材已被众多高等院校选用，深得各方好评。师生们普遍反映本教材文字规范、数据准确、图文并茂、结构合理，客观上为国际金融学学科体系的建设做出了贡献。

近几年来，国际金融形势发生了很大的变化。次贷危机引发了人们对于金融衍生产品、金融监管等作用和机制的重新思考。在经济危机面前，我国与韩国、马来西亚、阿根廷、白俄罗斯等国的中央银行相继签订了货币互换协议，提高了人民币在上述国家的使用率。从一定程度上说，人民币区域化是为国际化铺路，同时也将降低签约国在双边贸易活动中面临的美元汇率波动风险，从而有利于双边贸易的发展。与此同时，有关人民币汇率问题的争论不绝于耳。经过多年的精心准备，我国股指期货于2010年4月16日正式上市，结束了中国股票市场只能靠股票价格上涨才能盈利的局面，未来股票市场价格形成机制将更趋于合理。2010年6月19日，央行决定进一步推进人民币汇率形成机制改革，增强人民币汇率弹性。人民币升值使QDII受到的影响最明显，部分银行以人民币投资、外币计价的产品更受到青睐。作为一本介绍国际金融实务的教材，应该不断追踪和把握国际金融市场的最新进展，更好地反映时事金融动态，以利于读者掌握更为实用的金融实务知识和技能。为此，我们基于国内外金融的最新发展，对本教材进行了修订。

本次修订在保留第一版优点的同时，主要做了以下几方面的修订工作：

1. 为提高学生的实践能力，增加了实训内容。在本次修订中，我们仍然保持了原有的8个实训项目，但加大了每个实训项目的内容和操作训练，使学生可以更好地掌握国际金融中的实际操作内容。

2. 邀请了更多的银行资深从业人员参与教材实训内容的策划、编写，他们为本书的修订提供了大量资料和宝贵意见。

3. 在基本保持第一版风貌的基础上，重新编排了所有图表及公式，对陈旧数据进行了更新，并改进了教材中的部分图表，使其能更精准地解释相关内容。

4. 对第一版内容逐字逐句地勘误，使其表达更为清晰和流畅。对一些过时的案例进行了调整，增加了部分章节的习题，使教材在整体上更加符合教学的需要和最新的实践。

本教材既借鉴了国内外相关著作的精华，又参考了最新研究成果的新进展，力求突破单纯介绍理论的传统模式，侧重于将各种理论和实际工作中的案例进行融合、归纳、集成，形成一个比较完整的理论与实践有机结合的体系，具有较强的科学性、系统性、实用性和超前性。本教材在体例上独具特色，注重实用性，重视案例教学和技能实训，每一章有案例导入和相关的小知识、实际案例及背景知识介绍，课后有大量的习题和案例分析，将学习、探究、实训、拓展有机结合，使学生在学习知识的同时，提高自主学习的能力。本书配备了学习网站，提供教学课件、教案、习题、案例等相关知识的下载。

本书的编写分工如下：刘金波（哈尔滨金融学院）负责第九章、第十章，第五篇，苗闫（哈尔滨金融学院）负责第四章、第七章，张婷婷（哈尔滨金融学院）负责第一章、第二章，张涛（哈尔滨金融学院）负责第三章、第八章、第十一章第一节，许鸿凤（中国工商银行双鸭山分行国际业务部）负责第五章第三节，赵丽娟（东北农业大学成栋学院）负责第十一章第二节，孙煊（中国银行黑龙江省分行）负责第五章第一和第二节，余浩（中国光大银行黑龙江省分行）负责第六章。全书由刘金波负责总体结构的设计、大纲的拟定、初稿的修改和补充，并对全书进行总纂、定稿。

由于国际金融领域理论和实践的发展变化日新月异，加之作者的水平有限，修订过程中虽多次核校，仍难免有错误和疏漏之处，敬请有关专家、学者批评指正。

编者

2013 年 8 月

目录

第一篇　国际金融基础篇

第二篇　外汇交易实务篇

第三篇　国际融资实务篇

第四篇　国际结算实务篇

第五篇　实训篇

第一篇

国际金融基础篇

第一章　外汇与汇率

章前引例及分析

案例 1　我国美华机械进出口公司从英国某出口商处购买一套机器设备，双方约定用美元支付，这样美华机械进出口公司就需要用人民币向中国的外汇指定银行购买美元汇票，然后汇往英国清偿货款。

上述交易中把人民币兑换成美元的行为，也就是把一种货币兑换成另一种货币的过程，这种行为过程就是外汇最原始的概念，即外汇的动态概念——国际汇兑。现在人们一般所讲的以及本书中所涉及的“外汇”，则是将动态含义的国际汇兑静态化和物化。

案例 2　一家美国公司要在英国投资，需要购入 500 万英镑，当日市场报价即期英镑对美元为：银行买入价 1.831 1，银行卖出价 1.834 3，该美国公司最终支付 917.15 万美元完成交易。

在上述外汇买卖中，这家美国公司以 917.15 万美元购买了 500 万英镑，即用 1.834 3 美元购买 1 英镑，这就是购买英镑的价格，也就是英镑对美元的汇率。

本章学习目标

通过本章的学习，你应该能够：

1. 了解外汇的含义、种类、特征；
2. 认识汇率的定义、不同的标价方法、汇率的种类划分；
3. 认识金本位制度和纸币制度下汇率决定的不同依据；
4. 掌握影响汇率变动的主要因素以及汇率变动对经济的主要影响；
5. 了解汇率制度的主要类型及优缺点。

第一节　外汇

一、外汇的概念

外汇是货币的又一种名称。当一国对外发生经济往来时，使用的货币往往与一国内部使用的货币是不同的。当我国的某公司将人民币兑换成美元，并运用其发挥货币的职能时，我们说该公司使用了外汇。外汇实际上是站在某一个国家的角度，对其他国家货币的一种称谓。它是一国对外经济交往的核心。

外汇用英文表示是 foreign exchange，从 exchange 这个词来说，它有动词和名词两个词性，所以对外汇的理解一般也分为动态和静态两层含义。

（一）动态的外汇含义

动态的外汇是指外汇兑换的过程，也就是通过银行体系，把一种货币兑换成另一种货币，并借助于各种信用工具，把货币资金转移到另一个国家，以清偿国际间由于贸易、非贸易往来产生的债权债务的过程，这是一种非现金结算的专门性经营活动。例如，美国的出口商与中国的进口商之间发生贸易往来，作为债权人的美国出口商可能要求对方以美元支付，这时，中国的进口商就需要将本身所持有的人民币通过金融机构兑换成美元完成支付，这一兑换过程即为动态的外汇。

（二）静态的外汇含义

静态的外汇可以从广义和狭义两方面理解。

1. 广义的外汇

广义的外汇泛指一切以外币表示的债权或金融资产。国际货币基金组织和我国关于外汇的解释都采用静态含义中广义的外汇概念。国际货币基金组织对外汇的定义是："外汇是货币行政当局（中央银行、货币机构、外汇平准基金组织、财政部）以银行存款、财政部库券、长短期政府债券等形式所保存的，在国际收支逆差时使用的债权。"

我国于 2008 年 8 月 1 日修订通过的《中华人民共和国外汇管理条例》第三条所称外汇，是指下列以外币表示的可以用作国际清偿的支付手段和资产：(1) 外币现钞，包括纸币、铸币；(2) 外币支付凭证或者支付工具，包括票据、银行存款凭证、银行卡等；(3) 外币有价证券，包括债券、股票等；(4) 特别提款权；(5) 其他外汇资产。

2. 狭义的外汇

对这一层面的定义因国家而不同。对一些外汇管制较严的国家而言，外汇的含义往往较窄，一般是指以外国货币表示的、在国际支付中使用的用于国际结算的支付手段，具体包括：以外币表示的汇票、支票、本票和以银行存款形式存在的外汇，其中以银行存款形式存在的外汇是狭义外汇的主体。在这里，外币钞票和铸币不能称为外汇，这是因为在一国内部往往不允许外国纸币在市场上流通，所以它不能充当流通手段，不能成为实际操作中的外汇，而只是概念上的外汇。外币有价证券也不能充当支付手段，而只能作为一种抵押的资产，所以也不能称之为狭义的外汇。

区别广义和狭义外汇的意义主要在于区分现实经济生活中哪些外汇资产可以充当货

币的支付职能，从而方便生产和生活，促进国际经济交往。

二、外汇的种类

（一）自由外汇和记账外汇

按照能否自由兑换，外汇可分为自由外汇和记账外汇。

自由外汇即不受任何限制就可兑换为任何一种货币的外汇，或可向第三国进行支付的外汇。其根本特征是可兑换的货币。目前世界上有50多种货币可自由兑换，能在国际结算中普遍使用的自由外汇有美元、欧元、英镑、瑞士法郎及日元等主要工业国家的货币。

记账外汇，又称双边外汇、清算外汇或协定外汇，它是根据两国政府贸易清算（或支付）协定进行国际结算时，用作计价单位的货币。记账外汇可使用交易双方任何一方的货币，也可使用第三国货币或某种货币篮子。这种外汇不能兑换成其他货币，也不能支付给第三国，只能用于支付协定当中规定的两国间贸易货款及从属费用。例如中国和俄罗斯两国政府在支付协定中规定使用瑞士法郎，也就是在交易中双方银行的账户上以瑞士法郎为记账外汇，并不实际支付瑞士法郎，只是以其作为计价单位的货币记载双方贸易额。其收支差额在一定时期进行冲抵，其余额或转入次年，或用双方可接受的货币清偿，或以实物来轧平。

（二）即期外汇和远期外汇

按照外汇交易中资金实际收付的时间，外汇可以分为即期外汇和远期外汇。

即期外汇（spot foreign exchange）也称现汇，是指外汇交易达成后，交易在两个营业日之内就可完成资金收付的外汇。各外汇市场对外汇交割事件的具体规定大同小异。

远期外汇（forward exchange）也称期汇，是指外汇交易达成后，交易者只能在合同规定的日期实际办理资金收付的外汇。远期外汇交割期限可以是一周，在多数情况下是1～6个月，但也可长达一年。

（三）外汇现钞和外币现汇

按照外币的形态，外汇可以分为外汇现钞和外币现汇。

外币现钞是指外国钞票、铸币，现钞主要由境外携入。外币现汇是指其实体在货币发行国本土银行的存款账户中的自由外汇。现汇主要由国外汇入，或由境外携入、寄入的外币票据，经银行托收，收妥后存入。各种外汇的标的物，一般只有转化为货币发行国本土的银行的存款账户中的存款货币，即现汇后，才能进行实际上的对外国际结算。外国钞票不一定都是外汇。外国钞票是否称为外汇，首先要看它能否自由兑换，或者说这种钞票能否重新回流到其他的国家，而且可以不受限制地存入该国的某一商业银行的普通账户上去。当其需要时可以任意转账，才能称之为外汇。

（四）贸易外汇和非贸易外汇

根据外汇的来源和用途，外汇可分为贸易外汇和非贸易外汇。

贸易外汇是指由商品进出口及其从属费用（主要包括与商品进出口直接关联的运费和保险金等）引起的外汇收付。

非贸易外汇则是指非贸易业务引起的外汇收付。例如侨汇、旅游、劳务合作和资本流动等方面的外汇收支。常用货币及其符号如表1—1所示。

表 1—1 常用货币及其符号

货币名称		国际习惯表示法	货币符号
中文	英文		
人民币	Renminbi Yuan	RMB¥	CNY
美元	U. S. Dollar	US$($)	USD
英镑	Pound, Sterling	GBP (£)	GBP
欧元	Euro	€	EUR
加拿大元	Canadian Dollar	CAN$	CAD
瑞士法郎	Swiss Franc	SF	CHF
瑞典克朗	Swedish Krona	SKR	SEK
挪威克朗	Norwegian Krone	NKR	NOK
丹麦克朗	Danish Krone	DKR	DKK
日元	Japanese Yen	J¥	JPY
新加坡元	Singapore Dollar	S$	SGD
澳大利亚元	Australian Dollar	A$	AUD
香港元	HongKong Dollar	HK$	HKD
澳门元	Macao Pataca	PAT. P.	MOP
特别提款权	Special Drawing Rights	SDR	SDR

资料来源：http：//www. safe. gov. cn。

三、外汇的功能

外汇是国际经济交流不可缺少的工具，是国际结算的支付手段，它对促进国际经济贸易以及政治文化交流起着重要的作用，其作用可以概括为：

（一）外汇转移了国际购买力，使国与国之间的货币流通成为可能

由于各国的货币制度不同，一国货币不能在其他国家内流通，不同国家间的购买力是无法转移的。而国际债权债务关系发生在不同的国家之间，用什么来充当国际债务清偿手段就成了问题。过去一般是运送国际共同确认的财富黄金作为清偿手段。而外汇的出现解决了这一难题，外汇是用一种货币兑换成另一种货币作为支付手段，使货币购买力在不同的国家内流通变为现实，促进了各国的经济发展和国际经济交往。

（二）外汇促进了国际贸易的发展

外汇是国际债权债务清偿的工具，使用这种工具结算，不仅减少了运送黄金或现钞的费用，防范了风险，而且加速了资金周转。特别是汇票等各种外汇信用工具的使用，使进出口商的信用增加，资金的融通范围扩大，使得国际的结算安全、迅速和便利，从而促进了国际贸易的发展。

（三）外汇调节了资金的国际流动，加速了世界经济一体化的进程

世界各国经济发展很不平衡，资金余缺情况不同，在客观上存在着调剂余缺的必要。一般来说，资金比较匮乏的发展中国家特别需要外汇资金来加速其经济增长，动员国内潜在的资源；而发达国家一般拥有大量的闲置资金，正在寻找投资获利的途径。外汇使资本的国际化成为可能，发达国家可以通过建立跨国公司等形式，将其资本进行国际化的投资，支持了发展中国家的经济建设，加速了世界经济的均衡发展和世界经济的一体化进程。

第二节　汇率

一、汇率的概念

汇率（foreign exchange rate）又称汇价、外汇牌价或外汇行市，是不同的货币之间兑换的比率或比价，也可以说是以一种货币表示的另一种货币的价格。外汇是可以在国际上自由兑换、自由买卖的，是一种特殊商品，而汇率就是这种特殊商品的价格。在国际汇兑中，不同的货币之间可以相互表示对方的价格，既可以用本币来表示外币价格，又可以用外币来表示本币价格。这里，本币和外币都具有同样的表现对方货币价格的功能，至于某个国家是使用本币来表示外币，还是使用外币来表示本币，则取决于其所采取的不同的汇率标价方法。

二、汇率标价方法

（一）直接标价法

直接标价法（direct quotation）又称应付标价法，是用一定单位的外国货币作为标准（如1、100、10 000等）来计算可折合成多少单位的本国货币。目前世界上绝大多数国家都采用直接标价法，我国人民币对外币也采用这种标价方法。例如，2012 年 10 月 11 日国家外汇管理局公布的人民币外汇汇率为：

100 美元＝633.91 元人民币

100 港元＝81.766 元人民币

100 日元＝8.117 元人民币

100 欧元＝814.23 元人民币

100 英镑＝1 013.94 元人民币

在直接标价法下，外币的金额不变，始终为一定的单位，本币的金额随着外币币值的变化而变化。如果一定单位的外币换得的本币数额增多，说明外币的币值上升，本币的币值下降，称为外汇汇率上浮，本币汇率下浮；反之，如果一定单位的外币换得的本币数额减少，称为外汇汇率下浮，本币汇率上浮。因此，我们可以说本币价值与外汇汇率呈反方向变动。

（二）间接标价法

间接标价法（indirect quotation）又称应收标价法，是指用一定单位的本国货币作为标准（如1、100、10 000等）来计算可折合为多少单位的外国货币。例如，2012 年 10 月 1 日伦敦外汇市场各种外汇收盘价为：

1 英镑＝1.563 5 澳元

1 英镑＝1.500 0 瑞士法郎

1 英镑＝125.794 日元

1 英镑＝1.604 7 美元

在间接标价法下，本币的金额不变，始终为一定的单位，应收外币的金额随着本币币值的变化而变化。如果一定单位的本币换得的外币数额减少，称为外汇汇率上浮，本币汇率下浮。反之，如果一定单位的本币换得的外币数额增多，说明本币的汇率上浮，外汇汇率下浮。因此，我们可以说本币价值与外汇汇率呈同方向变动。

世界上采用间接标价法的国家主要是以英国和美国为代表的少数几个国家。英国是资本主义发展较早的国家，当时伦敦是国际性的金融中心，因此英镑成为最早被广泛使用的国际结算货币。另外，英镑在1971年以前一直没有采用十进制，用直接标价法计算极不方便，因此，长期以来，伦敦外汇市场一直采用间接标价法。第二次世界大战以后，美国的经济实力迅速增强，美元逐渐成为国际结算、国际储备的主要货币，各国所公布的汇率多半为本币兑美元的汇率。为了便于计价结算，从1978年9月1日开始，纽约外汇市场也改用间接标价法，以美元为标准公布美元与其他货币之间的汇价，但美元对英镑仍沿用直接标价法。

（三）美元标价法

对于某个国家或某个外汇市场来说，本币以外其他各种货币之间的比价无法用直接或间接标价法来判断。实际上，非本国货币之间的汇价往往是以一种国际上的主要货币或关键货币为标准的。例如，第二次世界大战以后由于布雷顿森林货币体系的确立，美元成为中心货币，各国外汇市场上公布的外汇牌价均以美元为标准，这种标价情况被称为“美元标价法”(US dollar quotation)，“美元标价法”与前述两种基本的标价并不矛盾，银行汇价挂牌时，标出美元与其他各种货币之间的比价，如果需要计算美元以外的两种货币的比价，必须通过各自与美元的比价进行套算。

三、汇率的种类

在国际汇兑的实际业务中，经常涉及不同种类的汇率，下面我们按不同的分类标准加以简单介绍。

（一）从银行买卖外汇的角度分类

从银行买卖外汇的角度出发，可将汇率分为买入汇率、卖出汇率、中间汇率和现钞汇率。买入汇率（buying rate）又称买入价，是银行购买外汇时所使用的汇率；卖出汇率(selling rate）又称卖出价，是银行卖出外汇时所使用的汇率。银行从事的外汇买卖活动分别以不同的汇率进行，当其买入外汇时往往以较低的价格买入，卖出外汇时则以较高的价格卖出，两者之间的价差即为银行的经营费用和利润。

在外汇市场上，银行通常采用双向报价法，即同时报出买入价和卖出价，在直接标价法下，较低的价格为买入价，较高的价格为卖出价，例如某日纽约外汇市场上，某家银行报出的汇率为：1英镑＝1.608 5/1.608 8美元，表示该银行买进1英镑外汇时付给对方1.608 5美元，而卖出1英镑时则向对方收取1.608 8美元；而在间接标价法下则相反，价格较低的是外汇卖出价，价格较高的是外汇买入价。例如，某日伦敦外汇市场上某银行美元对英镑的汇率为1英镑＝1.608 5/1.608 8美元，则前者表示该行收入英镑即卖出美元的价格是0.621 6英镑（1/1.608 5)，后者表示该行付出英镑即买入美元的价格，为0.621 5英镑（1/1.608 8)。所以在间接标价法下，银行所公布的价格中较低的是外汇卖出价，较高的价格是外汇买入价。银行的买入价与卖出价之间的差额就是银行买卖外汇的收益，被称为兑换收益。兑换收益的大小因银行交易的策略、对象、币种、金额的不同而变化，一般为1‰～5‰。我国目前的银行买卖外汇的收益为5‰。

中间汇率（middle rate），又称中间价，是银行买入价和卖出价的平均数。中间汇率一般不挂牌公布，套算汇率就是根据中间汇率计算求得的。报刊上关于汇率的报道、分析和预测也常常用中间汇率。现钞汇率（bank note rate）又称现钞价，是银行在买卖外汇现钞时所使用的汇率。现钞价又分为现钞买入价和现钞卖出价，银行的现钞卖出价与现汇卖出价相同，但现钞的买入价略低于现汇的买入价。

结合有关概念，你是否能够读懂表1—2所示的牌价？

表1—2　　中国工商银行人民币即期外汇牌价

日期：2012年10月11日　星期四　　　　单位：人民币/100外币

币种	汇买、汇卖中间价	现汇买入价	现钞买入价	卖出价	发布时间
美元（USD）	627.70	626.44	621.42	628.96	2012年10月11日16：41：41
港币（HKD）	80.97	80.81	80.16	81.13	2012年10月11日23：53：49
日元（JPY）	8.002 3	7.974 3	7.727 8	8.030 3	2012年10月11日23：53：49
欧元（EUR）	811.55	808.30	783.39	814.80	2012年10月11日23：53：49
英镑（GBP）	1 006.08	1 002.06	971.17	1 010.10	2012年10月11日23：53：49
瑞士法郎（CHF）	671.05	668.37	647.76	673.73	2012年10月11日23：53：49
加拿大元（CAD）	641.43	638.86	619.17	644.00	2012年10月11日23：53：49
澳大利亚元（AUD）	644.02	641.44	621.67	646.60	2012年10月11日23：53：49
新加坡元（SGD）	511.41	509.36	493.66	513.46	2012年10月11日23：53：49
丹麦克朗（DKK）	108.79	108.35	105.01	109.23	2012年10月11日23：53：49
挪威克朗（NOK）	109.95	109.51	106.13	110.39	2012年10月11日23：53：49
瑞典克朗（SEK）	93.66	93.29	90.41	94.03	2012年10月11日23：53：49
澳门元（MOP）	78.93	78.77	78.14	79.09	2012年10月11日23：53：49
新西兰元（NZD）	513.08	511.03	495.28	515.13	2012年10月11日23：53：49
韩元（KRW）	0.564 1	—	0.534 8	0.566 4	2012年10月11日23：53：49
卢布（RUB）	20.21	20.13	19.51	20.29	2012年10月11日23：53：41
林吉特（MYR）	204.66	203.84	—	205.48	2012年10月11日23：53：49
南非兰特（ZAR）	72.12	71.83	68.37	72.41	2012年10月11日23：53：41
菲律宾比索（PHP）	15.13	15.07	14.60	15.19	2012年10月11日23：53：41
泰国铢（THB）	20.45	20.37	19.74	20.53	2012年10月11日23：53：49

备注：此汇率为我行初始报价，成交价以各地分行实际交易汇率为准。

资料来源：中国工商银行网站。

（二）按汇率的制定方法分类

按汇率制定的方法，可将汇率分为基础汇率和套算汇率。

基础汇率（basic rate）是一国所制定的本国货币与基础货币（往往是关键货币）之间的汇率。与本国货币有关的外国货币往往有许多种，但不可能使本币与每种货币都单独确立一个汇率，所以往往选择某种关键货币作为本国汇率的制定标准，所谓关键货币是指在国际贸易或国际收支中使用最多、在各国的外汇储备中占比最大、自由兑换性最强、汇率行情最稳定、事实上普遍为各国接受的货币。一国在一定时期内采用哪种货币作为关键货币不是一成不变的，一国的基础汇率一般不对外公布，只是作为内部掌握并起主导作用的汇率。目前，各国普遍把美元作为制定汇率的关键货币，因此，本币与美元的汇率一般作为基础汇率。

套算汇率（cross rate）是在基础汇率的基础上套算出的本币与非关键货币之间的比率。如果将本币与美元之间的汇率作为基础汇率，则本币与其他非美元货币之间的汇率即为套算汇率，它是通过它们各自与美元之间的基础汇率套算出来的。例如，某一时点上我国的基础汇率是1美元兑6.289 6元人民币，而美元对英镑的汇率是1英镑兑1.608 1美元，则1英镑可兑换10.114 3元人民币。目前各国外汇市场上每天公布的外汇汇率都是各种货币兑美元之间的汇率，非美元货币之间的汇率均须通过该汇率套算出来。具体计算方法如下：

（1）关键货币同为单位货币，交叉相除。

[例1—1]

已知某日外汇市场的行情为USD/CAD：1.040 8/1.041 0，USD/JYP：92.73/92.75，求CAD/JPY。

分析：在这两组报价中，美元均为关键货币并且是单位货币，采用交叉相除的办法。

买入价　卖出价

USD/CAD：1.040 8　1.041 0

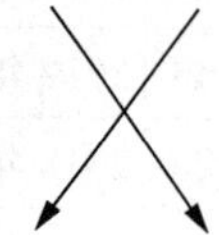

USD/JPY：92.73　92.75（交叉相除）

买入价　卖出价

因此，CAD/JPY＝89.077 8/89.114 1

（2）关键货币同为报价货币，交叉相除。

[例1—2]

已知某日外汇市场行情为EUR/USD：1.101 0/1.102 0，GBP/USD：1.601 0/1.602 0，求EUR/GBP。

分析：在这两组报价中，美元均为关键货币并且是报价货币，采用交叉相除的办法。

买入价　卖出价

EUR/USD：1.101 0　1.102 0

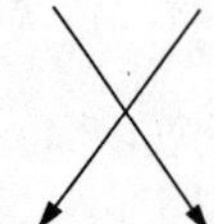

GBP/USD：1.601 0　1.602 0（交叉相除）

买入价　卖出价

因此，EUR/GBP＝0.687 3/0.688 3

(3) 关键货币在两组汇率中分别为单位货币和计价货币，同边相乘。

[例 1—3]

已知某日外汇市场行情为 USD/JPY：120.10/120.20，EUR/USD：1.100 5/1.101 5，求 EUR/JPY。

分析： 在这两组报价中，美元均为关键货币并且在两组汇率中分别为单位货币和报价货币，采用同边相乘的办法。

	买入价	卖出价
USD/JPY：	120.10	120.20
	↓	↓
EUR/USD：	1.100 5	1.101 5（同向相乘）
	买入价	卖出价

因此，EUR/JPY=132.17/132.40

（三）按外汇交易中的支付方式分类

按外汇交易中支付方式的不同，可将汇率划分为：电汇汇率、信汇汇率和票汇汇率。

电汇汇率（telegraphic transfer rate，T/T rate）也称电汇价，指买卖外汇是以电汇方式支付外汇所使用的汇率。银行卖出外汇后，立即用电报、电传等方式通知国外分行或代理行支付款项给收款人。采用电汇方式时，外汇付出迅速，银行无法占用客户汇款资金，且国际电报、电传收费较高，因而向客户收取的价格（汇率）也就较高。现代外汇市场上多用电汇方式付出外汇，因而电汇汇率成为一种具有代表性的汇率，也是较其他汇率略高的一种。

信汇汇率（mail transfer rate，M/T rate）也称信汇价，是银行用信函方式通知支付外汇的汇率。银行卖出的外汇需要用信函通知国外分行或代理行付出，所用时间较长，因此须将银行占用在途资金的利息扣除，汇率也就较电汇汇率低。

票汇汇率（demand draft rate，D/D rate）也称票汇价，是银行买卖即期外汇汇票的汇率。买卖即期汇票所需时间也较长，因而汇率较电汇汇率低。如果买卖的是远期汇票（如 30 天、60 天期限），则其汇率水平取决于远期期限的长短和该种外汇升值或贬值的可能性。

（四）按外汇买卖成交后交割时间长短分类

按外汇买卖成交后交割时间的长短不同，汇率可分为即期汇率和远期汇率。

即期汇率（spot rate）也称现汇率，是交易双方达成外汇买卖协议后，在两个工作日以内办理交割的汇率。这一汇率一般就是现时外汇市场上的汇率水平。

远期汇率（forward rate）也称期汇率，是交易双方达成外汇买卖协议，约定在将来某一时间进行外汇实际交割所使用的汇率。这一汇率是双方以现汇率为基础约定的，但往往与现汇率有一定差价，其差价称为升水或贴水。当远期汇率高于即期汇率时我们称外汇升水；当远期汇率低于即期汇率时我们称外汇贴水。升、贴水主要受利率差异、供求关系、汇率预期等因素影响。另外，远期汇率虽然是未来交割所使用的汇率，但与未来交割时的市场现汇率是不同的，前者是事先约定的远期汇率，后者是将来的即期汇率。

（五）按外汇管制程度分类

按外汇管制程度的不同划分，汇率可分为官方汇率和市场汇率。

官方汇率（official rate）也称法定汇率，是外汇管制较严格的国家授权其外汇管理当局制定并公布的本国货币与其他各种货币之间的外汇牌价。这些国家一般没有外汇市场，外汇交易必须按官方汇率进行。官方汇率一经制定往往不能频繁地变动，这虽然保证了汇率的稳定，但是汇率较缺乏弹性。

市场汇率（market rate）是外汇管制较松的国家中，在自由外汇市场上进行外汇交易的汇率。它一般存在于市场机制较发达的国家，在这些国家的外汇市场上，外汇交易不受官方限制，市场汇率受外汇供求关系的影响经常自发地波动，官方不能规定市场汇率，而只能通过参与外汇市场活动来干预外汇变化，以避免汇率出现过度频繁或大幅度的波动。另外，除了外汇管制严的国家实行官方汇率、外汇管制松的国家实行市场汇率外，在一些逐步放松外汇管制、建立外汇市场的国家中可能会出现官方汇率与市场汇率并存的状况，在官方规定的一定范围内使用官方汇率，而在外汇市场上使用由供求关系决定的市场汇率。

（六）按汇率的适用范围分类

按汇率的适用范围划分，汇率可以分为单一汇率与复汇率。

如果一国货币对某种外国货币仅有一个汇率，各种收支都按这个汇率结算，就叫做单一汇率（single rate）；如果一国货币对某种外国货币的汇率同时规定两种以上的汇率，就叫做复汇率（multiple rate）。实际上，复汇率是外汇管制的一种产物，在某些外汇管制比较严格的国家，常常对进口、出口及非贸易规定了不同的汇率，如用于进出口方面的贸易汇率及用在资本国际转移、劳务服务等非贸易方面的金融汇率，就是复汇率。

（七）按外汇的来源与用途分类

汇率按外汇的来源与用途可分为贸易汇率、金融汇率等。

贸易汇率（commercial rate）是用于进出口贸易及其从属费用的计价结算的汇率。一些实行外汇管制的国家，对出口收入外汇的卖出、进口支付外汇的买入及由进出口贸易所发生的从属费用，如中间商的佣金、货物样品费等的收入或支出，专门规定一种汇率，官方制定贸易汇率主要是为了促进出口、限制进口，改善本国贸易状况。

金融汇率（financial rate），也称非贸易汇率，是用于非贸易往来如劳务、资本移动等方面的汇率。一些实行外汇管制的国家常常把非贸易往来所发生的外汇收支，如对资本输出输入、旅游、通讯、驻外机构经费、运输、银行、保险、邮电等业务收支的外汇买卖另行规定一种金融汇率，官方制定金融汇率的目的是为了增加非贸易外汇收入以及限制资本流出。

（八）按国家汇率制度分类

按国家汇率制度的不同，汇率可分为固定汇率、浮动汇率等。

固定汇率（fixed rate）规定本国货币与其他货币之间维持一个固定比率，汇率波动只能限制在一定范围内，由官方干预来保证汇率的稳定。固定汇率是在金本位制度下和布雷顿森林货币体系下通行的汇率制度。在这种制度下，中央银行有义务干预本国汇率，使其在规定的幅度内波动。

浮动汇率（floating rate）是指本国货币与其他国家货币之间的汇率不由官方制定，而由外汇市场供求关系决定，可自由浮动，官方在汇率出现过度波动时才出面干预市场，这是布雷顿森林货币体系解体后西方国家普遍实行的汇率制度。由于各国具体情况不同，选择汇率的方式也会有所不同，所以浮动汇率制度又可以进一步地分为自由浮动、管理浮动、联合浮动、盯住浮动、弹性汇率制、联系汇率制等。

第三节 汇率的决定和变动

一、汇率的决定基础

（一）金本位下的汇率决定和变动

在不同的货币制度下，各国货币所代表的价值量是不同的，货币之间的汇率便具有不同的决定因素，并且影响汇率水平变动的因素也不相同。我们首先来看金本位制下汇率的决定与变动因素。

1. 金本位下的汇率决定基础：铸币平价

金本位制度是从19世纪初到20世纪初资本主义国家实行的货币制度，1816年英国《金本位法》的颁布标志着金本位制度最早在英国诞生。此后，德国及其他欧洲国家和美国等也陆续实行金本位制度。金本位制具体包括金铸币本位制、金块本位制和金汇兑本位制三种形式，其中金铸币本位制是典型的金本位制度，后两种是削弱了的、变形的金本位制。典型的金本位制具有如下特点：(1) 各国货币均以黄金铸成，金铸币有一定重量和成色，有法定的含金量；(2) 金币可以自由流通、自由铸造、自由输出输入；(3) 金币具有无限法偿能力，辅币和银行券可以按其面值自由兑换为金币。

在金本位制度下，各国货币均以黄金作为统一的货币币材、统一的价值衡量标准，尽管它们在重量、成色等方面有不同的规定，但在国际结算和国际汇兑领域中都可以按各自的含金量多少加以对比，从而确定出不同货币之间的比价。因此，金本位制下两种货币之间含金量之比，即铸币平价（mint par），就成为决定两国货币汇率的基础。用英国的本位币英镑和美国本位币美元这两个典型例子来说明，在1929年经济危机以前的金本位制度下，英国规定1英镑的含金量为113.001 6格令，美国规定1美元的含金量为23.22格令，则1英镑金币的含金量等于1美元金币含金量的4.866 5倍（113.001 6÷23.22）。这就是英镑与美元之间汇率的决定基础，它建立在两国法定的金币含金量基础上，而法定的金币含金量一经确定，一般是不会轻易改动的，因此，作为汇率基础的铸币平价是比较稳定的。

2. 金本位下的汇率变动因素：外汇供求关系及黄金输送点

铸币平价是决定汇率的基础，两者理论上是相等的。但实际上，外汇市场上的汇率水平变化还要取决于外汇供求关系等其他因素。正如商品价格取决于商品的价值，但供求关系会使价格围绕价值上下波动一样，在外汇市场上，汇率也是以铸币平价为中心在外汇供求关系的作用下上下浮动的。当某种货币供不应求时，其汇价会上涨，超过铸币平价；当某种货币供大于求时，其汇率会下跌，低于铸币平价。金本位制下，外汇供求关系变化的主要原因在于国际间债权债务关系的变化，尤其是由国际贸易引起的债权债务清偿。当一国在某个时期出口增加，有大量的贸易顺差时，外国对该国货币的需求旺盛，同时本国的外汇供给增加，从而导致本币汇率上涨；反之，当一国在某个时期进口增加，出口减少，有大量贸易逆差时、该国对外汇需求增大，同时外国对该国货币需求减少，从而导致本币汇率下跌。

值得注意的是，金本位制下由供求关系变化造成的外汇市场汇率变化并不是无限制的上涨和下跌，而是被限定在铸币平价上下各一定界限内，这个界限就是黄金输送点（gold transport points）。黄金输送点是黄金输出点和黄金输入点的合称。黄金输送点的存在并作为汇率波动的界限是由金本位制度的特点所决定的。金本位制度下黄金可以自由熔化、自由铸造和自由输出输入的特点，使得黄金可以代替货币、外汇汇票等支付手段用于国际间债务清偿。具体来说，一方面，当外汇市场上的汇率上涨达到或超过某一界限时，本国债务人用本币购买外汇的成本超过用黄金直接输出国境用于支付的成本，从而引起黄金输出，引起黄金输出的这一汇率界限就是黄金输出点；另一方面，当外汇市场上汇率下跌达到或低于某一界限时，本国拥有外汇债权者用外汇兑换本币所得会少于用外汇在国外购买黄金再输回国内所得，从而引起黄金输入，引起黄金输入的这一汇率界限就是黄金输入点。黄金输出点和黄金输入点共同构成了金本位制下汇率波动的上下限。仍然以英国和美国的实例加以说明，假设在金本位制下，英国向美国出口的商品多于美国向英国出口的商品，英国对美国有贸易顺差，那么外汇市场上对英镑的需求增加；英镑对美元汇率上涨，高出其铸币平价（4.866 5）。当市场汇率进一步上涨，超过从美国向英国输出黄金的运输费等成本时，美国进口商便会采取直接向英国运送黄金的方法支付商品货款。假设运输费等按英镑价值的6‰计算，支付1英镑债务需附加费用0.029 2美元（4.866 5×6‰），那么，当英镑对美元汇率超过4.895 7美元（即铸币平价4.866 5加上黄金输送费用0.029 2时），美国人输出黄金显然比在外汇市场上用高价购买英镑更便宜，则美国人停止在外汇市场上购买英镑，而代之以直接用黄金支付。这样，1英镑=4.895 7美元就成了英镑上涨的上限，这一上限就同时是美国的黄金输出点和英国的黄金输入点。

由此可见，金本位制下，由于黄金输送点的制约，外汇市场上汇率波动总是被限制在一定范围内，最高不超过黄金输出点，最低不低于黄金输入点。也就是说，由供求关系导致的外汇市场汇率波动是有限度的，汇率制度也是相对稳定的。

（二）纸币制度下的汇率决定基础

纸币制度是在金本位制度崩溃之后产生的一种货币制度。纸币作为价值符号，是金属货币的取代物，在金属货币退出流通之后，执行流通手段和支付手段的职能。这种职能是各国政府以法令形式赋予它并保证其实施的。

在布雷顿森林货币体系下，各国政府都参照过去流通的金属货币的含金量规定了本国货币所代表的法定含金量，因此，在国际汇兑中，两国货币之间的汇率也就成为它们所代表含金量之比。但是，纸币所代表的含金量所决定的汇率与金本位制下铸币所具有的含金量所决定的汇率相比有本质的区别，因为在纸币制度下，货币的实际价值并不一定等于其法定的含金量，这就使汇率的决定基础不再稳定。

在浮动汇率制度下，黄金的非货币化使各国之间的汇率不再以其法定含金量为决定基础，而是取决于货币在国内的购买力高低，货币购买力是用能表现通货膨胀程度的物价指数来计算的。当一国物价指数上涨，通货膨胀水平提高，该国货币购买力就相应下降，它在国际市场上的汇率也会相应下跌；反之，当一国物价指数上涨速度较其他国家慢，通货膨胀水平较低，意味着该国货币购买力提高，它在国际市场上的汇率也会相应上升。

二、影响汇率变动的主要因素

一国汇率的变动要受到许多因素的影响，既包括经济因素，也包括政治因素和心理因素等。其中，有些因素对汇率发生作用的时间比较长，有些因素对汇率发生作用的时间比较短。

（一）长期影响汇率变动的因素

下面结合大多数国家实际情况，列举几种影响长期汇率变动的基本因素，且这些因素在各国之间属于可比的经济指标。

1. 国际收支

影响汇率变动的长期因素中，国际收支的经常项目是最重要的因素。当一国进口增加或产生逆差时，该国将对外币产生额外的需求，这在外汇市场上会引起本币汇率下跌。反之，当一国经常项目出现顺差时，就会引起外国对本币需求的增加与外币供应的推动，顺差国货币汇率就会上升。例如，1976—1979 年间，日本的经常项目收支曾出现先顺差后逆差的格局。与此同时，日元汇率也出现了先上升后下跌的情形。但是，暂时的、小规模的国际收支差额可以较容易地被国际资本流动等有关因素抵消或调整，只有巨额的、长期存在的国际收支差额才会影响本国的汇率。

2. 通货膨胀

通货膨胀对汇率变动的影响也属于长期因素。在纸币流通制度下，两国货币之间的比率，从根本上来说是由各自货币所代表的购买力的对比关系决定的。因此，在一国发生通货膨胀的情况下，该国货币所代表的价值量就会减少，其实际购买力也随之下降，于是其对外比价同样趋于下跌。通货膨胀对汇率的影响，一般也要经过一段时间才能显露出来。因为它对汇率的影响是间接的，要通过一定的渠道才能起作用。例如它会削弱一国商品和劳务在国际市场的竞争能力，从而影响经常项目；它会影响一国实际利息率，从而影响国际资本流动；它会影响市场上对汇率和利率的预期心理，从而影响外汇市场参与者的外汇持有额等。一般来说，通货膨胀率对汇率的影响往往需要经过半年以上的时间才显示出来，但这种影响一旦起作用，其延续时间会比较长，可能要连续好几年。

3. 经济增长率

一国的实际经济增长率与别国的差异，对汇率也会产生长期影响。在其他条件不变的情况下，一国的实际经济增长率相对别国来说增长较快，从而其国民收入提高也较快，会使该国增加对外国商品和劳务的需求，结果外汇供不应求，导致本币汇率趋于下跌。但如果一国经济是以出口为导向的，经济增长是为生产更多的出口商品，在这种情形下，经济增长率的加快，就可以使出口的增长弥补进口的增加，而不会导致本币汇率下跌。同样，如果国外的投资者把该国经济增长率较快看成是资本收益率较高的反映，在这种情形下，就可能会产生对该国的资本的净流入，以抵消经常项目的逆差。这时，该国货币汇率也可能不会下跌，甚至出现上升的趋势。

（二）短期影响汇率变动的因素

汇率短期变动即汇率日常的波动，在外汇市场上是较为常见的现象。从某种意义上来说，汇率的长期波动也是通过日常波动表现出来的——在日常波动中呈现上升或下跌的趋势。对汇率的短期变动影响最大的因素是国际收支的资本项目，因为在外汇市场上，人们把外汇作为一种金融资产来进行交易，事实上要远远多于因国际贸易派生出来的外汇交易。国际金融资产的交易速度快、变动大，在外汇市场上国际游资往往转眼之间就会从一国流向另一国，从一种货币转化成另一种货币，从而对汇率的短期波动产生巨大的影响。

1. 货币供应量

在纸币流通制度下的汇率，决定于两国纸币各自所代表的价值量的变动。而纸币所代表的价值量的变动，通常是由于纸币供应量变化引起的。因为劳动生产率在短期内不会有很大变化，故而商品的价值在一定时期内比较稳定。从长期的角度来看，一国货币的供应量与货币的需求量应该是均衡的，许多经济学家的研究证明，各国的货币需求一般比较稳定，各国货币供应量的增长则较易变动。这是因为在短期内，由于各国政府的政策偏好不同，货币的供应量就会大于或小于货币的需求量。在一国货币供应量增长较快的情况下，该国公众持有的货币存量若超过了其客观的货币需求数量，则超过部分就会溢往国外，致使该国汇率下降。此外，货币供应量增长过快，还会增加一国通货膨胀的压力，削弱该国商品的国际竞争能力，间接地使其汇率受到影响。

2. 利率

利率高低会影响一国金融资产对外的吸引力。在相关国家之间的资本流动都不受限制的状况下，若一国的利率高于其他国家，就可能会增加其金融资产对外国投资者的吸引力，从而导致资本流入，本国货币汇率上升。反之，一国利率低于其他国家，就可能导致资本流出，本国汇率下跌。当然，短期资金在国际间追逐最大收益时，除了考虑利率之外，还要考虑汇率因素，即要考虑两国利率的差异与汇率预期变动率之间的关系。只有外国利率加汇率的预期变动率之和大于本国利率时，把资金移往国外才有利可图。

3. 心理预期因素

在外汇市场上，人们买进还是卖出某种货币，与交易者对各种货币汇价走势的心理预期有相当的关系。当他们预期某种货币汇价以后要下跌时，为了避免损失便会大量抛出该种货币。反之，当他们预期某种货币汇价将会上升时，则会大量买进。外汇交易者对某种货币的预期心理，是决定这种货币短期汇率的因素之一。

4. 信息因素

由于通讯设施高度发达，现代外汇市场已成为一个高效率的市场。任何可能影响外汇市场变动信息的发布都会立刻引起资金大规模的国际流动，去追逐一切微小的盈利机会，直至这种资本流动带来的盈利机会消失为止。影响外汇市场变动的信息大致可分为两大类：一类是公开于大众传播媒体的；另一类是在一定的“圈子”内传递的。其中，有些与外汇市场变动的相关性较为明显，有些却较为隐蔽，需要投资者自己去进行分析和联想。

但在信息爆炸的今天，人们在信息的获取上几乎完全是不对称的。于是，谁最先获得能影响外汇市场变动的相关信息，谁就可能在他人之前作出反应，抛出一种货币，而买进另一种货币，从中获得盈利。在这种卖出买进的同时，外汇市场的汇率也随之发生了变动。信息因素在外汇市场日趋发达的情况下，对汇率变动的影响既强烈又微妙。

5. 政府干预

虽然目前世界上大多数国家都实行浮动汇率制度，但是鉴于汇率变动对国际经贸、金融和国民经济的发展影响巨大，各国政府为了稳定外汇市场或使汇率的变动控制在一定范围之内，通常要对外汇市场进行干预。这种干预的形式主要有：(1) 直接在外汇市场上买进或卖出外汇，其影响汇率变动的能力取决于该国金融当局持有外汇储备的多少；(2) 调整国内货币政策和财政政策；(3) 在国际上发表表态性言论以影响市场预期心理；(4) 与其他国家联合，进行直接干预或通过政策协调进行间接干预等。政府干预有时规模很大，几天之内就可能向市场投入数亿乃至数十亿美元的资金。当然，这只能在短期内对汇率的变动产生影响，但无法从根本上改变汇率的长期趋势。

背景知识

广场协议

20 世纪 80 年代初期，美国财政赤字剧增，对外贸易逆差大幅增长。美国希望通过美元贬值来增加产品的出口竞争力，以改善美国国际收支不平衡的状况。

1985 年 9 月，美国财政部长詹姆斯·贝克、日本财长竹下登、联邦德国财长杰哈特·斯托登伯、法国财长皮埃尔·贝格伯、英国财长尼格尔·劳森等五个发达工业国家的财政首脑及五国中央银行行长在纽约广场饭店 (Plaza Hotel) 举行会议，达成五国政府联合干预外汇市场，使美元对主要货币汇率有秩序地下调，以解决美国巨额的贸易赤字。这就是有名的《广场协议》(Plaza Accord)。

《广场协议》签订后，五国联合干预外汇市场，各国相继开始抛售美元，继而形成市场投资者的抛售狂潮，导致美元持续大幅度贬值。

日元升值的后果

第一，低利率导致日本国内经济泡沫严重，股市震荡。日元的大幅升值直接影响到日本的出口贸易。

第二，房地产泡沫的崩溃引发银行被大量坏账困扰。

第三，日元升值引起大量日本产业向海外转移，国内产业空心化。

第四，日元升值使海外的土地和金融资产价格变得便宜，大量不适当的海外投资使日元最终陷入危机。

三、汇率变动对经济产生的影响

浮动汇率制度下汇率变动频繁，对各国经济产生的冲击日益深刻。因此，汇率政策及汇率调整已成为各国经济政策的重要组成部分。汇率变动无论是对于一国的国际收支、外汇储备、国内经济，还是对国际资本流动、国际经济关系，都会产生极大的影响。

（一）汇率变动对一国国际收支的影响

1. 汇率的变动会影响一国的贸易收支，进而使贸易收支差额乃至国际收支差额发生变化

以本币贬值为例，本国货币汇率下降一般会对该国对外贸易起到刺激出口、抑制进口的作用。

首先，本币贬值会刺激出口。主要原因有二：第一，本币贬值会使出口企业利润增加，从而提高出口商出口产品的积极性，进而刺激出口。例如，我国某出口企业出口 100 万美元的商品，在美元与人民币汇率为 1∶5 的情况下，该出口企业的收入以人民币表示为 500 万元；在其他条件没有发生变化的前提下，如果汇率变为 1∶8，则该出口企业最终收入以人民币表示为 800 万元，其中增加的 300 万元利润将成为鼓励企业出口的动力。第二，本币贬值会使出口产品的价格变得相对便宜，进而可以增强出口产品的国际竞争力，在国际市场上以价格竞争取胜。例如，我国某出口企业出口价值为 100 万元人民币的商品，在以外币计价的前提下，如果美元与人民币汇率为 1∶5，100 万元的商品可以折合为 20 万美元。其他条件不变，如果汇率变为 1∶8，则 100 万元的商品可以折合为 12.5 万美元。无形中，价值 100 万元的商品在以外币计价时会由于本币贬值而变得相对便宜，从而可以扩大出口。

其次，本币贬值会抑制进口。原因是进口成本上升。例如，我国某进口企业进口 100 万美元的商品，在美元与人民币的汇率是 1∶5 的情况下，以人民币支付需用 500 万元。而在汇率变为 1∶8 的情况下，以人民币支付为 800 万元。很显然，由于美元与人民币汇率变化，使进口商品的相对价格发生了变化，进口商品的成本增加了人民币 300 万元。对任何一个进口企业来说，如果国内有可替代产品的话，都将放弃从国外进口，所以汇率下降会抑制进口。本币贬值有时并不会或不会同步产生上述的结果，这主要受两个因素的制约：一个因素是进出口商品的需求弹性，如果进口商品的需求弹性和出口商品的需求弹性之和大于 1，则说明本币汇率下降对出口和进口的数量比较敏感，那么本币贬值的影响就比较明显，出口就能增加，从而改善一国的贸易条件。反之，如果进出口商品的需求弹性之和小于 1，则本国货币汇率下降的影响就不明显。另一个因素是 J 曲线效应，也称时滞效应。该效应指即使在上一个因素符合的情况下，本币贬值效果的出现也要有一个时滞。因为人们要首先对本国货币贬值的经济现象或经济政策有一个认识、理解并接受的过程，这期间，出口量不会增加，反而会因此减少，使贸易情况进一步恶化，赤字加大。直到人们对货币贬值有了全面的了解并接受之后，才开始逐渐增加贸易出口，最后出现贸易盈余。

最后，对一些进口依赖性较强的国家，虽然本币贬值会使进口成本上升，但是由于这类国家进口商品的需求弹性较小，所以进口不会减少，那么，大量的进口意味着大量的外汇支出，尽管这类国家会由于增加出口而产生一定的贸易盈余，但是高昂的进口成本会抵消出口的盈余，这种现象被称为贬值赋税效应。对进口的依赖性越强，这种贬值赋税效应就越明显。

2. 汇率的变动也会影响一国的非贸易收支

以服务贸易为例，如果本币汇率下跌，外币的购买力相对提高，有利于扩大本国服务产品的出口和吸引境外游客入境旅游，同时，将减少进口服务产品和本国公民出境旅游，这有利于该国涉外旅游与其他劳务收支状况的改善；若本币汇率上升，则作用正好相反。

（二）汇率变动对一国外汇储备的影响

外汇储备是一国国际储备的主要内容，由本国对外贸易及结算中的主要货币组成。在布雷顿森林货币体系下，美元是各国外汇储备的主要币种。在以美元为主要储备货币时期，外汇储备的稳定性和价值高低完全取决于美元汇率的变化，美元升值，一国外汇储备相应升值；美元贬值，一国外汇储备也相应贬值。因此，20 世纪 70 年代初期，美元在国际市场上的一再贬值，曾经给许多国家尤其是发展中国家的外汇储备带来了不同程度的损失。20 世纪 70 年代以后，各国外汇储备逐渐走向多元化，由美元、日元、英镑、欧元等货币共同组成。不管是以单一的币种为储备还是以多元化的币种为储备，储备货币汇率变化都会直接影响到一国外汇储备的价值。

在多元化外汇储备时期，汇率变动对储备货币的影响较为复杂，有时外汇市场汇率波动较大，但因储备货币中升值、贬值货币的力量均等，外汇储备就不会受到影响；有时虽然多种货币汇率下跌，但占比重较大的储备货币汇率上升，外汇储备总价值也能保持稳定或略有上升。国际储备多元化加之汇率变动的复杂化，使国际储备管理的难度加大，各国货币当局都时刻关注外汇市场行情的变化，相应地进行储备货币的调整，以避免汇率波动给外汇储备造成损失。

分析汇率的变动对储备的影响要从多方面进行分析。首先，应明确构成一国外汇储备的币种，这些货币在外汇市场上的汇率变化往往是不相同的，它们会分别对外汇储备产生影响进而构成外汇储备整体变化；其次，需要将各储备货币分成升值的和贬值的两类，计算各自升值或贬值的幅度；再次，根据构成外汇储备币种的不同权重，结合各种货币升、贬值的幅度，衡量出一定时期内储备币种汇率变化对一国外汇储备的综合影响；最后，还要考虑储备货币中软、硬币的利息差异，与汇率涨跌相比较，从而得出一定时期内不同货币汇率变化及利率变化对一国外汇储备总体影响的分析结论。

（三）汇率变动对国内经济的影响

1. 汇率变动对价格水平的影响

一国汇率变动对国内经济最直接的作用是影响物价。一般来说，一国货币汇率下降容易引发国内的通货膨胀现象。从进口角度看，本币贬值引起进口商品的本币价格相应上升。它会带动国内同类商品的价格上升。若进口商品为生产资料，其价格上升还会通过生产成本上升推动最终产品价格上涨。从出口角度看，一国货币汇率下降首先引起出口量的扩大。在国内生产力已经得到比较充分利用的情况下，这会加剧国内的供需矛盾，使出口商品的国内价格上升，因此容易引发通货膨胀。反之，一国货币汇率上升，则有助于抑制本国通货膨胀。

2. 汇率变动对国内利率的影响

一国货币汇率下降往往会使人们产生汇率会进一步下降的心理，引起短期资本外逃。国内资本供给减少可能引起利率上升。但是，如果汇率下降激发起人们对汇率反弹的预期，则可能导致短期资本流入、国内资本供给增加和利率下降。

3. 汇率变动对国民收入和就业的影响

一国货币汇率下降会使该国出口增加，从而刺激国内出口产品生产规模的扩大，进而带动国内其他行业生产的发展，推动就业水平的提高，增加国民收入。同时，本币汇率下降使进口减少，导致国内对进口产品的需求转向对国内同类商品的需求上，即产生进口替代效应，使生产进口替代品的部门和企业的收益增加，从而引起资源在国内各部门的重新配置，而上述的一系列变化会使该国的国民收入总额增加。如果一国的货币汇率上升，则情况正好相反。

（四）汇率变动对国际资本流动的影响

汇率变化是影响国际资本流动的直接因素，国际资本流动的目的主要是追求利润和避免受损。当一国的货币贬值而尚未到位时，国内资本的持有者和外国投资者为避免该国货币再次贬值而蒙受损失，会将资本调出该国，进行资本逃避。若该国货币贬值已经到位，在具备投资环境的情况下，投资者不再担心贬值受损，外逃的资本就会流回国内。特别是如果某种货币贬值过头，当投资者预期该汇率将会反弹，就会引起大规模的资本流入。而货币升值的作用与此正好相反。当一国的货币升值而尚未到位时，国内资本的持有者和外国投资者为获得利润会将资本调入该国，若该国货币升值已经到位，投资者将会担心接下来发生贬值受损，资本纷纷外逃。因此，一国汇率的起伏不定注定会导致国际资本流动频繁。

（五）汇率变动对于国际经济关系的影响

在浮动汇率制度下，外汇市场上各种货币频繁的、不规则的变动，不仅给各国对外贸易、国内经济等造成了深刻影响，而且也影响着各国之间的经济关系。这体现在：

(1) 加深了各国争夺销售市场的斗争。如果一国实行以促进出口、改善贸易逆差为主要目标的货币贬值，会使对方国家货币相对升值，出口竞争力下降，尤其是以外汇倾销为目的的本币贬值必然引起对方国家和其他利益相关国家的反抗甚至报复，这些国家会采取针锋相对的措施，直接地或隐蔽地抵制贬值国商品的输入，汇率战由此而生；竞相货币贬值以促进各自国家的商品出口是国际上很普遍的现象，由此造成的不同利益国家之间的分歧和矛盾也层出不穷，这加深了国际经济关系的复杂性。

(2) 促进了储备货币多元化的形成。由于某些储备货币的发行国的国际收支恶化，其货币汇率不断下跌，影响其国际地位，而有些国家的情况相反，其货币在国际领域的地位和作用日益加强，进而促进了国际储备货币多元化的形成。

(3) 加剧了国际金融市场的动荡和投机，促进了国际金融业务的不断创新。由于汇率变动，促进了外汇交易的投机，造成了国际金融市场的动荡与混乱。同时由于汇率的起伏不定，加剧了国际贸易与金融的汇率风险，进一步促进了期货和期权交易、货币互换和欧洲票据等衍生金融工具的出现，使国际金融业务的形式与市场机制不断创新。

汇率变动对一国经济的影响程度大小要根据该国货币制度发展的具体情况而定，其中比较重要的决定因素有四个：一是该国货币的可兑换性。可兑换性越强，汇率变动对该国经济特别是资本国际流动的影响越大。二是该国国际金融市场的发育程度。金融市场发育程度越高，汇率变动对该国经济影响越大。三是该国对外开放程度。一国对外开放程度越高，汇率变动对该国经济影响越大。四是政府对经济运行的干预程度。政府对经济运行干预会改变市场机制的运动过程，使汇率变动对经济运行的影响复杂化。

第四节　汇率制度

汇率制度（exchange rate system），又称汇率安排，是一国货币当局对本国汇率的变动的基本方式所做出的一系列安排或规定。作为政策的重要手段和国际货币体系的核心内容，汇率制度无论是对于一国国内经济发展还是对于国际货币体系都具有重要意义。传统上，按照汇率变动的幅度，汇率制度被分为两大类型：固定汇率制度和浮动汇率制度。

一、固定汇率制度

所谓固定汇率制度（fixed rate system），是指两国货币的比价基本固定，或者把两国汇率的波动严格限制在一定幅度之内的汇率制度。当汇率波动超过上下限时，货币当局或中央银行有义务进行干预。历史上出现的固定汇率制度分为金本位制下的固定汇率制度和布雷顿森林货币体系下的固定汇率制度。

（一）金本位制度下的固定汇率制度

在金本位制度下，决定汇率的基础是各国货币的含金量，汇率的波动受到黄金输送点的自动调节，并且以黄金输送点为界限。因此，汇率的变化幅度很小，是典型的固定汇率制度。19世纪后期至第一次世界大战之前，是固定汇率制度的全盛时期。此后，随着金本位制度的彻底崩溃，建立在金本位基础上的固定汇率制度也宣告结束。

（二）布雷顿森林货币体系下的固定汇率制度

金本位制度崩溃之后，各国普遍实行了纸币流通制度。第二次世界大战后，欧洲各国因受战争的破坏，生产设备短缺，物资匮乏，只能从美国进口商品，而美国在扩大其商品输出的同时，又趁机限制输入，形成了大量的贸易顺差，因此，美国的黄金储备剧增，约占世界总黄金储备的3/4，西欧各国都希望增持美元，出现了“美元荒”。在此情况下，1944年7月，在美国的新罕布什尔州的布雷顿森林召开了由44国参加的国际货币金融会议，通过了《布雷顿森林协定》，这个协定建立了以美元为中心的资本主义货币体系和以美元为中心的固定汇率制度。这一汇率制度可以概括为“双挂钩、一固定、上下限、政府干预”的体系。“双挂钩”即以美元作为最主要的国际储备货币，实行美元与黄金直接挂钩、其他国家的货币与美元挂钩的国际货币体系，根据35美元等于1盎司黄金的价格确定美元的含金量，美国政府则承担准许各国政府或中央银行按照黄金官价用美元兑付黄金的义务，然后通过各国货币不同的含金量确定各国货币与美元的兑换比例，并规定各国有义务维持美元与本国货币的比价在某一固定的范围内波动，确立了美元作为国际储备货币的地位。但进入20世纪70年代，美国的政治和经济地位下降，外汇收支大量逆差，美元对黄金不断贬值，西方各国从各自的经济利益出发，纷纷宣布放弃固定汇率，实行浮动汇率。1974年4月1日起，从国际协定上正式解除了货币与黄金的固定关系，以美元为中心的布雷顿森林货币体系正式解体。

在布雷顿森林货币体系下，国际货币基金组织要求其会员国规定本国货币的金平价，并使各国货币盯住美元，与之建立固定比价关系，即通过各国货币与美元的金平价之比来确定各国货币与美元的汇率。同时又规定，两国货币汇率的波动界限为其金平价比值的上下各1%。在1971年12月，这一波动幅度又调整为2.25%。在布雷顿森林货币体系下，汇率的波动界限已大大超过了金本位制度下的黄金输送点，汇率只是相对固定，并且当一国的国际收支出现根本性的不平衡使汇率变动成为必要时，则允许该国汇率进行变动。可见布雷顿森林货币体系下的固定汇率制度实质上是一种可调整的盯住汇率制度。

（三）固定汇率制度的作用与缺陷

1. 固定汇率制度的作用

在固定汇率制度下，汇率的波动幅度较小，无论是金本位制度下还是布雷顿森林货币体系下，汇率的波动幅度都是较稳定的。稳定的汇率对国际经济交易的进行和发展有重要意义。首先，固定的汇率有利于国际贸易的发展。汇率的高低以及汇率波幅的大小与国际贸易关系密切。汇率波动幅度大而频繁不利于出口贸易的成本核算，使进出口商失去稳定地获取利润的保证。反之，稳定的汇率则便于进出口成本核算，便于预计利润，促进了国际贸易的稳定发展。其次，有利于国际资本流动。资本流动的目的是获取利润。汇率的剧烈变动所带来的汇率风险往往会使投资获利的希望化为乌有。而汇率的稳定是保证国际投资稳定地获取利润的重要条件。因此，固定汇率制度推动了国际间资本的流动。

2. 固定汇率制度的缺陷

国际金本位制下尤其是金币本位制下汇率的稳定，是市场自发调节机制作用的结果。因此，这种典型的固定汇率制度是比较理想的汇率制度。但是，布雷顿森林货币体系下的固定汇率制度本身就存在重大的缺陷。首先，汇率的杠杆作用不能发挥。汇率本来是一国对外经济的杠杆，可以在国际收支失衡的条件下进行调解，但在固定汇率制度下，汇率是固定的，出现国际收支失衡时，只能通过对国内采取紧缩性的或扩张性的货币政策及财政政策来进行调解，这会使国内经济出现不平衡，或者失业率上升，或者通货膨胀严重。其次，在外资流入的过程中，随着巨额资本流出和流入形成的压力的逐渐积聚，市场失衡现象越发严重，最终需要以自发的或外力强制性的调整来趋向新的均衡点。尤其是在国际游资对该汇率制度发出冲击的情况下，固定汇率制度因相对固定的钉住汇率水平或波动幅度难以继续维持而不得不与强势货币脱钩，这通常会引起巨大震荡。这种震荡对于该国经济造成的影响极大。

（四）固定汇率制度的崩溃

1968至1972年间，美国国际收支持续出现逆差，累计赤字达886亿美元，这些逆差绝大部分是以美元偿付的，这就增加了美国国外美元的数量，形成了美元大量过剩的局面。与此同时，日本和联邦德国的经济和金融力量相对增强，美元的霸权地位受到挑战。人们对美元的信心减弱，于是出现了抛售美元、抢购黄金和硬通货的“美元灾”浪潮。为此，美国联合西方各国采取了种种干预措施，试图维持以美元为中心的固定汇率。但由于美元危机不断恶化，美国不得不在1971年12月将美元法定贬值7.89%，其他顺差国货币则相应升值，并且把各国货币对美元汇率波幅由原来规定的金平价之比的

±1%扩大到±2.5%。然而，投机性资本仍持续不断地流向其他硬通货，致使美元于1973年2月再度贬值10%，至此，以美元为中心的固定汇率制已无法维持，固定汇率制度宣告结束，各国政府不再承担维持对美元的固定汇率义务，各国货币开始对美元普遍实行浮动汇率。

二、浮动汇率制度

所谓浮动汇率制度（floating rate system），是指一国政府不规定本币对外币的平价和上下波动的幅度，汇率由市场的外汇供求情况决定并任其自由涨落的汇率制度。当外币供过于求时，外币汇率下浮；当外币供不应求时，外币汇率上浮。浮动汇率制度是固定汇率制度崩溃以后，西方主要国家普遍实行的一种汇率制度。

（一）浮动汇率制度的类型

浮动汇率制度可以从不同的角度划分为不同的类型。

1. 按政府是否对市场汇率进行干预来分类

根据政府是否对市场汇率进行干预，可以将浮动汇率划分为自由浮动和管理浮动。

自由浮动（free floating），又称清洁浮动，是指一国政府对汇率不进行任何干预，市场汇率完全听任外汇市场的供求变化而自由波动的汇率浮动方式。事实上，由于一国汇率的波动直接影响到一国经济的稳定与发展，各国政府都不愿意让本国的汇率长期在供求关系的影响下无限制地波动，因此纯粹的自由浮动是不存在的，各国为了自身的利益，通常或明或暗地对外汇市场进行干预。

管理浮动（managed floating），又称肮脏浮动，是指一国政府从本国利益出发，对汇率的波动进行不同程度的干预的汇率浮动方式。在现行的货币制度下，各国实行的实际上都是管理浮动，政府主要采取以下几种方式管理本国汇率：一是直接干预外汇市场。可以是一国政府独自干预，也可以是联合他国政府共同干预，如1990年日元汇率下跌，日本政府曾请求联邦德国、法国、意大利、英国和瑞士共同干预外汇市场，阻止日元继续下跌。二是运用货币政策，调节国内的货币供应量，进而影响本币的对外汇率。三是实行外汇管制，主要是通过各种措施来影响国际资本流动的方向和规模。

背景知识

人民币汇率制度改革

为建立和完善我国社会主义市场经济体制，充分发挥市场在资源配置中的基础性作用，建立健全以市场供求为基础的、有管理的浮动汇率制度，经国务院批准，中国人民银行就完善人民币汇率形成机制改革做出了如下公告：

1. 自2005年7月21日起，我国开始实行以市场供求为基础、参考一篮子货币进行调节、有管理的浮动汇率制度。

2. 中国人民银行于每个工作日闭市后公布当日银行间外汇市场美元等交易货币对人民币汇率的收盘价，作为下一个工作日该货币对人民币交易的中间价格。

3. 2005 年 7 月 21 日 19 时，美元对人民币交易价格调整为 1 美元兑 8.11 元人民币，作为次日银行间外汇市场上外汇指定银行之间交易的中间价，外汇指定银行可自此时起调整对客户的挂牌汇价。

4. 2010 年 6 月 19 日晚，中国人民银行发布了《进一步推进人民币汇率形成机制改革，增强人民币汇率弹性》的决定，这表明我国重新启动了人民币汇率形成机制改革。这次改革实质上是 2005 年 7 月改革的延续，中国政府重申了以市场供求为基础、参考一篮子货币、人民币对主要货币日均波幅千分之五的管理浮动汇率制。

2. 按汇率活动的方式分类

根据汇率浮动的方式，可以将浮动汇率划分为单独浮动、联合浮动、盯住汇率制、弹性汇率制和联系汇率制。

单独浮动（single floating），是指一国货币不与其他国家货币保持固定的联系，其汇率根据外汇市场的供求变化而单独浮动的一种汇率制度。比如美元、英镑、日元、加拿大元等货币都属于单独浮动。

联合浮动（joint floating），是指某些国家由于经济发展的需要，组成某种形式的经济联合体，在联合体成员国之间实行固定汇率制，而对非成员国的货币则实行共升共降的一种浮动汇率制度，又称共同浮动。例如，1972 年 4 月，欧洲经济共同体对成员国（法、德、意、比、荷、卢）之间实行固定汇率制度，并规定上下波动的界限为货币平价的±1.125%，但对其他国家的货币则实行浮动汇率制度。联合浮动的意义在于为成员国集团内部创造了一个稳定的汇率环境，减少了汇率风险，促进了集团内部的经济贸易发展，同时可以形成与个别发达国家相抗衡的货币干预力量。

盯住汇率制（pegged exchange rate），指一国货币与某一种或多种货币按固定的汇率挂钩，随该货币的汇率浮动而浮动。这种汇率制度具体又可以分为盯住单一货币浮动和盯住一篮子货币浮动。盯住单一货币浮动是指将本国货币与某一外国货币挂钩。一些国家由于历史、地理等诸方面的原因，其对外经济往来主要集中于某一经济发达的国家，或主要使用某一外国货币，因此，将本国货币盯住该工业发达国家的货币浮动。盯住一篮子货币浮动是指将本国货币与某一“篮子货币”挂钩。这种“篮子货币”主要由与本国经济联系最密切的国家的货币组成，如沙特阿拉伯和阿联酋等国家的货币就与特别提款权挂钩，盯住一篮子货币浮动有利于摆脱本国货币受某一外国货币的支配。实行盯住汇率制的国家，其货币与被盯住货币之间仍有规定的平价，并且汇率对平价的波动幅度为零，或限于一个很小的范围，一般不超过±1%。

弹性汇率制（flexible rate），是国际货币基金组织对盯住汇率制之外的各种汇率安排的统称。具体有两种类型：(1) 有限弹性，是指本国货币仍盯住某种货币，且与被盯住货币间的汇率有较大的波动幅度，但幅度有限，一般可达±2.25%。它又有两种类型：一是盯住某一货币浮动；二是盯住一组货币浮动，即联合浮动。(2) 较大弹性，也称高度弹性。这种汇率形态下，其汇率的波动不受到幅度限制，以独立自主原则进行浮动。这又有三种具体形态：一是根据一套经济指标进行汇率调整，如以本国的外汇储备、国际收支状况、消费物价指数等为依据，如巴西、智利、哥伦比亚等国；二是有管理的浮动方式，如中国、墨西哥等国；三是单独浮动方式，如美国、日本、加拿大、英国等。

中国香港地区于 1983 年 10 月 17 日起成功实行联系汇率制度，取代了实施多年的浮动汇率制度。这是一种独特的汇率体系，其实质是结合了固定汇率制和浮动汇率制特征的双重汇率安排。联系汇率制度的主要内容有：（1）从 1983 年 10 月 17 日起，香港发钞银行如要增发港元，须以 1 美元兑换 7.8 港元的比价，事先向外汇基金缴纳美元，换取等值的港元“负债证明书”，同时如部分港元现钞从流通中回流后，发钞银行同样可以用该比价再向外汇基金赎回负债证明书。（2）发钞银行以相同的方式为其他银行提供或回收港元现钞。（3）1 美元兑换 7.8 港元的固定比价只适用于发钞银行与外汇基金之间以及 1994 年以前的发钞银行与其他银行之间的港元现钞交易。发钞银行与其他银行间的非现钞交易以及银行同业交易、银行与客户之间的交易均按市场汇率。实行联系汇率制度后，维护稳定的汇率成为香港货币政策的唯一目标。这种发钞过程中的“事前约束”决定了联系汇率制度具有内在的稳定机制。首先，可以避免货币供应的失控；其次，港元的发行随着市场供求自动收缩或扩张，从而使该制度具有自动调节汇率的机制。

（二）浮动汇率制度的作用与缺陷

1. 浮动汇率制度的作用

首先，浮动汇率制度可以防止国际游资的冲击。在固定汇率制度下，汇率的升降受到人为的限制，很难与货币的内在价值始终保持一致，国际金融市场上的游资为了套汇或套利，纷纷抢购硬货币，使硬货币的汇率不断受到冲击。而在浮动汇率制下，汇率是随外汇市场上的供求关系而自动涨落的，汇率水平比较符合两国货币实际价值，可以减少该国受国际游资冲击的可能性。

其次，可以防止外汇储备的大量流失。在固定汇率制度下，一国政府有义务维持本国货币与其他货币的固定比价，一旦市场汇率波动，必须动用外汇储备大量购进或抛出本币，从而该国国际储备大量流失，而在浮动汇率制度下，一国政府不必维持这种固定比价，也就不必损失外汇储备。

再次，在浮动汇率制度下，汇率能发挥其调节国际收支的杠杆作用，各国可以通过汇率的自动调整而达到国际收支的平衡。因此在制定国内货币政策时，不必考虑对国际收支的影响，还可以提高国内货币政策的自主性。

2. 浮动汇率制度的缺陷

首先，在浮动汇率制度下，汇率变动得频繁和剧烈，不利于进出口的成本核算和计算利润，同时增加了国际贸易的风险，不利于国际贸易的稳定发展。

其次，汇率的剧烈变动，可能会使投资的预期利润化为泡影，给投资者带来普遍的不安全感，限制了国际间资本的流动，尤其是长期资本的流动。

再次，浮动汇率制度下，汇率波动极为频繁和剧烈，汇率波动的幅度甚至一天之内就能达到 5%，这使得国际投机活动加剧，引起国际金融市场的动荡不安，容易引发金融危机。一些经济规模较小而对外依存度较高的国家或地区，如新加坡和我国香港地区等，不得不保持较高的外汇储备，以备干预市场之用。

最后，在浮动汇率制度下，各国的货币政策和财政政策因受到的约束较小，容易盲目扩张，引发通货膨胀。再加上有许多国家利用货币贬值来刺激出口，带动了国内物价上涨，加重了全球通货膨胀的压力。

本章小结

外汇起源于商品生产与交换的扩大，外汇的实质是实现国际间商品交换或债务清偿的工具或手段。汇率是买卖外汇的价格，实质是两种货币或两国货币所具有或所代表的价值相交换。目前国际外汇市场上的汇率标价有三种方法，即直接标价法、间接标价法及美元标价法。

在纸币制度下，决定汇率的基础是纸币实际代表的价值量，纸币制度下的汇率变动是相对频繁的、剧烈的。影响汇率变动的因素是多方面的、复杂的，综合分析可以把经济因素、政策因素及其他偶然因素等作一归纳，具体分析则要视不同市场、不同国家、不同情况作细致探讨。汇率变动对一国经济的影响主要体现在对外汇储备的影响、对国内经济的影响、对资本国际流动的影响等方面，同时汇率变动也会对国际经济产生影响。

汇率制度是一国货币当局对本国汇率的变动的基本方式所做出的一系列安排或规定。作为政策的重要手段和国际货币体系的核心内容，汇率制度无论是对于一国国内经济发展还是对于国际货币体系稳定都具有重要意义。传统上，按照汇率变动的幅度，汇率制度被分为两大类型：固定汇率制度和浮动汇率制度。

重点概念

外汇　汇率　报价货币　直接标价法　间接标价法　买卖差价　外汇标价法　固定汇率　自由外汇　套算汇率　浮动汇率　记账外汇　金融汇率　即期汇率　关键货币　现钞汇率　远期汇率　管理浮动　联系汇率制　弹性汇率制

复习思考题

一、思考题

1. 怎样从广义与狭义两方面理解外汇的概念？

2. 汇率为什么有不同的标价法？

3. 如何区分直接标价法与间接标价法中的买入价与卖出价？

4. 试述影响汇率变动的主要因素。

5. 银行买入外币现钞的汇率为什么要低于买入外汇现汇的汇率？

6. 外汇的主要特点、种类及作用是什么？

7. 汇率的主要种类有哪些？

8. 将汇率划分为现钞和现汇有什么实际意义？

二、案例分析题

1. 如果你是一家瑞士银行的外汇交易员，客户向你询问美元兑瑞士法郎的汇价，你的答复为 1.410 0/10，问：

(1) 如果客户要把瑞士法郎卖给你，汇率是多少？

(2) 你以什么汇价向客户卖出瑞士法郎？

(3) 如果客户要卖出美元，汇率又是多少？

2. 如果你是香港某银行交易员，你向客户报出美元兑港币汇率为 7.805 7/67，客户要以港币向你买进 100 万美元，请问：

（1）你应给客户什么汇价？

（2）如果客户以你的上述报价，向你购买 3 500 万美元，卖给你港币，随后，你打电话给一经纪人想买回美元平仓，几家经纪人的报价分别是：

A. 7.805 8/65　　B. 7.806 2/70　　C. 7.805 4/60　　D. 7.805 3/63

你该与哪一位经纪人以什么汇价进行交易对你最有利？这两笔交易你赚了还是赔了？

第二章 国际收支

章前引例及分析

2013 年一季度中美双边贸易总值 1 182.4 亿美元，增长 10.8%

凤凰财经讯　4 月 10 日上午 10 时，海关总署新闻发言人、综合统计司司长郑跃声介绍 2013 年第一季度进出口情况，并答记者问。

以下为发布会实录（部分）：欧盟、日本贸易下降，对美国、东盟贸易稳定增长。一季度，中欧双边贸易总值 1 244.1 亿美元，下降 1.9%，占我国外贸总值的 12.8%。中美双边贸易总值 1 182.4 亿美元，增长 10.8%，占我外贸总值的 12.1%。一季度内地和香港双边贸易总值为 1 098.8 亿美元，增长 71.2%，占内地外贸总值的 11.3%。与东盟双边贸易总值为 1 002.6 亿美元，增长 15.5%，占我外贸总值的 10.3%。中日双边贸易总值为 708.7 亿美元，下降 10.7%，占我外贸总值的 7.3%。

资料来源：http：//finance. ifeng. com/news/special/data201303/20130410/7885467. shtml。

本章学习目标

通过本章的学习，你应该能够：

1. 了解国际收支、经常差额、综合差额的概念；
2. 了解国际收支平衡表的概念与结构、国际收支平衡表的编制原则，学会对国际收支平衡表进行分析；
3. 了解国际收支平衡的经济意义，分析国际收支失衡的原因及影响；
4. 认识国际收支失衡的自动调节机制和国际收支失衡的不同政策调节方式。

随着全球经济一体化的发展，各国之间的经济交往日益密切，逐渐产生了各种经济交往。以我国为例，2006 年，时任国家主席的胡锦涛在访问美国期间，签署了 400 亿美元订单，购买美国波音飞机、福特汽车整车以及微软公司软件；欧洲游客来华旅游人数增多，使得我国旅游创汇收入显著增加；某跨国公司在我国投资取得利润，年终利润汇回投资国国内，导致我国部分外汇资金外流；我国积极利用外商资金，目前世界500强企业大多在华创建子公司或分支机构；东南亚海啸发生后，我国向其进行人道主义援助，捐助了大量的资金和物资……由于以上经济交易发生，中国和有关国家间的经济交易的系统货币记录发生变化，这就是国际收支研究的范畴。

第一节　国际收支与国际收支平衡表

一、国际收支的概念

国际收支（balance of payments）是国际金融学中重要的概念之一，它有狭义和广义两个层面的含义。狭义的国际收支概念是建立在现金基础（cash based）上的，即一个国家或地区在一定时期内，由于经济、文化等各种对外交往而发生的，必须立即结清的外汇的收入与支出。由于这一概念仅包含已实现外汇收支的交易，因此称为狭义的国际收支概念。广义的国际收支概念是指一国或地区居民与非居民在一定时期内全部经济交易的货币价值之和，它是以交易为基础，不仅包括贸易收支和非贸易收支，而且还包括资本的输出和输入，既包括已实现外汇收支的交易，也包括尚未实现外汇收支的交易。只有建立在全部经济交易基础之上的广义的国际收支概念才能完整反映当今一国对外经济总量的状况，因此，本教材中所提及的国际收支均指广义的国际收支。

国际货币基金组织在其所编的《国际收支手册》中将广义的国际收支概念定义为："国际收支是一定时期的统计报表，它着重反映：(1) 一国与其他国家之间商品、劳务和收入的交易；(2) 该国货币、黄金、特别提款权以及对其他国家债权、债务的所有变化和其他变化；(3) 无偿转移支付，以及根据会计处理的需要，平衡前两项没有相互抵消的交易和变化的对应记录。"目前世界各国一般都采用这一概念。

要全面、准确地掌握国际收支的含义，需要把握以下几方面的内容：

(1) 国际收支是一个流量概念，它与一定的报告期相对应。各国一般是以一年为报告期。

(2) 国际收支所反映的内容是以货币记录的经济交易。所谓经济交易，是指经济价值从一个单位向另一个单位的转移，它包括：金融资产与商品和劳务之间的交换，商品和劳务的买卖；商品和劳务与商品和劳务之间的交换，即物物交换；金融资产与金融资产之间的交换；无偿的、单向的商品和劳务的转移，即一交易者向另一交易者提供了商品和劳务，但是没有得到任何补偿；无偿的、单向的金融资产的转移，即一交易者向另一交易者提供了金融资产，但是没有得到任何补偿。

(3) 国际收支记录的经济交易必须是本国居民与非居民之间发生的经济交易。居民与非居民的划分是以居住地为标准进行的。在国际收支统计中，居民是指一个国家的经济领土内具有经济利益的经济单位和自然人，在一国居住超过一年以上的法人和自然人均属该国的居民，而不管该法人和自然人的注册地和国籍。但作为例外，一个国家的外交使节、驻外军事人员、出国留学和出国就医者，尽管在另一国居住一年以上，仍是本国居民，是居住国的非居民。此外，国际性机构（如IMF等）不是某一国的居民，而是任何一国的非居民。

我国自1996年1月1日起实施的《国际收支统计申报办法》第三条规定：中国居民是指：(1) 在中国境内居留一年以上的自然人，外国及香港、澳门、台湾地区在境内的留学生、就医人员、外国驻华使馆领馆外籍工作人员及其家属除外；(2) 中国短期出国人员（在境外居留时间不满一年）、在境外留学人员、就医人员及中国驻外使馆领馆工作人员及其家属；(3) 在中国境内依法成立的企业事业法人（含外商投资企业及外资金融机构）及境外法人的驻华机构（不含国际组织驻华机构、外国驻华使馆领馆）；(4) 中国国家机关（含中国驻外使馆领馆）、团体、部队。

二、国际收支平衡表的概念

国际收支平衡表（balance of payments statement/presentation）是按照复式簿记原理，以某一特定货币为计量单位，运用简明的表格形式总括地反映某一经济体（一般指某一国家或地区）在特定时期内与世界其他经济体间发生的全部经济交易。各国或地区分析的目的不同，所编制的报表格式也就不一样。国际货币基金组织为使各国的国际收支平衡表具有可比性，对国际收支平衡表的概念、准则、惯例、分类方法以及标准构成等都作了统一的规定和说明。

国际货币基金组织曾在1948年、1950年、1961年、1977年、1993年和2008年先后六次修订其出版的《国际收支手册》，对国际收支平衡表的标准进行了统一规定。为加强对比，我们将1993年公布的第五版的格式和2008年公布的第六版的格式列出，分别见表2—1、表2—2。

表2—1　　国际收支平衡表（1993年第五版）

项目	借方	贷方
一、经常项目（Current Account）		
1. 商品（Goods）		
2. 服务（Service）		
3. 收入（Income）		
4. 经常转移（Current Transfers）		
二、资本和金融项目（Capital and Financial Account）		
1. 资本项目（Capital Account）		
2. 金融项目（Financial Account）		
直接投资（Direct Investment）		
证券投资（Portfolio Investment）		
其他投资（Other Investment）		
储备资产（Reserve Assets）		
. 外汇储备（Foreign Currency Reserve）		
. 黄金储备（Gold Reserve）		
. 特别提款权（SDRs）		
. 储备头寸（Reserve Position in IMF）		
. 其他资产（Other Assets）		
三、错误与遗漏（Errors and Omissions Account）		

资料来源：国际货币基金组织：《国际收支手册》，第5版。

表 2—2　　国际收支平衡表（2008 年第六版）

项目	借方	贷方
1. 经常账户		
1. A　货物和服务		
1. A. a　货物		
1. A. b　服务		
1. B　初次收入		
1. C　二次收入		
2. 资本账户		
2. 1　非生产非金融资产的取得/处置总额		
2. 2　资本转移		
3. 金融账户		
3. 1　直接投资		
3. 2　证券投资		
3. 3　金融衍生工具（储备除外）和雇员认股权		
3. 4　其他投资		
3. 5　储备资产		
4. 误差与遗漏净额		

资料来源：国际货币基金组织：《国际收支手册》，第 6 版。

三、国际收支平衡表的结构与主要内容

这里我们仅就国际收支平衡表第六版的有关项目进行说明。

第六版《国际收支手册》列出的国际收支平衡表的标准组成部分由四大项目组成：一是经常账户；二是资本账户；三是金融账户；四是误差与遗漏净额。

（一）经常账户

经常账户是指实质资源的流动，包括进出口货物、输入输出的服务、对外应收及应付的收益，以及在无同等回报的情况下，与其他国家或地区之间发生的提供或接受经济价值的经常转移。该账户在一国的国际收支中占据最基本、最重要的地位。同第五版相比，第六版中经常账户的结构在分类和具体组成部分上发生了重大变化。

1. 货物

货物有 5 种类型：一般商品、用于加工的货物、货物修理、各种运输工具在港口购买的货物、非货币黄金。根据国际收支的一般原则，所有权的变更是决定国际货物交易的范围和记载时间的原则。通常情况下，出口货物所有权的变更时间，是出口商停止在其项目上把出口货物作为自己的实际资产（即出口商在其账上记为销售），并在金融项目内记上相应的一笔账。进口货物所有权的变更时间，则是进口商在自己账户上把进口货物作为自己的实际资产（即进口商在其账上记为购进），并在金融项目内记上相应的一笔账。这种做法的目的在于，促进编制国际收支货物项目和金融项目的一致性，以及出口国和进口国编制的货物项目的一致性。

2. 服务

相对于商品的有形贸易来说，服务贸易属于无形贸易。服务共有 11 种类型：运输、

旅游、通讯服务、建筑服务、保险服务、金融服务、计算机和信息服务、专有权利使用费和特许费、其他商业服务、有关个人服务及文化和娱乐服务、别处未提及的政府服务。

3. 初次收入

初次收入账户显示的是居民与非居民机构单位之间的初次收入流量。国民账户体系中，收入的初次分配记入两个账户，即收入产生账户（记录在生产过程中产生的初次收入）和初次收入分配账户（记录对提供劳务、金融资产和自然资源的机构单位分配的初次收入）。国际账户中，所有的初次收入反映的是机构单位因其对生产过程所做的贡献或向其他机构单位提供金融资产和出租自然资源而获得的回报。国际账户将初次收入分成以下类型：(a) 雇员报酬；(b) 股息；(c) 再投资收益；(d) 利息；(e) 归属于保险、标准化担保和养老基金保单持有人的投资收益；(f) 租金；(g) 对产品和生产的税收和补贴。

4. 二次收入

二次收入账户表示居民与非居民之间的经常转移。各种不同类型的经常转移计入本账户，表明其在经济体间收入分配过程中的作用。转移可以为现金或实物。具体包括：(a) 个人转移；(b) 对所得、财富等征收的经常性税收；(c) 社保缴款；(d) 社会福利；(e) 非寿险和标准化担保净保费；(f) 非寿险索赔和标准化担保下的偿付要求；(g) 经常性国际合作。初次收入影响国民收入，二次收入与初次收入共同影响国民可支配总收入。初次收入为提供劳务、金融资产和出租自然资源而获得的回报，二次收入则是通过政府或慈善组织等的经常转移对收入重新分配。

（二）资本账户

资本项目反映资产在居民与非居民之间的转移，它由资本转移和非生产、非金融资产交易两部分组成。

国际账户中的资本账户表述是：(a) 居民与非居民之间的应收和应付资本转移；和 (b) 居民与非居民之间非生产非金融资产的取得和处置。

经济文献中，“资本账户”通常用来表示新版《国际收支手册》和《国民账户体系》中所称的金融账户。《国际收支手册》第五版之前的版本也一直采用“资本账户”这一术语。第六版采用这种表述方法主要是为了与国民账户体系保持一致，以区别资本交易和金融交易。《国民账户体系》中的资本账户反映了所有生产和非生产资产的资本形成。国际账户的对应内容仅反映非生产、非金融资产交易。生产资产交易计入货物和服务账户，无论这些货物或服务是用于资本性还是经常性目的。

(1) 非生产、非金融资产交易包括：(a) 自然资源；(b) 契约、租约和许可；(c) 营销资产（和商誉）。

(2) 资本转移，是指资产（非现金或存货）的所有权从一方向另一方变化的转移；或者是使一方或双方获得或处置资产（非现金或存货）的转移；或者为债权人减免负债的转移。

（三）金融账户

金融账户记录涉及金融资产与负债以及发生于居民与非居民之间的交易。金融账户表明用于净国际融资交易的职能类别、部门、金融工具和期限。金融账户反映的是居民与非居民之间投资与借贷的增减变化，它由直接投资、证券投资、金融衍生产品（储备除外）和雇员认股权、其他投资和储备资产等五部分构成。

（1）直接投资（direct investment）是国际上长期资本流动的一种方式，是指一国的经济组织直接在国外采用各种形式，对工矿、商业、金融等企业进行的投资和利润再投资。通过这种投资方式，投资者对直接投资企业拥有经营管理的发言权。根据投资方向（即居民在国外的直接投资和非居民在报告经济体的直接投资）记录的直接投资的资本包括：股本资本、利润再投资和其他资本投资。

（2）证券投资（portfolio investment）又称间接投资，指在证券市场上购买他国政府发行的债券、企业发行的中长期债券以及股票所进行的投资。证券投资者以取得利息或股息为目的，投资者对企业不享有经营管理权。一国买入证券，就是资本输出；一国卖出证券，就是资本输入。证券投资项下设资产和负债两个条目，这两个条目分别包括股本证券和债务证券。其中，股本证券包括一切表明在所有债权人的债权得以清偿之后对公司型企业剩余资产拥有所有权的工具和凭证，如股票、参股或其他类似文件等。债务证券包括三类：一是长期债券、无抵押品的公司债券、中期债券等；二是货币市场工具或可转让的债务工具，包括短期国库券、商业票据和融资票据、银行承兑汇票、可转让的大额定期存单等；三是派生金融工具或二级金融工具，包括金融期货、期权、互换等。

（3）金融衍生工具（储备除外）和雇员认股权。金融衍生合约是一种金融工具，该金融工具与另一个特定的金融工具、指标或商品挂钩，通过这种挂钩，可以在金融市场上对特定金融风险本身（例如利率风险、外汇风险、股权和商品价格风险、信用风险等）进行交易。在处理金融衍生产品的交易和头寸时，应与被拄钩的基础项目值分开。金融衍生合约中的风险可以进行交易——要么对合约本身进行交易（对于期权，可进行这种交易），要么创建一份新合同，该合同所含风险应与现有合约风险相称，以达到对冲目的。后一种做法称为可冲销性，在远期市场上发生。可冲销性意味着，通常可以创建一个对冲第一个衍生产品风险的“反向”新合约，来消除一个衍生产品的风险。从功能上说，购买新的衍生产品相当于出售第一个衍生产品。

（4）其他投资（other investment）是一个剩余项目，它包括所有直接投资、证券投资或储备资产未包括的金融交易。其资产与负债按工具进行分类，包括贸易信贷、贷款（包括使用基金组织的信贷和贷款）、货币和存款以及其他资产和负债（如各种应收款和应付款）。

（5）储备资产（reserve assets）涉及的项目包括货币黄金、外汇资产、特别提款权、在基金组织中的储备头寸及其他债权。其中，货币黄金是一国货币当局作为储备而持有的黄金；外汇资产是指一国政府通过国际收支顺差或干预外汇市场等而形成的外汇储备；特别提款权是国际货币基金组织创设的记账单位，是按会员国份额比例无偿分配的“纸黄金”，它只能在国际货币基金组织范围内用于某些特定用途，如清偿与基金组织之间的债务、缴纳份额、以转账形式获取其他可兑换货币、作为支持本国货币汇率的基础等，未动用的特别提款权构成一国的国际储备资产；在基金组织中的储备头寸包括储备档头寸和对国际货币基金组织形成的债权头寸等。

（三）误差与遗漏净额

该项目是为了使国际收支平衡表借方和贷方平衡，人为设立的一种平衡项目。根据该项目复式簿记原则，借贷总额应该相等。但是，在实际编制国际收支平衡表的过程中，总会出现一定的错误与遗漏，如逃避管制的非法资金流动、各部门统计口径的差异、同一笔交易发生于借方和贷方的时间差等。错误与遗漏项目的设立，可保证借方和贷方总额相等。

四、国际收支平衡表的编制原则

（一）计价原则

国际收支平衡表在编制中必须遵循统一计价原则，因为每项记载交易的借贷双方实际上可以各自从不同的来源中获得价格，假如不遵循统一计价的原则，表内就会出现不平衡。对此，国际货币基金组织（IMF）提出通用的解决方法，是采用以市场价格或其等值为依据来确定价值的原则。即国际收支平衡表记载的交易（无论是商品、劳务交易还是金融交易）均按实际价格来计价，如果市场价格不存在，则用同等条件下已知的市场价格来推算。比如：易货贸易下，货物的价格根据标准的市场报价来推算，非商业性交易（如政府间物资交换）的交易价格往往含有一定成分的优惠，在记录时，也必须按市场价格来计价。

（二）记载时间

国际收支平衡表中每笔交易的登记时间以所有权的变更为准，这是因为，一旦出现所有权变更，债权债务就随之出现。所有权的变更可能反映在法律上，也可能反映在实物上。如果所有权的变更不明显，变更发生的时间可以用交易各方入账的时间来代替。

五、国际收支平衡表的记账方法

国际收支平衡表是按照“有借必有贷，借贷必相等”的复式簿记原理来系统记录每笔国际经济交易的，即居民与非居民之间的每一笔经济交易都会产生两项记录：一项借方记录和一项贷方记录。贷方反映的是一切外汇收入项目，用正号表示货物和服务的出口、收益收入、接受的货物和资金的无偿援助、金融负债的增加和金融资产的减少；借方反映的是一切外汇支出项目，用负号表示货物和服务的进口、收益支出、对外提供的货物和资金无偿援助、金融资产的增加和金融负债的减少。总的来说，凡是引起本国从国外获得外汇收入的交易记入贷方，凡是引起本国对国外有外汇支出的交易记入借方；而这笔货币收入或支出本身则相应记入借方或贷方。在经济交易中无论支付的是本币还是外币，只要交易发生在居民和非居民之间，都要记入国际收支平衡表。

第二节　国际收支平衡表的分析

一个国家在一定时期内国际收支的平衡是其经济活动的一项重要目标，而现实经济生活中国际收支的平衡是相对的，不平衡是绝对的。收入大于支出是顺差，支出大于收入是逆差。顺差也好，逆差也好，最后必然影响国际储备资产的增减。所以国际收支分析要掌握国际收支平衡表的分析方法、分析国际收支平衡状态、究其原因并提出扭转不平衡的措施。

一、国际收支平衡表的分析方法

（一）静态分析

静态分析也称项目分析，是指分析某国在某一时期内国际收支平衡表中的各个项目及其差额，分析各个项目差额形成的原因及对国际收支总差额的影响，从而找出国际收支总差额形成的主要原因。例如针对中国 2013 年国际收支平衡表的各个项目及差额进行分析，并对各个项目的含义及各个差额的成因进行解释和阐述，就是静态分析。

（二）动态分析

一国的国际收支处于一个连续不断的运动过程之中，因此，对国际收支的分析也应该用动态的方法加以考察。动态分析是指分析某国若干连续时期的国际收支平衡表，以此来考察过去一定时期该国的经济结构状态、经济发展进程及经济政策导向的综合结果。如果我们将收集到的 2008 年至 2013 年中国国际收支平衡表进行综合分析，总结中国连续 6 年的国际收支状况及其规律，就属于动态分析。

（三）比较分析

比较分析，一般是指对不同国家在相同时期的国际收支平衡表进行比较分析。随着国际政治经济和军事关系的变化，一国与其相关国家之间的国际收支也会相应变化，因此必须对相关国家的国际收支平衡表进行横向的比较分析，找出其中隐藏的经济关系及其作用的结果。例如，如果我们将收集到的 2013 年中国、美国、日本三国的国际收支平衡表进行比较，重点观察一些三个国家相关性较大的项目，分析、总结有关情况，这就是比较分析。

二、国际收支平衡的含义

为了更正确地反映一国国际收支的真实状况，必须对国际收支平衡的定义进行严格的规范。目前对国际收支的平衡与失衡，国际上有不同的定义方法，只有主动平衡和内容平衡才是真正的国际收支平衡。

（一）主动平衡与被动平衡

这种分类方法首先将各种国际经济交易活动按其性质分为自主性交易和调节性交易。自主性交易又称为事前交易，指根据经济主体自主的经济动机而进行的各种经济活动，具有分散性和主动性的特点，如商品和劳务的输出入、馈赠和侨汇等。调节性交易又可称为事后交易，指为弥补自主性交易差额或缺口而进行的各种经济交易活动，具有集中性和被动性的特点，如当一国的自主性交易发生逆差时，要从国外银行获得短期资金融通或动用黄金或外汇储备进行支付等。国际收支的主动平衡是指自主性交易的收支自动相等，不需用调节性交易来弥补，而被动平衡则是指自主性交易收支不能相抵，必须用调节性交易来轧平。判断一国国际收支是否平衡的实质性标志是自主性交易是否平衡，即基本差额情况是顺差还是逆差。

（二）数额平衡与内容平衡

这种分类方法认为，国际收支的主动平衡有时也并非真正的平衡，仅仅是数额的平衡，必须同时实现内容的平衡。假定一国的国际收支主要表现为贸易收支，其他收支的比重皆微不足道，那么如果该国输出的货物是本国生产能力较强的制成品，通过出口可以带动国内的经济增长；而输入的货物却是本国稀缺的资源或先进的机器设备，这种进出口结构显然是有利于本国经济长期发展的，这样达到的平衡也才是真正的内容平衡。反之，如果出口的货物是国内经济发展中本身所短缺的，而进口的货物又明显会对本国的幼稚产业起打击作用，这样虽然在数额上实现了平衡，却没有在内容上达到平衡，长期以来将对该国的经济发展产生不利影响。

三、国际收支的差额分析

（一）国际收支中的顺差和逆差

国际收支平衡表的每一具体项目的借方和贷方经常是不平衡的，收支相抵后总会有差额。如果收入大于支出，出现盈余，称为顺差（surplus）；支出大于收入出现亏损，称为逆差（deficit）。

（二）国际收支差额的分析

深入分析国际收支平衡状况，必须进一步分析国际收支结构，尤其是对国际收支中各种差额进行分析。有关国际收支平衡表差额如下：

（1）国际收支总差额分析。国际收支总差额，反映了收入和支出的最终结果。一般来说，仅就顺差逆差而言，很难说明是好是坏，而必须结合经常项目、资本与金融项目的差额加以分析，才能给予正确的评价。

（2）经常项目差额分析。经常项目差额，包括对外贸易、非贸易往来和无偿转让差额，是衡量一个国家对外经济往来的经济实力和国际收支基本状况的基本指标。一般情况下，它影响和决定国际收支总差额的趋势。

（3）对外贸易差额分析。对外贸易差额，是货物进出口的差额。一般来说，它是国际收支经常项目中比例最大的一项差额，也是影响国际收支状况的决定性因素，它是制定对外贸易和国际金融政策的重要依据。

（4）资本与金融项目差额分析。资本与金融项目差额，是反映一国对外债务债权变化的项目。当差额是顺差时，反映了该国是资本净流入，增加了对外债务；反之，这个项目是逆差，则反映资本净流出，对外债务减少或债权增加。

（5）基本差额分析。基本差额，是经常项目差额和长期资本（资金）往来差额之和，用于衡量一国国际收支的长期发展的趋势。这是来自国际货币基金组织《国际收支手册》的一个概念，主要用来衡量国际收支自主平衡。第五版《国际收支手册》删除了该概念。IMF这么做主要是由于在金融创新与日益高涨的融资证券化趋势下，各种新的金融交易与金融工具的出现，使得资本交易期限长短之间的界限模糊了。

背景知识

2012年上半年中国国际收支报告

2012年上半年，全球经济增长放缓，国际金融持续动荡，大宗商品价格大幅波动，新兴市场普遍出现资本外流。我国加强和改进宏观调控，进一步促进国际收支基本平衡，国内经济缓中趋稳，金融支持实体经济的力度加大，人民币汇率逐步趋近合理均衡水平，但稳定经济增长和化解金融风险的任务依然艰巨。在复杂严峻的国内外因素影响下，2012 年上半年，我国涉外经济活动保持平稳增长，国际收支交易总规模同比增长 10%。国际收支趋向更加平衡，经常项目顺差 772 亿美元，资本和金融项目顺差 149 亿美元，同比分别下降 12%和 92%；经常项目顺差与国内生产总值之比为 2.1%，较 2011 年同期下降 0.7 个百分点；国际收支口径的外汇储备增加 636 亿美元（剔除汇率和资产价格变动的估值影响），较 2011 年同期少增 2 174 亿美元。跨境资本流动呈现双向变化，第一季度资本和金融项目由 2011 年第四季度的逆差 290 亿美元转为顺差 561 亿美元，第二季度再现净流出 412 亿美元。下半年，不稳定、不确定的因素依然较多，但有利于我国国际收支平衡的积极因素正在逐步积累，我国国际收支仍有望保持基本平衡。下一阶段，外汇管理工作将把握好稳中求进的主基调，把稳增长放在更加重要位置，继续促进贸易投资便利化，加快外汇市场发展，坚持防风险不放松，密切跟踪跨境资金流动走势，完善政策预案，进一步提高外汇管理服务实体经济和维护国家经济金融安全的能力。

资料来源：http：//www. safe. gov. cn。

四、国际收支失衡的经济影响

长期存在严重的国际收支逆差和顺差都会对一国经济产生不良影响。

（一）国际收支逆差对经济的不利影响

一国长期存在严重的国际收支逆差，会形成对该国货币汇率下跌的压力，如果该国货币贬值，该国以较低的价格出口商品，其出口企业利润减少，甚至亏损，这将增加银行呆账和不良资产。同时本币贬值会加重外债负担。前几年，我国外债余额达 1 450 亿美元时，人民币兑美元每贬值 10%，就会使外债增加 145 亿美元。

国际收支出现逆差，如果动用黄金或外汇储备干预外汇市场，会使该国黄金或外汇储备减少，对外支付能力下降。此外，国家的黄金和外汇储备与国内货币供应量具有不同程度的联系，黄金和外汇储备减少会导致国内银根紧缩和利率上升，这样，对本国收入和就业都有消极影响。

如果国际收支持续的大量的逆差主要是由贸易逆差所引起的，则会造成本国收入下降和失业增加；如果国际收支持续的大量的逆差主要是由资本项目逆差所引起的，则会加剧国内资金紧张，造成本国收入下降和失业增加，并导致利率上升，使企业生产成本提高，利润减少。

（二）国际收支顺差对经济的不利影响

那么国际收支顺差是否多多益善呢？应该承认，国际收支顺差的消极作用不像逆差那样明显，有时它还会成为政府追求的目标。但是，如果国际收支顺差过大并且长期存在，也会给一国经济带来消极影响。

国际收支顺差易形成本币对外升值的压力，不利于扩大出口。从长远来看，也不利于该国扩大市场和发展生产。

国际收支顺差导致该国外汇储备增加，同时也引起该国货币供应量增加，加剧该国通货膨胀，增加机会成本。一国若出现国际收支盈余，超额的外汇供给将通过商业银行出售给中央银行，导致中央银行国际储备的增加。中央银行则通过增加商业银行在中央银行的存款准备金，创造新的用于购买这些外汇的货币。在此基础上，通过商业银行系统的运作，该国货币供给量增加 。

综上所述，任何一个特定的差额都不能单独说明所有的问题，都难以独自表现国际收支的全貌，因此，衡量一国国际收支状况必须借助对各个差额进行综合分析比较，才能得出正确的结论。

第三节　国际收支的失衡与调节

一、国际收支失衡的因素

（一）周期性因素

任何国家的经济都存在着波动周期，这个经济周期分为繁荣、衰退、萧条和扩张四个阶段，在一定的时期内，周而复始，反复循环。在不同阶段，国际收支可能出现不同的失衡情况，当一国经济处于繁荣或扩张阶段，由于国内投资和消费需求过旺，进口增长超过出口增长，可能出现逆差；当一国经济处于萧条或衰退阶段，由于国内需求萎缩，进口需求迅速消退，可能出现顺差。而且，由于国际间交往日益紧密，发达工业国家的经济状况往往影响其他国家，致使各国的国际收支发生不平衡。

（二）结构性因素

各国由于历史、自然地理及政府引导等多种原因，经济产业结构差别很大，生产力发展水平各异。一些发展中国家曾长期受到殖民统治，导致其经济结构单一，甚至仅以某一两种初级产品成为其出口换汇的唯一或主要的手段。一旦国际市场对这些发展中国家赖以换汇的初级产品需求减少或价格下跌，这些国家的国际收支就会出现重大困难。另外，一些发展中国家的经济和产业结构变动的滞后和困难也会引起国际收支失衡。例如，一国的国际贸易在一定的生产条件和消费需求下本来是均衡的，当国际市场发生变化，新产品不断地淘汰旧产品，这些新的替代品性能更优，价格更低，如果该国不能及时根据国际形势调整自己的生产结构，那么，原有的贸易平衡就会被破坏，逆差就会出现。一般来说，这种由于产业结构和经济增长等因素造成的国际收支失衡具有长期持久、不易消除的特点。

（三）货币性因素

货币性因素是指在一定汇率下，由于国内货币供应增加、一般物价水平上升引起国际收支的失衡。例如，某个国家内部发生通货膨胀，物价大幅度上涨，出口商品的成本提高，价格上涨，这种商品的输出必然受影响，而进口商品价格相对便宜，输入受到鼓励，引起国际收支逆差。一国国内的物价水平上升的原因一般被认为是货币供应量的过分增加，因此，这种国际收支的失衡被认为是货币性的。

（四）收入性因素

当一国经济迅速发展时，居民的收入也会相应迅速增加，从而具有更高的消费需求，除了要求进口商品迅速扩大外，还增加了原来在较低的收入水平时所没有或较少的其他消费需求，如旅游和进口奢侈品等。这种国民收入相对快速增长会导致进口需求的增长超过出口增长，引起国际收支失衡。如 20 世纪 80 年代的韩国，经济发展迅速，人均 GDP 从 1980 年的 1 530 美元猛增至 1989 年的 5 400 美元，经济实力有了较大的增强，但国际收支却由顺差转为逆差，1989 年还有 8 亿美元的顺差，1990 年为逆差 50 亿美元，1991 年逆差更增至 100 亿美元，主要原因就是居民的海外旅游支出迅速增加，使无形贸易逆差严重。

（五）偶然性因素

如国际政治、经济事变、严重的自然灾害等，会影响一段时间内的国际收支平衡。例如 1990 年 8 月，伊拉克入侵科威特，引起世界各国对伊拉克的全面经济制裁，伊拉克石油出口受阻，外汇收入骤降，国际收支严重恶化，在当时世界石油市场价格骤升的情况下，其他石油出口国乘机扩大石油出口，石油美元收入增加了 42%，达 492 亿美元。又如，2001 年底美国政府公布，由于进口需求下降和“9·11”事件导致外国保险公司向美国公司支付巨额赔款（110 亿美元），2001 年第三季度美国的国际收支逆差比第二季度下降了 11.7%，降到 950 亿美元，为当时一段时期的最低水平。

二、国际收支失衡的调节

既然巨额的、连续的国际收支顺差或巨额的、连续的国际收支逆差对经济的长期稳定发展都是不利的，各国都采取措施调节自己的国际收支，使其趋向平衡。各国政府采取的主要政策措施有：

（一）外汇缓冲政策

外汇缓冲政策是指各国政府为调解国际收支平衡，将持有的一定数量的黄金外汇作为外汇平准基金（exchange stabilization fund），抵消市场的超量外汇供给或需求，从而使国际收支不平衡所产生的影响不致超过官方储备增减的限度。当一国的国际收支发生逆差或顺差时，中央银行可以通过外汇平准基金，在外汇市场买卖外汇，调节外汇供求。这种做法简便易行，既有利于避免汇率的暂时波动，又有利于本国对外贸易和投资的顺利进行，但通过外汇储备的弥补，只能用来平衡一次性或季节性的国际收支逆差，不适合用来对付巨额的、长期的逆差，因为一国的外汇储备规模毕竟是有限的，过度依赖这一政策会导致储备枯竭，不能从根本上解决赤字。

（二）财政货币政策

1. 财政政策

财政政策，主要是采取缩减或扩大政府的财政预算或财政支出的方式和调整税率的方式，以调节国际收支的顺差或逆差。

如果发生连续的国际收支逆差，则首先可以实行紧缩的财政政策，削减政府的财政预算、压缩财政支出，抑制公共支出和私人支出，迫使国内的物价水平下降，出口所需的投入成本也随之下降，这样，就能够增强本国出口商品的竞争力，最终减少国际收支逆差。其次可以提高本国相关的税率。税率一经提高，就会减少国内的投资和消费，从而减少国民收入，使国内物价水平下降，从而有条件扩大商品出口，达到缩小国际收支逆差的目的。

反之，在发生连续顺差时，调节措施首先是扩大政府的财政预算，扩大财政支出；其次是降低税率，以扩大需求，减少出口，增加进口，以此达到缩小顺差的目的。

2. 货币政策

货币政策是西方国家普遍、频繁采用的调节国际收支的政策措施。中央银行通过运用各种政策工具，调节需求规模，进而达到调节国际收支的目的。当国际收支发生逆差时，中央银行实施紧缩的货币政策，通常采取的方式有：（1）提高利率，以增加融资成本的方式来限制货币需求的膨胀，并吸引外资流入；（2）提高存款准备金率，以紧缩信贷规模，从而达到制约进出口规模的目的；（3）实行公开市场业务操作，卖出债券，回笼货币，调节货币需求规模，从而减少直至消除逆差。货币政策的局限是：国际收支的改善往往与国内的经济发展目标冲突，只有在国际收支逆差是因为总需求大于总供给，同时实现充分就业情况下，采取紧缩的货币政策才不至于牺牲国内的经济目标。

同理，在国际收支顺差时，可采取扩张性的货币政策，即降低利率、降低存款准备率、买入债券予以调整。在实际的经济生活中，如果国际收支出现顺差时，通过商业银行将超额的外汇出售给中央银行而增加了在中央银行的存款准备金，导致了国内货币供给量的增加，此时，中央银行可以在公开市场上卖出同等价值的证券，从而减少商业银行在中央银行的相应数额的存款准备金，以抵消国际储备变动对商业银行准备金的影响。由于实行了冲销政策，国际收支失衡才不会影响国内货币供给。

（三）汇率政策

汇率政策是指通过宣布货币法定升值或贬值办法，公然提高或降低本币与外币的兑换比例，使国际收支失衡得到改善。一般来说，当国际收支出现严重的逆差时，可实行货币的法定贬值，降低本币汇率，提高外汇汇率，使本国产品以外币表示的价格下跌，提升竞争力，扩大出口，以改善国际收支，当国际收支出现巨额顺差时，则在他国的压力下实行货币的法定升值，以减少和消除国际收支顺差。从1999年至2001年底，日元兑换美元的贬值幅度为28%，据悉此次日元的大幅贬值，是政府主导型的贬值。一些东亚和东南亚国家均感到日元贬值带来的压力，纷纷表示必要时本币将追随日元贬值。究其原因，是因为多年来东亚和东南亚各国形成了与日本大致相同的产业结构和进出口结构，在电子产品、汽车、钢铁等产品的出口领域与日本竞争激烈，日元贬值后，以外币如美元表示的日本商品价格便会大幅下降，提升了日本产品在国际市场的竞争力，极大地促进了日本产品对欧美等国家的出口，夺取了这些国家的海外市场。同理，亚洲其他国家的进出口贸易都将受到影响。

（四）直接管制政策

直接管制政策是指政府通过发布行政命令，对国际经济交易进行行政干预，以求平衡国际收支的政策措施。它可以分为数量性管制措施和价格性管制措施，前者包括进口配额、进口许可证、外汇管制等各种进口的非关税壁垒；后者主要是运用关税壁垒，即对本国进口数量较大的或用汇较多的商品实行高额关税，以减少进口支出，同时也可以采用出口补贴、进口退税等行政手段，增加进口收入。这一政策灵活、具体，易于有针对性地区别实施，不致引起整个经济局势的起伏。但是，它也会带来国际收支隐性赤字、招致贸易伙伴国的报复等不良后果。

（五）国际经济合作

与上述政策相比，国际经济合作能更有效地调节国际收支的失衡。各国可通过协调经济政策，减少相互摩擦，促进贸易自由，促进生产要素自由流动，促进生产要素的最优配置，推动各国经济共同发展，从根本上改善国际收支状况。

综上所述，国际收支失衡必然会直接或间接地引起诸多经济变量的变化，而这些经济变量的变化又反过来影响国际收支的平衡。各国政府根据本国国际收支状况，通过以上各种政策进行调节，争取达到国际收支的平衡。因此，我们要充分认识利率、汇率、货币供应量等经济变量与国际收支的相关性，密切关注这些经济变量和国际收支各种差额所传递的相关信息。

第四节　国际储备

一、国际储备的概念

（一）国际储备与国际清偿力

国际储备是一国货币当局为弥补国际收支逆差，维持本国货币汇率稳定以及应付各种紧急支付而持有的、为世界各国所普遍接受的财产。

与国际储备紧密相连的一个概念是国际清偿力。国际清偿力是指一国动用资金的能力。根据国际货币基金组织的定义，国际清偿力为一国的自有储备和借入储备之和。自有储备即国际储备，借入储备包括备用信贷、互惠信贷和支付协议、本国商业银行的对外短期可兑换货币资产。

（二）国际储备的特征

根据国际储备的定义，一种资产必须具备以下三个特征才能成为国际储备：一是可得性，即它是否能随时、方便地被政府得到；二是流动性，即变为现金的能力；三是普遍接受性，即它是否能在外汇市场上或在政府间清算国际收支时被普遍接受。

二、国际储备的作用

（一）调节国际收支

当一国的国际收支出现顺差特别是经常项目出现顺差时，可以通过增加储备资产总额，发挥“蓄水池”作用。当一国国际收支出现逆差时，可以动用国际储备加以弥补。国际储备的调节作用体现在三个方面：一是在出现临时性的国际收支失衡时，直接动用国际储备进行调节，不必动用经济政策或管制政策调节，可以避免诱发经济运行的动荡；二是即使需要动用经济政策来调节国际收支失衡，由于国际储备的缓冲作用，也可以缓和调节过程，避免因采取紧急措施而付出沉重代价；三是动用国际储备常常是最后的手段，在特定时期内，当一切调节政策不能或暂时不能奏效时，动用国际储备则是必然的选择。

（二）维护本国货币汇率的稳定，增强本国货币的信誉

国际储备是一国维持货币汇率的“干预”资产。在浮动汇率制度下，各国为了本国的利益，使本国货币汇率稳定在政府希望的水平上，就必须动用国际储备，干预外汇市场，以稳定汇率。而各国干预外汇市场的资产则来自于国际储备的一部分，称为外汇平准基金，由外汇、黄金和本国货币构成。当外汇汇率下降，本币汇率上升过快时，就抛出本币、购进外汇，以稳定汇率；当外汇汇率上升，本币汇率下降，超过政府的汇率目标区间时，就向市场抛出外汇，换回相应的本币，以平抑汇率，所以充足的国际储备是支持和加强本国货币信誉的物质基础。

（三）提高一国的国际信用度

国际储备作为备用的国际支付手段，是对外举债、还本付息的保证，是一国国际资信的标志之一。如果一国的国际储备雄厚，则该国的国际信誉就高，在国际上举债就比较容易；反之，如果一国的国际储备严重不足，或者近乎枯竭，则该国的国际信誉会一落千丈，很难在国际上借到外债和开展正常的经济往来。

三、国际储备的构成

国际储备的具体构成，在不同的历史时期有所不同。在国际金本位制时期，黄金是一国国际储备的主要构成。第二次世界大战后，根据布雷顿森林会议建立的《国际货币基金组织协定》规定，黄金是国际储备的基础，美元按照黄金官价自由兑换黄金，并被赋予国际储备货币的特殊地位，即美元等同于黄金。20 世纪 70 年代初期，布雷顿森林货币体系崩溃以后，美元继续作为国际储备货币。由于浮动汇率制取代固定汇率制，美元汇率交替地出现长期上浮或下浮的波动状态。世界各国为减轻持有单一货币外汇资产的风险，逐步代之以采取分散持有其他相对稳定货币作为外汇储备，从而进入了一个国际储备多元化的时期。目前，一国的国际储备主要包括以下形式的资产。

（一）黄金储备

黄金储备是一国货币当局以金融资产形式持有的货币性黄金。由于黄金的贵金属性，使之“天然”就具备充当国际储备资产的条件，因而成为一种重要的国际储备资产形式。在金本位制下，黄金是主要的储备形式和通货形式，但从 1976 年起，国际货币基金组织废除了黄金和货币的联系，黄金退出流通，成为一种普通商品。黄金储备在国际储备中的比重下降，从 1948 年的 69.7％下降到 1978 年的 6.2％，但是就储量来说，基本趋势不变，全球官方储备总量一直在 10 亿盎司左右，黄金仍是国际储备的重要组成部分。

（二）外汇储备

外汇储备是各国国际储备的主要组成部分。外汇储备是以可自由兑换的货币表示的国际储备，其内容包括外汇存款及其他外汇金融资产。国际货币基金组织将外汇储备定义为：货币行政当局以银行存款、财政部存款、长短期政府债券等形式所保有的在国际收支逆差时可以使用的债权。能充当外汇储备的货币通常称为“储备货币”，但并不是任何国

家的货币都可以作为储备货币，能够作为储备货币的必须是各国普遍愿意接受的货币。储备货币必须具备以下三个基本条件：第一，在国际货币体系中占有重要地位，在国际结算中使用较多；第二，能自由兑换成其他货币；第三，具有相对稳定的内在价值，人们对其购买力的稳定性具有信心。而这三个条件最终又取决于一国的经济实力，因此，往往是经济强国的货币成为主要的储备货币。

外汇储备是各国最重要、比例最大的国际储备组成部分。由于充当各国国际储备的货币往往是一些主权国家发行的国别货币，所以主权国家的货币输出成为国际储备的重要源泉。这些货币的输出有两个途径，一个是借贷，另外一个是购买外国的商品。总之，是通过国际收支逆差输出货币。逆差的结果和实质就是对他国的实物资源的占有，取得铸币税收益。美元是当今各国储备中比例最大的币种，因此，美国通过美元输出，占有了其他国家的大量财富，类似于以美元这种标准化的欠条来换取他国的财富。

（三）在国际货币基金组织的储备头寸

这部分储备又被称为普通提款权。在国际货币基金组织的储备头寸，是指国际货币基金组织的会员国按其规定可无条件动用提取的在国际货币基金组织的普通基金账户中的一部分资金份额。一国在国际货币基金组织的储备头寸包括以下三个部分：第一，会员国缴纳份额的黄金外汇部分，即该会员国向国际货币基金组织缴纳份额的25%，这部分原本用黄金缴纳，现在必须用可兑换货币缴纳。第二，国际货币基金组织用去的会员国的本币份额部分。该会员国向国际货币基金组织缴纳份额的75%，以本币缴纳，记入国际货币基金组织账户，由于某种需要，国际货币基金组织用去其中部分或将其借贷给他国。第三，国际货币基金组织向该会员国的借款。

（四）特别提款权

特别提款权是国际货币基金组织对会员国根据其份额分配、可以用来归还国际货币基金组织的贷款和会员国政府之间偿付国际收支赤字的一种账面资产。它是会员国在普通提款权以外的一种特别使用资金的权利，又名“纸黄金”。它是国际货币基金组织于1969年创造的国际储备资产。引入这一资产的原因是：国际货币基金组织的成员国担心，国际储备的现有存量和潜在增长可能不足以支持世界贸易的扩大，而当时主要的储备资产是黄金和美元。成员国不希望全球储备依赖于黄金的生产（因为它具有内在不确定性）和美国国际收支的持续逆差（以保证美元储备不断增长）。特别提款权作为补充储备资产而出现，如果基金组织的成员国需要时，国际货币基金组织可以定期“分配”特别提款权，必要时可以取消。

四、国际储备的管理

（一）国际储备管理的基本原则

国际储备管理的政策目标首先应符合本国经济发展的需要，即国际储备的规模、组成的结构以及营运策略、措施，应有利于各种生产要素的合理、优化配置，以保持经济适度、稳定发展。其次，要符合“安全性、流动性、盈利性”三者合理配置的原则。所谓安全性，是指尽可能地降低风险和损失；所谓流动性，是指容易变现及完成国际支付；所谓盈利性，是指追求最高的收益率。对于储备持有国来说，这三者不可或缺，但在实际运作中，则往往难以同时兼得。若将储备资产大部分存放于短期存款，可保证充分的流动性，也有较好的安全性，但收益率必然较低；若将储备资产做长期投资，收益率可能较高，但是流动性较差，风险也可能较大。因此，有必要处理好机会成本和边际收益的关系，使国际储备资产存放取得安全性、流动性和盈利性的最佳组合，在保证安全性的前提下，争取以最低的成本获得尽可能高的效益。

（二）国际储备资产的总量管理

首先应掌握国际储备适度规模的含义。国际储备适度规模是指一国根据自身经济发展的需要，确定一个包括黄金、外汇及其他资产在内的储备总量的规模。这个总量的规模，既要满足国际支付、干预市场等方面的需要，又不至于造成储备资产浪费或低效运行。一国国际储备太多或太少，都会带来不良后果。

确定适度国际储备规模还应考虑以下几个方面的因素：

(1) 持有储备的机会成本。一国持有国际储备，实际上是将这些资源储备起来，同时牺牲了利用这些资源所带来的投资收益和经济的发展，这是国际储备的机会成本，它表明一国持有储备所付出的代价。一国所持有国际储备的成本等于投资收益率与储备的利息收益率之差。这个差额越大，表明持有储备的成本越高；差额越小，表明持有储备的成本越低。一般来说，持有国际储备的成本越高，对国际储备的需求量越少；反之，需求量越大。

(2) 金融市场的发达程度。金融市场是储备的重要渠道，发达的金融市场使得金融当局可以通过市场操作获取所需的储备，也可以通过金融机构迅速地“借入储备”，即发达的金融市场存在一种迅速地把民间资金或社会资金转换为中央银行直接持有的储备的机制，我们姑且称之为储备转换机制。因此金融市场越发达，储备转换机制越完善，货币当局对储备的需求“冲动”就越少；反之，对储备的需求“冲动”就越多。

(3) 汇率制度和外汇政策。一国在实行固定汇率制度和稳定汇率的政策条件下，为干预外汇市场，平抑汇率，对国际储备需要的数量较大；反之，实行浮动汇率制度，则对国际储备需要的数量较少。

(4) 外汇资信和融资能力。一般来说，一国有良好的对外信誉和形象，可以在必要时较容易或迅速地筹措到各种外汇资金，那么，该国对储备的需求就会小些；反之，对储备的需求就会大些。与此相关，一国在国际金融市场上的融资能力与储备需求也存在密切关系。一国融资能力较强，其国际储备水平可低些，因为该国的国际清偿力不会因其储备水平较低而降低；相反，则需要较多的国际储备。但是应该指出，一国如储备水平过低，就不具有较高水平的国际信誉，而其借用国外资金的能力也会降低。

(5) 外汇管制的程度。如果一国经济开放程度低，对外实行严格的管制，一切外汇收支都按计划或需要批准，则用汇量必然受到限制，在这种情况下，对外汇储备的需求一般会小些；反之，对外汇储备的需求会大些。

(6) 货币的国际地位。一国货币如果处于储备货币地位，它可以通过增加本国货币的对外负债来弥补国际收支逆差，而不需要较多的国际储备。相反，一国货币如果处于非储备货币地位，就需要较多的国际储备。

表 2—3　中国历年外汇储备（1950—2008 年）　单位：亿美元

年份	储备	年份	储备	年份	储备	年份	储备
1950	1.57	1967	2.15	1984	82.20	2001	2 121.65
1951	0.45	1968	2.46	1985	26.44	2002	2 864.07
1952	1.08	1969	4.83	1986	20.72	2003	4 032.51
1953	0.90	1970	0.88	1987	29.23	2004	6 099.32
1954	0.88	1971	0.37	1988	33.72	2005	8 188.72
1955	1.80	1972	2.36	1989	55.50	2006	10 663
1956	1.17	1973	−0.81	1990	110.93	2007	15 282.49
1957	1.23	1974	0	1991	217.12	2008	19 460.30
1958	0.70	1975	1.83	1992	194.43	2009	23 991.52
1959	1.05	1976	5.81	1993	211.99	2010	28 473.38
1960	0.46	1977	9.52	1994	516.20	2011	31 811.48
1961	0.89	1978	1.67	1995	735.97	2012	33 115.89
1962	0.81	1979	8.40	1996	1 050.49		
1963	1.19	1980	−12.96	1997	1 398.90		
1964	1.66	1981	27.08	1998	1 449.59		
1965	1.05	1982	69.86	1999	1 546.75		
1966	2.11	1983	89.01	2000	1 655.74		

资料来源：http：//www. safe. gov. cn。

（三）国际储备资产的结构管理

国际储备资产的结构管理，是指对四种储备资产在储备总量中所占比重的管理。但是黄金形式的储备由于不能直接用于国际支付，且金价波动较大，使其流动性和安全性较低，加之持有黄金即不能生息又需较高仓储费，因而盈利性也较低。许多国家对黄金储备采取了保守的数量控制的政策，一国货币当局对本国黄金储备一般不做过多的调整，基本保持在一定不变的水平。而储备头寸和特别提款权的规模，不是本国可以自行决定的。如此一来，国际储备资产的结构管理就演变为对外汇储备的管理，确切地说是对外汇储备货币结构的管理，包括储备货币币种的选择和安排、调整各种储备货币在外汇储备中的比重两个方面。

1. 储备货币币种的选择和安排、调整

一国外汇储备货币币种的选择及结构主要取决于下因素：（1）该国贸易与金融性对外支付所需币种；（2）该国外债的币种构成；（3）该国货币当局正在外汇市场干预本国货币汇率所需币种；（4）各种储备货币的收益率，要在对汇率与利率走势进行研究的基础上，选择收益率较高的储备货币；(5) 一国经济政策的要求。在布雷顿森林货币体系于 20 世纪 70 年代初瓦解之后，美元的储备地位虽然削弱了，但仍是最主要的储备货币，多数国家都将美元作为其外汇储备构成的主体。这首先是由于美元是国际结算中使用最多的货币，多数国家将美元作为主要储备货币是同国际支付中使用货币的情况一致的。其次是由于美国的货币市场和证券市场最为发达，特别是美国政府每年发行巨额政府债券，为其他国家外汇储备的投资提供了便利的条件，因而美元是多数国家外汇储备中最主要的储备货币。

2. 外汇储备资产形式的结构管理

外汇储备资产形式结构管理的目标，是确保流动性与盈利性恰当结合。由于国际储备的主要作用是弥补国际收支逆差，因而在流动性与盈利性之中，各国货币当局更重视流动性。按照流动性的高低，外汇储备资产可分为三个部分：(1) 一级储备。流动性最高，但盈利性最低，包括在国外银行的活期存款、外币商业票据和外国短期政府债券。其中，在国外银行的活期存款，可随时开出支票进行对外支付，流动性最高。由于储备货币发行国一般都有发达的二级市场，短期政府债券和商业票据容易变现，但是这些流动性很高的资产的盈利性却是比较低的。鉴于这种情况，货币当局需根据季节或特定时期对外支付的需要安排一定数量的一级储备，但要控制其在外汇储备资产中所占的比重。(2) 二级储备。盈利性高于一级储备，但流动性低与一级储备，如 2～5 年期的中期外国政府债券。二级储备是在必要时弥补一级储备不足以应付对外支付需要的储备资产，准确预测短期对外支付的金额是难以完全做到的，任何 国货币当局必须持有一定数量的二级储备。(3) 三级储备。盈利性高于二级储备，但流动性低于二级储备，如外国政府长期债券。此类储备资产到期时可转化为一级储备，如提前动用，将会蒙受较大损失。一国货币当局可以根据对外举债的结构持有一定数量的三级储备，并可提高持有外汇储备资产的盈利性。国情不同，各国货币当局持有上述三级储备的结构也就互不相同。一般来说，国际收支逆差国必须在其储备资产中保留较大比重的一级储备，而顺差国则保留小比重的一级储备和较大比重的三级储备。国际储备管理要符合“安全性、流动性、盈利性”三者合理配置的原则，从规模与结构两方面进行管理。

本章小结

国际收支是指在一定时期内，一国居民对非居民之间所进行的全部经济交易的系统记录，其外在表现是国际收支平衡表。国际收支平衡表标准组成部分包括经常项目、资本和金融项目两部分内容。国际收支平衡表是按照复式簿记原理进行记录编制的。凡是本国对外国支付的项目，记录在借方科目；凡是本国从外国那里收入的项目，记录在贷方科目。

长期存在的严重的国际收支逆差和顺差都会对一国经济产生不良影响。任何一个特定的差额都不能单独说明所有的问题，都难以独自表现国际收支的全貌，因此，衡量一国国际收支状况必须借助对各个差额进行综合分析比较，才能得出正确的结论。

国际储备是一国货币当局为弥补国际收支逆差、维持本国货币汇率稳定以及应付各种紧急支付而持有的、为世界各国所普遍接受的财产。目前，一国的国际储备主要包括以下形式的资产：黄金储备、外汇储备、在国际货币基金组织的储备头寸、特别提款权。

重点概念

国际收支　国际收支平衡表　经常项目　资本与金融项目　国际收支总差额　外汇缓冲政策　国际储备　国际清偿力　外汇储备　特别提款权　逆差

复习思考题

一、思考题

1. 应当如何全面理解国际收支的含义？

2. 国际收支失衡的原因有哪些？

3. 国际收支失衡的影响有哪些？

4. 如何采取政策措施调节国际收支的失衡？

二、案例分析题

1. 根据某国某一年的数据（单位：10 亿美元）回答问题。

货物：出口 106　　服务：贷方 34

服务：借方 28　　资本金融账户：贷方 6

货物：进口 119　　资本金融账户：借方 29

经常转移差额：贷方 8　　净差错与遗漏：2

储备与相关项目：20

（1）计算该国国际收支平衡表中的经常账户净额、资本金融账户净额及总差额，并分别说明该国在经常项目和资本金融项目上是顺差还是逆差。

（2）如何理解国际收支平衡表中反映的国际收支平衡？该国存在顺差还是逆差？

（3）该国的国际收支情况对该国货币汇率有何影响？

2. 假定某一时期中国居民与非居民之间发生下列经济交易：

（1）国内某企业进口一批机器设备价值 10 万美元。

（2）购买美国政府发行的国库券 100 万美元。

（3）国内某企业在美国市场发行可转换债券 200 万美元。

（4）德国某公司从中国进口纺织品价值 25 万美元。

（5）中国向朝鲜提供价值 50 万美元的无偿援助。

（6）中国政府向泰国提供 130 万美元的贷款。

（7）外国投资者从中国领取利息收入，向非居民支付的利息 8 万美元。

（8）中国投资者从外国领取股息 25 万美元。

（9）日本向中国提供救灾物资价值 20 万美元。

（10）非居民偿还债务 40 万美元。

那么，贸易差额、经常项目差额、资本项目差额各是多少？

第三章　国际金融市场

章前引例及分析

迪拜：“中东金融中心”正在崛起

“迪拜国际金融中心（DIFC）是世界上最新的国际金融中心，目标是向纽约、伦敦、香港靠齐。”这是迪拜国际金融中心网站上的一句标语。不同于离岸金融中心，迪拜完全是陆地金融中心，本质上与纽约、伦敦、香港无异。但是，DIFC 为金融机构提供的条件及营造的环境似乎更具有吸引力。

2004 年 9 月，迪拜政府决定设立 DIFC，使其成为迪拜 10 多个自由区中的一个，并将金融服务业作为仅次于旅游业的重点开发产业。占地面积 110 公顷的 DIFC 自建立开始就吸引了大量金融机构进驻。据悉，目前大概有 900 家企业在 DIFC 运作，其中有近 400 家是金融机构。而在金融机构及其他企业纷纷在 DIFC 挂牌营业的情况下，DIFC 的证券交易所和商品期货交易所等市场也迅速建立起来。

“迪拜相较于一些新兴国际金融中心而言，有着不可比拟的竞争力，其实施的零税率和无外汇管制措施，是其核心竞争力所在。”

资料来源：《国际金融报》，2013-03-14，第 7 版。

本章学习目标

通过本章的学习，你应该能够：

1. 掌握国际金融市场的概念和形成的主要条件；
2. 掌握国际金融市场的构成；
3. 掌握欧洲货币市场的概念和业务；
4. 掌握外汇市场的概念及特点；
5. 了解我国外汇市场的发展。

国际金融市场是国内金融市场在国际范围的延伸和推广，是在一国的国内金融市场的基础上发展起来的。在经济全球化背景下，国际金融市场也日益成为全球市场的重要组成部分，尤其是20世纪80年代以来，随着生产和投资的国际化，国际金融市场在世界经济发展中发挥着越来越显著的作用，不但推动了货币信用国际化，推动了国际金融和国际贸易的发展，同时在促进世界经济一体化的进程中也起着不可忽视的作用。

第一节　国际金融市场概述

一、国际金融市场的含义

所谓金融即资金融通，而融通资金的场所就是金融市场。严格地说，金融市场是指资金融通的场所及资金融通关系的总和。金融市场的一切都是为了融通资金，把那些需要资金的借款者与那些拥有资金的贷款者进行匹配。当金融市场上的资金借贷关系超越了国境，涉及其他国家或非居民，则称为国际金融市场。可见，国际金融市场就是居民与非居民之间、非居民与非居民之间进行国际性金融业务活动的场所。

二、国际金融市场的分类

国际金融市场是资金在国际进行流动或金融产品在国际进行买卖和交换的活动领域。国际金融市场可以从不同角度，根据不同标准进行分类。

（1）按照资金融通的期限长短，可分为短期资金市场和长期资金市场。短期资金市场也叫货币市场，是指期限在1年或1年以下的资金交易市场。长期资金市场也叫资本市场，是指期限在1年以上的资金交易市场。

（2）根据交易场所活动的地点是否固定，可分为有形市场和无形市场。有形市场是金融交易活动固定在一个确切的有形地点来进行的市场，比如从事国际性证券交易的证券交易所等。无形市场是指各种金融交易活动没有固定在一个确切的有形地点来进行的市场，无形市场由众多的经营国际金融业务的机构所组成，这些金融机构主要通过电话、电报、电传和计算机网络等现代化的通讯工具进行各种金融交易活动。国际金融市场大多是没有固定交易地点的无形市场。

（3）根据经营活动受市场所在国（地区）当局的管制程度或根据市场的自由度，可分为传统的在岸国际金融市场和新兴的离岸国际金融市场。在岸国际金融市场，其经营活动和金融交易关系发生在居民与非居民之间，并受到市场所在国税收制度和相关法律、法规的制约，它是国内金融市场的延续。伦敦、纽约、苏黎世、东京等国际金融市场都属于传统的在岸国际金融市场。离岸国际金融市场也叫欧洲货币市场，其经营活动和金融交易关系发生在非居民之间，基本不受市场所在国（地区）法律、法规和税收制度的制约，是一个完全自由的金融市场。离岸国际金融市场是当前国际金融市场的核心和最主要的部分。卢森堡、新加坡、香港地区的国际金融市场属于此类。在岸金融市场与离岸金融市场的区别见表3—1。

表 3—1　　在岸金融市场与离岸金融市场的区别

	在岸金融市场	离岸金融市场
借贷关系	居民与非居民（本质上是国内金融市场向国外的延伸）	非居民和居民（是真正意义上的国际金融市场）
金融管制	受市场所在国（地区）金融、税收等法规的管制	基本不受所在国（地区）金融和税收等法规的限制
交易货币	所在国货币	境外货币
业务范围	国际融资、贸易结算、保险等	基本上是国际融资

（4）根据经营业务和金融交易关系的发生相对集中的角度，可分为以地名命名的各种金融市场，比如伦敦国际金融市场、纽约国际金融市场、苏黎世国际金融市场、法兰克福国际金融市场、东京国际金融市场等。

（5）根据国际金融市场的业务内容不同，国际金融市场可以分为外汇市场、货币市场（短期资金市场）、资本市场（长期资金市场）和黄金市场等。它们在业务上相互联系，共同构成了国际金融市场。

此外，根据交易的性质，可将国际金融市场分为初级市场和二级市场；在每一种大的市场分类中又可以细分，比如国际资本市场又可以分为国际股票市场、国际债券市场、国际资本借贷市场、国际抵押市场和国际租赁市场等；国际货币市场又可以分为贴现市场、短期证券市场和银行短期信贷市场等。

三、国际金融市场的形成和发展

（一）国际金融市场形成的条件

并不是所有的国内金融市场都能够发展成为国际金融市场。一国的国内金融市场要发展成为国际金融市场，必须具备如下几个条件：

（1）比较稳定的政治经济环境。这是最基本的条件，如果一国政治局势动荡，经济状况长期恶化，就无法形成国际金融市场，即使形成了金融市场也不会长期存续下去。例如黎巴嫩的内战就使其首都贝鲁特丧失了中东重要的国际金融中心的地位。

（2）高度发达、完善的国内金融市场。国际金融市场是在国内金融业务发展的基础上，随着国际金融业务活动不断增加而产生的。因此，一个国家只有金融体系健全，金融法规完善，金融工具种类多样，信用制度发达，能方便、快捷地筹集和运用资金，才能形成高效安全的国内金融市场，进而成为国际金融市场。

（3）实行自由外汇制度。从事货币兑换的外汇市场是国际金融市场的基础，因为国际金融市场一方面要能吸收外国资金自由流入，另一方面更允许外国资金自由流出，因此要求一国的外汇管制比较松，外汇调拨和兑换比较自由方便，对存款准备金、利率、税率都没有严格的管制，同时对居民和非居民的金融交易平等对待。

（4）拥有大量的国际性金融机构，如跨国银行集团，以及协助大银行的票据承兑行、贴现行、外汇经纪商、投资银行、保险公司等。这些大的国际金融机构拥有雄厚的资金和众多的国外分支机构，这样才能够组织起相当规模的金融资产进行交易。

（5）具有优越的地理位置、现代化的交通和通讯手段以及其他配套的服务设施。

(6) 具有专业知识水平较高和实践经验相当丰富的金融从业人员队伍。只有从业人员业务熟练、技能过硬、工作效率较高，才能保证国际金融市场高速运作。

(二) 国际金融市场的发展

国际金融市场的形成与发展，大致可分为以下几个阶段。

1. 伦敦国际金融市场的形成与发展

18 世纪中期以后，资本主义工业革命在欧洲国家相继发生，使商品生产急剧扩大，海外贸易迅速发展。在第一次世界大战前，由于英国国内经济与国际贸易的空前发展，政治制度稳定，金融体系发达，英镑成为当时世界上主要的国际结算和储备货币，伦敦成为当时最重要的国际贸易和国际金融中心，这就是 19 世纪初最早的伦敦国际金融市场。

第一次世界大战之后，英国的资本主义头号强国地位被美国所取代。1929 年爆发世界经济危机后，英国宣布放弃金本位制，英镑作为国际结算与国际储备货币的地位急剧衰落，削弱了伦敦国际金融中心的地位。第二次世界大战后，伦敦虽然作为重要的国际金融市场继续发挥作用，但世界国际金融中心已从伦敦转移到纽约。

2. 纽约国际金融市场的形成与衰落

第二次世界大战期间，英国经济损失惨重，美国经济迅速膨胀。战后，美国以绝对优势的经济实力成为资本主义世界的霸主，并建立了以美元为中心的国际货币制度（布雷顿森林货币体系），美元成了各国最重要的储备货币和国际结算货币，纽约金融市场乘机崛起，成为世界上最大的国际金融市场。但进入 20 世纪 60 年代以后，美国国际收支持续巨额逆差，黄金外流，美元信用动摇，资金外流严重。到 20 世纪 70 年代初，以美元为中心的固定汇率制度崩溃，作为世界金融中心的纽约国际金融市场也随之衰落。

3. 欧洲货币市场的形成与发展

欧洲货币市场产生于 20 世纪 50 年代末 60 年代初，是一种全新的国际金融市场，又称“离岸金融市场”。离岸金融市场的最大特点是几乎不受任何国家法规的限制。如在欧洲或亚洲经营美元的存贷款及债券业务，可以不受美国金融法规的限制，在这个市场上资金交易自由，利率自由，且无须缴纳准备金。自 20 世纪 60 年代中期以来，离岸金融市场迅猛发展，这种市场最早产生于欧洲的伦敦、卢森堡等地，后来又延伸到亚洲的新加坡、香港，美洲的拿骚、巴拿马等地，形成许多著名的离岸金融市场。当代国际金融市场已经成为了一个以欧洲货币市场为主体的真正国际化的金融市场。

4. 发展中国家和地区国际金融市场的建立

第二次世界大战后，不少发展中国家取得了政治上的独立，走上了发展本国经济的道路，建立和发展金融市场成为发展国民经济的重要条件。经过较长时期的发展，部分国家和地区的金融市场已具备了相当规模，并逐步成长为新兴的国际金融中心，如新加坡、巴林、科威特、中国香港等。发展中国家和地区国际金融市场的建立，促进了国际金融市场的全球化进程。

四、国际金融市场的特点

(一) 交易主体的广泛性

国际金融市场的活动领域超越国界，其借贷关系涉及境外居民，实际上是跨国融资。

（二）金融管制的放松性

国内的金融市场必须受到政府当局的直接干预，市场运作在很大程度上受到行政力量的左右，而国际金融市场受所在国的干预较少，尤其是新兴的离岸金融市场，几乎不受任何国家法律的约束。

（三）交易货币的多样性

国际金融市场上的交易币种不限于一国的货币，任何国际主要的可自由兑换的货币及以这些货币标价的金融工具都可以成为交易对象。

（四）金融工具创新化

1973年，美元第二次贬值后，主要发达国家纷纷放弃了固定汇率制，实行浮动汇率制。加上通货膨胀加剧，市场利率上升，为减少因汇率和利率波动对投资者带来的风险，在市场上出现了众多新的金融工具，如浮动汇率债券、金融期货交易、金融期权交易、股票价格指数交易等。

五、国际金融市场的作用

国际金融市场的形成和发展，一方面极大地推动了国际金融和国际贸易的发展，为世界各国经济发展做出了巨大贡献，另一方面，也给世界经济的发展带来了一些消极的影响。

（一）国际金融市场在世界经济发展中的积极作用

（1）便利了国际资本的筹集和运用，为世界各国提供了一个充分利用闲置资本和顺利筹集经济发展资金的重要场所和机会，从而加速了生产和资本的国际化。

（2）促进了各国国际收支的平衡。国际金融市场日益成为各国外汇资金的重要来源，在调节国际收支方面发挥了重要的作用，促进了各国国际收支的平衡。

（3）推动了国际贸易和国际投资的发展，使国际资金的运用、调拨和结算变得更加方便和快捷，也使其成本大大降低，时间大大缩短，为国际投资的扩大和国际贸易的发展创造了条件。

（4）有利于优化国际分工。在市场规律的作用下，国际金融市场上的资金流向经济效益最好、资金利用率最高、资金周转最快的国家或地区，从而有利于资源的全球优化配置，有利于建立合理科学的国际分工，促进世界经济的全球优化配置，促进世界经济一体化。

（二）国际金融市场在世界经济发展中的消极作用

（1）国际金融市场在便利和促进国际资本流动的同时，也能使外汇汇率剧烈波动，从而增加了投资风险，并导致投机行为的发生，最终使国际金融形势出现动荡不安的局面。它还对世界性通货膨胀起到了推波助澜的作用。

（2）大量资本的国际快速流动，也会影响到一些国家国内金融政策实施的效果，从而不利于有关国家实现自己的货币政策目标。

（3）国际金融市场在为发展中国家提供资金支持的同时，也增加了这些国家的债务负担，从而埋下了国际债务危机的隐患。

（4）国际金融市场虽然有利于金融资源的全球优化配置，但如果这个市场是在无政府状态下的无序运作，则会导致世界范围内的贫富差别进一步扩大和加剧。

背景知识

25 家中国内地公司登陆纳斯达克市场

美国纳斯达克市场最新公布数据显示，截至 2010 年 7 月，共有 148 家中国公司在纳斯达克上市，超过美国以外任何国家。自 2007 年以来，中国已连续三年成为纳斯达克最大海外市场。在目前已经上市的 148 家中国公司中，125 家来自中国大陆，17 家来自香港地区，5 家来自台湾地区，1 家来自澳门地区。2009 年，纳斯达克共吸引 33 家中国公司上市。而 2010 年 1～7 月，已有 25 家新公司上市。

受到欧元区金融态势震荡不安的影响，2010 年中国企业在选择海外上市目的地时多把目光盯向美国市场，这也是纳斯达克市场能够吸引众多中国企业上市的内因所在。

根据纳斯达克市场公布的数据来看，中国企业上市的方式也是多种多样的。其中通过 IPO 方式上市的公司有 9 家，它们分别是：大连星源船舶燃料有限公司（AMCF）、深圳岳鹏成电机有限公司（CELM）、汉庭连锁酒店集团（HTHT）、德海尔医疗系统公司（DHRM）、昌荣传播（CHRM）、联合信息技术股份有限公司（KONE）、海辉软件（HSFT）、高德软件（AMAP）、丰泽农牧科技（OINK）。

资料来源：http：//www. chinanews. com/cj/2010/08-11/2461192. shtml。

六、国际货币市场与国际资本市场

在国际金融市场的分类中，按照国际金融市场的融资期限，将其分为国际货币市场和国际资本市场，这是最基本、最常见的划分方式。

（一）国际货币市场

1. 国际货币市场的概念

国际货币市场（international monetary market）是经营期限为 1 年和 1 年以下的短期资金借贷业务的市场，又称国际短期资金市场。通过国际货币市场，资金盈余者的短期闲置资金得到利用并获得应得的收益，资金短缺者临时性、流动性的资金需求得到满足。在国际货币市场中，使用的金融工具主要有同业拆借协议、存单、票据、短期国债等，这些金融工具的共同特点是期限短、流通性强、交易成本低和风险低。该市场的参与者主要有商业银行、中央银行、保险公司、金融公司、证券经纪商、证券交易商、工商企业及个人，它们既是资金的供给者，也是资金的需求者。国际货币市场的利率以伦敦同业拆放利率或优惠利率为基准。

2. 国际货币市场的构成

（1）银行短期信贷市场。主要包括银行间同业拆放市场和银行对政府和工商企业的信贷。

银行间同业拆放市场是主要的银行短期信贷市场，它在整个短期信贷市场中占据主导地位。该市场提供 1 年或 1 年以内的短期贷款，目的在于解决临时性的资金需要和头寸调剂，参与者仅限于金融机构，贷款的期限最短为1天，最长为1年，也提供3天、7天、1个月、6个月期限的资金。同业拆放交易简便，不需要任何担保和抵押，完全凭信誉，通过电话和电传进行。利率通常以伦敦银行间同业拆放利率（London inter-bank offered rate，LIBOR）为基准利率，根据借款人的信誉、借款期限等情况的不同，加上一个利息差，加息幅度一般为0.25%～1.25%。银行间同业拆放市场能够灵敏反映金融体系的资金供求状况，影响力大。

银行间同业拆放市场最初是用来平衡各银行每日的短期资金头寸的，后来逐渐发展成为营运性质的相互拆借，本国商业银行向国外商业银行拆入资金后，再转贷给本国的资金需求者即企业或机构。这已是国际间融通短期信贷资金的一种重要方式。伦敦的银行间同业拆放市场是世界上最早、最典型的短期信贷市场，同时也是全球最大的同业拆借中心。

此外，商业银行也对各国政府和跨国公司提供短期信贷资金。商业银行一方面吸收工商企业、跨国公司等客户的闲散资金，另一方面对这些客户发放短期贷款，以满足他们短期资金的需要，这也是短期信贷市场的一项重要业务。

（2）短期证券市场。短期证券市场指的是经营一年期以内的短期证券发行和买卖交易的场所。交易对象有短期国库券（treasury bills）、可转让的银行定期存单（transferable certificates of deposit）、银行承兑汇票（bank acceptance bills）、商业承兑汇票（commercial bills）。这些短期金融工具一般都具有信誉度高、流动性大、安全性好的特点，但它们只有符合金融当局有关法令时才能上市。

国库券是各国政府为筹集季节性资金需要，或是为了进行短期经济和金融调控而发放的短期债券。国库券的发行一般不记名、不附息票、不载明利率、以折扣方式发行，到期按票面金额偿还，差额即为利率。其特点是：1）低风险。国库券期限短，且以国家信用为担保。2）高流动性。由于风险低，可销性强，二级市场发达。3）投资收益免交所得税。国际上较为著名的有美国政府国库券、英国政府的“金边”债券和德国政府的“第安”债券。

可转让的银行定期存单是商业银行和金融公司为吸收大额定期存款而发给存款者的存款单，期限不超过1年，通常为3～6个月，可以进行转让和流通。20世纪60年代初，美国开始发行这种存单，定额为100万美元或100万美元以上，最少也有50万美元；英国于20世纪60年代末发行这种存单，金额从5万英镑到50万英镑不等，存单利率与LIBOR大致相同，到期后可向发行银行提取本息。我国于1986年开始发行这种存单，面向个人发行的存单面额为人民币50元、1 000元和5 000元，面向单位发行的存单面额为5万元、10万元。

银行承兑汇票和商业承兑汇票都是一种信用支付工具，前者由银行承兑，后者由商号或个人承兑，承兑后可背书转让，到期可持票向付款人取款。由于银行信誉较高，银行承兑汇票的流动性比商业承兑汇票强。

（3）贴现市场。所谓贴现（discount），是指将未到期的证券或票据按贴现率扣除从贴现日到到期日的利息后，向贴现行换取现金的一种方式。贴现市场就是对未到期的票据按贴现方式进行融资的场所。贴现交易时，持票人提前取得票据到期时的金额（扣除支付给贴现行的利息），而贴现行则向要求贴现的持票人提供了信贷。贴现业务是货币市场资金融通的一种重要方式，贴现的票据主要有国库券、银行债券、公司债券、银行承兑汇票和商业承兑汇票，贴现率一般高于银行利率，贴现行或从事贴现的公司可以用经贴现后的票据向中央银行要求再贴现（rediscount），中央银行利用这种再贴现业务来调节信用、调节利率，进而调控宏观金融。

3. 国际货币市场的特点和作用

国际货币市场一般具有以下几个方面的特点：(1) 期限较短。最短的融资期限只有1天，最长也不过1年。(2) 交易的目的是为了满足短期资金周转的需要。国际货币市场的资金来源主要是资金所有者暂时闲置的资金，需求者也只是为了弥补流动资金短期内的不足。(3) 金融工具具有较强的货币性，国际货币市场交易的金融工具一般时间短、流动性强、变现率高。(4) 要求严格。交易者要求信誉高，融资数额大，借贷成本低，资金周转快，流量大，风险小。

国际货币市场的作用是：能起到方便国际短期资金流动，弥补临时性国际收支逆差和财政支出需要的资金缺口的积极作用；同时也存在强化各国各地区之间在利率、汇率和通货膨胀等方面的相互传导机制，为国际投资从事套汇、套利和其他投资活动提供了场所，加剧了外汇市场的动荡等消极作用。

（二）国际资本市场

1. 国际资本市场的概念

国际资本市场（international capital market）是指经营1年期以上的中、长期国际间资本借贷业务的市场，通常1～5年为中期，5年以上为长期。因为在长期金融活动中，涉及资金期限长、风险大，具有长期较稳定收入，类似于资本投入，故称之为资本市场。国际资本市场主要是向跨国公司和各国政府提供进行固定资产投资所需的资金。该银行的市场主体包括银行、公司、证券商及政府机构。其利率为中长期利率，有固定利率和浮动利率两种形式，均采取复利计算，其基准利率为LIBOR，再加一个附加利率。

2. 国际资本市场的构成

按业务构成，国际资本市场分为银行中长期信贷市场和中长期证券市场。

(1) 银行中长期信贷市场。银行中长期信贷市场是指政府机构和国际商业银行向客户提供中长期贷款的市场，充当国际信贷的货币必须是在国际上经常使用的可以自由兑换的货币。政府中长期贷款的基本特征是期限长，利率低，并附带一定的条件。政府贷款的期限最长可达30年，利息最低可以到零。附加条件一般为限制贷款的使用范围，例如规定贷款只能用于购买授贷国的商品，或规定受贷国必须在经济政策或外交政策方面做出某些承诺或调整，因此，政府贷款属于一种约束性贷款。

银行中长期贷款一般是无约束贷款，分为双边贷款和银团贷款两种。前者即独家银行贷款。后者也称辛迪加贷款或联合贷款，是指几家甚至十几家银行共同向某一客户提供贷款，由一家银行作牵头行，若干家银行作管理行，其余银行作参与行。牵头行通常也是管理行，收取牵头费和管理费，并与其他管理行一起承担贷款的管理工作。辛迪加贷款是欧洲中长期银行信贷的主要方式。

银行中长期贷款的基本特征是：风险大，需借款人所属国家的官方机构提供担保，利率随行就市，但常以LIBOR为基础再加上一定的加息率；贷款成本高，除支付利息外还需要支付有关费用。这些费用主要有：付给贷款银团的管理费；付给代理行的代理费；借款人未按期提用贷款的赔偿费；贷款过程中发生的杂费，如交通费、宴席费、律师费等。

(2) 中长期证券市场。证券市场是股票、债券、投资基金券等各种有价证券发行和买卖的场所。证券市场通过证券信用的方式融通资金，通过证券的买卖活动引导资金流动，有效合理地配置社会资源，支持和推动经济发展，是资本市场的核心和基础，是金融市场最重要的组成部分。从证券交易的方式看，证券市场由证券发行市场与证券流通市场构成。

1) 证券发行市场又称为初级市场，亦称一级市场，其功能在于供工商企业或政府将新证券售给投资者筹措资金。证券发行有公募和私募两种方式，前者面向公众发行，发行后可公开上市；后者只向机构投资者发行，发行后不公开上市。证券发行市场所发行的证券主要有政府债券、企业债券、外国债券和公司股票。

政府债券是指由政府发行的中期和长期债券。这些债券可在市场上随时交易，但不能提前兑现。发行政府债券所筹集的资金主要用于解决由政府财政支付的大型公共项目，或弥补政府预算赤字。由于国债是一国中央政府所发行的，是国家承担的债务，因此较其他证券信誉好、安全性高、流动性强。

企业债券是指由企业发行的、承诺在一定期限向投资者还本付息的债务凭证。其还款来源是企业的经营利润，但是任何一家企业的未来经营都存在很大的不确定性，因此企业债券持有人承担着损失利息甚至本金的风险。根据风险与收益成正比的原则，要求较高风险的企业债券须提供给债券持有人较高的投资收益。

外国债券指外国借款人到某一国家的债券市场上发行面值货币为市场所在国货币的债券，该债券由市场所在国机构承销，受市场所在国法律管辖。外国债券和欧洲债券统称为国际债券。外国债券有许多俗称，如在美国发行的美元债券称为“扬基债券”，在日本发行的日元债券称为“武士债券”，在英国发行的英镑债券称为“猛狗债券”等。目前，美国是最大的外国债券市场。

公司股票是股份公司发给股东以证明其拥有股份资本所有权的有价证券。股票的特点是：无期限、不还本、可流通、可分红利。一般分为普通股与优先股两种。普通股是股份公司资产构成中最基本的股份。持有普通股可以享受分红，但股息随着企业利润的变化而变化；持股人可以参加股东大会，有权参与企业的管理，按照持有股票的比例享有表决权。优先股在普通股之前获得固定的股息，当企业破产清算时，优先参与剩余资产的分配，持股人不参与公司的经营、管理等各项活动，没有投票权。

2) 证券流通市场又叫二级市场，是证券发行后上市流通交易的市场，包括场内交易市场和场外交易市场。场内交易市场即证券交易所，有固定的交易场所和标准化的买卖规则，在交易所内买卖经批准上市的证券，只有作为交易所会员的经纪人才能从事交易活动。场外交易市场无固定场所，包括在证券商柜台进行交易的店头市场、柜台市场以及通过网络进行交易的市场，买卖不上市证券。

3. 国际资本市场的特点

通过国际资本市场可以吸收、组织国内外资金，对其进行中长期的分配和再分配。在该市场进行的交易比较注重安全性、盈利性和流动性，借贷双方都很重视双方稳定的长期合作关系；但同时也受政治风险、违约风险、利率风险、汇率风险、经营风险等多种风险的影响，需要采取多种避险措施。

七、国际黄金市场

（一）国际黄金市场的概念

黄金市场是集中进行黄金买卖和金币兑换的场所。20 世纪 60 年代末期，美国实行黄金双价制，世界私人黄金市场开始发展起来。之后，随着黄金的非货币化，一个将黄金作为一种资产的全球市场逐渐形成。由于黄金同货币的传统联系以及人们的传统观念，黄金市场还是被广泛地看做是金融市场的一个组成部分。目前，世界上可以自由买卖黄金的国际市场有 40 多个，其中，英国的伦敦、美国的纽约和芝加哥、瑞士的苏黎世以及中国的香港等五大黄金市场因其市场规模大，国际性黄金交易集中，其市场行为、交易价格对世界其他黄金市场影响大，在世界黄金市场中占主导地位。

国际黄金市场参与交易的主体，包括国际金商、银行、对冲基金等金融机构、各种法人机构、各国官方机构及私人投资者，除此之外还包括中介机构、监管机构和行业自律组织。黄金交易的去向主要是工业用金、私人贮藏、官方储备、投机商牟利等。世界黄金交易可以在 24 小时内不停地进行。

（二）国际黄金市场的构成

在各个成功的黄金市场中，为黄金交易提供服务的机构和场所各不相同，具体划分起来，可分为有固定交易场所的有形市场和没有固定交易场所的无形市场。

1. 欧式黄金交易市场

以伦敦黄金交易市场和苏黎世黄金市场为代表的，可称为欧式黄金交易市场，这类市场的黄金交易没有一个固定的场所，一般都是通过电话、电传或通过银行进行交易，买价和卖价都较为保密，交易量也都难以真实估计。

2. 美式黄金交易市场

在商品交易所内进行黄金买卖业务的，以美国的纽约商品交易所和芝加哥商品交易所为代表，可称为美式黄金交易市场。这类市场实际上是建立在典型的期货市场基础上的，其黄金交易类似于在该市场上进行的其他商品交易。期货交易所作为一个非营利机构本身不参加交易，只是提供场地、设备，同时制定有关法规，确保交易公平、公正地进行，对交易进行严格监控。

3. 亚式黄金交易市场

有的黄金市场在专门的黄金交易所里进行交易，以香港金银业贸易市场和新加坡黄金交易所为代表，可称为亚式黄金交易市场。这类市场可同时进行黄金的期货和现货交易，交易实行会员制，只有达到一定要求的公司和银行才能成为会员，并对会员的数量配额有极为严格的控制。虽然进入交易场内的会员数量较少，但信誉极高。以香港金银业贸易市场为例，其场内会员交易采用公开叫价、口头拍板的形式来进行，由于场内的金商严守信用，鲜有违规的事情发生。

中国黄金市场的开创

2002 年 10 月 30 日，上海黄金交易所正式开业运行，我国黄金市场开始向国人敞开长久禁锢的大门，同时宣告了长期以来我国黄金流通由中国人民银行“统购统收”的体制终结。在交易所开业当天开盘时，中国银行以 83.68 元/克的价格购入 99.95 黄金 1 千克，成交了商业银行的第一笔国内黄金交易。上海黄金交易所首批会员有 108 家，其中商业银行共有 13 家。目前上海交易所交易品种见表 3—2。

表 3—2　　上海黄金交易所交易品种

交易品种	最小交易单位	最低入场资金、最小交割量、提货方式等内容
现货黄金 Au99.99	每手 100 克	全额交易资金，最小交割量 1 千克，任意指定仓库存取。
现货黄金 Au99.95	每手 1 千克	全额交易资金，最小交割量 3 千克，任意指定仓库存取。
现货黄金 Au50 克	每手 50 克	全额交易资金，最小交割量 50 克，指定仓库存取。
现货黄金 Au100 克	每手 100 克	全额交易资金，最小交割量 100 克，指定仓库存取。
现货黄金延期交易 AU（T+N1）	每手 1 千克	全额交易资金的 10%作为交易保证金，清算保证金 1 万元。最小交割量 3 千克，任意指定仓库存取。
现货黄金延期交易 AU（T+N2）	每手 1 千克	全额交易资金的 10%作为交易保证金，清算保证金 1 万元。最小交割量 3 千克，任意指定仓库存取。
现货黄金延期交易 Au（T+D）	每手 1 千克	全额交易资金的 10%作为交易保证金，清算保证金 1 万元。最小交割量 3 千克，任意指定仓库存取。
现货白银延期交易 Ag（T+D）	每手 1 千克	全额交易资金的 10%作为交易保证金。最小交割量 15 千克，指定仓库存取。

第二节　欧洲货币市场

一、欧洲货币市场的概念和形成原因

（一）欧洲货币市场的概念

欧洲货币市场（Euro-currency market）即离岸金融市场，是指各种境外货币借贷和境外货币债券发行与交易的市场。

欧洲货币（Euro-currency）是指在货币发行国境外被储蓄和借贷的各种货币的总称。

欧洲货币市场中的“欧洲”并不是完全地理意义上的概念，而是含有“非国内”或“境外”的意思，之所以称为“欧洲货币市场”，是因为这种性质的市场最早形成于欧洲。因此，综合起来，欧洲货币市场是世界各地离岸金融市场的总称。该市场以欧洲货币为交易货币，各项交易在货币发行国境外进行，或在货币发行国境内通过设立“国际银行业务设施”进行，所有业务活动不受任何国家的法规、政策和税制的限制，是一种新型的国际金融市场。它的发端是欧洲美元市场。当时，非居民存户将美元资金以存款的形式存放在美国境外的其他国家商业银行或美国商业银行分行，欧洲美元就产生了。后来，市场上交易的货币由单一的美元扩大到英镑、德国马克、法国法郎、日元等自由兑换货币，欧洲美元市场于是发展成为欧洲货币市场。

（二）欧洲货币市场的形成原因

欧洲货币市场的形成是历史发展的必然结果。第二次世界大战后，新技术革命的出现推动了世界生产的国际化，这使得传统的国际金融市场不能满足需要，因而促进了金融市场的国际化，这是欧洲货币市场产生的根本原因。

1. 欧洲美元市场的出现

20 世纪 50 年代初，苏联及东欧国家政府鉴于美国在朝鲜战争时期冻结了我国在美国的全部资产，担心美国政府会因政治原因而没收其美元资产，便将其原存在美国的资金转存至巴黎的北欧商业银行与伦敦的莫斯科国民银行，而当时的英国政府正需要大量的资金以恢复英镑的地位和支持国内经济的发展，所以准许伦敦各大商业银行接受境外美元存款和办理美元信贷业务。随后，欧洲其他银行都纷纷开办境外美元存款业务，于是，欧洲美元市场的雏形就出现了。

2. 英国的外汇管制的影响

1957 年，以英、法联合入侵埃及为起因，英国国际收支严重恶化，外汇短缺，国内资金紧张，英镑危机爆发。英国政府为了维持英镑的稳定而加强了外汇管制，禁止英国的商业银行向战前英镑区以外的居民发放英镑贷款。于是，英国各大商业银行为了逃避外汇管制，纷纷转向经营美元业务，从而形成了从一个经营欧洲美元存放款业务的资金市场——欧洲美元市场。

3. 美国当局对国内银行活动的管制

1958 年以后，美国的国际收支开始出现赤字，并且规模逐渐扩大，美元不断流向国外，主要积存在西欧一些国家的商业银行，促进了欧洲美元的存储与贷放规模的扩大。20 世纪 60 年代以后，在越南和朝鲜的两次战争使美国的国际收支逆差逐步扩大，不断增加的国际收支赤字迫使美国政府采取一系列的措施来限制资金的外流。1963 年，美国政府实行 Q 项条例，实行利息平衡税，即美国居民购买外国居民在美国发行的有价证券所得利息一律要纳税；1968 年，美国政府又颁布了“自愿限制对外贷款指导方针”，要求美国的银行和跨国公司自愿限制对外贷款以及对外直接投资的规模。这一系列措施的实施使得许多美国银行和跨国公司为了盈利纷纷把资金调到海外支行，或者把筹资的重点放在欧洲美元市场，这对欧洲美元市场的发展起了重大推动作用。

4. 其他国家的货币政策的影响

1958 年，西欧各国基本上取消了外汇管制，货币自由兑换，资本自由流动，免缴存款准备金，对存款利率的高低无明确限制。在西欧的金融市场上，专门经营美元存放业务的银行不受所在国法令限制，存放自由，不必缴存款准备金。宽松的政策成为欧洲货币市场发展的有利条件。特别是1973年以来，石油输出国将美元投资到欧洲美元市场生息获利，也促使欧洲货币市场资金总量急剧增加，市场规模扩大。

5. 欧洲货币市场发展的内在原因

除了上述原因以外，欧洲货币市场自身的一些特征也是促使其快速发展的原因。首先，欧洲货币市场不受任何国家国内金融法规的制约，存款利率高，贷款成本低，从而吸引了大批存款者和借款者；其次，欧洲美元存款与贷款之间的利差是很小的，经常在0.5%以下，远比美国市场上小。所以，欧洲美元市场成本低、效率高，对贷款需求者有很大的吸引力。

欧洲货币市场经过几十年的发展，已从欧洲地区扩展到世界各地。目前分布在西欧、加勒比海、中美洲、中东、亚洲和美国等主要区域的离岸市场已有40多个，经营的币种已扩展到20多个可自由兑换货币。据测算，目前世界货币存量的50%通过欧洲货币市场周转，世界私人财富约有1/5投资于欧洲货币市场，1/5多的银行资产投资于欧洲货币市场。欧洲货币市场已成为当今国际金融市场的最主要部分。

二、欧洲货币市场的特点及作用

（一）欧洲货币市场的特点

（1）独特的市场利率体系。以LIBOR为基准形成独特的利率体系，其存款利率略高于货币发行国的存款利率，而贷款利率略低于其国内贷款利率，存放款利差小，一般为0.25%～0.5%，有时甚至低于0.125%。

（2）资金调度灵活，手续简便，借款条件灵活。资金周转极快。

（3）交易金额大，是批发交易市场。以银行间交易为主，银行同业拆借占很大比重，市场上的存款人和借款人是大客户，具有整存整取的特点。

（4）不受任何国家金融法规的限制。它是一个超国家或无国籍的资金市场。一方面，货币在发行国境外借贷，货币发行国无权施以管制；另一方面，市场所在国无权也无法对其进行管理，而且还要采取优惠措施。

（5）不以所在国经济实力为基础。只要市场所在国或地区政治稳定，通信发达，政策优惠，管制放松，即使本身没有巨额的资金积累，也可能发展成为一个离岸的国际金融中心，如卢森堡、巴哈马等。

（6）借贷发生在非居民之间，是外国投资者和外国筹资者之间的关系。

（二）欧洲货币市场的作用

1. 欧洲货币市场对世界经济发展的积极作用

（1）在很大程度上改变了原有的金融市场因国界限制而互相隔绝的状态，将世界主要金融市场联系起来，促进了资金国际流动和国际贸易的发展。

（2）为第二次世界大战后各国和世界经济的恢复和发展注入了巨额资金，起了巨大的促进作用。

（3）欧洲货币市场极大地便利了短期资金的国际流动，特别是石油美元的回流。通过其灵活调剂，互通有无，使国际收支状况得以改善。

2. 欧洲货币市场对世界经济发展的消极作用

(1) 存短贷长使国际金融市场脆弱化。欧洲货币绝大部分是一年以下的短期资金，而欧洲货币放款自 20 世纪 70 年代以来则多半是中长期的，这样，一旦金融市场有风吹草动，银行资金周转不灵，就可能带来经济的动荡。

(2) 外汇投机加剧了汇率波动。欧洲货币市场大部分短期资金用于外汇交易，套汇和套利相结合，大规模资金在几种货币间频繁移动，往往造成汇率剧烈波动。

(3) 各国金融政策力量受到削弱。欧洲货币市场作为一个境外市场，在各国实施金融政策时，往往阻碍着政策效力的发挥，难以达到预期的效果。

(4) 加剧了世界性通货膨胀。欧洲货币市场的借贷活动使一国的闲置货币变成了另一国的货币供应量，增添了新的信用扩张手段。此外，欧洲货币市场大量游资冲击金价、汇价和商品时，也会冲击各国物价，形成输入性通货膨胀。许多人认为，欧洲货币市场对 20 世纪 70 年代严重的通货膨胀起到了推波助澜的作用。

三、欧洲货币市场的业务

欧洲货币市场按其业务可分为欧洲货币信贷市场和欧洲债券市场。

(一) 欧洲货币信贷市场

欧洲货币信贷市场根据其贷款期限的长短分为欧洲货币短期信贷市场和欧洲货币中长期信贷市场。

1. 欧洲货币短期信贷市场

欧洲货币短期信贷市场是欧洲货币市场的基础部分，其中欧洲银行间的短期信贷市场产生最早，规模最大。欧洲短期信贷市场是指接受短期外币存款并提供期限在 1 年以内的短期贷款的市场。短期信贷市场存款期限一般以 1 天、7 天、30 天、90 天居多，少数为半年或 1 年，每笔的成交额都很大，欧洲美元存款通常以 5 万美元为最低额，而欧洲美元贷款通常以 100 美元为单位。

短期信贷市场的特点有二：一是存贷款的利差较小，一般只为 0.25%～0.5%；二是市场借贷条件灵活，在借款期限、币种、金额、地点等方面都由借贷双方协商确定，且借贷业务主要是由银行向熟悉的大客户提供，一般全凭信用进行。

欧洲短期信贷市场的资金运用主要在三个方面：一是商业银行；二是跨国公司和工商企业；三是西方国家的地方市政当局和公用事业单位，或为弥补财政赤字，或为了筹集公益事业所需的资金，而成为欧洲信贷市场资金的运用者。

2. 欧洲货币中长期信贷市场

欧洲银行提供的中长期信贷期限一般在 1 年以上，常见的为 3～10 年，最长可达 20 年，借贷者主要是世界各国企业、跨国公司、社会团体、政府或中央银行以及一些国际组织。中长期的贷款有两类：一类是贷款数量较小、单个银行就能承担的贷款；另一类是贷款金额大、期限长的贷款。单独一家银行无法提供，于是由多家银行组成的银行团来共同承担，这类贷款就是银团贷款或辛迪加贷款。

(二) 欧洲债券市场

欧洲债券市场是欧洲债券发行和交易的市场。欧洲债券市场是 20 世纪 60 年代初在欧洲短期信贷市场的基础上发展起来的，现已成为国际债券市场的主体，同时也是欧洲货币市场的重要组成部分，欧洲债券又称境外债券，是指发行人在境外发行的、以市场所在国以外的货币作为面值的债券。如法国人在伦敦市场上发行的美元债券，美国人在法国市场上发行的英镑债券。欧洲债券由各国银行和金融机构组成的国际承销辛迪加出售，并由有关国家对投资人提供担保，发行后即可在二级市场上市转让。

欧洲债券市场是国际上重要的资金聚集市场，其特点如下：一是发行手续简单，无须市场所在国批准，也不受任何国家法律的约束，且可以自由选择市场通行货币；二是发行费用和利息成本较低，因而成本较低；三是流动性较强，具有一个富有效率和活力的二级市场；四是安全系数高，发行者多是信誉较高的各国政府、国际金融组织、跨国公司、大企业集团；五是市场容量大，筹集资金数额巨大；六是利息收入免税。欧洲债券市场近几年发展很快，成为欧洲货币市场上的一种主要的资金运用方式。

背景知识

欧洲货币市场的延伸——亚洲美元市场

亚洲美元市场是经营亚洲美元买卖、借贷等业务的市场，是欧洲美元市场在亚太地区的延伸。亚洲美元除境外美元外，还包括英镑、德国马克、瑞士法郎和法国法郎等境外货币。20世纪60年代末，亚洲许多国家为发展木国经济迫切需要引进外资，在亚洲的美洲银行1968年在新加坡建立亚洲美元市场，以后又扩充到香港、马尼拉和东京等地。资金来源主要是亚太地区一些国家的中央银行，日本、欧洲的跨国公司及该地区的大银行、大公司和一些非银行客户的存款。资金多用于在亚太地区进行投资的贷款。一般以长期为主，也有中长期资本市场，为期10年的国际银团贷款也很活跃。

第三节 外汇市场

外汇市场是国际金融市场的重要组成部分。自20世纪70年代以来，随着国际经济环境和交易技术手段的变化，外汇市场获得了长足的发展。目前，全球外汇市场日交易额约1.5万亿美元，在国际金融领域中占有至关重要的地位。

一、外汇市场的含义、类型及特点

（一）外汇市场的含义

外汇市场是指由外汇供给者和外汇需求者双方以及外汇交易中介机构所构成的外汇买卖场所和网络。外汇市场形成的基础是外汇的供给与需求，商品的出口、侨汇以及其他政治、经济、文化往来将产生外汇的供给；与外汇供给相对应，商品的进口、劳务的接受、投资收益的支付、资本输出以及其他政治、经济、文化交流将产生外汇的需求。随着电子通信技术的发展，外汇买卖越来越多地通过传真和电话来进行，交易主要发生在银行之间，因此，目前的外汇市场实际上主要是银行之间的货币买卖市场。外汇交易的绝大多数是投机活动，利用异地异时微小的汇率差异进行盈利性交易。

外汇市场交易金额巨大，在外汇交易中，"5"通常意味着 500 万美元、日元或英镑，"yard"是 10 亿。外汇市场还是 24 小时不间断的市场。目前，世界上有 30 多个主要的外汇市场，遍布于世界各大洲的不同国家和地区。根据传统的地域划分，可分为亚洲、欧洲、北美洲三大部分。其中最重要的有欧洲的伦敦、法兰克福、苏黎世和巴黎，美洲的纽约和洛杉矶，澳洲的悉尼，亚洲的东京、新加坡和香港。通过电子手段，地理位置上处于各大时区的外汇市场构成一个 24 小时连续运作的全球化市场（见表 3—3）。一家银行可以在一天中的任何时刻进行外汇交易，不断地调整价格。虽然各国参与组成外汇市场的银行很多，但是超过半数的外汇交易是在伦敦和纽约的银行里进行的。

表 3—3　　国际主要外汇市场交易时间表

市场	北京时间
惠灵顿	04:00—13:00
悉尼	06:00—14:00
东京	08:00—16:30
香港	09:00—17:00
法兰克福	16:00—24:00
伦敦	17:00—（次日）01:00
纽约	20:00—（次日）04:00

（二）外汇市场的类型

1. 有形外汇市场和无形外汇市场

有形外汇市场是指在固定的交易场所内交易双方进行面对面的交易的市场。在历史上，这种外汇交易方式在欧洲大陆比较流行，比如巴黎、法兰克福、米兰等。

无形外汇市场是指外汇交易不在具体交易场所内进行，交易是通过现代化的通信工具如各种网络系统、电话、电传达成的。随着科技的发展，无形外汇市场已经占有了主要的位置。无形外汇市场涉及的外汇交易设备或系统有：

（1）电话。银行通过电话达成交易对我们来说并不陌生，但是在外汇交易室里使用的用于进行外汇交易的电话不同于一般的电话。这种电话被称为 IDD，是一种具有完备的录音系统的多线路多声道的国际直拨电话。多声道意味着这种话音记录可以同时录下多个声音。许多银行和客户之间的交易是通过电话联系的，由于在外汇交易中双方通过电话询价报价，一旦询价方说"DONE"，则买卖成交，并且遵循"我说的就是合同"的原则，因此为了防止纠纷，外汇交易中所使用的电话都要具备录音功能。

（2）电传。电传是一种比较老式的外汇交易方式。由于外汇汇率瞬息万变，所以需要双方在很短的时间内达成交易。一个合格的交易员需要在十秒内报出价格。据对一些公司的财务经理的访问发现，交易速度的快慢是其衡量外汇银行服务好坏的首要标准。电传方式的一个致命的缺点就是交易传递信息的速度较其他的交易方式要慢很多，因此已经趋于淘汰，只在一些小型交易机构中使用。

（3）路透交易系统（Reuter dealing system）。它是一种高速的电脑交易系统，由路透通讯社提供，供外汇交易员使用的通信工具。该系统为每一个参加这个系统的交易商提供一个终端密码，交易员在进行交易的时候可以首先通过路透终端机（包括显示终端、键盘和打印机等）敲入自己的终端密码，如中国银行总行的终端密码是BCCD，进入系统，然后输入对方银行号码进行呼叫，这样双方就可以通过终端机进行询价和报价。如果双方交易成功，则可以把交易对话通过打印机打印出来，作为书面合同。一般交易员都是同时同多家银行进行询价，然后找到最适宜的价格成交的。利用路透交易系统进行外汇买卖，要使用专门的对话语言和形式，并且要注意应有的礼貌用语，比如讨价还价可以说“MY RISK”，结束交易时可以说“THANKS FOR THE DEAL，BIBI”等。另外，路透交易系统还为世界各地的交易员提供最新的财经信息，这些信息是由遍布全球的路透社记者提供的。

（4）德励财经资讯系统（Telerate system）。它是隶属于美国道·琼斯公司的一个服务性系统，是一个全天候提供全球最新的经济金融信息服务的系统，按内容分为报价系统、新闻系统、评论系统、分析系统和交易系统。

2. 现汇市场和期汇市场

（1）现汇市场又叫做即期外汇交易市场，是进行即期外汇交易的场所和媒介。即期外汇交易（spot exchange transaction）指的是买卖双方按照外汇市场上的即时价格成交后，在两个交易日（或工作日）内办理交割的外汇交易。也就是说，双方在达成了交易意向之后，在两个交易日内双方进行账户资金的转移。由于外汇交易实际上买卖的是一些货币的活期存款，因此，交割就是指把买卖的货币进行清算的过程，交割结束的标志是买卖双方交易货币存款数额的增减。一般来说，交割日即是有效的起息日和结息日。现汇交易市场的参与者有进出口商、为收回投资而参与交易的跨国公司、为干预市场而进行交易的中央银行等。即期交易使用的汇率是即期汇率，即期汇率往往瞬息万变，因此要求交易员要有高超的技能和敏捷快速的反应能力。

（2）期汇市场又叫做远期外汇市场。在一笔进出口贸易中，如果货款是以非出口商本币计价并且在几个月后才能支付的话，出口商就面临着在几个月后按照当时的即期汇率来兑换货款的问题。这时出口商到时到底能收回多少本币则是一个未知数，可能会由于即期汇率的波动而遭受损失。出口商面临的这种问题可以在远期外汇市场得到解决，即该出口商可以进行远期外汇交易，现在就确定将来将要兑换的某种外汇的价格，从而规避汇率风险。远期外汇交易是指外汇买卖成交后，于两个工作日以外的预约时间再办理交割的外汇交易业务。这种外汇买卖的实现需要具备两个过程：一是双方签订远期外汇合约（foreign exchange contract），以规定交易外币的种类、金额、远期汇率（即现在确定的将来进行外汇交易时所使用的汇率）、交割时间及地点。二是到预定的日期双方按照约定的条件进行交割。从成交日到交割日，中间间隔的时间最短为3天，另外还有1个月、2个月、3个月、6个月、9个月和12个月。期汇市场的参与者主要有为了规避汇率风险锁定成本的出口商、国际借贷者，另外还有一些投机商和套利者。

3. 根据币种不同划分的外汇市场

如美元对日元市场、美元对欧元市场等，其交易量较大。

（三）外汇市场的特点

目前，随着国际金融业的发展，金融工具的不断创新，外汇市场也处在不断地发展变化之中。外汇市场具有如下几个特征：

（1）外汇市场是某国或某地区宏观经济变化的“晴雨表”。一般来说，一国或地区外汇市场的交易量，以及本币对外币的汇率变化，对其国民收入、就业、物价指数和利率水平等经济变量都有重大的影响。同时，外汇市场不仅对本国的宏观经济变量极为敏感，还容易受他国经济实力变化的影响。外汇市场的地位与作用越来越显得重要，对开放型国家或地区的经济尤为如此。

（2）外汇市场的汇率波动频繁，外汇风险管理已经引起政府的重视。20 世纪 70 年代初期，许多国家或地区逐步实行浮动汇率制度，此后，外汇市场的动荡不稳和汇率波动剧烈就成了经常现象。进入 20 世纪 90 年代，全球经济一体化趋势不可阻挡，国际资本流动的规模与速度成倍增加，汇率剧烈波动，不可避免地给对外经济交易带来风险。外汇批发、零售市场上，外汇风险管理大显身手，外汇交易者更懂得利用有效的交易形式来达到套期保值、转移风险或追逐风险利润的目的。

（3）外汇市场上“创造价格”的功能越来越突出。外汇交易过程中，出现的并不是一种价格，而是两种价格，即买入价和卖出价，在两种价格之间有一定的差幅，差幅也经常变动。外汇交易商（主要是外汇银行）通过变动差幅的大小而“创造价格”，并根据这些价格进行交易。它们与外汇经纪商不同，后者只是促成外汇的买方能找到卖方，或卖方能找到买方；而外汇交易商不仅促成交易，而且为了轧平头寸有时作为交易的一方，即如果一笔外汇卖出一时找不到卖方，外汇银行则以其“创造”出的价格自己买入这笔外汇。外汇交易者众多的创造价格，将使外汇交易的价格趋同，影响着汇率的变化。

（4）外汇市场上政府的干预比以前频繁、规模小，但及时且效率高。尽管在世界上许多国家或地区实行的是开放性经济，但政府对经济的干预或调节从未放弃过。尤其是外汇市场，不仅本国货币当局时常介入，有时甚至几个国家的中央银行联合起来干预，同时，干预的频率较过去频繁，但规模不大。

二、外汇市场的参与者

外汇市场参与者是外汇市场的主体，主要包括外汇银行、外汇经纪商、中央银行、一般客户等。

（一）外汇银行

由于外汇市场中绝大多数（大约 90%）的外汇交易是在银行之间进行的，所以外汇银行主要包括两类：一是由中央银行指定的具有经营外汇业务特许权的指定银行，在我国，这样的银行是指中国银行、农业银行、交通银行、建设银行等；二是在本国的外国银行的分行、代理行或代办处。

（二）外汇经纪商

外汇经纪商是一种帮助买卖双方达成交易的商人，由于他们非常了解外汇市场的行情和供求关系，所以他们可以促成交易双方交易并从中收取佣金。在外汇交易中，各个外汇需求者为了购买到更便宜的外汇，往往要寻找出价最低的供给者。由于汇率在很短的时间里就会产生变化，所以这样的寻找是要付出成本的。外汇经纪商由于非常了解各个银行愿意接受的外汇交易的价格，因此在通过经纪商进行外汇交易时可以降低搜索最佳汇率条件的成本。另外，在通过经纪商进行交易时，交易双方是匿名进行交易，所以像中央银行这样的参与者，可以通过经纪商的帮助完成外汇交易并隐藏其干预市场的动机。从我国的现状来看，由于我国长期实行外汇管制，所以外汇市场还没有经纪商参与的空间，但丰富交易主体将会成为我国外汇市场发展的必然趋势。

（三）中央银行

中央银行往往担负着维持本币汇率稳定的责任，常常在外汇市场上或明或暗地通过买外汇和卖外汇的方式来达到调控汇率的目的。央行一般会设有外汇平准基金或者叫外汇平准账户（exchange equalization account），这些资金账户的资产构成一般为一定数量的本币、外汇和黄金。央行就是利用这些资金来随时干预外汇市场的。有些时候央行希望能够以匿名的形式干预汇市，因此会通过委托外汇经纪商代理买卖外汇。

（四）一般客户

外汇市场中的一般客户主要有以下两种：

1. 需要进行外汇买卖的企业和公司

如四川长虹集团将彩色电视机出口到美国，收到的是美元，需要兑换成人民币来进行国内采购，它可以在结算日凭出口合同和出口单据按照当日的外汇牌价把收到的美元存款（一般外汇交易的都是各种货币的活期存款）卖给本国的外汇银行，银行会把相应的人民币款项转入长虹的账户之中。在中国，这是一种结汇过程。银行与具有法人资格的企业和公司之间的外汇交易，往往采取转账结算的方法。除了进行进出口贸易的公司企业需要买卖外汇以外，跨国公司也需要进行外汇买卖。随着国际经济快速、全方位的发展，跨国公司已经成为外汇市场的主要顾客，它们不但在经营的过程中需要进行大量的由于进出口而产生的外汇结算，而且一些对外直接投资项目也需要进行外汇买卖。另外，一些资产管理机构为了资产的保值和增值也常常参与外汇交易，属于这一范畴的企业和公司有航运公司、保险公司、外汇投机者等。

2. 需要进行外汇交易的居民个人

我国《境内居民个人购汇管理实施细则》中规定了 16 种个人可以购汇的情况，包括旅游（含港澳游）、朝觐、探亲会亲、境外就医、自费留学、其他出境学习、商务考察、境外培训、被聘工作、外派劳务、缴纳境外国际组织会费、境外邮购、出境定居、境外直系亲属救助、国际交流及其他。居民个人进行外汇买卖的交易特点是金额小，笔数多。

三、我国外汇市场

改革开放前，与计划经济管理体制以及外汇收支实行统收统支相适应，人民币汇率由国家确定和调整，我国没有外汇市场。1979 年，随着对出口企业实行外汇留成制度，允许留成的外汇相互调剂，在其基础上逐渐产生了外汇调剂市场。为顺应社会主义市场经济发展的需要，1994 年我国外汇管理体制进行了重大改革，建立了全国统一的银行间外汇市场。外汇交易市场无论结构、组织形式、交易方式和交易内容都与国际规范化的外汇市场更加接近。从此，我国外汇市场进入了新的发展阶段。

从市场机构来看，我国外汇市场有两个层次：第一个层次是客户与外汇指定银行之间的零售市场，又称银行结售汇市场；第二个层次是银行之间买卖外汇的同业市场，又称银行间外汇市场，包括银行与银行相互之间进行的外汇交易，以及外汇指定银行与中央银行之间进行的外汇交易。另外，与官方外汇市场相对应的，还有从事非法外汇交易的场所，即外汇黑市。

（一）银行间外汇市场

1. 银行间外汇市场的基本框架

（1）市场采取有固定交易场所的有形市场的组织形式。我国银行间外汇市场，又称中国外汇交易中心系统。上海为我国外汇交易总中心，在全国若干大中城市设立分中心，总、分中心之间计算机联网。1994 年年底，我国外汇交易系统已连接全国 22 个中心城市，目前已扩大到全国主要城市，基本上形成了一个覆盖全国的外汇交易系统。

（2）市场实行会员制。凡是在中国境内注册、经主管机关批准设立，并允许经营外汇业务的金融机构及其授权代表上述金融机构在外汇交易中心系统进行交易的分支机构，均可以向中国外汇交易中心提出会员资格申请，经外汇交易中心审核批准后，即成为交易中心的会员。

（3）市场的交易原则。市场实行分别报价、价格优先、时间优先以及计算机撮合成交的交易原则。

（4）市场实行本外币集中清算。会员在交易市场进行的外汇交易，都通过中国外汇交易中心统一清算。

目前，银行间市场交易币种主要有人民币对美元、人民币对港币、人民币对日元等。银行间市场采用直接标价方式，即每一单位外币等于若干元人民币，人民币元以后保留四位小数。

2. 银行间外汇市场的运行状况

中国人民银行按照“市场运行、市场监督、市场控制分开”的原则来构建银行间外汇市场。其具体分工是：中国外汇交易中心负责市场运作，国家外汇管理局负责市场监督，中央银行操作室负责对外汇市场的宏观调控。

凡是在中国境内营业的金融机构之间的外汇交易，均应通过银行间外汇市场进行。

（二）银行结售汇市场

1994 年外汇体制改革，我国取消了外汇留成与上缴，实行银行结售汇制度。

银行结售汇市场是我国的外汇零售市场。在结售汇制度下，办理结售汇业务的银行是外汇指定银行。外汇指定银行根据中国人民银行公布的基准利率，在规定的幅度内制定挂牌汇率，办理对企业和个人的结售汇。

银行结售汇包括结汇、售汇和付汇。其中结汇是指企业和个人通过银行或其他交易中介卖出外汇换取本币；售汇是指企业和个人通过银行或其他交易中介用本币买入外汇；付汇是指企业和个人通过金融机构对外支付外汇。

在现行“人民币经常项目可兑换，资本项目外汇实行管理”的外汇管理框架下，人民币还不能与外币自由兑换，但随着我国金融业对外开放步伐的加快，人民币兑换外汇的限制将逐步缩小。

背景知识

我国银行间外汇市场的发展

1994 年我国银行间外汇市场只有美元和港币两个币种的交易，1995 年增加了日元兑人民币的交易；2002 年增加了欧元兑人民币交易品种，还在小币种交易上试行了做市商制度，以活跃交易、提高流动性，并且面向金融机构推出了外币拆借中介服务；2003 年开始，交易中心又将外汇市场交易时间延长至全天，推出了双向交易，方便会员头寸平补和资金调度，进一步健全了外汇市场运行机制；2004 年交易中心与芝加哥商业交易所（CME）达成了外汇衍生品研发合作方案，同年 10 月成功加入了环球金融通讯组织（SWIFT）。银行间外汇市场在 2004 年交易量再创历史新高，达到 2 090 亿美元，会员 354 家，并延伸到香港和澳门地区。2005 年，中国外汇交易中心银行间外汇市场外币买卖业务顺利展开，首批 10 家做市商全部参与了报价，中资银行作为做市商成交了第一笔外币对外币买卖，之后引进人民币对外币掉期业务，增加银行间市场交易品种，开办远期和掉期外汇交易。截至 2008 年 8 月，我国银行间外汇市场共有会员 340 家，外汇交易系统累计成交折合美元 40.23 亿元，日均成交 1.75 亿美元，其中美元成交 39.42 亿，港币成交 2.71 亿，日元成交 49.06 亿。

本章小结

国际金融市场就是居民与非居民之间，或非居民与非居民之间，进行国际性金融业务活动的场所。一国的国内金融市场要发展成为国际金融市场，必须具备如下条件：政局稳定、国内市场发达、外汇管制较松、拥有大量的国际金融机构和从业人员、地理环境优越等。

国际资金市场按照融资期限划分，可以分为国际货币市场和国际资本市场。欧洲货币是指在货币发行国境外被储蓄和借贷的各种货币的总称。之所以称为“欧洲货币市场”，是因为这种性质的市场最早形成于欧洲，其发端是欧洲美元市场，其后又逐渐发展成为著名的欧洲货币市场，比较著名的欧洲货币市场包括卢森堡、香港、新加坡、东京金融市场。

外汇市场是指由外汇供给者和外汇需求者双方以及外汇交易中介机构所构成的外汇买卖场所和网络。外汇市场形成的基础是外汇的供给与需求。

重点概念

国际金融市场　国际货币市场　国际资本市场　欧洲货币市场　外汇市场

复习思考题

一、思考题

1. 什么是国际金融市场？其特点是什么？

2. 简述欧洲货币市场的特点和作用。

3. 在香港存贷的日元资金是否属于欧洲货币？为什么？

4. 国际货币市场与国际资本市场的区别是什么？

5. 假设有三位美国客户甲、乙、丙，三客户均在美国境内的一家银行存款。甲存了100万美元，乙存了50万美元，丙存了80万美元。由于某种原因，甲、乙将全部存款转存于苏黎世银行。请问：此时上述三客户中，谁的美元变成了欧洲美元？共产生了多少欧洲美元。

二、案例分析题

1. 在美国次贷危机的影响下，随着2006年美国房地产泡沫破裂，华尔街金融风暴冲击各国，全球股市大幅下跌，愈演愈烈，最终导致全球金融危机，贝尔斯登破产，雷曼兄弟倒闭，美林证券被吞并，华盛顿互助银行告急，AIG国有化，高盛进退维谷。次贷的蝴蝶效应已经令人难以想象，美国政府注资7 000亿美元挽救大市，包括美联储（Fed）和欧洲央行（ECB）在内的全球六大央行历史性地合作，美国、英国、德国、荷兰、意大利、丹麦、韩国、澳大利亚相继公布沽空禁令……全球各地联手应对愈演愈烈的国际金融风暴。

请问：从美国次贷危机引发全球危机案例中如何看待国际金融市场一体化？

2. 离岸银行业有利可图且发展迅速，据估计，该行业的业务正在以15%的速度逐年增长，因此，新兴的中心都在力图从传统离岸金融中心手中争得一块业务。而由于极力吸引业务以及本身监管力度不高等原因，这些新兴中心往往成为洗钱的场所。

塞舌尔是另一个激起国际监督当局公愤的国家，该国向所有1 000万美元以上的投资者敞开大门，从不追究资金究竟从何而来。如今，正当的离岸银行中心已迅速采取措施回绝那些来自一些新兴市场的可疑资金。在欧洲，这主要是指来自俄国和东欧诸国的不明来源资金；在世界的另一端，美国反毒品局的官员们也一直在全力以赴追查离岸可卡因黑钱。

一个重大的洗钱丑闻就能毁掉一家银行的所有业务。1991年7月关闭的国际商业信贷银行（BCCI）就是一个例子。当一切正常时，BCCI成功地瞒过了银行监管当局，它将控股公司设在卢森堡，将主要业务附属机构设在开曼群岛，并在世界各地建立了70家分行。它总是能设法避开银行监管当局对其业务的稽核，等到英格兰银行最终抓获BCCI时，它已在英国三大离岸金融中心之一的马恩岛开办了业务。马恩岛为此已为存款人赔付了近2 300万英镑。

请问：

（1）离岸金融市场在运作上有什么特点，为什么离岸金融市场有条件为非法的金融交易服务？

（2）如何看待金融业的对外开放与金融环境稳定之间的关系？

第二篇

外汇交易实务篇

第四章　传统外汇交易方式

全球外汇交易量明显减少

据路透社 2012 年 12 月 12 日报，全球外汇交易量由于欧债危机暂时平静下来而减少，但这让银行很受伤。由于交易量明年可能进一步下降，可能有更多交易员丢饭碗。自 2012 年中期以来业务减少，外加市场波动降低，银行靠外汇交易赚钱变得很不容易。“汇市交易量下降影响到业内的每个人和每家银行，”瑞银全球外汇和贵金属交易副主管说。全球经济放缓导致交易量下降已有一段时间，再加上许多国家实施超低利率，降低了买入主要货币兑其他货币的吸引力。欧洲央行（ECB）总裁德拉吉似乎不经意间加快了这股趋势，他在 7 月底承诺“将尽可能保住欧元”。德拉吉发表这席话之后，欧洲央行又推出有条件购买受困欧元区国家公债的计划，使得市场恢复相对平静，并抑制住欧元跌势。这反过来帮助降低了汇率波动程度，但外汇交易员通常是靠汇率波动性来赚钱的。2012 年 8 月至 11 月，对绝大多数外汇交易进行结算的 CLS 系统交易量较上年同期减少了 11%。两大电子交易平台——ICAP 旗下的 EBS 和汤森路透反映外汇交易年交易量分别减少了约 40%和 25%。

（资料来源：http：//cn. reuters. com/article/wtNews/idCNCNE8BC0A320121213。）

分析：通过引例可以看出，外汇市场的活跃与否取决于汇率的波动，也取决于利率因素对资本流动的影响，案例中也揭示了外汇银行的收入来源主要是买卖差价，而交易量的多少直接影响了买卖差价的总量。即使近期外汇交易规模暂时减少，但是作为每天近 4 万亿美元交易量的金融市场，外汇市场依然是世界交易数量最大的市场，也是世界经济的中枢系统。那么在这样一个市场中所进行的外汇交易到底是怎样进行的呢，都有哪些交易形式，这些交易形式的功能是什么，人们又是如何利用这些功能进行金融决策呢，这些内容正是本章所要告知读者的。

本章学习目标

通过本章的学习，你应该能够：

1. 了解外汇交易的特点；
2. 掌握传统外汇交易的各个品种的特点；
3. 熟悉各个传统外汇交易品种的交易要素；
4. 运用各个品种的功能进行实际操作；
5. 结合实际情况对各种传统外汇交易进行盈亏分析。

第一节　外汇交易一般原理

外汇交易是国际间结算债权、债务关系的工具。近十几年来，外汇交易不仅在数量上成倍增长，而且在实质上也发生了重大的变化。外汇交易不仅仅是国际贸易得以实现的不可或缺的工具，而且已成为国际上最重要的金融商品之一。

一、外汇交易的含义、特点和类型

（一）外汇交易的含义

外汇交易是指外汇买卖的主体为了满足某种经济活动或其他活动的需要，按一定的汇率和特定交割日而进行的不同货币之间的兑换行为。这种兑换活动包括：本国货币兑换外国货币，如人民币兑换美元；外国货币兑换本国货币，如美元兑换人民币；一种外国货币兑换另一种外国货币，如美元兑换日元。无论是哪种情况，都可以看出外汇交易是“成对”出现的，也就是说买入某种外汇的同时必将卖出另一种外汇，反之亦然。在一笔外汇交易中，如果对一种货币做了多头，那么对另一种货币就是做了空头。比如到德国去旅游需要欧元，那么人们由于旅游的原因需要拿手中的美元兑换欧元，则是买入欧元的同时卖出美元的交易，也就是说，在这笔交易中人们做了欧元的多头同时也就做了美元的空头。虽然事实情况如此，但是在实际交易中，为了方便起见，人们经常只记住自己要拿美元买欧元就可以了。

背景知识

外汇交易是“零和游戏”

零和游戏是博弈论的一个概念，意指在游戏双方中，一方得益必然意味着另一方吃亏。有人形容外汇交易是“零和游戏”，更确切地说是财富的转移。因为当一种外汇升值的时候，另一种外汇同时也就相对贬值。比如美元对欧元升值的同时也就意味着欧元对美元贬值。这种情况下，购买美元卖出欧元的人会得到更多的购买力，而卖出美元买入欧元的一方将把财富通过外汇交易而转移出去。这是完全区别于股票交易的特性。在股票市场上，某种股票或者整个股市会出现上升或下降，那么，某种股票的价值或者整个股票市场的股票价值也会上升或下降。

近年来，投入外汇市场的资金越来越多，汇价波幅日益扩大，促使财富转移的规模也愈来愈大，速度也愈来愈快。以全球外汇每天 3 万亿美元的交易额来计算，上升或下跌 10%，就是 300 亿的资金要换新的主人。尽管外汇汇价变化很大，但是任何一种货币都不会变为废纸，即使某种货币不断下跌，它也总会代表一定的价值，除非宣布废除该种货币。

分析：通过上述阐述，读者应该明白外汇交易这种“成对”的特性以及汇价的变动使外汇交易尤其是投机性的外汇交易的实质变成了一种财富的转移。

人们为什么需要进行外汇交易呢？有两个基本的前提：一是各国所使用的货币大多是不同的，在全世界 200 多个国家中，超过 164 种不同的货币被个人、企业和政府用来完成贸易和金融交易。二是虽然在国内人们普遍使用自己国家的货币，但是在国际交往中人们可能只接受部分特定的货币进行各种往来。这种往来包括贸易、旅游、投资，当然也有投机活动。而最开始人们需要进行外汇交易的动力则是源于经贸往来。如瑞士出口商出口数码相机到美国，美国的进口商手中只有美元，而由于现在美元贬值很厉害，瑞士出口商可能更愿意接纳 CHF 作为货款的计价货币，这时，美国进口商就只能拿美元去买 CHF 再进行支付了。该美国进口商可以到为其服务的一家经营外汇业务的银行把美元换成 CHF。这种业务是一种外汇零售业务，是银行与单个的客户（企业或个人）进行的外汇交易。这种交易汇聚在一起，给外汇银行造成了头寸压力。在营业日里，外汇银行有时买入某种外汇的数量大于卖出的数量，使该银行对这种外汇的持有额大幅增加，又由于外汇市场汇率波动的速度很快，使外汇银行无形中承担了汇率波动的风险。如果是外汇银行持有某种外汇的多头头寸，则称这种外汇为超买，反之则称超卖，我们把超买和超卖通称为敞口头寸(open position)。这样银行为了平抑敞口头寸也需要相互进行交易，卖出多头买入空头。银行之间的外汇交易一般都是大宗性质的，数量很大，因此把这种银行之间进行的大批量的外汇交易业务叫做外汇批发业务。另外，在外汇市场中，价格即汇率往往是交易双方都非常关心的，这时外汇市场又出现了一些机构专门为外汇需求者和供应者在短时间内提供合理的价格，使其减少由于搜索对家所产生的时间成本，这样的机构叫做交易中介机构或外汇经纪商。中央银行由于调控经济的需要，也有可能到外汇市场中参与外汇交易。通过上述分析可以看出，外汇交易的参与主体主要有：外汇银行，中央银行，外汇经纪商，各种企业、团体组织和个人。

无论是什么类型的外汇交易，其要达成交易总是要具备一定的交易条件，这些条件主要包括：交易日期（trade date）、交易对手（counterparty）、货币种类（currencies）、汇率（exchange rate）、交易金额（amounts）、交割日期（value date）和支付指令（payment instructions）。

（二）外汇交易的特点

与股票和期货等交易方式相比，外汇交易历史尚短，但是交易规模非常大，而且交投也很活跃。这些与外汇交易的诸多特点有关。

1. 外汇交易是 24 小时全天候交易

由于在世界的各个时区分布着主要的一些外汇交易中心，这些交易中心的交易时间首尾相连（见图 4—1），使得全球的外汇交易可以在 24 小时内连续进行。不论你在世界哪一个角落，都可以通过电子平台参与正在世界各个金融中心进行着的外汇交易。对中国投资者来说，下午相当于伦敦市场开市的时间，而晚上 9 点以后就是美国市场进行交易的时间，每个人都可以任意选择自己最喜欢的时间段进行交易。实际上，超过半数的外汇交易是在伦敦和纽约的银行里进行的。

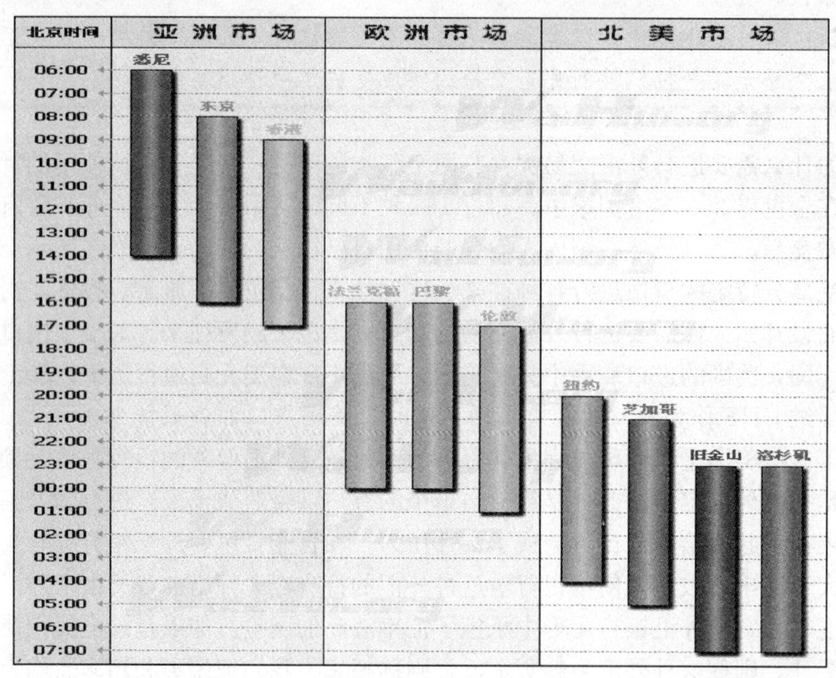

图 4—1 世界各地的外汇交易时间（北京时间）

2. 外汇交易更加体现了交易的公平性

由于外汇交易市场具有非常大的流动性，以至于很难有资金能像操控股市那样操控外汇交易的价格，因此外汇交易更加透明并且也更加具有公平性，在外汇市场上获利要比在股票市场上更依靠技术分析。但需要注意的是，在股票市场上，同一时点只有一个成交价，因为股票是撮合成交，而外汇市场达成交易是通过询价、报价的方式，所以同一时点可能有不同的成交价，即“一个愿打，一个愿挨”。

3. 外汇交易的交易品种单一

和股票市场需要关注成千上万只股票不同，外汇交易中，交易者只需要关注几种货币对的走势就可以了，比如欧元/美元、美元/日元等。因为这些主要货币对的交易量几乎占了整个市场的交易额的 90%。

4. 外汇交易可以是双向的

由于在外汇交易中买入一种外汇的同时就是卖出另一种货币，因此外汇交易是可以卖空的。比如当你预测美元将要贬值的时候，可以现在就卖出美元，当美元真如你所料贬值时再买回，这样即可从中赚取差价收益。也就是说，外汇市场并没有不可卖空的约束，因此对于一种货币，无论是牛市还是熊市均可获利，只要在投机中你的预测方向与实际走势一致。

5. 外汇交易可以进行杠杆操作

相对于股票交易，外汇交易的特点在于杠杆效应明显。假设你看涨欧元而看跌美元，那么你就可以交易欧元/美元货币对，即买入欧元而卖出美元。2013 年 2 月 28 日 19 点 30 分的市场报价为 EUR/USD 1.311 8，保证金比例为 1%，你只需要有 131.18 美元就可以持有 10 000 欧元的多头头寸了。按照这个比例（不考虑交易费用），如果欧元相对于美元汇率上涨了 50 个点，卖出这些欧元就可以获得 50 美元的收益！由此可见，外汇交易的杠杆效应非常明显。当然，与之相对应的，如果亏损的话，亏损的比例也是惊人的。正是从这方面来说，杠杆交易并不适合于所有人，风险承受能力差的投资者应该被排除在外。

背景知识

杠杆和保证金

杠杆：即外汇交易者从交易员处得到的信贷额与初始资金的比例。杠杆的存在可使外汇交易者用较少的初始资本做大金额的交易。

保证金：即外汇交易者在交易中须存入的可以进行交易的最小金额。保证金承担未来可能的交易损失。如果保证金是25美元，账户的杠杆是400∶1，则交易者可交易10 000美元等值的货币。这意味着交易者有机会增加更多的利润，也表示有机会增加损失。

6. 外汇交易成本较低

直接与外汇银行进行的外汇交易是不收取额外的手续费或佣金的，但是由于获利的需要，外汇银行在买卖某种外汇的时候会设置银行买入或卖出某种外汇的买入价和卖出价，二者的差价是客户参与外汇交易的成本，也是外汇银行的收益。而这个差价相对而言是比较小的，这与外汇交易全天候进行以及通过电话网络等无形方式进行交易有关。

（三）外汇交易的类型

1. 根据外汇交易的参与者不同分类

（1）银行与客户间的外汇交易。它是指企业或个人由于贸易、旅游、投资、投机等原因需要进行货币兑换而与外汇银行进行的外汇交易。由于这种交易单笔资金量较小，因此也称为外汇零售业务。例如：中国天然气总公司从澳大利亚进口天然气，需要支付澳元。中国天然气总公司则向中国银行申请购买澳元用于支付。

（2）银行同业间的外汇交易。它是指银行与银行、银行与其他金融机构之间进行的外汇交易。由于银行不断地与客户进行外汇交易而导致有的货币银行持有多头而有的货币银行持有空头，这两种情况统称为银行持有敞口头寸，这将使银行暴露于汇率波动的风险之中。银行间外汇交易的主要目的是平衡外汇银行自身持有的外汇头寸，以减少外汇风险。

这种外汇交易由于交易额大而被叫做外汇批发交易。

(3) 中央银行与外汇银行间的外汇交易。中央银行往往为了稳定本国货币汇率，保持币值稳定，或实现某种经济调控目的而在外汇市场利用外汇平准基金的资金进行外汇交易。为了防止央行的行为被市场所察觉，中央银行往往委托外汇经纪商匿名进行操作。

2. 根据外汇交易的方式不同分类

按外汇交易方式不同分类，有即期交易、远期交易、掉期交易、互换交易、套汇交易、套利交易、外汇期货交易和外汇期权交易等品种。由于以上品种将在后续内容中逐一阐述，在此不再赘述。

背景知识

ECN 模式逐步取代 MM 模式，提升行业与客户的效率

零售外汇交易平台有两种基本的模式，一种是 MM（做市商）模式，一种是 ECN 模式。

所谓 MM（market maker）模式，指金融市场上的一些独立的交易商，主动为投资者提供流动性，充当投资者买卖某种金融产品的交易对手，买卖双方不需等待交易对手出现，只要有做市商出面充当交易对手方即可达成交易。一般情况下，这个平台内可供零售客户交易的汇率报价是由唯一的一个做市商提供的，这个做市商就是零售客户交易账户所在的外汇交易商。所谓 ECN（electronic communication network，又称无交易员平台）模式，中文直译为电子通信网络，是指外汇经纪商为他们的客户建立的电子化交易平台，采用撮合交易模式，由多家世界顶级银行直接向投资者提供报价并竞价接受订单，平台在各个报价银行之间自动选择最有利于客户的价格来成交。ECN 模式明显优于 MM 模式：首先，在 ECN 模式下，经纪商的地位从交易对手变成了交易所（exchange），经纪商不再主动承担风险，所有风险由交易双方各自承担，这样，造成经纪商破产的主要原因——因无力承担交易风险或风险管理不善——不复存在，从而可以降低经纪商破产事件的发生概率，降低因经纪商破产造成的客户损失和行业震荡；其次，因为经纪商不再承担风险，因此经纪商可以不再要求风险补偿，从而直接降低了经纪商的运营成本和运营风险，投资者可以享受更低的点差和费用，间接降低了投资者的交易成本；最后，交易报价由多家银行提供，多家银行之间存在竞争关系，从而有利于投资者得到最有利的价格。综上所述，ECN 模式对投资者而言代表着更低的交易成本、更快的成交速度、更公平的交易条件。

资料来源：http：//www.forex.com.cn，2008-02-21。

二、外汇交易的规则

在外汇市场上，为了保证外汇交易的正常运行，各地外汇市场逐步形成了一些约定俗成的交易惯例。对于投资者来说，了解这些惯例是十分必要的。

（一）外汇交易惯例

（1）除特殊标明外，所有货币的汇价都是针对美元的，即采用以美元为中心的报价方法。

（2）除英镑、澳大利亚元、新西兰元和欧元等少数货币的汇价是采用间接标价法（以一单位货币等值多少美元标价）以外，其他可兑换货币的汇价均采用直接标价法表示（以一单位美元等于多少该币标价）。

（3）在外汇交易报价中，对所有可兑换货币的报价，报价银行都必须同时报出买入价和卖出价两个价。买入价是银行买入外汇的价格；而卖出价是银行卖出外汇的价格。买卖价差是银行的利润。要正确判断在一个报价中哪一个是买入价、哪一个是卖出价，就要关注定义中的两个关键词，一个是“银行”，一个是“外汇”。银行买入外汇并卖出外汇才能赚取差价收益，因此银行应该贱买外汇，并且实现贵卖外汇才能实现盈利。因此在判断的时候可以首先确定哪一种货币是外汇，然后再根据银行贱买贵卖的原则来确定买入价和卖出价。比如 2013 年 2 月 28 日美元与日元的汇价为 92.283/92.295，如果把美元看成是外汇，则银行应该贱买美元，支付更少的日元，因此 92.283 为买入价，而 92.295 为卖出价。如果把日元看成是外汇，则买入日元要支付更少的美元，因此支付的美元应为 1/92.295实现贱买日元，卖出日元需收回 1/92.283 美元，从而实现贵卖日元。所以，92.295 是买入价而 92.283 是卖出价。综上可以看出，买入价和卖出价根据不同的标价方法（前一种是直接标价法，后一种是间接标价法）位置是不一样的。直接标价法下买价在前、卖价在后，间接标价法下卖价在前、买价在后。

背景知识

什么是 CHOICE 价

有时银行会报出买卖价格都相同的一个价和对方交易，也就是说无论对方是买入某种货币还是卖出某种货币都使用同一个价格。这个价格叫做 CHOICE 价。这种情况下交易的惯例是交易对手必须与报出 CHOICE 价的银行成交。

（4）外汇银行报出买卖价的同时，这一银行也就承担了以这一价格买进或卖出一定数额货币的义务，但条件是询价方同意在报价方报价的基础上立即成交，并且遵循“我说的就是合同”的原则。至于报刊公布的外汇交易中间价，只是供读者参考，不能作为外汇交易真正使用的价格。

（5）银行间外汇交易往往以 100 万美元为基础单位，小于 100 万美元的交易为小额交易。因此“1”代表了 100 万。而个人外汇买卖业务中通过外汇交易平台进行的外汇交易也有以 10 万为一个交易单位的情况。一个交易单位叫做 1 手，也可以用“lot”来表示。

（6）由于外汇市场价格波动迅速，因此在通过电信（如路透交易系统）手段报价时，为了节省时间，尽快获得有效的价格，外汇银行往往在报价中只报小数，而不报大数。所谓大数是指报价中从右往左数第二位以前的数，而小数是指报价的最后两位数字。如

2008年10月3日外汇市场EUR/USD 1.383 2/1.383 6，则1.38为大数，而32/36为小数。再如2008年10月4日美元与日元的汇价为105.33/105.37，在这个报价中105为大数，而33/37为小数，所以在日元报价中，也可以说整数部分为大数而小数部分为小数。

(7) 为了使外汇交易双方能在最短的时间里达成交易，外汇交易员往往使用市场上约定俗成的一些交易术语。比如买入可以说BUY、MINE、BID、TAKING；而卖出可以对应地说SELL、YOURS、OFFER、GIVING等。

(二) 外汇交易术语

进行外汇交易的人员需要熟悉外汇交易各个环节所涉及的交易术语，下面是一些外汇交易中常用的术语。

(1) 主要货币符号。每种货币都有一个固定的由3个英文字母组成的国际标准组织(ISO)代码标志。例如，美元：USD；日元：JPY；欧元：EUR；英镑：GBP；瑞士法郎：CHF；加拿大元：CAD；澳大利亚元：AUD；新西兰元：NZD。

(2) 货币对。外汇交易的本质是货币的兑换，买入一种货币的同时就是卖出另一种货币，因此外汇交易交易的是货币对。货币对由两个ISO代码加一个分隔符表示，例如GBP/USD，其中第一个代码（即分隔符左边的货币）代表"基础货币"，第二个则是"计价货币"。

(3) 主要货币对。所有与美元兑换的货币对叫做"主要货币对"。其中最重要的四种主要货币对是：EUR/USD即欧元/美元、GBP/USD即英镑/美元（通常也称作"Cable"）、USD/JPY即美元/日元、USD/CHF即美元/瑞士法郎。

(4) 交叉汇率(cross rate)。非美元的货币对叫做"交叉盘"。从上述主要货币对中，可以得出英镑、欧元、日元和瑞士法郎的交叉汇率。

(5) 点差(spread)。买卖价之间的差额就称为"点差"。一个报价中从右往左第一个数所在的位置是"个"基本点的位置，第二个数是"十"基本点的位置，第三个数是"百"基本点的位置。点差的大小是用基本点来衡量的。

(6) 做空(sell short)与做多(buy long)。当你买入一种货币时，你就是对该货币"做多"。多仓是以卖方要价建立的。

(7) 牛市(bull market)，指价格有上升趋势的市场。

(8) 熊市(bear market)，指价格有下降趋势的市场。

(9) 银行同业买卖汇率(interbank rate)，指大银行之间外汇买卖的汇率。

(10) 交割日(value date)，指金融商品交易的结算日（交割日）。在外汇交易中，通常在交易后的2个营业日内决算资金。

(11) 电缆(cable)，是交易商对英镑/美元汇率的专称。

(12) 限价订单(limit order)，指以指定价格买入或卖出的订单。

(13) 头寸(position)，可指投资者拥有或借用的资金数量，也是一种以买入或卖出表达的交易意向。比如你买入100万美元，则你持有美元的多头头寸，如果你卖出100万美元则相当于你持有100万美元的空头头寸。

(14) 易变性(volatility)，指市场价格的变动（变动率）的数值。比如"易变性高"就是指价值变动剧烈。

(15) 停止损失订单(stop loss order)，指把头寸的损失控制在一定的水平内，一旦到达这一水平时就自动结算的订单。例如，如果你在105.40时买入1美元，并且要把损失控制在 40 点内，就可设置在美元走低到 115.00 时卖出 1 美元，则每 1 美元交易损失的数量被控制在 40 个点内。因为外汇交易有杠杆交易的情况，如果杠杆是 1∶200，则1 000 美元的保证金可以进行 20 万美元的交易。如果每交易 1 美元损失 0.40 日元，则 20 万美元就损失 8 万日元，折合成美元就是 762 美元，这些损失要从保证金中扣除，如果损失进一步扩大到 1 000 美元以上，外汇交易者就要进一步追加保证金。通过外汇交易特点的学习，读者应该知道保证金交易可以扩大收益，也可以把损失扩大到自己无法承担的程度，因此在实务操作中设置停止损失订单非常必要。

(16) 流动性（liquidity），指市场交易量的大小。在流动性高的市场，就比较容易下大订单，也被称为流动风险低。而在流动性低的市场，就比较难找到交易对方，也就有可能无法以所期望的价格进行买卖。

(17) GTC 订单（good till cancelled order），指撤销前有效的买卖订单。这类订单是约定的，到下订单的人撤销订单为止一直有效。

(18) IFD 订单（if done order），指在两个订单中，如果第 1 个订单成立的话，第 2 个订单才有效的下单方法。

(19) OCO（one cancels the other order），指两个订单中，其中如果有 1 个订单成立的话，另一个订单就自动取消的下单方式。

(20) IFO 订单（if done/OCO order），是结合 IFD 和 OCO 的订单。如果第 1 个订单不成立，第 2 个和第 3 个订单就无效。第 2 个订单和第 3 个订单中的任何一个一旦成立，另一个就立即自动失效。

(21) 确认书（confirmation），是指由交易双方交换、确认交易的各项条款的交易文件。

(22) 合约或单位（contract），是指外汇交易的标准单位。

(23) 相对货币（counter currency），是指成对货币中的第二个货币。

(24) 交易对方（counterparty），是指外汇交易中的其中一个参与者。

(25) 持平/或者轧平（flat/square）。如既没有多头也没有空头头寸，即相当于持平或者轧平。如果交易商没有任何头寸，或者其所持全部头寸都互相抵消了，那么他的账目是持平。

(26) 未结头寸（open position），是指尚未撤销或者清算的交易，此时投资者利益将受外汇汇率走势的影响。

(27) 柜台市场（over the counter），用于描述任何不在交易所进行的交易。

(28) 点（pips）是在货币市场中运用的术语，表示汇率可进行的最小增幅。根据市场环境，正常情况下是一个基点。每一基点由小数点后的第 4 位开始计算。例如 0.000 1。

在实际的外汇交易中，还有很多与交易相关的术语，这里不可能全部列举，希望读者能够在实践操作中进一步掌握。

（三）外汇交易的报价技巧

在了解了外汇交易的一般惯例和交易术语后，有些人可能会问：银行报价有无依据可循呢？其实，银行在报价时也是有其原则的，了解银行报价的依据对个人交易者来说是十分必要的。银行报价的依据主要有以下几个：

1. 市场行情

市场行情是银行报价时的决定性依据。由于外汇交易主要是通过电信手段进行的，信息在不同的市场快速传递，价格在不同的市场是趋同的，因此报价银行报出的某一价格不能偏离市场行情太远。这里所说的市场行情包括：(1) 现行的市场价格，一般是指市场上上一笔交易的成交价或是指市场上核心成员的买价或卖价。(2) 市场情绪，即指报价行对外报价时，市场中某种货币可能正处于上升或下降的压力之下，那么就应该在报价中把这种压力考虑进去。

2. 报价银行手中的头寸情况，或者说报价银行持有的某种外汇数量多少

若询价方需要买入的外汇是报价银行持有较多的货币，则报价银行一般会报价较低以便于抛出该种货币，减少风险。若询价方需要买入的外汇是报价银行持有较少的货币，则报价银行一般会报价较高，甚至意图使询价方放弃与自己交易。

3. 国际经济、政治及军事最新动态

报价银行所在国家及西方主要国家（如美国、日本、德国、英国等）的繁荣或萎缩、财政的盈余或赤字、国际收支的顺差或逆差、政治军事动荡与稳定等，都会引起外汇行市的波动，从而导致对某种货币的上升或下降的压力，因此报价银行的外汇交易员必须时刻注意这些动态并以此调节本行的报价。

4. 询价者的交易意图

有经验的交易员在报价时，能够推测问价方的交易目的（买入或卖出），借此调整报价。如问价方意欲卖出某种货币，报价则稍稍压低一些；反之则抬高一些。

5. 交易对手的信用情况

因为外汇交易报价的最终目的是以报出的价格与对于交割，所以，如果交易对手信用情况良好，不会出现交割不及时的情况，则价格可以优惠一些；如果交易对手的信用风险比较大，则外汇交易员在报价时应该考虑到风险补偿。

无论采取什么样的交易术语、规则或技巧，外汇交易员能够进行外汇交易还有一个前提，就是熟悉外汇交易系统或平台。

背景知识

外汇交易系统的发展历史

从路透集团推出第一套电子外汇交易系统开始，外汇市场一直由大型银行及其他有规模的金融机构所把持；而近年来拜网络科技发展之赐，零售外汇交易才真正“飞入寻常百姓家”。

1981 年路透纪：路透集团推出路透屏幕交易系统（Reuter Monitor Dealing），交易商可以在视讯终端机上直接完成交易。该项服务使得从前平均需要 40 秒时间进行的一笔外汇交易得以在 2 秒内实现。8 年之后，路透集团推出最新的外汇交易系统 Dealing 2000，不但交易对象可以在世界上任何角落，而且也引入了计算机撮合功能，在交易银行间买卖价格相配时自动完成交易。Dealing 3000 在 1996 年推出，客户不但可以获得实时的新闻和数据，还有一个丰富的历史信息数据库。

1993 年 EBS：由包括花旗、大通、瑞士信贷第一波士顿、JP 摩根和瑞银集团在内的 13 家金融机构发起的电子经纪服务公司（electronic broking services，EBS）成立，旨在挑战路透电子交易系统在该行业的垄断地位。两年后，EBS 收购了亚洲最大的电子经纪公司——日本的 Minex 公司，不但消除了一个竞争对手，而且提升了在亚洲市场的地位。2000 年之后，EBS 与彭博（Bloomberg）推出 EBS Trader on Bloomberg，它成为全球各个金融机构 800 个交易室内逾 2 000 名交易商所使用的现汇交易平台。

1999 年福汇纪：FXCM 福汇集团于纽约正式成立，开启了外汇交易的新时代。FXCM 福汇集团同年发布的 Trade Station 1.0，因具有简单易用的优点而在一推出就成为华尔街注目的焦点。它不但是第一套针对散户所设计的交易平台，而且大幅将外汇交易的成本与门槛降低，使得外汇交易如网上购物、下载音乐或是网上买卖股票一样的容易。该公司不但连续 2 年成为全美成长最快的 500 家公司之一，交易平台更是好几年囊括业界所颁发的奖项，频受华尔街专业人士的肯定。FXCM 福汇集团于 2002 年选择香港作为其亚太区总部，这是继纽约、东京、伦敦后第四个区域总部。

2000 年百家纪：第一家以网络为基础的多银行外汇交易网站——Currenex 开始运营，揭开了在线交易的新篇章。该网站由 30 多家银行及 50 多家公司共同成立。该集团还与 FXCM 福汇集团合作，成立 FXCM PRO 平台。

此时，许多中小型的外汇经纪商甚至网上股票公司也逐步开始推出外汇交易服务，市场顿时百家争鸣，进入“战国时代”。

至此，专业与零售外汇交易的界限逐渐模糊，客户无须经过经纪人，也无须支付经纪费用，只需端坐在家中连上交易商，经由交易商所提供的免费图表做出技术分析、基本分析，再透过免费的外汇交易平台 24 小时下单，就可与来自全球的投资人公平地竞逐外汇投资回报。

资料来源：http：//www.safe.gov.cn，2008-03-28。

根据以上资料可以看出，全球外汇交易所使用的交易系统是不同的，那么中国外汇交易实务中主要使用哪个系统呢？下面这个资料可以给读者一个答案。

相关链接

外汇交易平台 EBS 入境对撼路透

一提到外汇交易系统，大多数中资银行外汇交易员的第一反应，就是“路透外汇自动交易系统”。但现在情况改变了，EBS 这一高端外汇交易平台也开始出现在他们口中。“EBS 引入了 100 万美元交易门槛的交易系统，这说明国内的外汇交易比以前活跃多了。”工商银行上海市分行一位资深外汇交易员表示。

EBS和路透是国际上两大外汇交易平台供货商。“这两家是主要竞争者，其他的平台规模都要小得多。”中国银行上海市分行国际业务部一位人士表示，EBS在全球的交易量要比路透大，每天平均达到1 200亿美元，但在亚洲，路透渗透得更广一点。EBS在交易高峰时期，每分钟有高达500至1 100次的交易指令，所以可以为银行提供非凡的流动性。

然而，以前国内大部分银行都使用路透的外汇交易系统。建行上海市分行一位人士透露，路透在中国银行业覆盖更广的一大原因是路透与中国外汇交易中心合作，为其量身定做了一套外汇交易平台，供外汇交易中心的会员使用。这意味着，外汇交易中心的会员如果选择外汇交易中心买卖外汇，就必须使用路透的系统。

第二节　即期外汇交易

一、即期外汇交易的概念

即期外汇交易（spot exchange transactions）又称为现货交易或现期交易，是指外汇买卖成交后，交易双方于当天或两个营业日内办理交割手续的一种交易方式。即期外汇交易是外汇市场上最常用的一种交易方式。

（一）交割

交割是指买卖双方成交后“钱货两清”的行为，具体是指买入货币账户上数额的增加和卖出货币账户上数额的减少。买入货币交割后到账就要计付利息，卖出的货币在交割日划走相应资金也要结清利息，而外汇交易往往是百万元的大额交易，汇率又是在不停地波动，因此在外汇交易中确定交割日非常重要。

交割日为成交日当天，称当日交割（value today）；交割日为成交后第一个营业日，称翌日或隔日交割（value tomorrow）；交割日为成交后的第二个营业日，称为标准交割日（value spot）。不同外汇市场的交割习惯有所不同。如伦敦、纽约、苏黎世等欧美外汇市场的惯例是成交后第二个营业日办理交割；东京外汇市场是在成交后第一个营业日办理交割；香港外汇市场对港元与美元的兑换采用当日交割，对日元、新加坡元、马来西亚元和澳大利亚元采用次日交割，对其他币种在成交后第二个营业日办理交割。一般来说，居民和旅客的外币现钞、旅行支票及其他小额外汇交易，在当日成交和交割。银行同业间的外汇买卖在两个营业日内收付。

（二）营业日与交割日

如果外汇交易的交割涉及两个国家或地区，那么交割必须在双方银行均工作的营业日才可以实现。所谓营业日是指除了节假日之外的工作日。主要的节假日有周六、周日、各国的法定假日等。由于世界上各个国家风俗不同，设置的非营业日即法定假日也不一样。

如果遇到双方任何一家银行是非营业日，则交割日应该顺延到下一个营业日。需要注意的是，在顺延的问题上有一个例外，如果交易涉及美元，并且交割日是标准交割日，成交日后的第一天是美国的假日而另一个国家的银行是营业日，成交日后的第二天是双方银行的营业日则交割日不用顺延，仍然在原标准交割日交割。比如6月26日进行的美元与英镑的外汇交易，6月27日是美国的假日，而英国银行是营业日，6月28日是双方银行的营业日，则应该在6月28日交割而不用顺延。

相关链接

2013年度银行间外汇市场交易币种节假日

人民币（CNY）：1月1日、1月2日、1月3日、2月9日、2月10日、2月11日、2月12日、2月13日、2月14日、2月15日、4月4日、4月5日、4月6日、4月29日、4月30日、5月1日、6月10日、6月11日、6月12日、9月19日、9月20日、9月21日、10月1日、10月2日、10月3日、10月4日、10月5日、10月6日、10月7日。

美元（USD）：1月1日、1月21日、2月18日、5月27日、7月4日、9月2日、10月14日、11月11日、11月28日、12月25日。

欧元（EUR）：1月1日、3月29日、4月1日、5月1日、12月25日、12月26日。

日元（JPY）：1月1日、1月2日、1月3日、1月14日、2月11日、3月20日、4月29日、5月3日、5月4日、5月5日、5月6日、7月15日、9月16日、9月23日、10月14日、11月3日、11月4日、11月23日、12月23日、12月31日。

港币（HKD）：1月1日、2月10日、2月11日、2月12日、2月13日、3月29日、3月30日、4月1日、4月4日、5月1日、5月17日、6月12日、7月1日、9月20日、10月1日、10月14日、12月25日、12月26日。

英镑（GBP）：1月1日、3月29日、4月1日、5月6日、5月27日、8月26日、12月25日、12月26日。

瑞士法郎（CHF）：1月1日、1月2日、3月29日、4月1日、5月1日、5月9日、5月20日、8月1日、12月25日、12月26日。

澳元（AUD）：1月1日、1月28日、3月29日、3月30日、4月1日、4月25日、6月10日、8月5日、10月7日、12月25日、12月26日。

加元（CAD）：1月1日、3月29日、5月20日、7月1日、9月2日、10月14日、11月11日、12月25日、12月26日。

新加坡元（SGD）：1月1日、2月10日、2月11日、2月12日、3月29日、5月1日、5月24日、8月8日、8月9日、10月15日、11月3日、11月4日、12月25日。

林吉特（MYR）：1月1日、1月24日、1月27日、1月28日、2月1日、2月10日、2月11日、2月12日、5月1日、5月24日、6月1日、8月8日、8月9日、8月31日、9月16日、10月15日、11月2日、11月5日、12月25日。

卢布（RUB）：1月1日、1月2日、1月3日、1月4日、1月5日、1月6日、1月7日、1月8日、3月8日、5月1日、5月2日、5月3日、5月9日、5月10日、6月12日、11月4日。

（资料来源：http：//www.chinamoney.com.cn/fe/Info/5077800。）

二、即期外汇交易的运用

由于即期外汇交易在两个营业日内即可交割，因此可以满足客户临时性的外币支付需要。另外，为了防止外汇风险，也有些客户利用即期外汇交易调整币种结构，比如客户的手中均是美元，为了防止美元汇率下跌给自己带来损失，该客户可以抛出一定数量的美元而买进其他货币品种以分散外汇风险。还有些人利用即期外汇交易进行外汇投机，也就是现在预测某种货币价格会上涨，因此在当天的某一时刻买入该种货币，当真的上涨的时候再卖出；或者当预测某种货币价格会下跌的时候先卖出某种货币，待下跌时再买入。进行外汇投机可以带来丰厚利润，但风险也很大。对银行而言，当有众多的客户在零售市场上与其进行交易时，就会导致其产生敞口头寸。银行作为客户询价的报价方可以赚取买卖的差价收益，但是，为了防止敞口头寸给其带来的外汇风险，银行应该在当日外汇市场收市之前轧平敞口头寸从而核算盈亏。

[例4—1]

即期外汇交易盈亏分析

某日银行作了如下几笔即期外汇交易（单位：万元）：

买入USD 150，汇率为：105.10；买入USD 400，汇率为：105.00；

卖出USD 225，汇率为：106.00；买入USD 50，汇率为：104.50；

卖出USD 300，汇率为：105.20；当日收盘价为：105.00/105.10。

请填写如表4—1所示的头寸分析表并以日元核算盈亏。

表4—1 头寸分析表 单位：万元

USD		汇率	JPY	
BID	OFFER		BID	OFFER
150		105.10		15765
400		105.00		42000
	225	106.10	23850	
50		104.50		5225
	300	105.20	31560	
∑600	∑525		∑55410	∑62990
POSITION LONG 75				POSITION SHORT7580

通过头寸分析表可以看出，经过一天的交易美元有多头75万美元，而日元有对应的7 580万日元，因为是用日元来核算盈亏，因此如果按照当天收盘价格把美元卖掉可以换回的日元数大于为此付出的日元数，则该银行在即期外汇交易中是盈利的。

75×105.00＝7 875（万日元），该日外汇银行盈利为：7 875－7 580＝295（万日元）

［例4—2］

即期外汇交易对话

询价方：Hi FRDS A Bank Hong Kong Calling Spot JPY 2，Pls.（嗨，香港A银行询价，请报即期日元200万美元的汇价。）

报价行：105.20/30.（价格是105.20/30。）

询价方：Yours USD 2.（我卖给你200万美元。）

报价行：OK，Done. I buy USD 2 Mio AG JPY At 105.20，value25/8/03.（成交了，我买入200万美元卖出日元价格为105.20，交割日为2003年8月25日。）Our USD PLS to KKY BK A/C120563，ChipsUID0578，TKS for the deal.（我买入的美元请付至纽约KKY银行，账号120563，CHIPSUID0578，多谢你与我交易。）

询价方：Our JPY PLS to SANWA BK TOKYO，A/C378546 TKs N BI.（我买入的日元请付至东京三和银行，账号378546，谢谢，再见。）

第三节　远期外汇交易

一、远期外汇交易的概念

远期外汇交易（forward foreign exchange transaction）是指外汇买卖成交后，于两个营业日以外的其他时间办理交割的外汇业务。这种外汇交易的实现需要两个步骤：一是买卖双方签订远期外汇合约（forward exchange contract），合约规定交易外币的种类、金额、约定的远期汇率、交割时间及地点等交易内容；二是到未来约定的时间进行交割。

从远期外汇交易的定义可以看出两点内容：一是远期外汇交易与即期交易的区别就在于远期外汇交易从成交日到交割日至少相隔两天，最短的远期外汇交易期限为成交日后的第3个营业日交割，最长的远期期限可达到10年。远期外汇合约的合同期有1个月、2个月、3个月、6个月、9个月和12个月等，最常用的是3个月的远期外汇交易，因为国际贸易付款往往是在3个月之后。另外，有些客户需要特殊期限的远期交易，比如52天、97天等，这些客户可以同银行签订特殊日期的远期外汇合约，进行零星交易（odd date transaction或broken date transaction）。二是现在通过远期合约把外汇交易的条件确定下来了而将来交割，从而现在就可以确定将来自己支付或收入的外汇的买卖价格。

二、远期外汇交易的交割日

确定远期外汇交易的交割日要遵循以下几个原则：

（1）远期外汇交易的交割日的确定一般是以即期外汇交易的交割日为基准，在当天即期外汇交易交割日的基础上加上远期合同期限。

（2）远期外汇交易的交割日必须是交易双方的营业日，如正好碰上非营业日则交割日顺延。

（3）遵循月底对月底的原则。该原则是说如果即期交割日是该月的最后一个营业日，则远期外汇交易的交割日也应该是交割月的最后一个营业日而不论日期是否相符。如即期交割日为 5 月 31 日，31 日是 5 月份的最后一个营业日，则一个月期限的远期外汇交易的交割日为 6 月 30 日，因为 30 日是 6 月份的最后一个营业日。

（4）不跨月原则。不跨月原则是说若远期交割日恰逢月底且该日又是银行的非营业日，则交割日不能顺延到下一个月，只能回推到前一个营业日。比如远期交割日为 6 月 30 日且为非营业日，则在 6 月 29 日（双方的营业日）进行交割，而不能推到 7 月 1 日交割。从本质上来看，月底对月底原则与不跨月原则是统一的。比如月底对月底原则要求当即期外汇交易的交割日是当月的最后一个营业日，则远期外汇交易的交割日就应该是交割月的最后一个营业日，如上例所示，6 月 30 日是非营业日，则说明 30 日不是交割月的最后一个营业日，那么最后一个营业日应该是 6 月 29 日，这也符合不跨月原则要把交割日回推一天而不是顺延到下一个月的要求。

三、远期外汇交易的报价

远期外汇交易的报价主要有两种形式：完整报价法和掉期率报价法。

（一）完整报价法

完整报价法即直接报出远期外汇的汇率。这种报价方法一目了然，主要用于对一般客户的报价。由于一般客户不了解外汇市场的行情，所以直接报出远期汇率有利于其顺利进行交易。这种方法也用于一般的报刊引用期汇行情时使用。比如 FORWARD 1 MOHTH USD/JPY 116.40/116.54，就是在报价的时候采用了完整报价法。

（二）掉期率报价法

由于远期汇率是以即期汇率为基础的，所以远期汇率也会随着即期价格的波动而波动。直接报出远期汇率，就要不断根据行情改变汇价，比较麻烦。因此外汇银行常常采用掉期率报价法（swap rate），即同时报出即期汇率及即期汇率与远期汇率的差价，从而计算出远期汇率。这里的掉期率是指某一时点远期汇率与即期汇率的差价。这种报价方法使银行可以不用根据即期汇率频繁地调整远期汇率。但是远期汇率的水平需要客户自己根据即期汇率与掉期率算出。如：

SPOT GBP/USD 1.673 2/42

SPOT/3MONTH 80/70

那么如何算出三个月的远期汇率呢？计算时需要遵循以下原则：

（1）如果掉期率前小后大，则不管即期汇率是直接标价法还是间接标价法，都相加；若掉期率前大后小，则不管即期汇率是直接标价法还是间接标价法，都相减。比如：

A USD/HKD 7.744 0/50

SPOT 1 MONTH 20/30

则远期汇率为：(7.744 0＋0.002 0)/(7.745 0＋0.003 0)＝7.746 0/80。

若即期汇率为：SPOT GBP/USD 1.673 2/42，掉期率为：SPOT/3MONTH 80/70，则远期汇率为：(1.673 2－0.008 0)/(1.674 2－0.007 0)＝1.665 2/1.667 2。

（2）结果得出后，可以以一种简单的方法进行验证，即远期汇率的买卖差价大于即期汇率的买卖差价，则是正确的，反之，则是错误的。如上例，远期差价均为 20 个基本点，而即期差价均为 10 个基本点，所以计算正确。

(3) 升水与贴水。如果一种外汇远期价格比即期价格贵，则称这种外汇远期升水；如果一种外汇远期价格比即期价格便宜，则称该种外汇远期贴水。如果远期价格与即期价格相等，则叫做平价。

如果银行报价为 GBP/USD 1.485 5/65，1 个月美元贴水 15/20，则表明美元远期比即期价格便宜，也意味着远期 1 英镑可以换得更多的美元，因此远期汇率为 GBP/USD 1.487 0/1.488 5。买卖差价为 15 大于即期差价 10，所以计算正确。

四、远期外汇交易汇率的决定

通过以上的学习，读者应该清楚远期汇率与即期汇率相比会有一个差价，我们叫远期汇水或掉期率。因此远期汇率的水平取决于即期汇率和远期差价。如果能了解远期差价的影响因素，我们就能了解远期汇率的决定因素和决定过程。

能够揭示远期汇率决定的理论叫利率平价理论。利率平价理论认为均衡汇率是通过国际抛补套利所引起的外汇交易形成的。在两国利率存在差异的情况下，资金将从低利率国流向（即卖出低利率货币而买入高利率货币）高利率国，并在高利率国存留一段时间以谋取更高的利息收益。但套利者在比较金融资产的收益率时，也要考虑未来把高利率货币表示的本利和转换回低利率货币时汇率波动带来的风险，因此套利者现在就进行远期外汇交易，确定把高利率货币转换回低利率货币的转换价格。这相当于在即期市场上买入高利率货币，同时在远期市场上卖出了高利率货币。因此高利率货币即期走强而远期走弱。这就导致在获得利差收益的同时也会遭受高利率货币换回低利率货币时远期贴水的损失。只要利差收益可以大于远期贴水给低利率货币表示的资产造成的损失，套利者仍然可以进行上述操作，直到远期贴水的损失程度完全消除了两国利差收益，这种套利活动才能停止，也就是达到了一种均衡。均衡状态的时候一笔资金不论存在哪里收益都相同，这时所决定出来的远期价格就是远期汇率的基础走势。

我们用一个实例来演示一下上述过程，从而给出远期汇率的决定公式。

[例 4—3]

某日市场情况是：即期汇率 USD/CHF 为 1.600 0，6 个月美元利率为 3.5%。6 个月瑞士法郎利率为 8.5%。我们有 100 万美元的套利资金。则当市场均衡的时候远期汇率会保证资金在哪里获利所得的本利和都相等。先把低利率货币转换成高利率货币使用即期汇率，100 万美元可以获得 160 万瑞士法郎。然后把 160 万瑞士法郎存在瑞士，获得以瑞士法郎所表示的本利和，并且用远期外汇交易把以高利率货币瑞士法郎表示的本利和转换回美元，这些美元与把美元在美国存六个月换得的本利和相等，就可以算出远期汇率。即：$100\times1.60(1+8.5\%\times6/12)\div$远期汇率$=100\times(1+3.5\times6/12)$，6 个月远期汇率约为 USD/CHF 1.639 0。

通过上例可以得出远期汇率的决定公式：

$$\text{远期汇率}=\text{即期汇率}\times\frac{1+\text{报价货币利率}\times\text{远期月数}/12}{1+\text{基础货币利率}\times\text{远期月数}/12}$$

该公式两边减去即期汇率为：

$$远期差价=即期汇率\times\frac{(报价货币利率-基础货币利率)\times远期月数/12}{1+基础货币利率\times远期月数/12}$$

为了方便起见，可以认为上式中的分母约等于1，所以可以得出：

远期差价=即期汇率×(报价货币利率－基础货币利率)
×远期月数/12（或天数/360）

远期汇率=即期汇率＋远期差价

远期汇率=即期汇率＋即期汇率×(报价货币利率－基础货币利率)
×远期月数/12（或天数/360）

从公式可以看出，远期汇率是由即期汇率、利率差和远期期限决定的。利差越大，远期期限越大，则远期差价越大。因此我们不难理解与即期时间越接近的远期其价格越趋近于即期价格。

五、远期外汇交易的运用

（一）保值交易

保值（hedge）指的是交易一方通过进行远期外汇交易，现在就确定将来要收到或付出的一笔外汇的转换价格，从而避免汇率风险的一种策略。

[例 4—4]

利用远期外汇交易保值

某年5月中旬，一美国出口商向英国出口价值1 000万英镑的机器设备，预计三个月后收到货款，到时需把英镑兑换成美元核算盈亏。当时纽约外汇市场即期汇率水平为GBP/USD 1.673 2/37，三个月远期英镑贴水20点。三个月后即期汇率为GBP/USD 1.669 0/95，则该美国出口商如果不采取保值措施，三个月后会收回多少美元？如果采取保值措施，会避免多少损失？

1. 如果不采取保值措施，三个月后收到1 000万英镑，换得1 669万美元。

2. 如果采取保值措施，在签订了进出口合同的同时，与银行做一笔卖出三个月英镑的远期外汇交易，三个月后，可以换得1 671.2万美元，不但避免了2.2万美元的损失，而且在签订贸易合同时就可以确定该笔交易的收入。

需要注意的是，如果到时的即期汇率对希望保值一方不利，那么也要与另一方进行交割。如果该交易者不做其他交易获利，则该交易者虽然提前确保了外汇兑换的价格，但是也享受不到汇率波动给自己带来的好处。比如本例中，如果三个月后即期汇率为1.6730/35,则该出口商还会有所损失，那么这笔远期交易的意义只有一个，就是提前确定了收益。

（二）投机交易

外汇投机交易（speculate in foreign exchange）是指投机者通过买卖现汇或期汇，有意保持某种外汇的多头或空头，以期在汇率实际发生变动之后获得收益。投机交易一般没有贸易背景，投机商只是希望能够通过贱买贵卖获得差价收益。

如果投机商预测的汇率水平与实际的汇率走势相同，他就可以通过投机获得收益，反之，则可能产生亏损。利用远期外汇交易进行投机主要有两个方向——卖空（sell short）和买空（buy long）。卖空是指如果投机商预测将来该种外汇会贬值，则现在就卖出该种外汇，待将来便宜的时候再把这种外汇买回来，从而获利的外汇交易。反之，买空是指如果投机商预测该种外汇将来会升值，则现在就买入该种外汇，在将来升值的时候再把其卖出，从而获利的交易。比如一美国投机商预期英镑有可能大幅贬值，假定当时英镑三个月远期汇率为GBP/USD=1.678 0，也就是说该投机商预测英镑现在贵将来便宜，则其首先卖出100万英镑，期限3个月。在第二个月的时候，英镑果然贬值，其再买进100万英镑一个月远期，汇率为1.478 0，交割日与第一笔交易相同，则在交割日，该投机商拿买来的100万英镑支付卖出的英镑，同时获得167.8万美元，并且要支出147.8万美元，最终获利20万美元。显然这是一个卖空的例子。其实运用即期外汇交易也可以进行投机，但运用远期外汇交易进行投机的好处是由于远期外汇交易不用立即交割，所以投机者不用持有足额的现汇就可以进行交易，但是如果投机商的资信不被银行所认可的话，银行可能会要求提供担保或者抵押才与其进行交易。

第四节　外汇掉期交易

一、外汇掉期交易的概念

掉期（swap transaction）交易是指在买进或卖出一定期限的某种货币的同时，卖出或买进期限不同、金额相同的同种货币。如某银行在5月6日买进即期英镑100万，同时，卖出一个月远期英镑100万。该银行所做的就是一笔掉期交易。

通过以上的例子可以看出，掉期交易有以下性质：

（1）买卖同时进行。即一笔掉期交易必须包括买进一笔外汇以及卖出一笔外汇，并且买卖活动在时间上几乎同时进行。

（2）买卖外汇的数额相同、币种相同。

（3）交割的期限不同。即买卖外汇交割日期是错开的，如上例买英镑的一笔交易交割日在5月8日（如果是标准交割日，而且不是双方的营业日），远期卖出一个月英镑交割日应该在6月8日。

凡符合属于上述几个条件的外汇交易组合均属于掉期交易。

二、外汇掉期交易的形式

（一）按照掉期交易的买卖对象分类

1. 纯粹的掉期交易

纯粹的掉期交易是指掉期交易中发生的方向相反的两笔交易都在相同的两个交易者之间进行。比如A银行做了一笔掉期交易，其中买入100万即期美元的交易是与B银行进行的交易，即A银行买入的100万美元是从B银行买入的。另外的一笔卖出100万远期美元的交易也是同B银行进行的交易，即A银行把100万远期美元卖给了B银行。

2. 制造的掉期交易

制造的掉期交易是指两笔期限不同的交易是与不同的对家分别进行的。即A银行买入的即期 100 万美元是从 B 银行买入的，卖出的 100 万远期美元则卖给了 C 银行。

（二）按照掉期交易的买卖性质分类

1. 买/卖掉期交易

买/卖掉期交易是指买入某种货币的即期，同时卖出该种货币的远期；或买入某种货币的较短期限远期，卖出该种货币较长期限的远期。总之，买入的货币的交割期限短，卖出的货币的交割期限长。比如 A 银行买入一个月远期美元 100 万，同时卖出三个月远期美元 100 万，则该笔交易属于买/卖掉期交易。

2. 卖/买掉期交易

卖/买掉期交易是指卖出某种货币的即期，同时买入该种货币的远期；或卖出较短期限的该货币远期，买入较长期限该种货币远期。总之，卖出的那笔外汇交易的交割期限短，买入的那笔外汇的交割期限长。比如 A 银行买入一个月 100 万欧元的同时卖出三个月 100 万欧元。

（三）按照掉期交易的交割期限分类

1. 即期对远期的掉期交易（spot-forward swaps）

即期对远期的掉期交易是指买进或卖出一笔现汇的同时，卖出或买进一笔期汇的掉期交易，是最常见的掉期交易。这种掉期交易又可分为：（1）即期对次日（spot/next）的掉期交易。掉期交易包括的两笔交易中，一笔交易是即期外汇交易，另一笔交易是远期外汇交易，但是该笔远期外汇交易的交割日是即期交割日的下一个营业日。（2）即期对一周（spot/week），即期汇交割日是即期交割日一周之后的营业日。（3）即期对整日（spot/month）即期对整日，即期汇交割日是从即期交割日算起为期 1 个月、2 个月等整月后的交割日。

2. 即期对即期的掉期交易（spot against spot）

即掉期交易中包含的两笔外汇交易都是即期交易。该种交易又分为两种情况：一是隔夜交割（over-night），即掉期交易包含的两笔即期外汇交易中，一笔即期交易的交割日是交易日当天，即成交日，后一笔即期交易的交割日是成交日后的第一个工作日。比如 5 月 10 日，A 银行与 B 银行做了一笔掉期交易，买入即期美元 100 万，当日交割即 5 月 10 日交割，卖出即期美元 100 万，则需在 5 月 11 日交割。二是隔日交割（tom-next），即前一个即期外汇交易的交割日是成交日后的第一个营业日，后一个外汇交易的交割日是成交日后的第二个营业日。比如上例，则两笔交易的交割日分别为 5 月 11 日和 5 月 12 日。

3. 远期对远期的掉期交易（forward against forward）

远期对远期的掉期交易是指掉期交易中包含的两笔交易都是远期外汇交易。

三、外汇掉期交易的运用

（一）保值避险

例如，2012 年某公司向外国借入一笔日元资金 100 万，期限为 6 个月，该公司想把这笔日元转换成美元来使用，但是意识到 6 个月还款的时候可能会遇到汇率风险，所以该公司可以做一笔掉期交易，卖出一笔即期日元 100 万，买入 6 个月远期日元 100 万。这样该公司既可以实现即期把日元转换为美元的需要，又可以为远期还款保值。

（二）用于调整外汇交易的交割日

银行在承做外汇交易的时候，有时客户会要求把交易的交割日提前或推迟，为应付这种情况，银行可以运用掉期交易对交割日进行调整，并重新确定汇率水平。或者有些公司想改变自己进行外汇交易的交割时间，可以直接做一笔掉期交易，比如某公司预计 3 个月后需要 100 万美元，于是买入 3 个月远期美元 100 万，但是由于情况的变化，变更了使用美元的时间，希望 6 个月后使用这笔美元，该公司现在就可以做一笔掉期交易，卖出 3 个月远期美元 100 万，买入 6 个月远期美元 100 万。

本章小结

本章主要包括两部分的内容，第一节介绍了外汇交易的一般原理，如外汇交易的概念、特点、交易规则和报价技巧；在第二节中介绍了传统外汇交易的主要品种，即外汇的即期交易、远期交易和掉期交易。即期交易是指外汇买卖成交后，交易双方于当天或两个营业日内办理交割手续的一种交易方式。即期交易是外汇市场上最常用的一种交易方式。远期交易是指外汇买卖成交后，于两个营业日以外的其他时间办理交割的外汇业务。掉期交易是指买入或卖出一种外汇的同时卖出或买入期限不同金额相同的同种货币。掉期交易有多种分类。除了有保值避险的功能，掉期交易还广泛用于调整外汇交易的交割日。

重点概念

敞口头寸　即期外汇交易　远期外汇交易　保值　掉期交易　纯粹的掉期交易　买/卖掉期交易　卖/买掉期交易

复习思考题

一、思考题

1. 简述外汇交易的一般原理是什么。
2. 外汇交易的本质是什么？为什么说它是零和游戏？
3. 远期外汇交易交割日的确定原则是什么？
4. 试分析远期差价的决定因素。
5. 简述掉期交易的分类。

二、案例分析题

案例一：　　雷曼兄弟公司的破产

新闻一：中国日报网环球在线消息：当地时间 2008 年 9 月 15 日，美国第四大投资银行、在国际金融界享有盛名的雷曼兄弟公司，由于所有潜在投资方均拒绝介入，更由于美国财长鲍尔森公开表示“见死不救”，终于向纽约南区美国破产法庭申请破产保护。

这一事件被普遍认为是“次贷”风暴方兴未艾的明显标志，其对美国金融和经济的打击不言而喻。那么，这一事件又将给全球金融带来怎样的冲击？

由于五大美国投行已重挫三家，原本一直为新兴市场所警惕的“热钱”压力骤减，而投资不足的压力却与日俱增，这势必严重影响其市场活跃度，拖累其发展步伐；于此相应，国外投资对美国金融产品的兴趣也会大减，国际金融格局将会发生微妙但重大的变化。

新闻二：由于雷曼兄弟公司破产的问题，市场怀疑美国政府将要降息，从而投入资金挽救金融体系。

新闻三：从2008年9月16日起，下调一年期人民币贷款基准利率0.27个百分点，其他期限档次贷款基准利率按照短期多调、长期少调的原则作相应调整；存款基准利率保持不变。从2008年9月25日起，除工商银行、农业银行、中国银行、建设银行、交通银行、邮政储蓄银行暂不下调外，其他存款类金融机构人民币存款准备金率下调1个百分点，汶川地震重灾区地方法人金融机构存款准备金率下调2个百分点。

新闻四：2008年9月17日美联储维持利率于2%不变。

假设你是炒汇者，如果9月15日中国外汇市场开市，你认为9月15日对于美元该如何操作？9月16日中国央行的态度使你对人民币的预期是什么？9月17日对于美元你又该如何操作？为什么？

案例二：　　　　　　　　最佳交易时段

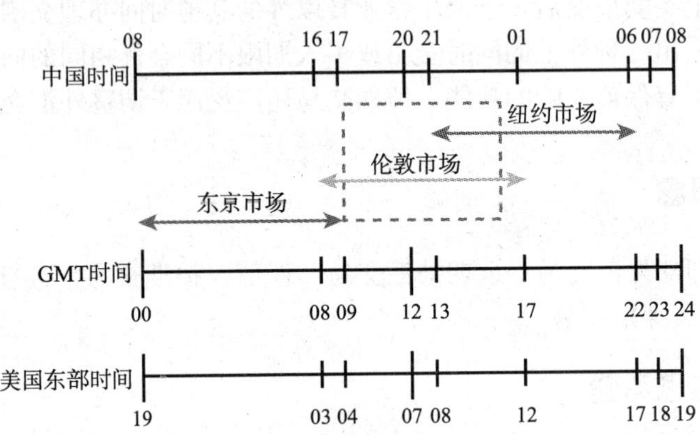

问题：请思考北京时间外汇交易最活跃的时段在哪里呢？

案例三：　　　　　　　　外汇交易员的一天

外汇交易员在大众眼里向来颇为神秘。国内银行的外汇交易员到底都在做些什么交易？怎么做？做的好不好？我们为大家展示一下外汇交易员一天的日程。

首先，银行外汇交易员的另一个身份是银行职员，所以银行的所有规章制度都是必须铭记在心的。当然在交易室内，适当地把领带弄得松一些，绝大多数领导也是不至于提出反对意见的。一般来说，良好的氛围以及轻松的心态是交易成功的必要条件，这一点同样适用于所有参与外汇市场的朋友。

8:30　在泡好一杯功夫茶后（当然也可以换成咖啡或者凉白开），打开电脑的第一件事情就是用最快的速度浏览一下昨夜今晨发生的一些重要政经事件。因为单看盘面汇率水平的变化肯定是相当枯燥的，而外汇市场是一个特别容易受宏观信息影响的市场，所以在看市场评论前，自己先寻找市场信息和汇率日间变化的逻辑联系，倒也是一个蛮有趣的过程。

8:45　浏览完新闻后就轮到看隔夜市场形成的评论与分析了，目前银行普遍为外汇交易员配备了价格不菲的资讯系统，这也是其比一般投资者能够获得额外信息的重要通道。

了解市场的看法并与自身过往的经验融合，再和同事做些简单的交流，这时一天的交易策略就基本定型了。这里要特别声明的是，一个成功的交易员的确需要具备很强的独立性，但是这种思想上的独立无论是与系统还是人的互动都是不矛盾的，这也是笔者非常强调做外汇的朋友之间应该多交流的一个重要原因。

9:00　以后开始进入全天的主流交易时段。贯彻全天始终的主要工作内容就是针对客户或者支行的询价进行报价，在达成交易并形成敞口后，根据事先制定的策略以及风险控制要求进行职责范围内所允许的平盘或者持仓。所以相比一般市场参与者，银行外汇交易员的交易任务其实更为被动，很多时候不能根据个人偏好去选择交易的对象及方向。在这一过程中，有两个原则特别重要：第一，要严格执行事先制定的交易策略；第二，任何的交易都要在风险权限范围内进行，而一旦市场走向与预期相反，止损绝不能犹豫。所以一个外汇交易员想做到大赢的单子不难，但是要一直稳定赢利却相当艰难。能稳定赢利的最重要因素就是极强的风险控制意识，这一点同样值得参与外汇交易的朋友借鉴。而相对日间的东京市场，一般投资者参与更多的是北京时间晚上的纽约市场，而在数据更为密集且行情波动来得更大的背景下，任何侥幸心理都将导致严重不良后果。

12:00 午休。虽然一般交易员一天区区 20 笔左右的交易耗时不过十分钟，但是决定这十分钟操作背后的决策却是需要花上 10 倍以上的思考时间。所以休息是为投入下一场没有硝烟战斗的重要体力保证。

16:00 临近收工时的另一项工作就是做好交易小结，除了必要的交易要素外，交易感受也是一项很重要的记录内容。休息时很多交易员都有这样的爱好——玩数独游戏。保持很强的数字敏感性也是成为一名优秀交易者的必要功课。

资料来源：http://finance.sina.com.cn/money/forex/20090418/17196119945.shtml。

通过本案例，你认为外汇交易员应该具备什么样的知识储备和业务素养呢？

第五章　衍生外汇交易

章前引例及分析

1980年以来，外汇场内外衍生品交易均取得了长足发展，尤其是上世纪90年代以来，随着金融产品的日新月异和国际贸易的发展，外汇衍生品市场发展的空间进一步扩大。

国际清算银行（BIS）每三年一次对各国中央银行就外汇市场和衍生品市场发展进行的调查结果显示，自1998年以来，全球外汇衍生品市场规模迅速扩大，日均交易额已从1998年的0.97万亿美元增长到2010年的2.66万亿美元，增幅达174.23%，未平仓合约名义价值达62.9万亿美元。特别是2001年以后，交易额大幅增加，市场规模迅速扩大。

表5—1　　**全球外汇衍生品市场日均交易量**　　单位：十亿美元

外汇交易品种		1998	2001	2004	2007	2010
直接远期	七天以内	65	51	92	154	219
	七天以上	62	80	116	208	256
	合计	128	130	209	362	475
外汇掉期	七天以内	528	451	700	1 329	1 304
	七天以上	202	204	252	382	459
	合计	734	656	954	1 714	1 765
货币互换		10	7	21	31	43
期权和其他衍生品		87	60	119	212	207
场外外汇衍生品交易汇总		959	853	1 303	2 319	2 490
场内外汇衍生品交易汇总		11	12	26	80	168
即期交易		568	386	631	1 005	1 490
总计		1 538	1 251	1 960	3 404	4 148

注：1. 数据来源：BIS 2010，以每年4月数据计算。2. 对本地和跨境交易数据中重复计算部分进行了调整。

此外，相比历史悠久的外汇即期交易，外汇衍生品交易在近20年发展更为迅速，地位也越来越重要。上世纪70年代，外汇衍生品市场刚刚起步，外汇市场仍以即期交易为主。到了90年代初，外汇衍生品交易与即期交易量基本持平。随着衍生工具的发展，目前外汇衍生品交易量已远远高于即期交易，并稳步上升，占全部外汇交易量的七成左右，达即期交易量的两倍之多。

（资料来源：http：//futures. jrj. com. cn/2012/03/12064912458359. shtml。）

本章学习目标

通过本章的学习，你应该能够：

1. 了解各类衍生交易的概念，了解衍生外汇交易的基础知识及基本理论；
2. 了解各类衍生外汇交易的盈亏状况及其交易程序；
3. 熟悉各类衍生外汇交易在应用上的功能；
4. 按照不同的交易种类和交易程序进行外汇期货和期权交易；
5. 知晓货币互换的应用方法及盈亏的基本原理。

衍生外汇交易工具是建立在传统的外汇交易工具的基础上的一种创新工具，主要包括外汇期货交易、外汇期权交易、互换交易等。它的产生和运用是由于外汇交易中的汇率风险、利率风险等不断加大。

第一节　外汇期货交易

一、外汇期货交易的概念

外汇期货交易（currency future transaction）是指在固定的交易场所，买卖双方通过公开竞价的方式买进或卖出具有标准合同金额和标准交割日期的外汇合约的交易。外汇期货交易与远期外汇交易有很多共同之处，两种交易都可以达到保值避险和进行投机的作用，即外汇期货与远期外汇交易都是关于在未来某一时刻，买卖双方按照事先确定的价格买进或卖出某种外汇，都能达到现在就确定将来现金流的转换价格，从而起到保值的作用；另外，期货交易与远期外汇交易一样，在签订合同的时候，双方都不需要向交易对方缴纳任何费用，因此投机商也可以在正确预测外汇期货走势的前提下，通过贱买贵卖来赚取投机收益。但是，二者也有很多不同之处，如远期外汇交易大多是在银行之间进行的，银行只与资信被认可的客户进行远期外汇交易，对资信不被认可或者对资信不了解的客户不与之进行交易，或者要求对方提供担保、抵押，即远期外汇交易在准入的问题上是有一些限制的。而期货交易准入相对容易，只要拥有足够的交易保证金就可以了。另外在交易方式、报价方式等方面二者也有很多不同之处。1972 年，美国芝加哥商品交易所（Chicago Mercantile Exchange）成立了一个新的分支部门叫做国际货币市场（International Monetary Market，简称 IMM），首次推出了外汇期货交易，从而为投资者提供了规避汇率风险的新品种。随着固定汇率制度的崩溃、浮动汇率制度的实行，到了 20 世纪 80 年代，国际汇率波动剧烈，货币期货交易得到了充分的发展。现在世界上进行外汇期货交易的主要场所除了 IMM 之外，还有伦敦国际金融期货交易所（LIFFE），悉尼期货交易所（SFE），东京国际金融期货交易所（TIFFE）、新加坡国际金融交易所（SIMEX）等。

二、外汇期货交易的原理

（一）外汇期货交易的特点

外汇期货交易的特点，也是其与远期外汇交易的主要区别。

1. 标准化的外汇期货合约（standard currency future contract）

外汇期货交易直接买卖的是代表标准数量外汇的外汇期货合约，而不像远期外汇交易直接买卖的是外汇本身。外汇期货合约之所以称为标准化合约，主要原因是：(1) 合约所代表的外汇交易的数量是标准化的。比如 IMM 的一张英镑合约代表的固定交易金额为 62 500英镑，即买入一张英镑合约即代表买入 62 500 英镑。而远期外汇交易的买卖数量是双方商订的。(2) 交割时间。期货交易有固定的交割时间，以 IMM 为例，交割月份有 3 月、6 月、9 月、12 月。如果一笔远期外汇交易的远期期限为 3 个月，指的是从成交日到远期交割日相隔 3 个月的时间，而期货交易的交割日为 3 月，指的是 3 月份交割。IMM 的具体期货交割时间是交割月份的第三个星期的星期三，如果遇到双方的非营业日则向后推迟一天。(3) 报价和价格变动尺度标准化，在 IMM 交易的期货合约的报价都是以美元为基础货币，以交易货币为报价货币。英镑合约的最小变动单位为 0.000 2，即 2 个基本点。由于一张期货合约代表的是 62 500 英镑，所以一张英镑期货合约的交易价格的变动都是 12.5（=62 500×0.000 2）美元的倍数。另外还有最多交易数量和保证金规定、结算地点等也都是标准化的。表 5—2 和表 5—3 分别是英镑期货交易合约和日元期货合约的内容。

表 5—2　芝加哥商业交易所（CME）英镑期货交易合约

交易单位	62 500 英镑
最小变动价位	0.000 2 英镑（每张合约 12.50 英镑）
每日价格最大波动限制	开市（上午 7:20～7:35）限价为 150 点，7:35 以后无限价
合约月份	1 月、3 月、4 月、6 月、7 月、9 月、10 月、12 月和现货月份
交易时间	上午 7:20 至下午 2:00（芝加哥时间），到期合约最后交易日交易截止时间为上午 9:16，市场在假日或假日之前将提前收盘，具体细节与交易所联系
最后交易日	从合约月份第三个星期三往回数的第二个工作日上午
交割日期	合约月份的第三个星期三
交易场所	芝加哥商业交易所（CME）

表 5—3　芝加哥商业交易所（CME）日元期货合约

交易单位	12 500 000 日元
最小变动价位	0.000 001 日元（每张合约 12.50 日元）
每日价格最大波动限制	开市（上午 7:20～7:35）限价为 150 点，7:35 以后无限价
合约月份	1 月、3 月、4 月、6 月、7 月、9 月、10 月、12 月和现货月份
交易时间	上午 7:20 至下午 2:00（芝加哥时间），到期合约最后交易日交易截止时间为上午 9:16，市场在假日或假日之前将提前收盘，具体细节与交易所联系

最后交易日	从合约月份第三个星期三往回数的第二个工作日上午
交割日期	合约月份的第三个星期三
交易场所	芝加哥商业交易所（CME）

2. 公开竞价方式（open outcry）

期货交易的场所是期货交易所，虽然像CME这样的大交易所已经推出了网上期货交易，但是其主要场所还是场内交易，且并不是所有的交易个体都能够在交易所内进行直接交易，只有交易所的会员才有这样的权利，货币期货交易的成交主要是通过交易所的会员在交易所内公开叫价成交，非交易所会员则只能以订单的形式委托和授权交易所会员代其入所交易。由于交易所大厅内人头攒动，非常喧闹，所以进行交易的会员很难听清彼此的对话，所以在报价时往往是以手势来代替语言。

3. 实行保证金制度

由于期货交易买卖双方对于资信互不了解，进行交割或者对冲的时候都是通过清算所进行的，因此为了防止信用风险，交易所会员必须在交易所指定的清算所开立保证金账户，并存入相应的保证金。保证金（margin）是用来确保期货买卖双方履约并承担价格变动风险的一种财力保证。清算所每天对会员头寸的盈亏情况进行衡量，盈利了就向其保证金账户中打入相应资金，亏损了就从其保证金账户中扣除相应资金，这种制度叫做逐日盯市制。逐日盯市制是指结算部门在每日闭市后计算、检查保证金账户余额，通过适时发出保证金追加单（margin call），使保证金余额维持在一定水平上，防止负债发生的结算制度。同样，会员经纪商为了规避其代理客户的信用风险，也会要求其客户在其清算所的账户中存入相应的保证金，实行逐日盯市制。逐日盯市制需要核算两种盈亏：

一是浮动盈亏，即如果客户有买卖头寸，比如某日客户买入一份英镑期货合约，价格相当于1GBP＝0.965 4美元，则在该份合约没有被卖出对冲或交割之前，每天经纪商都要核算浮动盈亏。公式如下：

浮动盈亏＝（当日结算价－买入价）×单位合约数×合约份数
＝（卖出价－当日结算价）×单位合约数×合约份数

当日结算价一般为当日交易临近结束的时候一个较短时间内的各种成交价的加权平均交易价。比如当天的结算价为1GBP＝0.967 7USD，则浮动盈亏＝（0.967 7－0.965 4）×62 500×1＝143.75USD，表示当天的价格波动对该投资者有利，其实现了贱买。

二是买卖盈亏，如果该投资者将这份期货合约卖出，价格为1GBP＝0.965 8USD，则还要计算其买卖盈亏。公式如下：

买卖盈亏＝（卖出价－买入价）×单位合约数×合约份数

即（0.965 8－0.965 4）×62 500×1＝25USD。这样，客户的保证金账户的资金就有可能增加，也有可能减少。当客户想进行期货交易的时候，经纪商会要求其开立保证金账户并且存进一笔资金，这笔资金叫做初始保证金（initial margin），比如1 485 USD。如果客户保证金账户亏损到一定的水平，比如只剩1 100USD的时候，经纪商就要发出催交保证金通知（margin call），要求客户在极短的时间内将保证金补足到初始保证金的水平。这一允许交易者继续进行交易的最低保证金水平叫做维持保证金（maintenance margin)，即本例中的 1 100USD。会员经纪人与清算机构的逐日盯市制和经纪人与客户的逐日盯市制的规则是一样的，只是会员经纪人的保证金没有初始保证金和维持保证金之分。

[例 5—1]

表 5—4 以投资者在 IMM 购买 1 份澳元期货合约为例来说明保证金制度的运作机制。

表 5—4　　期货价格变化与保证金制度运作　　单位：美元

日期	期货价格	当日损益	累计损益	保证金金额	补交保证金
8 月 31 日	0.654 5			1 200	
8 月 31 日	0.652 5	−200	−200	1 000	
9 月 1 日	0.651 0	−150	−350	850	350
9 月 2 日	0.654 8	30	−320	1 230	
9 月 3 日	0.654 0	−50	−370	1 180	
9 月 4 日	0.655 5	100	−270	1 280	

在表 5—4 中，初始保证金为每份合约 1 200 美元，维持保证金为每份合约 900 美元。第一次盯市是在购买期货合约的当天，即 8 月 31 日的收盘时刻。逐日盯市一直持续到合约平仓日，即 9 月 4 日。(表 5—4 中第二栏的期货价格除第一行和最后一行外，均为当日的收盘价。) 我们可以看到，这个投资者在 9 月 1 日因保证金余额不足 900 美元而被催促补交保证金；在 9 月 2 日，投资者的保证金余额超过了初始保证金，投资者可以提走超额部分。

[例 5—2]

某客户某日在 IMM 按 GBP1＝USD 1.560 0 买入 2 张英镑期货合约，每张合约价值为 62 500 英镑，每张合约的原始保证金为 2 800 美元，维持保证金为4 200美元。该客户应该缴纳多少保证金才能进行交易？如果某一天市场汇率变为 GBP/USD＝1.540 0，则该客户的损益情况如何？是否应该补充保证金？如果要补充保证金，应该补充多少？

解答：　该客户应该缴纳保证金＝2 800×2＝5 600（美元）

该客户损失保证金＝（1.560 0－1.540 0）×62 500×2＝2 500（美元）

因为 5 600－2 500＝3 100 美元＜维持保证金 4 200 美元，所以应该补充保证金。

应该补充保证金＝5 600－3 100＝2 500（美元）

4. 完整的结算系统

期货交易的清算是在交易所指定的清算所进行的，清算所一般是由财力巨大的银行等机构担当，它的任务是保证每笔交易双方履行合约，它能记录发生的每一笔交易并且衡量每一个会员每天的盈亏额和净头寸。清算所能够顺利进行清算的保证是保证金制度。清算所实行二级清算制度，即先由清算所与会员经纪商进行清算，再由会员经纪商与其客户进行清算。

5. 独特的报价方式

场内期货交易的报价实行公开叫价的方式，交易员一次只能报一个价，买方报买价，卖方报卖价，然后由交易所进行撮合成交。公开叫价所形成的价格对所有投资者都有效。

（二）外汇期货市场的构成

1. 交易所

当今全球大部分的可以进行货币期货交易的交易所都是以股份公司的形式向当地政府

注册的一种非营利团体，其成立的目的是为交易提供场所和所需的设备，订立交易规则、交易时间、交易品种、保证金数额、交割月份、佣金数额等交易条件，同时调解会员之间的纠纷，为市场提供资讯帮助等。表5—5是加拿大元的期货行情。

表5—5　加拿大元的期货行情表

CANADIAN DOLLAR（CME）100 000dlrs；＄ Per Can＄								
						Lifetime		
	Open	High	Low	Settle	Change	High	Low	Open Interest
Sept	.778 8	.781 6	.777 0	.781 3	+.002 6	.833 5	.751 5	25 288
Dec	.775 2	.779 3	.775 0	.779 0	+.002 6	.831 0	.747 0	1 345
Mar94	.773 0	.777 0	.773 0	.776 6	+.002 6	.786 0	.755 0	1 010
Est Vol 4505；Vol Thur2072；Open int 27634，+32								

行情表5—5第一行中的100 000dlrs是指加拿大元的合约交易单位；＄Per Can＄表示下面表中的数额是每加拿大元合多少美元；如：.7 788表示每一加元合0.778 8美元；左侧第一栏的Sep（9月）、Dec（12月）、Mar94（1994年3月）是指交割月份；第二栏Open（开盘）下面的.778 8，是指CME（芝加哥商业交易所）1993年7月16日开盘时9月份交割的加元合美元的价格；第三栏的High.781 6是指7月16日交易的九月份交割的加元期货最高曾达0.781 6美元；第四栏Low下的.777 0表示该加元期货该日最低为0.777 0美元；第五栏Settle下的.781 3表示7月16日的结算价；第六栏Change下的+.002 6是指同前一交易日的结算价相比，该日的结算价增加了0.002 6；第七栏中Lifetime High.833 5，Low.751 5是指该加元期货合约曾经到达过的历史最高和最低价格；最后一栏的Open Interest 25 288是指未平仓合约数为25 288份。

背景知识

中国金融期货交易所

中国金融期货交易所是经国务院同意，中国证监会批准，由上海期货交易所、郑州商品交易所、大连商品交易所、上海证券交易所和深圳证券交易所共同发起设立的交易所，于2006年9月8日在上海成立。中国金融期货交易所的成立，对于深化资本市场改革、完善资本市场体系、发挥资本市场功能，具有重要的战略意义。

目前，中国金融期货交易所正积极筹划推出股票指数期货、期权，并深入研究开发国债、外汇期货及期权等金融衍生产品。

中国金融期货交易所将致力于打造一个健康规范、高效透明、功能齐备、技术先进的现代化金融衍生品交易中心。

中国金融期货交易所网址：http：//www.cffex.com.cn。

2. 清算所

清算所又称结算所（clearing house），它是通过向期货合约的当事人买入合约成为买家或出售合约成为卖家的过程来完成结算工作的，即可以认为期货交易的买方是从清算所买入期货合约，期货合约的卖方把合约先是卖给了清算所，然后再由清算所卖给了买方。这样，如果一方违约，清算所也要负责与交易另一方进行清算。清算所遭到的损失和承担的风险由违约一方保证金账户中的资金予以补偿。清算所的职责是：(1) 作为会员账户向借贷双方提供资金流动和转移的场所以及资金存放中心，使资金得到真正的流动和转移。(2) 履行期货合约保证人保证交易顺利进行的职责。

3. 佣金商

由于外汇期货交易主要是在期货交易所场内进行的，而且只有具有会员资格的交易商才可以进场买卖，所以非会员的交易者就要委托具有会员资格的交易商进场代理买卖。这样会员经纪商可以通过代理买卖收取佣金，我们把这种经纪商叫做佣金商。

佣金的数额是由经纪商与委托人协商决定的，它是随着经纪商提供的服务不同或者交易金额的大小而变动的。

4. 场内交易员

在期货交易所直接买卖外汇期货合约的人是场内交易员，这种场内交易员又分为几种：一是场内的佣金商，即接受委托代客买卖外汇期货合约并收取佣金或费用的交易商。二是日交易商（day trader），即在一个交易日既买又卖期货合约的交易商。他们的任务是通过价格波动赚取价差，但需要当天轧平自己的头寸，使自己手中的期货合约得到对冲，从而将来没有交割义务。三是头寸交易商（position trader），这类商人对短期的价格波动往往不感兴趣，通常购进头寸之后至少持仓几天，从而赚取收益。四是抢帽子者（scalper），这类商人在场内密切关注价格的微小变动，并随时通过大量买卖赚取差价收入。另外还有价差交易者（spread trader）、跨市价交易者等。可以看出，在场内进行交易的交易员有代客买卖的，也有利用自有资金自营买卖的，我们把前者叫做场内经纪人（floor broker），把后者叫做场内交易商（floor trader）。

背景知识

金砖国家的外汇期货产品增长迅速，改变了全球场内外汇衍生品市场的格局

1972年芝加哥商品交易所（CME）推出外汇期货产品之后，其他发达市场的交易所也纷纷效仿，但却难有成功案例。洲际交易所（ICE）的美元指数期货获得成功，不过这个产品严格意义上并不是真正的外汇期货产品。在调查中，我们也发现香港交易所、新加坡交易所、悉尼交易所等都推出过外汇期货产品，但都因为市场流动性不足而没有成功。

近十年来，金砖国家外汇期货市场增长迅速，逐渐改变了全球场内外汇衍生品市场由芝加哥商品交易所（CME）独占鳌头的市场格局。

第一，外汇期货是增长最迅速的场内金融衍生品。不管按照成交金额，还是按照成交的合约数量计算，外汇期货都是增长最快的场内金融衍生品种类。印度、俄罗斯和南非的外汇期货合约面值普遍较小，只有1 000美元，因此按照交易量计算，金砖国家的外汇期货增长率更高。如表5—6所示，从2006年到2010年间，外汇期货的成交量增长11倍，而其他类型的金融期货或期权的增长幅度仅1倍以下。

表5—6　　全球金融期货的年交易量　　单位：十亿张合约

	2006年	2007年	2008年	2009年	2010年
股指期货	4.5	5.5	6.5	6.4	7.4
股票期权	2.9	4.4	5.5	5.6	6.3
利率期货	3.2	3.7	3.2	2.5	3.2
外汇期货	0.2	0.5	0.6	1.0	2.4

数据来源：FIA和Nasdaq OMX。

第二，以交易量而言，金砖国家的交易所已经占据全球场内外汇衍生品市场前十名中的六席。近十年来，发展中国家的交易所纷纷推出外汇期货产品，并获得成功，改变了外汇期货市场以芝加哥商品交易所（CME）一家独大的局面。如图5—1所示，印度、俄罗斯、巴西等金砖国家的交易所发展尤其快，逐渐登上全球外汇期货市场交易量排名的前列。印度多种商品交易所（MCX-SX）和印度国家证券交易所（NSE）甚至占据该排名榜冠亚军，每天交易2百万多手合约。当然，印度外汇期货合约只有1 000美元，如此低的合约价值也是交易量特别大的主要原因。

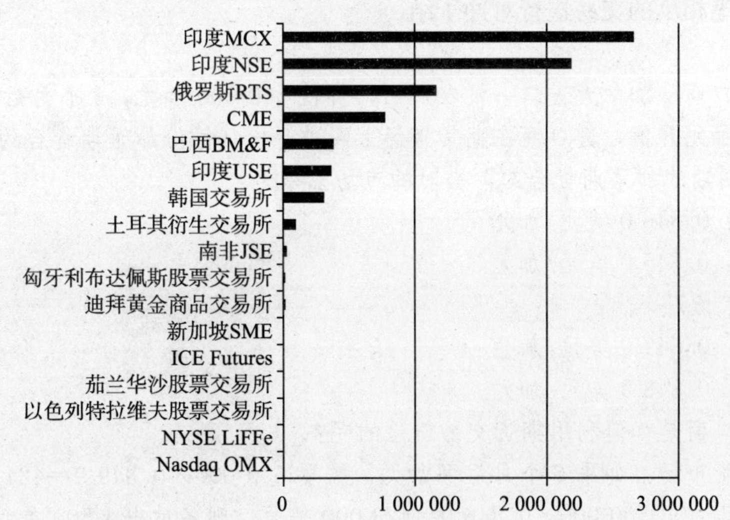

图5—1　全球交易所中的外汇期货合约每日交易量排名

数据来源：FOW Data。

第三，以交易额计算，金砖国家交易所已经占据1/5的份额，不过美国芝加哥商品交易所（CME）仍然是市场领导者。据FIA和各交易所的公开数据，芝加哥商品交易所（CME）2011年第1季度的交易额是4.2万亿美元，而同时期的巴西商品期货交易所（BM&F）、印度国家证券交易所（NSE）和印度多种商品交易所（MCX-SX）只有0.677、0.173和0.12万亿美元。这样，芝加哥商品交易所还是占据约78%的全球外汇期货市场份额。但是金砖国家所占份额已改变了全球场内外汇衍生品市场的格局。

为什么金砖国家的外汇期货市场能获得成功？相对于发达市场，金砖国家的场外外汇衍生品市场较不发达，特别是流动性较差。场内市场的集中交易有利于提高市场流动性，从而有利于金砖国家的银行更好地管理外汇风险。而发达市场中，成熟的场外外汇衍生品市场制约了场内外汇期货市场的发展。特别是，场外外汇市场中，银行运营着类似于交易所的外汇交易系统，并掌握着重要的客户资源。而银行不进入外汇期货市场，将极大地影响市场流动性，使外汇期货市场常常沦为投机的场所，难以服务于终端的金融机构和企业客户。因此，发达市场中，除了芝加哥商品交易所起步较早具有优势之外，其他国家难以发展外汇期货市场。

资料来源：http://futures.hexun.com/2013—03—26/152505007_2.html。

三、外汇期货交易的应用

（一）套期保值

通过期货交易进行套期保值（hedge）的原理是利用期货市场与现货市场价格同升同降的关系，通过对冲，用期货市场的盈利去平衡现货市场的亏损。在期货交易中，虽然买卖双方有义务在合约到期的时候进行交割，但是真正进行交割的非常少，大多是在合约到期之前再做一笔相反的交易进行对冲了结。

[例5—3]

美国某进口商从加拿大进口一批农产品，价值500 000加元，6个月后支付货款。为防止6个月后加元升值，进口商在期货市场上买进5份（每份加元期货合约为100 000加元）9个月后到期的加元期货合约，当时的市场汇率为：

现汇汇率：0.846 0美元/加元

期货价格：0.845 0美元/加元

6个月后市场汇率为：

现汇汇率：0.849 0美元/加元

期货价格：0.848 9美元/加元

则美国进口商是如何利用期货交易避险的呢？

解答：现货市场：如果6个月后买加元，需要500 000×0.849 0=424 500美元，但是当时买方只需付出500 000×0.846 0=423 000美元，则多付出1 500美元。

期货市场：因为买了5份期货合约，则买卖盈利为（0.848 9－0.845 0）×500 000=1 950美元。

则现货市场的损失由期货市场的收益来弥补，且有盈利450美元。

（二）投机交易

利用期货交易进行投机交易的原理与运用远期外汇交易进行投机交易的原理是一样

的，如果投机商想获得利润，则预测价格的方向必须与实际走势相同，或者把期货交易与远期外汇交易、即期外汇交易结合起来，通过寻找投机机会获得投机收益。

[例 5—4]

某时刻外汇市场 3 个月远期外汇价格为 USD/EUR 1.126 0/70，假设与该远期外汇交易同时到期的期货交易价格为 USD0.860 0，不考虑各种费用，投机者如何利用机会赚取投机收益？

解答：(1) 投机的一个根本思想就是靠贱买贵卖来赚取差价。

(2) 该时刻，市场存在投机机会。可以看出，远期外汇市场价格为 0.887 3/0.888 1，较期货市场价格贵。这样可以在远期外汇市场卖欧元，实现贵卖。同时在期货市场买入欧元，实现贱买。交易每 1 欧元获得收益为 0.887 3－0.860 0＝0.027 3USD。

如果该投机商预测 3 个月后欧元将会升值，达到 EUR/USD 0.880 0，则该投机商现在购买欧元期货合约。如果到时即期汇率如其所料，欧元升值了，则该投机商卖出欧元，每 1 欧元可获利 0.02USD。

实际上，外汇期货与远期外汇交易相比有相同点，如：(1) 两者的交易客体是完全相同的，即都是外汇；(2) 两者作用相同，目的都是防范和转移汇率风险，并实现保值，即二者都是重要的投机手段；(3) 交易内容相同，即交易双方在未来某一特定日期，以事前确定的汇率交割某种特定货币的合约。

外汇期货交易有相对的优势，如．(1) 在外汇期货市场上，客户能够获得竞争性价格，这对小额交易者特别有利；(2) 交易者容易了解市场行情动态；(3) 外汇期货市场流动性高。

远期外汇交易也具有相对优势，如：(1) 组建容易；(2) 银行容易了解客户的资信情况；(3) 容易控制风险；(4) 报价比较灵活。

第二节　外汇期权交易

一、外汇期权交易概述

了解外汇期权交易之前，首先要了解什么是期权交易。期权交易买卖的是一种权利，买方买这种权利，卖方卖这种权利，买了这种权利的买方有权在未来某一特定时间，以双方事先确定的特定价格买进或卖出一定数量的某种商品。买方有权选择执行期权，即按事先规定买进或卖出特定商品，也有权选择不执行期权。期权买方因为有这样的选择权，所以必须为这样的选择权支付费用，即期权费。而卖方在收取了期权费后，就要在买方选择执行交易时必须与其进行交易，也就是说双方权利义务不对等，在是否执行期权的问题上，买方有权利无义务，而卖方有义务无权利。外汇期权交易是指期权的买方购买期权，有权在未来某一时间以某一特定价格买进或卖出某种数量的外汇的交易。比如 6 月某公司从银行买入 10 万英镑的期权合约，期权的协定价格为 GBP/USD 1.253 4，到期日为 9 月 10 日。这样，外汇期权的购买者即有权在到期日选择以 1GBP＝1.253 4USD 从卖方那里买入英镑，也可以选择不执行期权，即不与卖方做交易。虽然买方掌握了是否按照商订的条件与卖方进行交易的主动权，但是买方需要为此支付期权费，又叫做权利金。

（一）期权交易涉及的要素

1. 期权交易的场所

期权交易可以在场内进行，即在交易所内进行交易。如在费城、芝加哥、伦敦等地的交易所内都可以进行场内期权交易。场内交易均在交易所大厅内进行，并通过公开竞价的方式决定合约的价格。期权交易也可以在场外进行，场外期权交易主要通过电话、电传等电讯系统进行交易，交易双方通过商议决定期权价格。二者的区别主要有：场内期权交易是双方通过经纪人进行的，买卖的是标准化的期权合约，由于在期权交易中买方面临的收益是无限的，亏损是有限的（最大亏损为期权费），所以场内期权交易的买方不需要开设保证金账户，但是对于期权的卖方而言，其收益是有限的（最大收益为期权费），亏损是无限的，而且在期权没有交割之前，卖方总要面临汇率风险，所以卖方需要开设保证金账户，并且需要缴纳一定的保证金。交易所对期权卖方的保证金账户实行逐日盯市制。场内外汇期权交易的清算是通过清算所进行，双方不承担对方违约的风险，而场外期权交易双方直接进行交易，不通过经纪人，买卖的也不是标准化合约。交易条件是双方商订的，清算直接进行，双方需要承担对方违约的风险。

2. 期权费

期权费（premium）也叫权利金，即期权合约的价格，是期权买方获得选择权而支付给卖方的代价。无论期权的买方到时执行还是不执行期权，买方都要在双方签订了期权合约之后的两个营业日内以期权所涉及的两种货币中的一种支付期权费给卖方，有时经过协商也可以以第三种货币进行支付，而且该费用不可返回。期权费主要由期权的内在价值（intrinsic value）和时间价值（time value）组成。期权的内在价值是指期权合约立即履行时可以获得的总利润，表现了期权所含的基础资产市场价格与执行价格之间的关系。比如，对于美元看涨期权而言，如果美元的市场价格大于执行价格，则买方可以通过执行期权而获利，所以该期权有内在价值的存在。同样，对于美元看跌期权而言，如果市场价格小于执行价格，期权买方同样可以通过执行期权而获利，所以该期权也有内在价值。我们常常把具有内在价值的期权叫做价内期权（in the money option），把没有内在价值的期权叫做价外期权（out of the money option），把执行价格与市场价格相同的期权叫做平价期权（at the money option）。期权的时间价值是指外汇期权因存在市场汇率向有利价格方向变化的可能性而具有的价值。比如期权所含权力的有效期限越长，期权具有的时间价值就越大，汇率波动的幅度也就越大，这样买方执行期权并获利的机会就越大，并且买方的盈利是无限的，反之期权卖方所受的亏损也是无限的，所以权利有效期越长的期权价格可能会越贵。要注意期权保证金与期权费的区别：（1）期权保证金是卖方存入交易所的资金，而期权费是由期权买方支付给卖方的期权的价格。（2）期权卖方存入保证金的目的是要表明自己有履约的能力，而期权买方支付期权费的目的是为了获得期权所代表的权力。（3）期权费数量一旦确定，则一次性由期权的买方支付给卖方，一般不再追加；而保证金的数量则取决于逐日盯市制的结果，如果保证金账户中的资金数量低于维持保证金所规定的数量，则需要追加保证金到初始保证金的水平。

3. 执行价格

执行价格（exercised price 或 strike price）是双方商订的未来执行期权时买卖外汇的交割价格。比如本节开头举例中 1GBP＝1.253 4USD 就是执行价格，即如果该公司在 9 月选择执行期权，即从期权卖方那里买入 10 万英镑，则买入价格为 1GBP＝1.253 4USD。当然，如果到时市场价格为 1GBP＝1.240 0USD，则该公司可以不执行期权，从市场上买入 10 万英镑，但是却损失了期权费。

4. 到期日

到期日（expiry date），又叫权力丧失日。如果期权买方在到期日的截止时间（cut off time）未通知卖方，即表示其放弃执行期权。

5. 期权中买或卖的外汇的种类和数量

这也是期权交易能够顺利进行所需的基本要素。

如果是场外期权交易，双方可以根据需要制定各种交易条件。如果是场内期权交易，则上述各种要素的内容通过标准化的期权合约确定。

（二）期权报价

期权交易报价主要有两种方式：一是点数报价法。比如某年费城交易所三个月到期的执行价格为 GBP/USD 1.450 0 英镑期权合约的报价为 2.02 美分，即 0.020 2 美元，表示期权买方购买每一英镑的期权权利须支付 0.020 2 美元。因为费城交易所的英镑合约代表 32 500 英镑，所以购买该种合约的期权费为 32 500×0.020 2 美元/英镑＝631.25 美元。二是百分比报价法。期权费为交易金额的百分比，比如 100 万美元买权的价格为 1.64%，即表示期权费为 100×0.064＝6.4 万美元。

（三）期权交易与期权合同

外汇期权交易可以在场内进行也可以在场外进行（over the counter，OTC）。目前世界主要外汇期权市场由两大部分组成：一是以伦敦、纽约为中心的银行同业外汇期权市场；二是费城交易所（PHLX）、芝加哥交易所（CBOE）等交易所市场。在场内进行的期权交易与进行期货交易类似，即期权合约的买卖在交易所的大厅内进行，并通过公开竞价的方式决定合约的价格。交易双方一般通过有会员资格的经纪人进行，并且期权的卖方要缴纳保证金。清算通过交易所指定的清算所进行。场外交易类似于直接进行的外汇交易，是通过电话、电传、路透交易系统完成的。交易双方要进行询价、报价、成交、证实、结算这五个过程。买卖双方直接进行交易，期权合约的主要内容是由双方商定的，双方交割的时候也不通过清算机构。无论在场内还是在场外进行的期权交易，交易内容都是通过期权合约加以确定的。

相对而言，场外交易市场的外汇期权的交投量远大于场内期权市场，所以场内交易市场只作为场外交易市场的补充而存在。

二、外汇期权交易的类型

（一）美式期权与欧式期权

1. 美式期权

美式期权（American-style option）是指期权买方可以在期权合约所规定的任何交易

日内（包括到期日本身）选择执行合约的外汇期权。传统的美式期权允许期权的买方在合约交易日到到期日的任何一天选择执行期权。美式期权对于投资者而言非常灵活，实际上相当于赋予期权的买方可以随时执行期权的权利。相应的，期权的卖方由于随时要准备头寸与买方交割，所以承担更大的风险，因此这种期权的价格也很昂贵。

2. 欧式期权

欧式期权（European-style option）即期权的买方只能在期权到期日选择执行期权的外汇期权。由于缺乏美式期权的灵活性，所以价格也比较便宜。

（二）看涨期权与看跌期权

1. 看涨期权

看涨期权（call option）也叫买权，是指期权的买方如果选择执行期权，则其将在未来按照商定的价格从卖方购买某种类型的外汇。进行看涨期权交易有两个方向：一是买入看涨期权，即做看涨期权的多头（买进买权，buy call）；二是卖出看涨期权，即做看涨期权的空头（卖出买权，sell call）。买入看涨期权的买方一般是预测一种货币的价格将来可能会涨，并且将来需要买入该种外汇，所以现在就确定购买价格。如果汇率不如其所料上涨，则可以放弃执行期权，从市场上买外汇。这就是期权交易与远期外汇交易、期货交易的区别。前者不但可以现在确定将来买入外汇的价格，而且还没有必须交割的义务，只要市场价格比执行价格便宜，则可以从市场上买入该种外汇，从而享受汇率波动对自己有利的好处，但损失了期权费。而后者如果不对冲，双方都有交割的义务。卖出看涨期权的卖方是预测汇率可能会降低，从而从买方赚取期权费，如果其预测准确，则可以获利。如果用 A 表示执行价格，B 表示期权到期时的即期汇率，C 表示期权费，R 表示买方的获利情况，则随着时间的推移，如果汇率上升，则买方的获利情况是：$B>A+C$，执行期权，且 $R>0$，B 越大则 R 越大，因此买方获利是无穷的；$B=A+C$，则买方执行期权，且不赔不赚；$A<B<A+C$，执行期权，且 $R<0$，期权买方有亏损；$A=B$ 时，买方执行期权与不执行期权效果是一样的，其亏损期权费；如果 $A>B$，则期权的买方不执行期权，在市场上买入需要的外汇，损失期权费。期权卖方的盈利就是买方的亏损，由于期权买方的盈利是无限的，而亏损最多为期权费，所以卖方盈利是有限的，最多为期权费，而亏损是无限的。另外可以看出，只要即期汇率大于执行价格，不管买方盈利还是亏损，都会执行期权。

2. 看跌期权

看跌期权（put option）也叫卖权，是指期权的买方如果选择执行期权，则表明其将在未来按照商定的价格把一定数量的某种类型的外汇卖给卖方。进行看跌期权交易也有两个方向：一是买入看跌期权（买进卖权，buy put），即做看跌期权的多头。二是卖出看跌期权（卖出卖权，sell put），即作看跌期权的空头。买入看跌期权的买方一般是将来要收到某种外汇，并预测即期汇率会下跌，所以现在就确定将来卖出外汇的价格，如果汇率没有下跌反而上升，则放弃执行期权，把外汇卖到市场中去，而不卖给期权的卖方。看跌期权的卖方一般预测某种外汇汇率会涨，如果预测准确，其会赚取期权费收益。看跌期权买方的获利情况是：$B<A-C$，则执行期权，且 $R>0$，B 越小，则买方获利越大；$B=A-C$，执行期权，买方不赚不赔；$A-C<B<A$，则买方选择执行期权，但是 $R<0$，买方有亏损；$A=B$，执行期权与不执行期权效果是一样的，买方亏损期权费；$A<B$，买方不执

行期权，把手中的外汇按照即期价格卖到外汇市场而不是卖给期权的卖方，买方亏损期权费。同样，卖方的盈利就是买方的亏损，卖方的亏损就是买方的盈利，因此卖方的盈利是有限的，亏损是无限的，这同看涨期权是一致的。并且买方只有在 B<A 的时候才执行期权。要注意的一点是，由于外汇买卖是用一种货币与另一种货币进行交换，所以在期权合约包括的两种外汇中，如果对一种是买权，那么对另一种就是卖权。比如 USD CALL EUR PUT，即美元买权、欧元卖权；USD PUT YEN CALL，表示美元卖权、日元买权。

三、外汇期权交易的应用

外汇期权交易的作用与远期外汇和期货交易相似，都有保值避险和投机的功能，而且，期权交易比前两者更加灵活。

（一）保值避险

[例 5—5]

某英国进口商 3 个月后将向美国出口商支付 100 万美元的货款，该进口商怕美元升值，所以买进了美元看涨期权，数量 100 万美元，执行价格为 GBP/USD＝1.253 4，期权费报价为 2.5%，即期汇率为 GBP/USD＝1.250 0，3 个月后，盈亏情况根据当时的即期汇率而定。可知期权费为 100×0.025＝2.5 万美元，相当于 2.5÷1.250 0＝2 万英镑。

(1) 若 3 个月后，即期汇率为 GBP/USD＝1.220 0，如进口商所料，美元价格上涨了，则执行期权，购买 100 万美元需要支付 100÷1.253 4－79.783 万英镑，加上期权费 2 万英镑，共支付 81.783 万英镑，利用期权保值收益为 100÷1.220 0－81.783＝0.184 万英镑。

(2) 若 3 个月后，即期汇率为 GBP/USD＝1.253 4，则进口商可以选择执行期权，也可以选择不执行期权，损失是期权费 2 万英镑。

(3) 若 3 个月后，即期汇率为 GBP/USD＝1.222 75，则选择执行期权，需要付出 81.783 万英镑，如果不做期权交易在市场购买 100 万美元需要英镑为 100÷1.222 75＝81.783 万英镑，则不盈不亏。

(4) 若 3 个月后，即期汇率为 GBP/USD＝1.223 5，则选择执行期权，需要付出 81.783 万英镑，如果在市场上买美元，需要 100÷1.223 5＝81.733 万英镑，可见该出口商亏损了 81.783－81.733＝0.05 万英镑。

(5) 若 3 个月后，即期汇率为 GBP/USD＝1.256 0，则不执行期权，在市场上买美元需要支付英镑 100÷1.256 0＝79.618 万英镑，损失期权费。但该出口商获得了汇率波动对自己有利的好处。

（二）投机交易

单纯地进行期权交易的主要目的是保值，但是如果进行各种期权组合交易，则可以起到投机的作用。

[例 5—6]

某银行外汇行交易员预测 3 个月内美元会跌，且幅度较大，则打算运用期权组合进行投机，即买入较高价格的美元看跌期权同时卖出较低价格的美元看跌期权，即期汇率为 USD/JPY＝110.20。期权合约情况如下：第一个执行价格为 USD/JPY＝113.20，合同数量为 5 000 000 美元，合同期限为 3 个月，期权价格为 3.32%。第二个执行价格为 USD/

JPY＝108.00，合同数量 5 000 000 美元，合同期限 3 个月，期权价格为 1.18%。首先不管是否盈利，该交易员必须要支付的期权费为 5 000 000×（0.033 2－0.011 8）＝107 000 USD。假设期权合约到期时出现三种情况：一是正如该交易员预测的美元汇率下跌到 USD/JPY＝100，则该交易员执行第一个期权，售出美元获得日元，数量为 113.20×5 000 000＝566 000 000 日元，第二个卖出美元看跌期权也获得了执行，因为期权买方把美元卖到市场上，1 美元只能卖 100 日元，所以该交易员买入 5 000 000 美元，需要支付日元为 108.00×5 000 000＝540 000 000 日元，从而获利 26 000 000 日元，折合成美元为 26 000 000÷100＝260 000 美元，减去期权费的损失 107 000 美元，则获利为 260 000－107 000＝153 000 美元。二是美元汇率为 USD/JPY＝110，则第一个期权被执行，卖出 5 000 000美元获得 566 000 000 日元，第二个期权的买方如果执行期权，卖美元给该交易员，则 1 单位美元只能获得 108 日元，卖到市场中去则可以获得 110 日元。所以第二个期权将不被执行。这样，交易员把获得的日元卖到市场中去，获得美元为5 145 454.55，从而获利 145 454.55 美元，期权费为 107 000 美元，净盈利为145 454.55－107 000＝38 454.55美元。三是美元上升，USD/JPY＝135，则第一个期权不会被执行，第二个期权不会得到执行，所以该交易员损失的是期权费 107 000 美元。

投机交易如果想获利，前提是即时的汇率走势与预测的方向相同，否则将会面临损失。请结合各种投机交易盈亏的案例来理解。

那么，期权交易有哪些最基本的交易策略？答案是有买进看涨期权或看跌期权、卖出看涨期权或看跌期权以及前四种策略的组合。

外汇期权、外汇期货、即期外汇交易与远期外汇交易的比较有什么不同呢？表 5—7 列举了四种外汇交易的区别。

表 5—7　　外汇期权、外汇期货、即期外汇交易与远期外汇交易的比较

	外汇期货交易	即期外汇交易	远期外汇交易	外汇期权交易
交易目的	保值或投机 风险与受益不固定	产权转移 保值或投机	保值或投机 在保值时，针对性更强，可使风险全部对冲	保值或投机 风险被固定（买方最大的损失是期权费）
成交价格	在交易所以公开拍卖竞价的方式确定，每一时点上只有一个价格或“电子交易系统”	通过电信工具报价或一对一谈判定	通过电信工具报价（或报买卖价差） 不具备期货价格那样的公开性、公平性与公正性	经集合竞价产生
结算方式	绝大部分期货合约在到期前就已经通过方向相反的交易平仓，很少发生实际交割	足额交易	到实际交割日则通过找差价方式来清算	可以交割，也可以不交割
是否缴纳保证金	支付保证金，则可以买卖数倍价值期货	不缴纳保证金	通常预交一定履约保证金	缴纳保证金（期权费）

续前表

	外汇期货交易	即期外汇交易	远期外汇交易	外汇期权交易
交易的组织化程度	在交易大厅进行，有严格的交易程序和规则，信息集中、公开、透明	地点和时间没有严格规定，信息分散、透明度低	组织较为松散，没有集中交易地点，交易方式不集中	分为场内交易和场外交易，前者组织化程度较高，后者较灵活
合约特征	标准化合约，对交易的金额、到期日、交易时间等有严格的规定	对交易的币种、数量，均由交易双方自行决定	对交易的币种、数量、交割日期等，均由交易双方自行决定	场内交易期权合约是标准化的，与期货交易合约类似；场外交易与远期交易合约类似

［例 5—7］

如何通过外汇期权买卖赚钱

实例一：

5 月 1 日欧元/美元报价 1.26 左右，由于市场对欧元升息预期持续加温，美元利差优势将开始缩小，林小姐预测欧元将持续上涨，因此她选择买入欧元看涨期权。以招商银行个人期权合约的报价为例，执行价为 1.289 2，7 月 31 日到期的欧元看涨期权，1 手期权合约（100 欧元为 1 手）价格假设为 1.17 美元，那么投资者用 1 170 美元买入 1 000 手欧元的看涨期权。

欧元在 5 月 23 日上涨到 1.285 1，假设期权报价 1.85 美元，如果选择卖出看涨期权获利了结，则可获利 680 美元，利润率 58%；但林小姐预期欧元仍能持续上升，并在到期日时达到 1.30。通过计算林小姐发现，在到期日，如果汇率真能如预期涨到 1.30，将可得到期权金＝期权的内在价值＝（1.30－1.289 2）×100×1 000 手＝1 080美元，扣除投资期权费 1 170 美元，亏损 90 美元。

通过比较发现，选择出售期权将比持有到期所获得的收益率更高，因此林小姐选择平仓欧元看涨期权，获利了结。

实例二：

6 月 26 日，美元日元汇率为 116.39，王先生分析了美元/日元的走势，认为日央行将改变日元的零利率货币政策，届时日元将会出现突性上涨，因此王先生果断买入一个美元看跌/日元看涨的外汇期权 10 000 手，招行个人外汇期权报价为 0.089 2，执行价格为 111.86，到期日为 7 月 31 日。

6 月 30 日，日元汇率上涨到了 114.49，王先生认为日元短期内可能会出现回落，决定将买入的日元看涨期权对冲平盘，此时期权的报价为 0.31，王先生收到期权费3 100美元，实际从期权交易中盈利 2 208 美元。

第三节　互换交易

一、互换交易的概念

金融互换交易（financial swap）是指交易双方按预先约定的汇率、利率等条件，在一定期限内，相互交换一组资金的合约，达到规避风险的目的。金融互换交易是 20 世纪 80 年代以来国际资本市场上出现的一种新型金融衍生产品。互换交易的交换合约的标的物可以是资产，也可以是负债；可以是本金，也可以是利息。与其他交易方式相比，互换交易的最大优点有两个：一是可以获得原来可能无法得到或难以得到的资金来源；二是有利于互换双方降低融资成本。互换交易是国际贸易中的绝对成本学说和比较成本（相对成本）学说在国际金融市场上的运用。

互换交易是一种表外业务，不对资产负债表产生影响。也就是说，互换交易在时间和融资方面独立于各种借款或投资之外，具体的借款或投资行为与互换中利率基础和汇率基础无关。这样可以利用互换交易逃避外汇管制、利率管制以及税收管制，不增加负债而获得巨额利润扩充资本，达到提高资本充足率等目的。目前，互换交易在国际上被广泛运用于资产负债管理。

[例 5—8]

A 借美元，担心美元升值，英镑贬值；B 借英镑，担心英镑升值，美元贬值。双方决定利用货币互换交易规避汇率风险，即换出对自己不利的货币，换进对自己有利的货币。再如，两个市场信用不同，A 借美元利率低，借英镑利率高，但是 A 需要英镑；B 借美元利率高，借英镑利率低，但是 B 需要美元。这样，双方在各自有优势的市场以低利率借入货币，然后进行互换交易，使双方都获利。关键是能够互换的货币都是完全可以自由兑换的货币。

二、互换交易的类型

互换交易根据内容不同可以分为以下几种类型：

（一）利率互换交易

利率互换交易是交易双方在相同期限内，交换币种一致、名义本金相同，但付息方式不同的一系列现金流的金融交易。利率互换的原理是利用两个或更多的筹资人根据自己的优势在市场上筹资，然后根据比较优势设定一种交换机制使双方都获得好处。双方之所以可以进行利率互换是由于有比较优势之差的存在。

[例 5—9]

现有 A、B 两家公司，都想借入 1 000 万美元，期限都是 5 年。由于 A、B 的信用等级不同，在固定、浮动利率市场面临的融资成本不同，情况如表 5—8 所示。

表 5—8 **A、B 两公司信用等级比较优势**

	固定利率	浮动利率	比较优势之差
A	10%	6 个月的 LIBOR+0.3%	
B	11.2%	6 个月的 LIBOR+1%	
比较优势	1.2%	0.7%	0.5%

由表 5—8 来看，B 公司由于在固定利率市场和在浮动利率市场中融资的利率都高于 A 公司，可见 B 公司信用等级低于 A 公司的信用等级。从比较优势来看，A 以固定利率融资比 B 以固定利率融资利率降低了 1.2%，即比较优势为 1.2%，A 以浮动利率融资比 B 以浮动利率融资利率降低了 0.7%，即比较优势为 0.7%，这样可以看出，相对而言，A 以固定利率融资优势更大。由于 B 以浮动利率融资与 A 以浮动利率融资的差距较小，所以也可以说 B 以浮动利率融资具有相对优势。双方都发挥各自的相对优势，A 以固定利率融资，利率水平为 10%，B 以浮动利率进行融资，利率为 LIBOR+1%。由于双方有比较优势利率差，所以双方可以进行利率互换。方法是：A 给 B 支付 LIBOR 利率，这样 A 共支付的利率水平为 10%+LIBOR，从而 A 公司变成了以浮动利率融资，为了能够降低融资成本，A 必须要求 B 给其补偿，补偿的数量应该不低于 9.7%，这样，A 真正的融资成本变成了 LIBOR+10%−X（X 是大于 9.7%的数），比如 9.95%。这样 A 的成本为 LIBOR+0.05%，比不进行利率互换便宜 0.25%，如果 X 是 10%，就比不进行利率互换便宜 0.3%，依此类推。同理，对于 B 公司而言，获得了 LIBOR 利率的补偿，并向外支付 X，所以，变成了其以固定利率融资，利率水平为 LIBOR+1%+X−LIBOR，得1%+X。如果是 9.95%，则 B 的融资成本为 10.95%，节省 0.25%。如果是 10%，则节省 0.2%，但 X 不能大于 10.2%，否则 B 公司不能获得好处，自然不愿与 A 进行利率互换。所以双方交换 LIBOR 和 X，且 X 的范围为 9.97%～10.2%。

（二）固定利率互换交易

固定利率互换交易是指为了防备较长时期汇率风险，筹资者或投资者之间相互以一种固定利率利息的货币与另一种固定利率利息的货币进行交换的一种外汇业务。固定利率互换交易往往是为了给本金保值，这种互换交易需要进行三步：

（1）本金的互换。本金的互换是指交易双方达成交易之后，按照商定的汇率水平相互交换各自的本金，双方商定的汇率水平可以是成交时的即期汇率，也可以是远期汇率。双方可以真正交换本金，也可以名义上交换本金，但是本金数量必须是确定的，因为这关系到利息的计算和支付。

（2）利息的交换。在整个交易的期限内，双方要定期按事先商定的固定利率水平以未偿本金为基础相互支付利息。如果涉及兑换问题，则按照支付利息时的即期汇率折算。

（3）期末换回本金。互换协议到期的时候，双方按照期初的本金额换回各自的本金。

[例 5—10]

美国某公司想在日本进行 5 年期的投资，需以美元购买日元进行投资，其美元本金为 1 000 万美元。另外，有一家日本公司想在美国进行 5 年期的投资，需要把日元转换成美元，两家公司都担心投资期限结束的时候，也就是 5 年之后，由于汇率的波动导致双方换回本币的时候遭受本金的损失。所以，双方进行固定利率互换。当时的即期汇率水平为USD/JPY＝119.02，美元利率为10%，日元利率为7%。第一步，双方交换本金，即美国公司转移1 000万美元的使用权给日本的公司，根据即期汇率水平，日本公司转让相应的119 020万日元给美国的公司，这样双方可以进行投资运用。第二步，每年双方要进行利息的支付，即美国公司应该支付给日本公司的利息为119 020×0.07＝8 331.4万日元，日本公司应该支付给美国公司的利息为1 000×0.1＝100万美元。第一年支付利息时的即期汇率为USD/JPY＝117，美国公司应付8 331.4÷117＝71.208 6美元，应收100万美元，所以，日本公司要向美国公司支付100－71.208 6＝28.791 4万美元，各年依此类推。第三步，当固定利率合同到期之后，即5年之后，美国公司从日本公司处收回1 000万美元，日本公司从美国公司处收回119 020万日元，双方通过固定利率互换不但获得了资金的转移，并且使原有投资本金不变。

（三）货币息票互换交易

货币息票互换交易是指以某种固定利率的货币换取交易对方另一种浮动利率货币的一种货币互换交易。例如一家美国公司由于业务需要，从欧洲货币市场获得了一定期限的浮动利率英镑贷款，该公司将会面临汇率和利率风险，为了规避风险，该公司可以做货币息票互换交易，比如与美元固定利率贷款进行互换，这样，这家美国公司就把英镑浮动利率债务换成了美元固定利率债务，从而避免了各种风险。

（四）基准利率互换交易

基准利率互换交易是指在相同货币的基础上以一种基准计算的浮动利率利息调换成另一种基准计算的浮动利率利息的一种国际互换交易。比如交易双方把美元优惠利率与美元LIBOR利率计息的支付责任进行互换。

（五）货币互换交易

货币互换是指两个独立的借取不同货币借贷的借款人，同意在未来的时间内，按约定的规定，互相负责对方到期应付的借款本金和利息。

其与利率互换的不同在于：本金为不同币种，但经汇率折算后，金额大致相等。

[例5—11]

美A公司在欧洲货币市场上借取£100万，英B公司在欧洲货币市场上借取＄165万，当时的即期汇率Spot：£1＝＄1.65，双方进行货币互换：B公司偿付A的英镑利息，A公司偿付B的美元利息，债务到期后，B公司偿还A公司的本金，A公司偿付B公司的本金。

三、互换交易的应用案例

下面我们以货币互换交易为例来详细地说明互换交易的具体应用。

[例5—12]

美国的A公司和德国的B公司分别在德国和美国开设子公司，A公司的子公司需要筹措一笔欧元资金，而B公司的子公司需要美元资金。作为外国公司，它们很难以优惠的利率筹措到低成本的资金，但作为本国公司，它们的母公司在各自国内往往能获得较优惠的利率水平，如表5—9所示。

表 5—9　　AB 两家公司筹措资金的成本

	美元债券	欧元债券
A公司（美国）	6%	4.8%
B公司（德国）	6.4%	4.6%

在此，A 公司在其本国（美国）债券市场上显然占有优势，可以按 6%的利率成本筹集美元资金，同时，B 公司也在其本国（德国）的债券市场上占有优势，可以按 4.6%的利率成本筹集欧元资金。A 和 B 两家公司利用双方在各自市场上的优势，通过银行进行货币互换，降低双方筹资成本。具体步骤如下：

(1) A 公司在本国市场发行 5 年期美元债券，年利率为 6%。

(2) B 公司在本国市场发行 5 年期欧元债券，年利率为 4.6%。

(3) 银行安排 A 和 B 两家子公司叙做期限为 5 年的货币互换，双方首先按约定的汇率交换双方筹得的本金。这样 A 公司获得所需的欧元资金，B 公司获得所需的美元资金。

(4) 在 5 年里，A 公司将定期通过银行支付 B 公司欧元利息，按固定利率计算，B 公司将利息收入用于支付所发行的欧元债券利息。

(5) 同样，B 公司也定期通过银行支付 A 公司美元利息，按固定利率计算，A 公司将利息收入用于支付所发行的美元债券利息。

(6) 在货币互换期限内，A 公司和 B 公司所支付的固定利率由双方根据具体情况商定。A 公司希望利率成本降低 0.2%，B 公司也希望利率成本降低 0.2%，于是货币互换的固定利率水平确定为 A 公司按年利率 4.6%支付欧元利率，B 公司按年利率 6.2%支付美元利率。

(7) 在到期日，A 公司和 B 公司将本金按期初约定的汇率重新交换回来。A 公司支付欧元本金，B 公司支付美元本金，这样双方都能偿付各自发行的债券。

相关链接

FXDD 期货交易的实际运用

1. 交易时间

正常的交易周开始于美国东部时间星期天下午 17:00（北京时间星期一早上 5:00），结束于美国东部时间星期五下午 16:00（北京时间星期六凌晨 4:00），24 小时连续交易。

关于持仓时间的问题：国内期货交易中，交易商品会有一个交割月份，一般到交割日之前，交易者都选择平仓离场而不是进行实物交割，交割日的存在对客户交易来说有一定限制。国际外汇保证金交易不存在这个问题，投资者持仓时间可以是任意的，预设订单（挂单）的有效时间也可以是任意的（GTC 取消前一直有效），虽然周末休市不交易，但长线投资者也会持仓过周末。

关于交易连续性问题：国内股票和期货交易的时间一般为周一至周五 9:00～11:30 和 13:30～15:00，交易不连续。拿期货交易来说，今天收市后，如果晚上发生了重大事件，到明天早上开盘时，因为已经过了相当一段时间，市场消化会比较充分，因此经常出现跳空低开或者跳空高开的情况，投资者会来不及止损，若到了涨跌停板将无法止损。国际外汇市场因为24小时连续交易，一般情况下跳空会比较少见，除非是特别重要的事件，而即使出现这种情况，由于外汇市场没有涨跌停板限制，所以只要投资者愿意，任何时刻都可以进场交易。也正因为24小时连续，所以投资者白天可以安心上班，晚上再择机交易。

2. 交易货币和点差

与美元挂钩的报价俗称“直盘报价”，其余的俗称“交叉盘报价”。以表5—10为例：EUR/GBP、EUR/JPY、EUR/CHF、GBP/JPY为交叉盘报价。

表5—10

货币符号	货币全称	货币点差	货币符号	货币全称	货币点差
EUR/USD	欧元/美元	2点	AUD/USD	澳元/美元	4～5点
USD/JPY	美元/日元	2～3点	EUR/GBP	欧元/英镑	4～5点
GBP/USD	英镑/美元	3～4点	EUR/JPY	欧元/日元	4～5点
USD/CHF	美元/瑞郎	3～4点	EUR/CHF	欧元/瑞郎	4～5点
USD/CAD	美元/加元	4～5点	GBP/JPY	英镑/日元	8～14点

关于“点”：这里的“点”是指货币报价小数点后面最后一位跳动一个点，比如EUR/USD的报价从1.300 0到1.300 1是跳动一个点，USD/JPY的报价从108.00到108.01也是跳动一个点。

关于“点差”：交易商或者银行在同一时刻会同时报出两个报价：市场买价/市场卖价，市场买价是指这个时刻对方向你买的价格（即：若你卖出那么执行这个价格），市场卖价是指这个时刻对方向你卖的价格（即：若你买进那么执行这个价格）。以EUR/USD为例，现在报价：1.300 0/1.300 3，若你买EUR/USD（买EUR，卖USD）执行的是1.300 3的价格，若你卖EUR/USD（卖EUR，买USD）执行的是1.300 0的价格。市场买价和市场卖价之间的差价为点差。

关于手续费：点差包括了所有的交易成本，大约为万分之三，此外不再有其他手续费或佣金。

3. 1手、放大比例、保证金

关于1手：外汇交易中，买卖1手表示买卖10万的基础货币。比如买1手EUR/USD（1.300 0/1.300 3），意思是买入10万EUR，而卖出与10万EUR等值的USD（按照1.300 3的价格应是13.003万USD）；再比如买1手USD/JPY（108.00/108.03），意思是买入10万USD，而卖出与10万USD等值的JPY（按照108.03的价格应是1 080.3万JPY）。这就是交易1手的概念。FXDD标准账户最低交易量为1手，迷你账户最低交易量为0.1手。

关于放大比例：以买1手EUR/USD（1.300 0/1.300 3）为例，实际上持有10万EUR，是靠卖出13.003万USD，而客户本身并不需要真的卖出13.003万USD，按照200倍的放大比例，只需要抵押13.003万/200=650USD。以买1手USD/JPY (108.00/108.03) 为例，实际上持有10万USD，是靠卖出1 080.3万JPY，而客户本身并不需要真的卖出1 080.3万JPY（等值10万USD），按照200倍的放大比例，只需要抵押10万/200=500USD。这就是杠杆式外汇交易放大的概念，杠杆比例越高，持有相同的头寸所占用的保证金就越少；反之杠杆比例越低，持有相同的头寸所占用的保证金就越多。FXDD标准账户可以选择25倍、50倍、100倍的杠杆比例，默认情况下是100倍，客户可以提交书面申请进行修改。FXDD迷你账户最大放大比例是200倍。

关于保证金：持仓所占用保证金的情况会在FXDD交易平台“终端窗口”显示出来，非常直观。账户结余=自上次平仓清算以来的账户余额；账户净值=账户余额+浮动盈亏；占用保证金=持有所有未平仓头寸占用的保证金总和；可用保证金=账户净值-占用保证金。

4. 盈亏计算

以EUR/USD类报价为例：

比如EUR/USD，买1手EUR/USD（1.300 0/1.300 2），即卖出13.002万USD买入10万EUR，当价格走高到1.310 2/1.310 4时平仓，这时按照1.310 2的价格卖出手上的10万EUR，共可买入13.102万USD，因此该笔交易盈利：13.102-13.002=0.1万USD（除去2点点差，价格波动100点，盈利1 000美元）。卖出时的计算方法类似。对于GBP/USD，AUD/USD，EUR/USD，计算盈亏都是如此，每持仓1手价格波动1个点盈亏10美元。

以USD/××类报价为例：

比如USD/JPY，买1手USD/JPY（108.00/108.03），即卖出1 080.3万JPY买入10万USD，当价格走高到109.03/109.06时平仓，这时按照109.03的价格卖出手上的10万USD，共可买入1 090.3万JPY，因此该笔交易盈利：1 090.3-1 080.3=10万JPY，注意是盈利10万JPY，因为你的账户是美元账户，这10万JPY结算成USD为：100 000/109.03=917.17 USD（除去3点点差，价格波动100点，盈利917.17美元）。卖出时的计算方法类似。对于USD/JPY，USD/CHF，USD/CAD，计算盈亏都是如此，每持仓1手价格波动1个点盈亏6.0～9.5美元，具体与结算时的汇率有关。

以交叉盘报价为例：

比如EUR/GBP，买1手EUR/GBP（0.680 0/0.680 4），即卖出6.804万GBP买入10万EUR，当价格走高到0.690 4/0.690 8时平仓，这时按照0.690 4的价格卖出手上的10万EUR，共可买入6.904万GBP，因此该笔交易盈利：6.904-6.804=0.1万GBP，注意是盈利0.1万GBP，因为你的账户是美元账户，这0.1万GBP结算成USD为（当时GBP/USD报价若为1.890 0/1.890 4）：1 000×1.890 4=1 890.4USD（除去4点点差，价格波动100点，盈利1 890.4美元）。卖出时的计算方法类似。对于EUR/GBP，EUR/JPY，EUR/CHF，GBP/JPY，计算盈亏都是如此，每持仓1手价格波动1个点盈亏6.0～19.0美元，具体与结算时的汇率有关。

5. 利息计算

按即期外汇交易规则，FXDD 自动提供交易头寸延展服务，到美国东部时间下午 17：00（北京时间凌晨 5：00），FXDD 会将未平仓合约自动延展到下一个交易日。由于不同货币的银行间隔夜拆借利率的不同，客户的未平仓部位会有利息产生。所持仓位是获得利息还是付出利息，要看客户的持单情况而定。

例如现价（1.300 0/1.300 3）买入 1 手 EUR/USD，其实质是客户向交易商抵押 650USD，交易商按照 200 倍放大杠杆借贷给客户 13.003 万 USD，然后客户用这 13.003 万 USD 买进了 10 万 EUR，只要这笔未平仓合约过夜，客户就得支付交易商 13.003 万 USD 的贷款利息，同时获得 10 万 EUR 的存款利息，其计算的利率为银行间隔夜拆借利率，如果客户获得的利息比支付的利息多就赚取利息，反之就支付利息。有的客户可能会问：为什么买入欧元、美元隔夜支付的利息和卖出欧元、美元隔夜赚取的利息绝对值不一样？那是因为贷款利率和存款利率不一样。

如果持仓部位在周三，将自动延展到周一，利息按三天计算。如果有假期休市停止交易，利息也会产生。在季度末和年底，银行的隔夜拆款的利率会有较大的变动，所以持仓利息也会有波动。如果要避免利息的发生，客户可以在美国东部时间下午 17:00（北京时间凌晨 5:00）以前平仓所持有的合约。

6. 保证金水平（Margin Level）

FXDD 有三个保证金水平：一是维持保证金水平（Maintenance Level），二是催缴保证金水平（Margin Call Level），三是清算水平（Liquidation Level）。各比例不是固定在某个百分比上，是基于不同的基础货币并受市场情况影响，但是一般来说催缴保证金水平低于 100%。

当客户的保证金水平达到或低于催缴保证金水平（一般为 100%）时，会得到催缴保证金的通知，即交易平台的“终端”窗口会显示[warning]。这个时候为了防止被自动清算，客户可以平仓或者缩减仓位，以提高保证金水平。若任其自然继续亏损，最终保证金水平会达到或者低于清算水平（一般为 80%），一旦低于清算水平，FXDD 为了回避风险，有权在任何价位上对账户内所有的未平仓合约全部强制平仓。

本章小结

衍生外汇交易工具是建立在传统的外汇交易工具的基础上的一种创新工具，它的产生和运用是由于外汇交易中的汇率风险、利率风险等不断加大。它主要包括外汇期货交易、外汇期权交易、互换交易等。

外汇期货交易主要在期货交易所进行，直接买卖的是标准化的期货合约，期货合约的买卖价格是通过交易所的会员在交易大厅内进行公开竞价完成的，买方报买价，卖方报卖价。

外汇期权交易买卖的是一种权利，拥有这种权利的买方有权在未来以确定的价格从卖方买入或卖给卖方一定数量的某种外汇。期权的买方有权选择执行期权，也可以选择不执行期权，即不与期权的卖方进行期权合约中所含的外汇交易。买方为了获得该种权利，需要向卖方缴纳期权费。

互换交易主要是交易双方签订协议，通过商定的条件交换资金义务的一种交易工具。该种交易主要是为了降低融资成本、规避利率和汇率风险而进行的。

重点概念

外汇期货交易　保证金制度　逐日盯市制　外汇期权交易　美式期权　欧式期权　看涨期权　看跌期权　利率互换　货币互换

复习思考题

一、思考题

1. 试说明远期外汇交易、期货交易、期权交易的异同点。

2. 对于非交易所会员的一般客户而言，期货交易、逐日盯市制、初始保证金、维持保证金四者之间有什么联系?

3. 外汇期货交易有哪些交易规则?

二、案例分析题

典祥（音译）商贸行是一家美国进出口商，主营谷物产品的出口业务。2000 年有许多业务，其中涉及外汇期货交易的有两笔。

1. 3 月 1 日以日元计价与日本一家公司签订一份价值 5 000 万元的谷物出口合同，合同约定于当年 4 月 30 日出口商品并收取货款。典祥公司为防止日元贬值可能给公司带来的风险，在出口合同签订日于外汇期货市场中卖出 4 份 6 月份交割的日元期货合约，每份合约为1 250万日元。有关汇率资料见表 5—11 所示。

表 5—11

日期	现汇汇率	期货汇率
3.1	1 日元＝0.8 美分	1 日元＝0.78 美分
3.31	1 日元＝0.74 美分	
4.30	1 日元＝0.72 美分	1 日元＝0.725 美分

在期货汇率市场，3 月 1 日结算汇率 1 日元＝0.775 0 美分，3 月 25 日结算汇率 1 日元＝0.75 美分。外汇期货保证金 20 000 美元，维持保证金为基本保证金的 75%。

2. 1 月 5 日在外汇期货市场中按 1 瑞士法郎＝0.582 4 美元的价格买入 2 月份交割的外汇期货合约 10 份，每份合约 125 000 瑞士法郎。每份合约需支付 2 000 美元交易保证金，维持保证金为 75%。当日结算汇率 1 瑞士法郎＝0.582 2 美元。查知每日结算汇率仅在1 月16 日变动一次，为 1 瑞士法郎＝0.860 美元，公司在 1 月 20 日按 1 瑞士法郎＝0.590 2 美元的价格对冲平仓了结。

问题：

(1) 外汇期货合约交易在套期保值和投机套利上有何区别?

(2) 外汇期货交易的账务如何处理?

(3) 在账务处理上，外汇期货投机套利和套期保值的操作基本原理是什么?

(4) 作为金融衍生工具的创新，外汇期货合约在会计揭示上应体现哪些内容?

第六章　外汇风险管理

章前引例及分析

角逐跨境人民币业务清算行之争渐成形

随着人民币国际化的推进，跨境人民币业务正成为各大银行海外发展的“香饽饽”。

2012 年全年，境内 70 余家金融机构办理跨境贸易人民币结算量达到了 2.94 万亿元，同比增长 41.4%，占我国对外贸易总量的 8.4%。其中，中行办理跨境人民币结算业务约 1.2 万亿元，同比增长 54%。截至目前，中行跨境人民币结算量已经累计超过了 4.6 万亿元。

“3 年多时间，发展非常迅速。”中行公司金融总部（国际结算）总经理程军称，人民币正逐步成为企业全球贸易和投资活动的新选择，人民币国际化进程不断加快。

近期，有相关机构发布的数据显示，2012 年 12 月份，人民币已经成为全球第十三大支付货币。人民币支付额由 2012 年 1 月至 2013 年 1 月期间增加了 171%，2013 年 1 月份，当所有货币上升 13%时，人民币实现了 24%的增长。

正是人民币国际化进程的加快，使得跨境人民币业务成为银行的业务新宠。程军表示，中行跨境人民币业务比境内的人民币业务和跨境的外汇业务所带来的收入都要高。

在跨境人民币业务方面，中行一直是行业内的“佼佼者”，不过四大行中，工行更有追赶之势。据工行发布的数据，2012 年，工行境内外机构办理的跨境人民币业务量超过 1.5 万亿元，较上年同期增长了近七成。

对跨境人民币业务的角逐，在清算行的竞争中，有更为深刻的体现。

今年，在台北选定人民币清算行的时候，交行与中行都参与其中，最后中行台北分行成为两岸人民币清算行。而在新加坡清算行选定中，中国银行也希望成为该地区的清算行，最终却被工行担任。

据程军介绍，央行通过招标的方式，评估各个方面，包括银行的能力、影响、前景、人员情况，通过综合的平衡考虑，包括业务布局的广度和深度等，综合选定一家清算行。

目前，中行是我国港澳台三地指定的人民币清算行。工行则是新加坡和老挝的指定人民币清算行。

资料来源：《第一财经日报》，2013-03-04。

分析： 由引例可以看出，跨境人民币业务清算行之争反映了近几年跨境人民币业务的蓬勃增长。对于企业而言，跨境人民币业务有利于企业规避汇率风险，因为防范汇率风险最简单和有效的方法就是用本币计价结算，那么什么是外汇风险、其成因和类型是什么、我国的企业和银行以及个人在面临外汇风险的时候可以采用哪些策略，本章的内容将会解决这些问题。

本章学习目标

通过本章的学习，你应该能够：

1. 正确掌握外汇风险的概念；
2. 了解外汇风险的具体成因；
3. 熟悉各种主要的防范外汇风险的方法和策略；
4. 把各种策略进行组合应用；
5. 结合实际情况对各种避险策略的效果进行评价。

牙买加体系建立后，世界各国普遍实行了浮动汇率制，随着各个国家对外交往的不断深入，由于货币兑换而产生的本币价值的不确定性对经济体的影响也越来越大，特别是在金融危机爆发和经济萧条的时候，外汇风险的防范和管理更加成为人们密切关注的问题。在本章中我们首先介绍外汇风险的概念和类型，然后向读者介绍一些主要的防范风险的方法。

第一节　外汇风险及其类型

一、外汇风险概述

（一）外汇风险的概念

外汇风险（foreign exchange risk）是指一个经济实体或个人，因其在国际经济、贸易、金融等活动中，以外币计价的资产（或债权）或负债（或债务）因外汇汇率的变动而引起的本币价值的上升或下跌所造成的损益。

以外汇买卖为业务的外汇银行负担的风险主要是外汇风险，银行以外的企业在以外币进行贷款或借款以及伴随外币贷款、借款而进行外汇交易时，也要发生同样的风险，个人买卖外汇同样也存在外汇风险。比如国内某外贸企业出口一批货物到美国，预计两个月后将收到100万美元的货款，结果发现两个月后由于国际市场美元大幅贬值使得美元对人民币汇率下跌了10%，则该企业将损失10%的本币收入，这10%的本币收入叫做受险部分。

正确理解外汇风险的概念需要注意以下几点：

（1）外汇风险是由于汇率变化的不确定性而产生的。不确定性表明汇率有可能向有利于当事人的方向发展，也有可能向不利于当事人的方向发展，因此汇率的变化是双向的，由此产生的结果也是双向的，既有可能由于汇率变化而带来收益，也有可能遭受损失。因此风险是不确定的。但是在实际经营中，人们谈到防范风险时，主要是指防范损失这一层含义。

（2）外汇风险是由于经济体持有未来的外汇头寸而产生的，也就是说某经济体未来要收进某种外汇（是资产）或要付出某种外汇（是负债），未来有外汇多头或空头，就会面临外汇风险。如果经济体持有的是本币头寸则不会面临外汇风险。

（3）外汇风险的承担者有直接从事国际经济活动、使用外汇的部门，也有间接从事国际经济活动、不使用外汇的部门。比如当前人民币大幅升值，导致直接从事对外皮革生产的我国海宁地区的出口企业面临直接的外汇风险，该地区的出口订单可能会减少，这会导致给这些皮革企业提供原材料的企业也受到出口减少的损失，这是一种间接受险。

（4）外汇风险有广义和狭义之分。狭义的外汇风险是指汇率风险和利率风险，而广义的外汇风险还包括市场风险和国家风险等。

通过以上分析我们可以看出，外汇风险有或然性、不定性和相对性的特征。

（二）外汇风险的成因

外汇风险是由本币、外币和时间三个因素所构成的。企业和银行在核算盈亏的时候往往使用本币，但是在进行经济交易的时候又经常使用外汇，这就存在着把外汇兑换成本币或把本币兑换成外汇的兑换行为，这种由于货币兑换行为而带来的风险叫做价值风险。需要兑换的数量越大、价值风险越大。企业或银行等经济体由于是未来要收入或付出以外币表示的资产或负债，因此会产生由于收付时间而引致的风险，这种风险叫做时间风险。从合同签订日到实际收付外汇日的间隔时间越长，风险越大。如果想完全防范外汇风险，那么应该既防范价值风险又防范时间风险。

外汇风险主要受以下四个方面的影响：

1. 汇率制度

从当前的形势看，浮动汇率制需要重点把握的是美元、欧元和日元的走向，这三种货币构成90%以上的国际储备和国际支付手段，其他国家的货币基本上盯住这三种货币。

2. 会计制度

不同国家的会计制度往往在会计科目的划分、会计方法的选择、会计核算标准上存在差异。会计制度不同，折算风险的损益大相径庭。

3. 市场经济结构

外汇风险形成中，汇率波动是首要的，但汇率波动能否造成外汇风险或这种风险究竟有多大，主要取决于市场经济结构。

4. 国家政治体系

外汇风险中的国家风险是因国家强制力造成外汇交易、正常外汇业务中断而产生的风险，由此可知，影响国家强制力的因素必然影响国家风险。

二、外汇风险的类型

按照外汇交易发生的时间和外汇风险承受的对象可将外汇风险分为三类，即交易风险、会计风险和经济风险。

(一) 交易风险

外汇交易风险（transaction exposure）也称交易结算风险，是指以外币计价的国际经济交易中，从合同签订日到其债权债务得到清偿这段时间内，由于该种外币与本币间的汇率变动而导致该项交易的本币价值发生变动的风险，是一种流量风险。这种风险起源于已经发生但尚未结清的以外币计值的应收款项或应付款项，同国际贸易和国际资本流动有着密切关系。

外汇交易风险是企业经营过程中的风险，它对企业的影响是一次性的，是国际企业中经常发生的风险。例如广州一家玩具制造企业 2007 年 2 月向美国出口一批玩具。双方协定以美元计价结算，6 个月后收款。当时美元兑人民币的汇率基本维持在 1∶8.21 左右，出口 100 万美元的货物，能得到 821 万元人民币，预计净盈利将达到 10 万元人民币。而 7 月 21 日央行进行人民币汇率改革后，人民币呈现升值状态。该企业并未对此提高警惕，提前采取避险措施。结果到收款日时，美元兑人民币变成了 1∶8.04，此时 100 万美元的货物只能换得 804 万元的人民币，净损失 17 万元。由原来盈利 10 万元，变成亏损 7 万元。

交易风险主要包括：

(1) 以即期或延期付款为支付条件的商品或劳务的进出口，在货物装运和劳务提供后，而货款或劳务费用尚未收付前，外汇汇率变化所发生的风险。

(2) 以外币计价的国际信贷活动，在债权债务未清偿前所存在的汇率风险。北京奥林匹克饭店就是一个典型案例。在饭店成立初期申请了 50 亿日元的贷款，利率很优惠。放贷时的汇率水平是 1 美元兑换 240 日元左右，而此后不久，日元就开始在美国的逼迫下不断升值，最高时达到 1 美元兑换 80 日元以下。恰在那时（1994 年），人民币汇率也进行了调整，从 1 美元兑 5.7 元人民币调到 8.7 元左右。也就是说，人民币对日元的汇率在短短几个月内贬值了近 6 倍。奥林匹克饭店的经营收入基本都是用人民币或美元计价，却要用日元还贷，日元的升值令其蒙受了巨大的损失，最后不得不申请破产。该饭店破产不是所处地理位置不好，也不是经营管理问题，最主要的原因就是没有合理规避汇率风险。

(3) 向外筹资中的汇率风险。借入一种外币而需要换成另一种外币使用，则筹资人将承受借入货币与使用货币之间汇率变动的风险。

(二) 会计风险

会计风险亦称折算风险（translation risk），它是根据会计制度的规定，在公司全球性的经营活动中，为适应报告时需要而出现的风险，即因汇率的变化，引起资产负债表上某些项目价值的变化。企业在一国注册，按照主权原则，会计报表应该使用注册国货币作为记账货币，这就要求该国企业发生的外币收支、外币资产和负债根据一定的会计准则，将其转变为本国货币来表示，这一过程被称为“折算”。显然，即使企业的外币资产和负债的数额没有发生变化，只要汇率发生波动，企业的会计账目中相应的本币数量必然会有所增加或者减少，几乎从事涉外活动的企业都无法回避这种会计账面风险。

会计风险是企业经营结果中的风险，与交易风险一样，会计风险对企业的影响也是一次性的，这种风险的发生不会产生实际资金或财富的转移，也不会产生真正的外汇交易，但会影响企业资产负债的报告结果。例如：某企业进口设备 30 万美元，根据当时汇率为 100 美元兑换 890 元人民币，换算为 267 万人民币，并记录这一负债。在会计期末对外币业务账户金额进行换算时，汇率发生了变化，100 美元兑换 830 元人民币，这时资产负债表上外汇资金项目的负债为 249 万元人民币。其中 18 万元人民币就称为因汇率变化而产生的会计风险。

会计风险的大小主要取决于以下三个因素：

1. 国外子公司的规模

一般来说，国外子公司的规模大，在跨国公司总体业务中所占的比重就大，规模大的子公司净资产或净负债数额也会很大，这样该子公司在合并财务报表中的折算风险也就比较大。

2. 子公司东道国货币的稳定性

由于子公司财务报表通常以东道国货币计量，所以其报表各项目在合并时的折算金额将受到东道国货币稳定性的影响。东道国货币的稳定性越差，折算风险越大。

3. 折算方法

目前，世界各国折算财务报表的方法还不统一，用不同的折算方法对同样的报表进行折算会得出不同数字。

（三）经济风险

经济风险是指由于意料之外的外汇汇率变化而导致企业产品成本、价格等发生变化，从而导致企业未来经营收益增减的不确定性。例如，我国某集团公司在美国有一子公司，利用当地资源和劳动力组织生产，产品以美元计价销售。突然美元出现了较大幅度的贬值，这就会给子公司的经营业绩带来潜在的风险。

经济风险对企业的成本、收益、销售、国内外市场等多方面都会产生影响，从而产生了企业对未来现金流入预测的变化，因此经济风险的大小取决于企业的预测能力，带有主观性。

综上可以看出，国际企业在经营过程中所面临的外汇风险及其之间的关系可以用图 6—1 来表示。

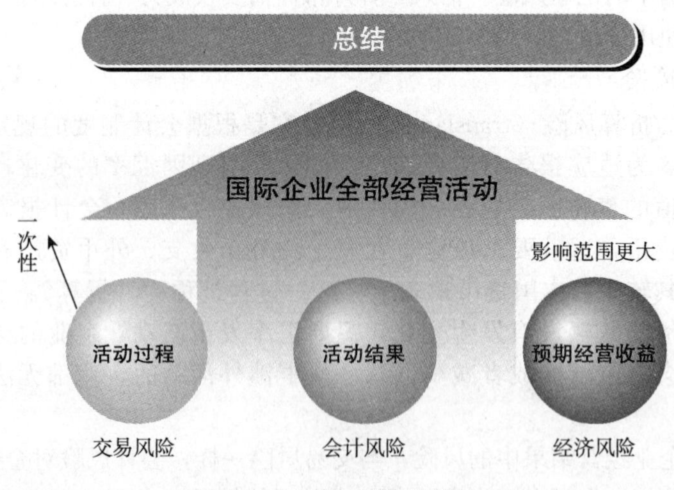

图 6—1　外汇风险示意图

第二节　外汇风险管理方法

无论是一般的企业还是银行，日常业务都会直接或间接地面临外汇风险的影响，如果不能及时发现风险和控制风险，外汇风险给企业和银行带来的就有可能是无法估计的损失，甚至可以完全消减企业或银行的利润空间，因此外汇风险管理方法在企业和银行的日常经营中有着广泛的应用。

一、企业外汇风险管理方法

企业所面临的外汇风险主要涉及贸易与非贸易交往所产生的风险，时常也会有国际融资方面的风险，项目繁杂、形式多样是企业所面临的外汇风险的特点。同时，企业外汇风险的管理方法也多种多样，企业在设计防险策略时也应该把多种方法进行比较或组合，按照预期原则、保守原则、最低成本原则来选择适合自己的避险品种。

（一）选择计价货币

1. 选择本币计价

企业在对外贸易中选择以本币计价可以消除外汇风险，但是在实际操作中，并不是所有的企业在进行对外贸易活动时都可以实现以本币计价结算。因为如果以本币作为计价货币，外汇风险则转移到交易对手一方，因此如果出口以本币计价的比例高，说明海外对本国商品的需求强烈。

能够使用本币计价结算的货币通常是储备货币，比如美元、欧元、英镑、日元等，并且是双方都能够接受的币种才可以。从国际惯例来说，目前使用国际关键货币——美元的情况较多，特别是各种原材料和原油的交易，另外各主要工业国家尤其是一些储备货币发行国的出口贸易，很大部分是以本币计价结算的，如英国和德国分别高达73%和87%。随着日元国际化，日本企业以日元计价的出口也与日俱增。

在外贸谈判中，为了能够达成交易，使用本币计价结算的一方应该在价格或期限上作一些让步，作为给对方的风险补偿。目前由于人民币还未成为自由兑换货币，所以总的来说在国际贸易中使用有限。我国很多进出口企业在对外贸易和引进技术设备时不得不采用其他外汇。用外汇计价时应注意借、用、还一致的原则，以减少货币兑换风险。

相关链接

人民币应推行计价以建立本币优先概念

在跨境人民币结算迅猛发展的当下，登录各政府部门的网站，从商务部、财政部、统计局到人民银行，各种涉外相关的统计数据，包括进出口统计、直接投资统计、国际收支平衡表，在货币单位栏中清一色标注“美元”。

2012年7月，以人民币进行结算的跨境货物贸易、服务贸易以及其他经常项目、对外直接投资、外商直接投资分别发生了1683亿元、758亿元、12亿元、142亿元。中国政府部门也应像新加坡和中国香港一样，用本币计价。过去人民币不是国际货币，用外币计价可以理解，“现在人民币正在国际化，开始在国际上使用，我们就要建立本币优先的概念”。

外管局的一位司长告诉记者，“计价单位早就该从美元改成人民币。按照本币优先原则应是惯例，比如日本公布的国际收支平衡表是日元计价。除了美元化程度很高的国家用美元计价折算外，美元化程度不高的国家都是用本币计价折算，即便国际收支账户也用本币折算。”

计价货币是指双方当事人在合同中规定用来计算和清偿彼此债权债务的货币，一般与结算货币相同，如果双方在合同中只规定了计价货币，没有规定结算货币，则计价货币就是结算货币。交易双方也可以规定计价货币是一种货币，结算货币为另一种货币。

目前，中国各级政府的涉外管理和审批，包括海关、发改委、商务部的审批，只要涉外，都是以美元作为计价货币。这往往落人口实，企业对外谈判时，对方就会说，“中国自己都是美元计价，为什么要与我方谈用人民币做结算?”因此受访专家们普遍认为，在人民币走向国际化的今天，如果政府部门开始采用人民币计价，将对民间的对外经济活动起到很好的引导作用。

一位外管局官员表示，跨境结算转化为以人民币计价将是一个长期的过程，因为这要涉及很多统计方式和系统的改变，不过，按照金融“十二五”规划，逐步实现人民币自由可兑换已经列入日程。

资料来源：http：//magazine. caixin. com/2012-09-21/100440656. html。

2. 选择自由兑换货币计价

可自由兑换的货币流动性较好，便于外汇资金的调拨和运用，一旦出现外汇风险可以立即兑换成另一种有利的货币，因此其风险自然也相对较小。

3. 选择有利的外币计价

选择有利的外币计价是遵循“收硬付软”的原则。即在出口贸易和对外债权时力争选择硬货币来计价结算；在进口贸易和对外债务中，力争选择软货币来计价结算。但是在实际业务中，货币选择并不是一相情愿的事，因为交易双方都希望选择对自己有利的货币，从而将汇率风险转嫁给对方。因此在使用“收硬付软”原则时要灵活处理，由于双方争取的目标是相反的，在相持不下时，可互作让步，采取软、硬货币搭配的方案，由双方共同承担风险或采用一篮子货币避险。

4. 进口、出口货币一致的原则

一个外贸企业，进口商品使用某种货币计价，那么，出口商品也应采用该货币计价，这样做可以将外汇风险通过一“收”一“支”相互抵消。比如，计价货币升值，则进口成本因此而升高，企业遭损失，出口收益却因此而增加，企业有盈利。二者相抵，风险降低或消除。

5. 借、用、收、还货币一致的原则

当今世界，任何一种货币都无法长期保持坚挺的地位，在企业借款的整个过程（即借、用、收、还四个环节）中，只要发生货币兑换，就存在汇率风险。因此，应尽量争取使这四个环节币种相一致，避免汇率风险，保证按时偿还。

6. 要综合考虑汇率和利率变动趋势

企业在国际市场上筹集资金时要特别注意，低利率的债务不一定就是低成本的债务，高利率的债务也不一定就是高成本的债务，必须把利率和汇率变动趋势综合起来考虑。一般来说，硬币利率低，软币利率高。例如有 A 和 B 两笔债务，A 债务以美元计价，年利率 12%；B 债务以日元计价，年利率 8%，而美元将贬值 4%，日元将升值 4%。这样，A 债务的实际利率是 8%，B 债务的实际利率是 12%。因而，实际上 A 债务的成本比 B 债务的成本低。企业面对这种情况，可以采取使用多种货币构成一笔债务的办法，从而分散风险。

（二）提前收付或拖延收付法避险

在国际交往中，如果当事人对汇率变化预测有较大把握，就可以通过更改外汇资金的收付日期来抵补或转嫁外汇风险。例如：美国进口商与日本商人订立了一个以日元计价、三个月后付款的贸易合同。假设在合同订立后，美元对日元大幅贬值，而且这种局面在半年之内不会得到改观。这时，美国进口商就可以适当地提前用美元兑成日元付给日本商人，因为这样做，它虽然会受一些利息损失，但和美元大幅度贬值将要遭受的损失相比，还是合算的。相反，美国出口商若向日本出口货物，它会尽可能地、合理地推迟收进日元的时间。其具体做法是：

(1) 在出口贸易中，如果预期计价货币汇率将下浮，本币升值，外币贬值，则出口企业应与外商尽早签订出口合同，提前收汇。相反，预计计价货币汇率将上升，则可设法拖延出口商品，延长出口汇票期限或鼓励进口商延期付款。

(2) 在进口交易中，若进口企业预测计价结算货币汇率将上浮，则进口企业应设法提前购买所需进口商品，或采取预付货款方式。相反，若预测计价结算货币汇率将下浮，则进口企业可推迟向国外购货，或要求延期付款。提前或延期收付汇，除考虑汇率走势外，还应考虑商品的储存和利息因素。

上述做法可用表 6—1 简略表述。

表 6—1　　提前收付或拖延收付法

汇率预测 / 企业行为	预测外币下浮	预测外币上浮
进口企业（收进外币）	推迟付汇	提前付汇
出口企业（支付外币）	提前收汇	推迟收汇

在企业交易实务中，真正能够实施上述方法有很多的限制：

(1) 受进出口合同中既定支付条款的限制。

(2) 国家限制。比如有些外汇短缺并且外汇管制比较严的国家会鼓励迟付早收，严禁早付迟收。

(3) 企业的操作是建立在对未来汇价波动的预期上的，一旦预期不准，则仍然会面临汇率波动的风险。比如推迟收汇是预期外币会上浮，但是一旦汇率下浮，企业也会面临兑换风险。

（三）调整价格或利率避险

在企业的外贸交易和外币借贷中，一方如果能够规避汇率风险，另一方就有可能承担外汇风险。比如一方以本币计价，另一方就要以外币计价从而面临汇率波动的风险。为了能够达成交易，规避风险的一方应该给承担风险的一方一定程度的风险补偿。比如在出口中，如果以出口方货币计价，应该给进口方一定程度的价格折让，如果以进口方货币计价，出口方应相应提高价格。若出口商以软币成交，应该加价，若进口商接受硬币成交则应该要求对方一定程度的降价。需要注意的是，这些策略的运用应考虑到商品本身的供求关系。在企业借款中，如果企业借的是硬货币，应该要求降低利率，如果企业借的是软货币，则利率可以稍高一些。

（四）平衡抵消法避险

平衡抵消法包括四种方法，即平衡法、组对法、借款法和投资法。

1. 平衡法

平衡法亦称配对法（matching），指交易主体在一笔交易发生时，再进行一笔与该笔交易在货币、金额、收付日期上完全一致，但资金流向相反的交易，使两笔交易面临的汇率变化影响抵消。例如，某公司在 3 个月后有 100 000 美元的应付货款，该公司为了防止美元汇率上浮，可设法出口同等美元金额的货物，使 3 个月后有一笔相同货币、相同金额的美元应收货款，借以抵消 3 个月后的美元应付款项。由此可以看出，平衡法既可以消除时间风险也可以消除外汇风险。

在一般情况下，一个国际性公司取得每笔交易的应收应付外汇货币“完全平衡”是难以实现的。但是，在金额较大时，公司与其领导下的采购部门、销售部门与财务部门密切合作，对于一次性的外汇风险贸易仍可采用平衡法来抵消其风险。通过平衡法可以给企业一个启发，即在选择商品出口地的时候要考虑企业生产使用的各种资源的进口地，从而方便平衡法的运用。

2. 组对法

组对法（pairing）指交易主体通过利用两种资金的流动对冲来抵消或减少风险的方法。这两种资金的特点是收入与支出的不是同一种货币，但两种货币呈固定的同升同降的关系，则用一种货币支出，则用另一种货币收入。如果支出的货币上浮，则以本币表示的支出数量也会增加，但是由于收入的货币也上浮，因此以本币表示的收入的那笔的数量也会增加，从而抵偿了支出增加带来的损失。

组对的货币通常是维持固定汇率的货币，例如，荷兰盾和比利时法郎之间曾维持固定汇率制、西班牙的货币比塞塔和葡萄牙的货币埃斯库托也曾经维持同升同降的关系。现在由于这样的货币种类有限，因此组对货币也包括汇率变动趋势大体相同的货币。

组对法与平衡法的区别是：平衡法是基于同一种货币的对冲，而组对法则是基于两种不同货币的对冲，并要求选择固定汇率且汇率呈稳定的正相关关系的两种货币。组对法比平衡法灵活性大，也更容易使用，但不能消除全部的风险。

3. 借款法

借款法（borrowing）指有远期外汇收入的企业通过向银行借入一笔与远期收入相同

币种、相同金额和相同期限的贷款而防范外汇风险的方法。

其特点在于能够改变外汇风险的时间结构，把未来的外币收入现在就从银行借出来以供支配，这就消除了时间风险，届时外汇收入进账，正好用于归还银行贷款。不过该法只消除了时间风险，尚存在外币对本币价值变化的风险。

例如我国A公司半年后从美国收回一笔500万美元的出口外汇收入，为防止半年后美元贬值的风险，A公司先从银行借入500万美元，半年后再利用收进的外汇归还银行的贷款。

这样做企业应该注意两个问题：一是企业借入外币债务的利息成本应该算做企业利用该种方法避险的成本，二是借款法只消除了时间风险，并未消除价值风险。

4. 投资法

投资法（investing）指当企业面对未来的一笔外汇支出时，将闲置的资金换成外汇进行投资，待支付外汇的日期来临时，用投资的本息（或利润）付汇。

一般投资的市场是短期货币市场，投资的对象为规定到期日的银行定期存款、存单、银行承兑汇票、国库券、商业票据等。这里要注意，投资者如果用本币投资，则仅能消除时间风险；只有把本币换成外币再投资，才能同时消除货币兑换的价值风险。

投资法和借款法都是通过改变外汇风险的时间结构来避险，但两者却各具特点，前者是将未来的支付移到现在，而后者则是将未来的收入移到现在。

（五）金融法避险

金融法避险是利用外汇交易方法来规避外汇风险。常用的方法有以下几种：

1. 远期合同法

远期合同法指企业出于避免外汇风险或投机的目的，与他方签订合同，规定买卖外汇的数量、汇率（远期汇率）和交割时间，到规定的交割日，买卖双方按合同约定，卖方交汇买方付款的外汇交易。如企业预期在未来一定日期，会收到或支付一笔外币款项时，先在远期外汇市场上卖出或买进该种外币，从而以远期汇率确定企业收进货币的本币价值和企业付出货币的本币价值，一段时间后不管汇率如何变动，企业都可以确定将来能够收到或付出一定数额的本国货币。远期合同是不可撤销的，应否采用这种避险工具的关键是对未来汇率的预测，若汇率预测失误，虽锁定了风险，却也失去了本应得到的收益。因而，这种避险工具常用于保守型管理策略之中。另外，如果进出口企业不确定具体的货币交割日期，也可以在远期合同中选择具有交割日选择权的择期远期合同。

远期外汇交易防范汇率风险不用交期权费，因此与外汇期权相比既可以保值又可以节省成本，但是无法获得汇率波动带给企业的利益。例如，某企业三个月后要收入100万美元的钢材出口货款，企业预期美元会大幅贬值，因此为了防范风险，企业与银行签订卖出100万美元3个月期汇率为100USD＝623.120CNY（远期汇率见表6—2）的远期合同。三个月后，企业把收进的100万美元与银行交割，并且获得三个月前就已经确定的623.12万人民币。可以看出，远期外汇交易避险既可以消除时间风险也可以消除价值风险。

表6—2　　中国银行远期外汇牌价

		美元	欧元	日元	港元	英镑	瑞郎	澳元	加元
七天	买入	620.32	803.63	6.585 0	79.87	928.65	652.93	633.18	599.92
	卖出	624.43	812.16	6.652 3	80.59	937.42	659.10	639.52	605.30

续前表

		美元	欧元	日元	港元	英镑	瑞郎	澳元	加元
一个月	买入	621.05	804.80	6.595 1	79.97	929.61	653.75	632.71	600.21
	卖出	625.35	813.40	6.662 0	80.72	938.72	660.36	639.43	605.98
三个月	买入	623.12	807.95	6.619 6	80.28	932.52	656.42	631.82	601.43
	卖出	627.50	816.53	6.688 1	81.01	941.60	663.06	638.53	607.18
六个月	买入	625.56	812.12	6.654 5	80.65	936.38	660.12	630.35	602.89
	卖出	630.44	820.61	6.721 7	81.38	945.37	666.68	636.95	608.53
九个月	买入	627.80	816.01	6.688 3	81.00	939.99	663.59	628.71	604.06
	卖出	633.19	824.61	6.755 4	81.73	949.12	670.31	635.41	609.78
十二个月	买入	630.44	820.42	6.727 9	81.39	944.29	667.59	627.32	605.59
	卖出	636.12	829.01	6.795 2	82.11	953.43	674.38	633.99	611.31

我国为企业开办的远期保值业务叫做远期结售汇业务。远期结售汇是确定汇价在前而实际外汇收支发生在后的结售汇业务（结汇是企业卖外汇，售汇是企业买外汇）。客户与银行协商签订远期结售汇合同，约定将来办理结汇或售汇的人民币兑外汇币种、金额、汇率以及交割期限。在交割日当天，客户可按照远期结售汇合同所确定的币种、金额、汇率向银行办理结汇或售汇。我国远期结售汇业务的币种为美元、日元、港币、欧元、瑞士法郎、澳大利亚元、英镑和加拿大元。远期结售汇期限分为固定期限和择期。固定期限包括7天、20天、1个月、2个月、3个月、4个月、5个月、6个月、7个月、8个月、9个月、10个月、11个月和12个月。择期交易期限由择期交易的起始日和终止日决定。起始日和终止日的确定应以上述远期期限为标准并与远期期限的任何一档相吻合。

背景知识

什么是NDF远期交易

无本金交割远期交易（non-deliverable forward，简称NDF），实际上是远期交易的一种。与一般意义上的远期交易（指有本金交割deliverable forward，即DF）不同的是，NDF不做本金的实物交割，而是根据契约所订立的远期汇率与到期时即期汇率之差进行差额交割。NDF可让投资人押注不可自由兑换货币的走势，或进行避险，它提供了一种近似于投资人民币的方式。从技术上来说，NDF市场不会对人民币产生直接影响，因为这些合约是在中国以外地区以美元结算的。现在NDF远期交易广泛地被企业用于规避汇率风险，与国内的远期价格相比，离岸市场的价格更加优惠。

2. 期货合同法

期货合同法是指如果企业有远期外汇债务或债权，可以委托银行或期货经纪公司购买或出售相应的外汇期货，借以消除外汇风险的方法。这种方法使用的原理是利用期货市场与现货市场具有同升同降的关系，用期货市场的盈利去弥补现货市场的亏损。当然这是建立在对头寸货币未来走势的预期上的。如某公司 2012 年 6 月有一笔近 100 万美元的外汇头寸要在 3 个月后收回。企业如果预测美元越来越便宜，则期货美元也会便宜，因此该企业现在在期货市场上卖出 100 万美元，如果 3 个月后正如其所料，美元价格便宜了，则买入期货 100 万美元，使期货市场对冲，期货市场有一个盈利。而 3 个月后的现货市场上由于美元便宜了，使企业收进美元换回本币的数量减少，与 6 月份的现货价格相比，该企业又损失了一定数量的本币，但是可以用期货市场的盈利去弥补现货市场的亏损，这就相当于 3 个月后交易与现在交易价格并没有太大的差异，因此利用期货交易可以把单位外币的本币收益锁定在现在美元价格的附近。当然，如果 3 个月后美元价格上涨了，现货市场上可以换回更多的美元，但是期货市场上会有亏损，因此导致该企业也不能获得美元市场价格变动对自己有利的好处，美元的卖出价格仍然锁定在了现在的美元市场价格附近。

根据套期保值交易采取的方向，外汇期货交易分为买进对冲与卖出对冲。卖出对冲又称空头，是指预期未来将在现货市场售出某种外币，而先于现货市场出售与该币相同或相当的外币期货契约，到时，在现货市场出售该币的同时，再将原先已售出的期货契约在期货市场结清。买入对冲又称多头，是指预期未来将在现货市场购入某外币，而先于此买入与该外币相同或相关的外币期货合约，到期时，在现货市场上买入该币的同时，再将原先买入的期货契约在期货市场结清。通过对冲，实际上是将未来外币交易汇率事先固定下来，从而可避免汇率波动的风险。

3. 期权合同法

期权合同法是指具有外汇债权或债务的企业，通过外汇期权市场进行外汇期权交易以消除或降低外汇风险的做法。它分为进口商买进看涨期权和出口商买进看跌期权。

进口商买进看涨期权是指进口商在签订贸易合同时签订看涨期权合同，若付款日计价结算货币汇率高于协定汇率，进口商就执行期权合约，即按约定汇率买进该货币，从而消除该货币汇率上升带来的损失；若付款日计价结算货币的汇率下跌并且跌至协定汇率以下，进口商可行使不按协定汇率买进的权利，而是在现汇市场上按较低的汇率买进该货币，从而获得因汇率下跌带来的利益。当然，无论汇率如何变动该企业都要承担期权费用。

出口商买进看跌期权是指出口商在签订贸易合同时签订一份看跌期权合同，若收款日计价结算货币汇率下跌，并且低于期权合约中的协定汇率，出口商就履行卖出外汇期权合约，按约定好的协定汇率卖出其出口收汇，从而避免汇率下跌带来的损失；若收款日计价结算货币汇率上升，并且高于期权合约中的协定汇率，出口商就可行使不按协定汇率卖出外汇的权利，而是把出口收汇按现汇市场汇率卖出，从中获取汇率上升带来的利益。

该方法与远期外汇合同法相比，更具有保值作用。因为远期外汇合同法届时必须按约定的汇率履约，但期权合同法可以根据市场汇率变动作任何选择，即既可履约，也可不履约，当然这是以支付期权费成本为前提的。

[例 6—1]

一美商从英国进口一批货物价值 100 万英镑，3 个月后支付。当时外汇汇率为 1 英镑兑换 1.5 美元。该美商为了固定进口成本，防止外汇风险，花费 2 万美元的期权费，用 150 万美元按 1 英镑兑换 1.5 美元的协定汇率，买入 100 万英镑的欧式期权。假定 3 个月后发生了以下情况：

(1) 英镑升值，汇率为1英镑＝1.65美元。

在这种情况下，如果美商未曾签订期权合同，此时需支付100万×1.65＝165万美元，比原来货价150万美元多支付15万美元。但通过签订期权合同，免遭巨大损失，15万美元扣除2万美元的期权费后，美商仍可减少13万美元的汇价损失。

(2) 英镑贬值，汇率为1英镑＝1.4美元。

在这种情况下，美商会放弃行使权利。如行使该权利，则美商要支付150美元；而放弃行使权利，只需支付货款140万美元。加上期权费2万美元，较行使期权少支付8万美元。

(3) 汇率仍维持在原水平，1英镑＝1.5美元。

在这种情况下，汇率仍维持在原水平，美商没有产生损失或收益，仅以2万美元的期权费为代价来减少或避免风险，固定进口成本。

4. 掉期交易

掉期交易又称互换交易，是指交易双方依据预先约定的规则，在一段时间内交换一系列付款的交易。货币互换为其中的一种，其基本做法是：在交易之初，双方以议定的汇率互换本金，根据互换的金额计算利息，互换交易期间，双方按约定的付息期和金额进行利息互换；在交易到期日，双方进行本金的再次互换。在货币互换交易中，由于汇率是预先确定的，交易者不必承担汇率变动的风险，因而起到避险的作用。

[例6—2]

我国中西部有一个大型的电力项目，项目公司在项目建设期间需要大量建设资金，该公司除在国内进行大量的人民币融资外，还在国外向国际银团借了大量的外汇商业贷款，其中有一笔本金为1亿欧元的贷款，期限为12年，利率为5.8%，宽限期为2年，本金分20次每半年等额摊还。提款时间为2002年3月1日，借款成本为1欧元兑0.87美元。借款半年后，贷款开始付息，2年后将进入还本期。公司借款后，部分用于进口设备，部分结汇补充建设资金。

该公司收入主要为电费，以人民币计价，在支付利息和归还本金时，必须以人民币购买外汇予以偿还。由于人民币和美元汇率挂钩，因此，美元兑欧元的汇率走势直接决定了公司的债务成本，以当时的借款汇率计算，不考虑时间因素，连本带利公司需要偿还1.24亿美元。如果欧元每上升0.1，则公司将多支付1 236万美元。因此，汇率变动将对公司债务产生巨大的影响。

2002年4月初，中国银行获悉该公司进行了欧元债务融资后，即与公司联系，希望公司弄清债务风险，及时叙做货币掉期业务，锁定欧元与美元的汇率，从而固定债务成本，公司即可把主要精力放在生产上，不会有任何市场风险。假定客户是欧元负债，但是其资金来源为美元或人民币，为了避免汇率风险，客户可以进行货币掉期。客户支付交易对方美元本金以及根据美元计算的固定或浮动利息；中国银行支付客户欧元本金以及根据欧元计算的固定利息，以偿还贷款。这样，客户原有的欧元固定利率债务转变为美元固定利率或浮动利率债务。固定利息债务是指在整个债务期间，利息是固定不变的；浮动利息债务是指在整个债务期间，利息以伦敦同业拆借利率LIBOR为基准，每半年确定一次，当然每季支付也可以。

中国银行交易员与该公司就债务风险和保值方案进行沟通后，公司并没有表现出对赶紧保值的积极性，反而认为欧元汇率不会有很大波动，没有进行保值。没想到，自2002年4月底开始，美国经济下滑和多次降息的效应开始反映在美元的汇率上，美元兑各主要货币开始大幅贬值，不到3个月，欧元兑美元由4月底的0.88涨到7月初的1.02，如果按整笔债务计算，公司需要多支付1 850多万美元。

此时公司有些着急，紧急与中国银行联系，希望中国银行提供保值方案，交易员根据市场分析和对其债务结构的判断，提出了新的保值方案，可以将汇率锁定在1附近。7月中旬，欧元买家获利回吐，欧元回到0.97～1的区间波动，公司财务人员又开始犹豫，认为欧元可能很快下跌，迟迟没有下委托与中国银行叙做保值。不料，12月初，欧元突然再次启动，由0.99附近上涨，到2003年3月中旬上冲到1.11，公司财务人员十分懊悔。在此期间，中国银行交易员一直跟踪，为公司提供方案，寻找合适的时机。4月初欧元汇率短暂下探，交易员认为，这只是暂时回调，今后还有上升的趋势，所以再次劝公司下决心。此次，公司吸取了以前的教训，果断地下了委托。4月7日，中国银行为公司在1.055的相对低点叙做了整笔债务；汇率固定在1.055 0，利率为美元5.7%。不考虑时间贴现因素，整笔债务的成本确定为1.49亿美元，比借贷时损失了2 550万美元。果然，此后欧元继续震荡上行，2004年2月18日最高上摸到1欧元兑1.292 7美元。如果公司没有进行保值，将多支付6 000多万美元，因为公司进行了保值，锁定了所有成本，因此汇率的波动对公司债务没有影响，不考虑时间价值，公司减少损失345 3万美元，达到了预期的保值效果。

[例6—3]

企业避险品种选择案例

某公司是一家生产型的涉外企业，原材料大部分从国外进口，生产的产品约有三分之一销往国外。企业出口收汇的货币主要是美元，进口支付的货币除美元外，主要还有欧元和英镑。该企业每个月大约还有100万美元的外汇收入，400万美元左右的非美元（欧元、英镑）对外支付。2002年年中，欧元兑美元汇价在平价下方，英镑兑美元也在1.5美元左右，而2003年上半年欧元兑美元不仅突破了平价，而且最高时甚至达到1欧元兑换1.18美元，该公司因此蒙受了巨大的汇率风险损失。

分析：

该公司出口收汇的金额小于进口付汇金额，每月收付逆差约300万美元，且进口付汇与收入外汇的币种也不匹配，存在非美元货币在实际对外支付时与签订商务合同或开立远期信用证时的成本汇率相比升值的风险。因此，该公司迫切需要进行外汇风险规避。

可采取的防范方法有：

(1) 采取货币选择法。争取在进口合同中使用与出口合同一致的货币，这样可消除约100万美元的敞口头寸。

(2) 采取“提前错后”法。如预测美元汇率继续看跌，欧元、英镑汇率继续看涨，则可争取提前收取出口货款，提前支付进口货款，以消除出口远期收汇和进口远期付汇的汇率风险。

(3) 采取外汇交易法。为更好地达到保值避险的目标，首先要在签订非美元商务合同或开立非美元远期信用证时，将当时的市场汇率作为保值避险时参考的成本汇率，积极运用远期外汇买卖等保值手段，在分析外汇市场走势的基础上，在适当时机买入远期支付的非美元货币，相应卖出远期美元，也就是将支付时的汇率提前确定，避免出现到实际支付时由于市场的即期汇率大幅升值造成汇率风险损失的局面。对于该公司收付汇逆差的300万美元，则可利用银行推出的远期结售汇来进行套期保值。

（六）综合避险法

1. BSI法

BSI是borrow-spot-invest（借款—即期合同—投资法）的缩写。现分两种情况介绍：

（1）BSI法在应收外汇账款中的具体运用。某个企业在有应收外汇账款的情况下，为了防止外汇风险，先借入与应收账款货币相同、金额相等的外汇，将外汇风险的时间结构转移至现在。借款后时间风险消除，但价值风险仍然存在。此风险则可通过即期外汇合同法予以消除，即将借入的外币卖出换回本币。这样，外币与本币价值波动风险也被消除。消除风险虽然有一定费用支出，但若把换回的本币进行投资，得到一定的投资回报（利息或利润），则可抵冲一定的费用支出。这实际上是将借款法、即期合同法与投资法三种简单避险法综合起来运用。

（2）BSI在应付外汇账款中的具体运用。在企业有应付外汇账款的情况下，为了防止外汇风险，企业可先向银行借入本币，再向银行购买与应付账款数量相当的外汇，然后将买入的现汇投放于国际货币市场，期限与到应付外汇账款日相等。当将来应付外汇账款的时候，可以拿投资的本金去归还应付外汇账款，拿投资的利息收益去抵偿本币贷款的成本，最后只剩下本币贷款的本金需要偿还，而这个本金需要偿还的数额在借入本金的时候就已经确定了。

[例6—4]

假设美国A公司从德国进口10万欧元的产品，90天后支付货款，A公司为了防止90天后欧元汇价上涨，遭受损失，于是决定使用BSI法以消除应付欧元账款所存在的外汇风险。假设外汇市场即期汇率牌价为1欧元＝1.319/1.324美元，则首先A公司即期以13.24万美元在外汇市场购入10万欧元，接着再将刚买入的欧元投放于欧洲货币市场或美国货币市场（以存款、购买短期债券等形式），投放的期限也为90天。90天后，A公司的应付欧元账款到期时，恰好其欧元的投资期限届满，以收回的欧元投资偿付其应付德国公司的欧元债务10万元，用投资的利息抵偿投资美元贷款利息成本，公司最后剩下13.24万美元的本币债务。

2. LSI法

LSI是lead-spot-invest（提早收付—即期合同—投资法）的缩写。现分两种情况介绍：

（1）LSI法在应收外汇账款中的具体运用。当某公司具有应收外汇账款时，在征得债务方的同意后，给其一定折扣请其提前支付货款，以消除时间风险，然后立即通过即期外汇交易换成本币，从而消除价值风险，再将换回的本币进行投资，取得的收益则可以抵冲上述防险的费用支出。这实际上是将提前收付法、即期合同法与投资法三种简单避险方法进行综合运用。

（2）LSI法在应付外汇账款中的具体运用。LSI法在应付外汇账款中运用的实际过程是：应付外汇账款的公司先借本币，然后通过与银行即期交易将本币换成外汇，最后将买得的外汇提前支付并要求对方一定的折让来弥补提前支付的货币成本损失。简而言之，是先借款（borrow），再进行即期交易（spot），最后提前支付（lead），即borrow-spot-lead，按理这个过程应缩写为 BSL，但国际传统习惯均不叫 BSL，而仍叫 LSI。

二、银行外汇风险管理方法

与企业相比，银行面临的外汇风险更大，这主要是由于银行在与企业进行外汇交易的时候常常处于被动地位，即企业根据自己的需要买入或卖出一定期限、一定数量的某种外汇，银行就要卖出一定期限、一定数量的某种外汇，当然银行通过买卖外汇可以赚到价差收益，但在银行与企业的众多交易中，银行会产生各种各样的外汇头寸，为了实现稳健经营的目的，银行就要及时进行外汇风险的管理。

（一）商业银行外汇风险的表现形式

1. 外汇敞口风险

外汇敞口风险是交易风险的主要形式。银行的外汇资产和外汇负债币种头寸不匹配、外汇资金来源与外汇资金运用期限不匹配均会导致汇率风险。外汇敞口主要来源于银行内外业务中的货币币种、期限等的错配。在某一时段内，银行某一币种的多头头寸与空头头寸不一致时所产生的差额就形成了外汇敞口。在存在外汇敞口的情况下，汇率变动可能会给银行的当期收益或经济价值带来损失，从而形成汇率风险。

2. 客户外汇风险

客户外汇风险是经济风险的主要表现形式。汇率变动不仅会直接影响银行的敞口头寸，也会通过影响银行客户的财务状况而给银行的资产质量和盈利能力带来影响。汇率波动会直接影响外向型企业的整体效益，本币升值会导致出口企业的盈利水平降低、竞争力下降，进而影响企业偿还银行贷款的能力，使银行贷款的风险增加。而内向型企业则在本外币利差较大的情况下，倾向于以银行的外汇贷款替代本币融资，从而造成较大的货币错配风险。在 20 世纪 90 年代亚洲金融危机中，企业通过金融机构大量举借外币债务，汇率急剧下跌引发的外汇风险和损失直接转变成了与负债企业有信贷关系的银行信用风险和损失。

3. 折算风险

折算风险是指由于汇率变动而引起商业银行资产负债表某些外汇项目金额变动的风险，其产生是因为进行会计处理时将外币折算为本国货币计算，而不同时期使用的汇率不一致，所以可能出现会计核算的损益。如银行为了编制合并财务报表，需要将以外币表示的资产和负债换算成本币表示的资产和负债，这时就会面临汇率换算的风险，从而影响银行的财务报告结果。目前国内商业银行折算风险的一种重要的、特殊的表现形式是外汇资本金面临的汇率风险。国家通过外汇储备注资国有商业银行、银行引进境外战略投资及在境外上市等一系列改革措施均形成了国内商业银行的外汇资本金来源。受人民币汇率波动的影响，这些外汇资本金折算成人民币资本数额也会发生变动，当人民币升值幅度较大时会对银行造成一定的损失。

从上述分析可以看出，银行面临的外汇风险类型也是非常复杂的，其中在银行的日常经营中，敞口头寸的存在所导致的风险尤为常见，因此对商业银行外汇风险管理方法的阐述主要是基于防范外汇敞口风险。

（二）商业银行外汇风险管理方法

1. 外汇头寸综合管理

对于即期与远期头寸，可以通过做相反交易的方法来规避汇率波动的风险，但是银行买卖各种外币都存在着风险管理的问题，如果对每一笔业务都进行一次头寸管理，将是非常麻烦的，甚至无法做到，因此银行对外汇敞口头寸实行综合头寸管理，就是对综合差额做相反交易，进行抛补，然后利用掉期交易进行调整。

2. 外汇敞口头寸限额管理

银行及监管部门对银行所持有的外汇敞口的规模进行限制，从而防止外汇风险的大量发生。在制定外汇敞口头寸限额时应考虑以下几个问题：一是风险承受能力。风险承受能力越大，限额也就越大。二是损失承受能力。三是交易员的水平与业绩。交易员的水平越高，业绩越好，所分配的限额也就越大。

3. 银行资产负债配对管理

银行资产负债配对管理是指银行通过做好外汇资产负债时间、币种、利率、期限结构的配对，来减少外汇买卖的次数和金额，从而在减少外汇风险的同时也节约了防险成本。

背景知识

银行外汇头寸管理实行权责发生制

国家外汇局宣布，自2006年7月1日起，外汇指定银行的结售汇综合头寸将按照权责发生制原则进行管理，替代原来的收付实现制。

权责发生制头寸管理原则是指银行将对客户结售汇业务、自身结售汇业务和银行间外汇市场交易在交易订立日计入结售汇综合头寸。而收付实现制头寸管理原则是指在资金实际收付日计入结售汇综合头寸。业内人士表示，这一规定实际上是将银行的远期外汇头寸纳入即期综合头寸的限额管理中，这有利于各家银行更好地管理手中的外汇资金，加强对外汇风险的控制，但同时也限制了境内银行参与到境外NDF（无本金交割远期）市场交易中。

在收付实现制的管理原则下，银行每日填报的结售汇综合头寸报表中，仅包括当日发生的银行对客户即期结售汇头寸、银行自身的结售汇头寸和银行参与银行间外汇市场交易所形成的头寸。远期外汇交易则只在履约当日（即实际收付资金日）才计入当日的头寸表中。而在实行权责发生制的管理办法后，远期外汇交易在签约时就将被计入当日的外汇头寸表中，与即期头寸一并纳入银行的整体敞口头寸中，受到外汇局规定的头寸限额的限制。

事实上，这一做法自2006年年初起就已在银行间外汇市场的做市商银行中实行，而目前的这一规定将这一做法扩大到了所有的外汇指定银行。“这样可以使各家银行更好地控制手中的资金、控制自己的头寸，”一股份制银行外汇交易员说，“这样各行在持有头寸、报价方面会更加合理，也比较有利于人民币汇率的更加市场化。”

此外，一国有银行外汇交易员表示，将远期头寸纳入到银行整体的头寸管理中，实际上起到了限制境内银行参与境外NDF市场的作用。他表示，在原来远期和即期头寸分开管理的情况下，银行从境外买进NDF，再在国内远期市场卖出远期，由于两者价格不同，可以实现绝对的无风险套利。但现在远期头寸必须纳入到综合头寸管理中，银行在境内远期交易的头寸，必须通过境内即期市场或者远期市场来平补，这样 NDF 的头寸势必也要平盘，在两个市场之间的套利就无法实现。

资料来源：http：//www. stockstar. com。

三、我国外汇风险管理实务

随着 2005 年人民币汇率改革的深入，人民币汇率形成机制更加市场化，人民币汇率波动幅度也进一步扩大。与此同时，美国爆发金融危机，导致世界外汇市场动荡不安。在这样的前提下，我国企业和银行面临的外汇风险加大，而且对于中国的经济实体尤其是企业产生了突如其来的影响。由于我国企业长期认为人民币是盯住美元的，因此对于外汇风险的防范问题并没有引起重视，也没有做好充分的防范风险的准备，可见，了解我国企业和银行外汇风险管理的现状及存在的问题是非常必要的。

（一）我国企业外汇风险管理的现状及问题

我国企业在涉外业务中主要表现为交易风险和经济风险，也就是说，我国的大多数涉外经营企业面临的外汇风险是因出口收汇、进口付汇和利用外资或对外投资所产生的未来外汇的净头寸，而存在交易风险。在汇改之前，由于人民币是盯住美元的，而港元的联系汇率制是以美元为基础的，因此对于企业而言，如果使用美元或港元计价，所面临的交易风险是比较小的。但是在现在的经济环境下，我国企业面临的交易风险也大幅显现了。由于我国出口企业生产的产品大多都是劳动密集型的，因此汇率波动对中国产品在国外市场的份额会产生很大的影响，从而经济风险非常明显。比如在美国金融危机的情况下，美国人发现圣诞节的时候中国的商品少了，就是因为当美元大幅贬值的时候，人民币在升值，这大大影响了中国产品的出口。

在这样的前提下，我国企业防范风险的意识和管理体系比较薄弱，企业往往存在侥幸心理而不愿意对外汇风险进行管理，或者由于企业外汇风险管理直接增加了企业的运营成本，而不能直接给企业带来利润，因此企业常常会忽视外汇风险的存在。另外，从目前来看，企业防范外汇风险的方法也比较有限，一个原因是企业外汇管理人才比较匮乏，另一个原因是受到银行业务和支持的限制，目前国内银行对外汇风险管理产品的开发和使用还处于初级阶段，很多品种还是空白或规模过小，很难满足企业多方面的需要。

针对以上问题，企业应该做好以下几点：

1. 企业要提高汇率风险意识

我国改革开放虽然已经有几十年时间了，但金融领域的创新还是相对滞后的，企业管理层和财务人员对金融工具也相对陌生，对外汇市场的波动认识不足，对许多潜在的风险没有引起重视，企业甚至觉得汇率的变动是天经地义的事，这使国内企业屡遭汇率波动带来的损失。企业防范汇率风险，提高汇率风险防范意识很重要，企业只有认识到汇率风险的危害，才会注重影响汇价变动的基本因素，关注各国基本经济、金融因素，政治和传媒因素，各国央行的政策因素，心理及市场预测因素，突发事件因素等对外汇市场的影响，以积极做出风险防范。

2. 要提高运用金融工具防范风险的能力

防范汇率风险是一项技术性较强的业务，而且直接关系到国家和企业的经济利益。在技术防范上，企业应该摆正态度，即企业生产经营不是以获取汇差为目的，企业对外汇头寸做好技术性防范，可以把汇率风险控制在一定的范围之内，有利于自己的经营活动能够建立在可预测的、稳健的基础上。

3. 积极与银行合作，做好风险防范

1982 年中国银行就开始从事规避汇率风险方面的业务，企业如果能及时地向银行咨询意见，可以起到防范风险的作用。比如中国银行的“外汇锦囊”系列，利用远期、调期外汇买卖，期权、人民币远期结售汇等工具和组合，可以为企业、公司进行汇率风险的防范，达到外汇保值、增值的目的。

4. 加强外汇人才的储备和培养

能够准确地预测货币汇率变化趋势是避免外汇风险的首要前提。在我国，企业中大多缺乏外汇管理的专业人才，这不利于企业外汇风险的防范，比如公布的 2002 年上市公司年报显示，国内某股份公司的一项目贷款利息及国外出口信贷由于欧元升值所产生的汇兑损失高达 8 047 万元，对此风险，企业只有加强外汇人才的储备和培养，不断充实外汇人才，安排专职人员从事汇率的预测和防范汇率风险的研究工作，才能适应企业各项业务发展的需要。

相关链接

FXWEEK 中国年会纪要

FXWEEK 中国年会于 2008 年 5 月 14 日在北京召开。

议题讨论：企业外汇风险管理论坛。

主持人：这一节的主题是企业外汇风险管理，我们想分为三个比较细的主题讨论：第一，在目前人民币汇率升值的影响下，在座的几位嘉宾你们自己的企业对于国际贸易或者贸易条件是如何判断的，有什么依据。第二，各位企业在汇率管理方面用了哪些工具，外部用了什么工具，自己内部想了什么办法。第三，希望各位介绍一下自己的案例。

发言人一：中化公司作为中国最大的进出口企业之一，2007 年我们的营业额突破 300 亿，利润突破 10 亿美元，进出口总额突破 80 亿美元，我们在 2007 年世界 500 强排名第 299 位，世界商贸企业排名中排世界第 5 位。中化是很大的企业，我们同时拥有巨大的进出口贸易额，不可避免地在人民币升值过程中受到很大影响，所幸中化公司的进口额远远大于出口额，我们的进口额大约占贸易总额的四分之三，在人民币升值过程中享受了很大的升值收益，当然是通过一些贸易融资手段实现的。2007 年前我们的出口企业还能够应付人民币升值。对于整个集团来讲，由于出口远远大于进口，我们并没有过分地运用市场化手段遏制我们的人民币升值的风险；我们同时运用了 NDF 的产品固化我们的升值收益，通过 NDF 的方式在人民币升值中获得了很大的益处，由于 2008 年前四个月人民币升值异常迅猛，四个月增加了 3.2%，基本上把出口企业的获利空间挤压殆尽。所以说，已经不能再忽略出口企业所承受人民币升值的压力了，尽管我们的升值收益同比有很大幅度的增长。

发言人二：圣戈班是一家法国企业，在国内我们有 50 多家法人企业，我们主要是做建材的生产和销售，我们有 38 家工厂在国内，有大概 45%的产品是出口，所以很不幸，因为人民币在升值，所以我们这块是亏的。我们主要是通过银行来做的，问银行要价钱，和银行做对手。事实上我们的业务量不像中化那么大，我们在国内的业务量一年是四至五亿美元的出口，2007 年外汇损失差不多接近 3 000 万人民币，这对于我们企业来说，虽然我们已经做了避险，但也是比较明显的损失，所以今天来这里，也是很想请教在座各位专家，帮助我们出谋划策，帮助我们把避险做得更好一些。

发言人三：我们规避风险有几个做法，一是资产负债层面，我们现在实际这样操作，在海外融美元，这样会减小一些压力。二是贸易本身方面，我们也会选择硬币、软币成交，选择欧元或者选择日元。三是一些老办法，进口时推迟付款时间，出口时尽早收款，甚至和客户讨论预付款的问题。另外一大方面是银行产品的问题，对于我们这样的纺织品进出口公司来说最常见、最能用的银行的产品就是远期结售汇。

（二）我国银行业外汇风险管理现状及问题

银行机构是我国外汇市场的主要参与主体，有效管理外汇风险，既是银行机构安全稳健经营和不断扩展业务、推动业务创新的需要，又是新的人民币汇率形成机制平稳实施和银行间外汇市场健康发展的要求。为此，中国银监会于 2006 年 2 月 28 日发布了《关于进一步加强外汇风险管理的通知》，要求商业银行在防范外汇风险方面作出如下改进：

1. 转变经营管理理念，充分认识汇率风险管理的重要性

为了保证风险管理体系与银行自身实际需求的协调一致，商业银行首先应该转变长期以来形成的只重视信用风险、忽视汇率风险等其他风险的观念，清楚地认识到汇率风险管理的重要性，这是保证外部监管要求与银行内在动力激励相容的首要条件，也是商业银行采取各项汇率风险管理措施的首要保证。按照现代商业银行的组织结构，银行董事会承担着汇率风险的最终管理责任。银行机构的董事和高级管理人员应对汇率机制改革后的外汇风险管理给予足够重视，将外汇风险控制在本行可承受的合理范围内，确保外汇业务发展战略与本行的风险管理水平、资本充足水平相适应。

2. 准确计算外汇风险敞口头寸

与国外同类银行相比，我国商业银行在外汇风险计量上存在较大差距。例如，外汇风险敞口在国外是 20 世纪七八十年代所普遍使用的风险计量工具，而国内银行如今才刚刚开始尝试计算外汇风险敞口，有些银行甚至至今都不能准确算出本行所承担的单一货币的敞口头寸和所有外币的总敞口头寸。外汇风险无法计量，就无法管理，也就谈不上有效管理。为此，银行机构应按照银监会非现场监管报表体系中外汇风险敞口统计报表的要求，准确计算本行的外汇风险敞口头寸，包括银行账户和交易账户的单币种敞口头寸和总敞口

头寸。

3. 对汇率风险进行控制和管理

对因存在外汇敞口而产生的汇率风险，银行通常采用限额管理和套期保值等方式进行控制。首先，商业银行应该加强对外汇交易的限额管理。限额管理是对市场风险进行控制的一项重要工具，银行的风险限额主要包括总交易限额、每日限额、货币币种限额、金融工具期限限额乃至部门限额、地区限额等。很多重大外汇交易损失产生的原因之一就在于交易中没有严格执行限额。因此，在日常交易中，银行机构应加强对外汇交易的限额管理，包括交易的头寸限额和止损限额等。根据自身风险管理水平和业务战略，确定风险容忍度和风险限额，并对超限额问题制定监控和处理程序，将汇率风险控制在自身能够承受的范围之内。其次，商业银行应该抓住人民币汇率改革的机遇，积极进行金融创新，充分利用金融衍生工具为自己和其他经济主体提供规避风险的产品和服务。

4. 加强外汇专业人才建设

由于我国商业银行的外汇交易人员、市场风险管理人员的薪酬政策以及激励约束机制与国外同类银行相比差距尤其明显，人才流失较为严重，导致目前国内银行从事外汇业务和外汇风险管理的人员专业化水平程度不高，业绩表现不够理想。因此商业银行应充分运用市场化的手段招聘和遴选外汇交易人员和风险管理人员，建立合理有效的激励机制和业绩考核系统，以适当的待遇留住人才、吸引人才。

本章小结

本章主要分为两个部分，第一部分介绍了外汇风险的基本概念、成因和分类。第二部分从企业和银行两个方面介绍了常用的外汇风险管理方法，最后介绍了我国外汇风险管理的状况和存在的问题。

外汇风险是指一个经济实体或个人，因其在国际经济、贸易、金融等活动中，以外币计价的资产（或债权）或负债（或债务）因外汇汇率的变动而引起的本币价值的上升或下跌所造成的损益。从定义中可以看出，外汇风险成因是来自本币、外币和时间三方面的。外汇风险在企业经营过程中主要有交易风险、会计风险和经济风险。其中交易风险是企业经营过程中的风险，是最常见的风险类型，会计风险是企业经营结果中的风险，交易风险和会计风险对企业的影响是一次性的，而经济风险会对企业的各个方面产生影响。

为了防范外汇风险，人们使用了很多种外汇风险防范方法，其中，有的可以消除时间风险，比如提前收付法；有的既可以消除时间风险也可以消除价值风险，比如平衡法、金融法等；有的方法成本较高，但是保值功能比较强，比如期权合同法；有的方法成本比较低，比如远期和期货合同法。在实际操作中应该根据需要和各种方法的特点灵活运用。

重点概念

外汇风险　交易风险　会计风险　经济风险　提前收付法　平衡法　组对法　金融法　BSI 法　LSI 法

复习思考题

某跨国公司的母公司在美国，一个子公司在英国，一个子公司在德国，如预测欧元对美元将上浮，英镑对美元将下浮，为消除外汇风险，跨国公司在进口与出口业务中，将如何运用提前结汇和推迟结汇？请填写表6—3。

表6—3

	英国	美国	德国
英镑计价 （对英国收付）		进口： 出口：	进口： 出口：
美元计价 （对美国收付）	进口： 出口：		进口： 出口：
欧元计价 （对德国收付）	进口： 出口：	进口： 出口：	

第三篇

国际融资实务篇

第七章　国际直接融资实务

章前引例及分析

中国风险投资基金寻觅海外投资良机

据《华尔街日报》报道，中国风险投资公司抓住海外企业渴望从中国经济增长中获益的心理，正在把越来越多的钱投向大陆以外地区。这一策略使得中国风投企业获得了部署美元资金、远离国内人民币投资市场激烈竞争的机会。

Dow Jones Venture Source 提供的数据显示，2011 年中国风投企业共参与了 14 桩美国交易，数量多于 2010 年的 9 桩和 2009 年的 7 桩。中国风投资本还开始进军以色列和加拿大市场，2011 年总共参与了当地的三笔交易。

总部位于北京的中国宽带产业基金（China Broadband Capital Partners）2012 年 5 月参与了对美国软件公司 Evernote Corp. 新一轮 7 000 万美元的投资，这是今年中国风投企业参与的最大一桩海外交易。IDG 资本则是另一个进军海外市场的例子，Asia Private Equity Review 提供的数据显示，该公司参与了比利时公司 Glam Smile Dental Technologies Ltd. 2012 年早些时候 700 万美元的融资活动。主要从事信息技术、客户服务、清洁技术和医疗行业投资的中国北极光创投（Northern Light Venture Capital）去年完成了一只规模 4 亿美元的基金募集。

中间市场私募股权投资公司 Sino-Century China Private Equity Partners LLC. 的合伙人郑安澜称，中国风投企业可能会设立更多跨境基金，投资全球交易。中国风投公司的投资目标主要是与中国增长有关或对中国“十二五”规划有战略意义的行业内的外资公司。中国风投企业还可能把目光放在海外消费品公司上，因为这类公司有知名的品牌和技术，估值较低，进入中国市场后能够受惠于当地较高的消费增长速度。

不过，中国投资者并非在单向进行海外投资，越来越多的外资公司也开始来华创业，然后寻找风投，主要原因是中国成本较低，发展的空间大，在中国大陆开展业务能够使外资公司拥有很大的套利机会，而且资本运作的效率高，特别是如果产品销往海外市场的话。

资料来源：http：//www. mofcom. gov. cn/aarticle/i/jyjl/l/201206/20120608183965. html ，2012 - 06 - 18。

引例分析：通过案例可以看出，与以往把资金“请进来”相比，现在我国的风险投资企业也积极布局资金“走出去”，可以说，现在我国企业正处于一种双向融资的状态，国际直接融资在经济领域中的作用也越来越重要。国际直接融资可以为企业发展提供关键的资金支持，不但可以促进企业的成熟，也能促进技术的进步，因此了解国际融资业务是十分必要的。

本章学习目标

通过本章的学习，你应该能够：

1. 了解国际融资的概念、特点和主要分类；
2. 掌握国际直接融资的主要方式；
3. 熟悉国际直接融资各主要方式的特点；
4. 结合各种融资方式的特点进行国际融资活动的分析。

融资是资金融通的简称，是指在金融市场上，经济实体运用各种金融手段，通过各种相应的金融机构而进行的使资金从剩余部门流向不足部门的活动。在经济全球化的今天，随着国际资本流动速度的加快，企业对资金需求的增加，企业越来越多地把融资的触角伸向国际市场，在国内资本不足或国外融资更加便利、条件更加优越的前提下，企业就会进行国际融资。国际融资的顺利进行促进了国内企业的建立、成长和发展，可以说国际融资越来越成为一国融资的重要途径。本章首先向读者介绍国际融资的基本知识，包括国际融资的概念、特点、方式和作用，然后再具体介绍国际直接融资的各种方式及其运用。

第一节　国际融资概述

一、国际融资的概念

从国际融资的发展历史来看，早期的国际融资是伴随着国际贸易的需要和现代银行的建立而发展起来的。简单而言，国际融资是指跨国界的资金融通，它是国内融资的延伸。具体而言，在现代经济社会，国际融资（international financing）是指一国（或地区）居民通过与非居民建立一系列的信用关系来实现货币资本或其他形态资本融通的行为。

从定义中可以看出，理解现代国际融资的概念需要注意以下几点：

（一）国际融资行为是发生在居民与非居民之间的

如果资金的融通是发生在本国资金持有者之间，则属于国内融资的范畴，只有资金的融通发生在本国居民与非居民之间、跨越了国境才属于国际融资的范畴。从融资主体来看，一笔国际融资业务的当事人包括资金的供给者、资金的需求者和金融中介机构。其中资金的供给者和需求者可以是政府、国际金融组织、银行和企业。当然，在这些融资主体之中，如果一方属于居民，那么另一方一定属于非居民。

（二）国际融资融通的是货币资本或其他形态的资本

随着国际融资业务的不断创新，国际融资的客体范畴也在不断扩大，在现代的国际融资业务中，国际融通的除了货币外，还包括实物，比如国际租赁；也包括无形资产，比如知识产权、土地使用权等的融通。

（三）国际融资是通过居民与非居民建立的一系列信用关系实现的

这里的信用关系既包括狭义的借贷关系，也包括诚信关系。由于国际资金融通的主体分属于居民与非居民，双方很难经常发生业务往来。在融资中，双方就更看中对方一向的诚信状况。可以说诚信越好的主体在国际融资中才越占有主动的地位。

（四）国际融资是在国际金融市场上进行的

国际融资的顺利进行需要融资双方互相寻找到对方、所需资金融通的途径、成熟的规则和结算流程，而国际金融市场由于具有庞大的资金吸收力和比较完善的组织力，在国际上可以聚敛大量的资金，并且提供多样的融资品种、完善的规则制度和结算体系，可以满足国际资金融通的需要。

二、国际融资的特点

融资作为建立在信贷基础上的借贷行为，有两个基本特征：一是偿还性，二是增值性。除此之外，国际融资还有其自身的特点。

（一）国际融资风险更大

国际融资的风险远远大于国内融资，这些风险主要有国家风险和汇率风险。

国家风险指在国际经济活动中，由于国家的主权行为所引起的造成损失的可能性。国家风险又分为主权风险和转移风险。主权风险是主权政府或政府机构的行为给贷款方造成的风险，主权国家政府或政府机构可能出于其自身利益考虑，拒绝履行偿付债务或拒绝承担担保的责任，从而给贷款银行造成损失。在主权风险的范围内，国家作为交易的一方，通过其违约行为（例如停付外债本金或利息）直接构成风险，通过政策和法规的变动（例如调整汇率和税率等）间接构成风险。转移风险是因东道国政府的政策或法规禁止或限制资金转移而对贷款方构成的风险，在开展国际银行业务时，由于东道国的外汇管制或资本流动管制，出现银行在东道国的存款、收入等可能无法汇出或贷款本金无法收回的情况，就是典型的转移风险。在转移风险范围内，国家不一定是交易的直接参与者，但国家的政策、法规却影响着该国内的企业或个人的交易行为。国家风险还包括由于东道国政治因素而产生的社会变动所造成的风险，这些变动包括战争、政变、骚乱等，对外国的贷款人和投资人的经济利益有同样的威胁。

汇率风险是指经济主体在持有或运用外汇的经济活动中，因汇率变动而蒙受损失的可能性。在国际金融市场上，借贷的都是外汇，如果借贷的外汇汇率上升，借款人就会遭受巨大损失。

除了国家风险和汇率风险之外，由于国际融资的当事人属于居民与非居民，双方的地域差别导致在融资过程中更容易产生欺诈行为，从而增加信用风险。

[例 7—1]

国际融资：当心引来洋忽悠

2003 年 7 月 28 日，四川某民营企业家 A 认识了香港某公司董事长 B。B 称，该公司是美国 C 集团的子公司，而 C 集团实力雄厚，在国际上也很有来头。经调查，美国确有一家 C 集团，而且香港某公司也确实是其分支机构。于是，A 对 B 的身份深信不疑，对 B 透露了急欲融资的愿望。B 答应可以为 A 的公司投资 1.2 亿元人民币，条件是先交 10 万元人民币的前期运作费，A 很快兑现。1 周后，当 A 向 B 提出拨款时，问题出来了。B 说，双方签的是意向协议，这么大的投资要先考察，做出考察报告，再签订正式协议后才能拨款，A 认为这也是合理的要求。于是，B 作出“慎重”的考察安排：由自己指定的人去 A 的公司考察，考察报告通过后即签订正式投资合同，签订合同后 4 个月后款到位。不过，B 提出，考察的人很辛苦，要 A 给他们“准备点费用”，A 照此办理。然而经过这些程序后，资金仍没有如期到位。B 称，要拿到钱，还要按国际惯例交纳保险费、律师公证费，包括打通关节的费用共 120 万元人民币。有了这笔运作费，钱很快会划过来，拨款日期就定在合同签订后的 5 个月后。A 怀着对 1.2 亿元投资的憧憬四处借钱给了 B 这笔费用。但到了约定的拨款日期资金仍未到位。B 总能找到逻辑性很强的解释：在美国各方面运作良好，但到银行划拨资金时发现了两个 B，现在马上要到四川老家调档案，由政府出文件后，再到国务院办赴美的有关解冻资产文件。这样一来，时间还得拖。直到最后，B 来了个人间蒸发，A 这才意识到，自己掉进了精心策划好的骗局。可是 A 至今不明白，“国际知名”C 集团，怎么会诈骗一个远在中国四川的小小民企呢？A 不知道，其实现在很多国际大忽悠正纷纷把黑手伸向不熟悉国际融资规则的中国企业。

不法分子往往打着国际财团在中国某某地区总代理的旗号，通过各种渠道搜寻内地企业的招商项目，以各种优惠诱使内地企业与其签订融资合同。如“某某华商实业发展有限公司”、“某某华商投资咨询有限公司”、“某某华商金融实业发展有限公司”等，打着“美国穆尔公司”、“炎黄子孙促进会某某地区总代理”旗号，冠以“华商精英”、“世华商”、“华人工商促进会”、“华人工商互助联合总会”等名义，声称可以帮助企业融资，对企业进行技术改造，还可以包销经技术改造后企业的产品，这些其实都是骗局。

（二）国际融资活动对经济的影响力更大

随着电子技术的迅猛发展以及各国纷纷实行资本自由化，世界各国和地区的金融市场已经结为一体、同步运作。融资活动以电子速度在全球范围内全天候进行。一国金融发生变化往往会影响其他国家，甚至波及全球金融市场。

（三）国际融资工具不断创新，国际融资日趋证券化和多样化

近年来国际金融创新发展极快，新的金融产品日出不穷，全球资本市场金融扩展超越经济增长的趋势日渐明显，结果金融资产总量及其增长率与实际生产总量及其增长率之间的差距越来越大。传统的银行贷款在国际资本市场筹资总额中所占的比例下降，以国际股票和债券发行为主的证券化筹资作用不断加强，各种新的融资工具应运而生。国际金融工具的快速创新一方面导致了融资的便利性提高，另一方面也导致巨额的资金在金融市场上追逐投机利益，造成金融风险的加大。

背景知识

什么是夹层融资

夹层融资（mezzanine finance）是一种处于股权和普通债务之间的融资方式，是一种无担保的长期债务，这种债务附带有投资者对融资者的权益认购权。夹层融资只是从属债务（subordinate debt）的一种，但是它常常作为从属债务的同义词来用。夹层融资的利率水平一般在10%～15%之间，投资者的目标回报率是20%～30%。一般来说，夹层利率越低，权益认购权就越多。

夹层投资也是私募股权资本市场（private equity market）的一种投资形式，是传统创业投资的演进和扩展。在欧美国家，有专门的夹层投资基金（mezzanine fund）。如果使用了尽可能多的股权和优先级债务（senior debt）来融资，但还是有很大资金缺口，夹层融资就在这个时候提供利率比优先债权高但同时承担较高风险的债务资金。由于夹层融资常常是帮助企业改善资产结构和迅速增加营业额，所以在发行这种次级债权形式的同时，通常会提供企业上市或被收购时的股权认购权。

进入20世纪90年代以来，国际金融领域动荡不安，危机发生频率之高、后果之严重，都是前所未有的。1994年，墨西哥爆发严重的金融危机；1997年初，阿尔巴尼亚也陷入了金融危机；1997年下半年，东南亚金融危机更是震动世界，随后韩国、日本也被不同程度地卷入了这场危机。1995年，尼克·里森投机金融衍生交易失败造成英国巴林银行破产；同年，日本大和银行也爆发了类似事件，损失数十亿美元；2008年由于次级债券而导致华尔街金融风暴。这都体现了国际融资业务创新的同时也导致了风险的加大。

从现在的经济环境来看，国际融资业务具有规模巨大、对经济的影响力大、方式不断创新和风险较高的特点。

三、国际融资的作用

（一）弥补资金短缺，加快经济发展

国际资本的流入为一些急需资金的企业开拓了融资渠道，缓解了资金的供求矛盾，为一些正在成长中的高科技企业的发展提供了大量的资金。

（二）有利于受资企业技术改造，推进技术升级

首先，国际融资能带来大量的适用技术和先进管理经验。其次，通过市场竞争将有利于企业的技术外溢，加速技术在企业之间的流动。最后，还有利于培养高级管理人才，以市场为导向进行研究。这些从长期来看都将从根本上提高受资企业的技术水平。

（三）创造了更多的就业机会

随着利用外资规模的不断扩大，外资企业吸收的劳动力数量不断增加，给受资国创造了更多的就业机会。

（四）有利于国际分工，提高企业产品的国际竞争力

国外大型跨国公司在资金、管理及全球网络方面都有明显的优势，通过国际融资，可以充分利用资金、技术和市场网络，把受资国生产的产品销往海外或提高产品的附加值，为其冲击国际市场创造良好的条件。

（五）外国直接投资推动了我国对外贸易的发展

外国直接投资对一国的国际贸易的作用主要表现为对出口和进口规模及结构的影响上。联合国贸易和发展会议曾对52个东道国1995年的数据进行了一项统计分析（可以将其称为跨国直接投资对东道国出口贡献弹性分析），论证了跨国直接投资流入和其对制造业出口贡献的正相关关系，对发展中国家，吸收跨国直接投资人均1%的增长，制造业出口增长0.45%，高科技产品出口增长0.78%，低技术产品增长0.31%。

四、国际融资的主要方式和分类

（一）根据融资方式的不同划分

根据融资方式的不同，国际融资可分为直接融资和间接融资。

直接融资主要指资金的供给方向资金的需求方直接提供资金而无须经过中介环节。具体而言包括国际股票融资、海外投资基金融资、国际并购和国际债券融资等几种主要渠道。此外，金融衍生工具、资产证券化、项目融资证券化、票据发行便利、国债市场国际化等非主流渠道也在逐步扩大应用领域。

间接融资主要是指通过金融机构的中介来实现资金融通的方式，具体而言包括四个方面：

（1）国际贸易融资，如透支、票据贴现、进口开证额度、进出口押汇等短期融资，又如买、卖方信贷等中长期融资，还包括包买票据业务、国际保理业务、银行保函、银行承兑汇票等国际贸易中常用的融资方式。

（2）国际商业银行贷款，主要包括商业银行贷款、银团贷款、政府混合贷款（政府贷款与出口信贷或商业贷款相结合）等几种方式；

（3）国际金融机构与政府贷款，世界银行贷款与亚洲银行贷款都属此类，主要投向政府支持的大型基础设施建设项目。

（4）国际租赁，包括直接租赁、转租赁、加租租赁、杠杆租赁、综合租赁等。

（二）按照国际融资的目的划分

按照国际融资目的划分，国际融资可分为国际贸易融资、项目融资和一般融资。

国际贸易融资是围绕国际贸易结算的各个环节所发生的资金和信用的融通活动，包括为了解决进出口商短期资金需求的融资和中长期的贸易融资，比如出口信贷等。

项目融资是指项目发起人为该项目筹资和经营而成立一家项目公司，由项目公司承担贷款，以项目公司的现金流量和收益作为还款来源，以项目的资产或权益作抵（质）押而取得的融资。项目融资要与特定的项目相联系，涉及资金量大、风险也大，同时资金的使用要求专款专用。

一般融资是指除以上两种情况之外的国际融资活动，主要是出于克服企业资金紧张、调剂外汇资金、弥补国际收支逆差、维持本币汇率、应对金融危机等原因而进行的融资活动。

相关链接

巴基斯坦获得 IMF76 亿美元贷款已度过金融危机

新华网伊斯兰堡 2008 年 11 月 15 日电　巴基斯坦政府 15 日称，国际货币基金组织（IMF）已同意提供至少 76 亿美元贷款，帮助巴方平衡收支，度过金融危机。巴基斯坦总理首席财政顾问肖卡特·塔林当天在卡拉奇举行新闻发布会，宣布与 IMF 达成贷款协议。按照协议，IMF 同意提供至少 76 亿美元贷款，分 23 个月发放；巴方当年可获得其中 40 亿美元，预计第一笔贷款本月就将到位 。双方商定，贷款利率介于 3.51%至 4.51%之间，视市场情况调整。巴方在 2011 至 2012 财年之间开始偿还，偿还期限至 2016 财年。

IMF 说，协议涉及巴方经济改革政策，包括提高官方利率、紧缩财政开支、确保社会保障资金充足等，但具体条款尚未公布。

受政局不稳、国际原油价格和粮食价格居于高位等因素影响，巴基斯坦政府财政状况恶化。2008 年以来，巴基斯坦卢比贬值大约 25%，股票价格指数下跌大约 35%。外汇储备从 2007 年 10 月的大约 164 亿美元锐减至现阶段的不足 70 亿美元。

（三）按照国际融资期限划分

国际融资可分为短期融资（融资期限在 1 年以内）、中期融资（融资期限在 1～5 年）、长期融资（融资期限在 5 年以上，最长可达到 50 年之久）。

（四）按照融资来源划分

国际融资分为国际商业银行融资、国际金融机构融资、政府融资和国际金融租赁。

随着国际资本市场的发展，除了以上的国际融资方式外，近年来国际融资方式出现了一系列的创新，比如 BOT、存托凭证（DRs）、可转换债券、中期债券、龙债券、欧洲票据、风险资金、结构融资、夹层融资和战略结盟式融资等，这些融资往往把股权和债券结合、投资与经营结合，使各种融资形式的分类渐趋模糊。

第二节　国际直接融资的形式

一、国际股票融资

（一）国际股票融资的概念和特点

国际股票融资即境外发行股票，是指企业通过直接或间接途径向国际投资者发行股票并在国内外交易所上市来获得资金的融通。

国际股票融资具有如下特点：

1. 永久性

这是由股票融资这一方式决定的。由于股票没有期限的限定，股东在任何情况下都不得要求退股，因此，引进的外资能够成为永久的生产性资金留在企业内，而不至于像一般合资或合作企业一样，会因合同到期或意外变故，外方抽回资金而使企业陷入困境。特别是有些国家通过发行 B 股融资，筹资国吸引的外资只会增加而不会减少，在这些国家，B 股只能在外国投资者之间进行交易而不能卖给国内投资者，因此筹资国所筹外资就较为稳定，该国吸引外资的数量也不会受到游资的冲击。

2. 主动性

通过股票吸引外资，筹资国可运用法律和政策性手段约束投资者的购买方式、购买种类、资金进出的方式、税率等，并做出相应的规定；筹资国还可以自主决定哪些行业、企业允许外商投资，哪些不行，从而正确引导投资方向。

3. 高效性

国际股票融资有利于对外发行股票的企业在更高层次上走向世界。国外股票持有者从自身的利益出发，会十分关心企业的经营成果，有利于企业改善经营管理，提高盈利水平。而企业因股票向外发行，无形中提高了国际知名度和信誉，有利于企业开拓产品销售市场，开展国际化经营。

（二）国际股票融资的主要方式

国际股票融资依照其发行与上市结构的不同，大致可以分成以下几种：

1. 境外上市外资股方式

境外上市外资股方式指在中国境内注册的股份有限公司在境外发行、由境外投资者以外币认购并在境外证券交易所上市的方式。境外上市外资股采取记名股票形式，以人民币标明其面值，以外币认购、交易和结算。在境外上市外资股方式又分为直接上市和间接上市两种类型。

直接上市是指直接以国内公司的名义向国外证券主管部门申请发行股票，并在当地证券交易所申请挂牌上市交易，如 H 股、N 股、S 股等。境外上市外资股特别规定股份有限公司到境外募股及上市，是一种跨国经济活动，必然要涉及两个或两个以上国家法律管辖。因此，发行境外上市外资股的股份有限公司，除了要遵守发行地的有关法律规定外，还要遵循我国法律的有关规定。通常在境外直接上市大多采用 IPO 公开发行方式，这种方式程序复杂，需经过境内、境外监管机构的审批，成本较高，需要与中介机构密切配合，需要的上市周期也比较长，但是，这种上市方式可以获得比较好的发行价格，可以提高公司的声誉并且股票发行范围更广。IPO 形式到境外上市可以在境外主板上市，也可以到境外创业板上市，不同的上市要求需要向证监会提供的行政许可事项是不同的。

股份有限公司境外公开募集股份及上市申请材料目录

1. 首次公开发行境外上市外资股（包括股票的派生形式）

a. 首次公开发行境外上市外资股并到境外主板上市

a.1　申请报告，内容包括：公司历史沿革、业务概况、股本结构、筹资用途、经营风险分析、业务发展目标、筹资成本分析、公司治理结构、公司独立性分析，符合境外主板上市条件的说明，经营业绩与财务状况（最近三个会计年度的财务报表、本年度税后利润预测及依据）等。

a.2　股东大会及董事会相关决议。

a.3　境外投资银行出具的上市可行性分析及承销意向报告。

a.4　所在地省级人民政府或国务院有关部门同意公司境外上市的文件（国务院批准的项目除外）。

a.5　公司审批机关对设立股份公司的批复（如需要）。

a.6　营业执照。

a.7　属于特殊许可行业的企业须提供许可证。

a.8　有权部门对股份公司章程的批复（如需要）。

a.9　募集资金投向涉及需要批准的固定资产投资项目或其他专门立项项目的，提供立项批准文件。

a.10　发展改革委关于申请人申请到境外上市的意见函。

a.11　行业监管部门的监管意见书（如需要）

b. 首次公开发行境外上市外资股并到境外创业板上市

b.1　申请报告，内容包括：公司历史沿革、业务概况、股本结构、筹资用途、经营风险分析、业务发展目标、筹资成本分析、公司治理结构、公司独立性分析等。

b.2　股东大会及董事会相关决议。

b.3　境外投资银行出具的上市可行性分析及承销意向报告。

b.4　所在地省级人民政府或国务院有关部门同意公司境外上市的文件。

b.5　公司审批机关对设立股份公司的批复（如需要）。

b.6　营业执照。

b.7　属于特殊许可行业的企业须提供许可证。

b.8　募集资金投向涉及固定资产投资或其他专项批准的，提供立项批准文件。

b.9　发展改革委关于申请人申请到境外上市的意见函。

资料来源：http：//www.csrc.gov.cn。

境外上市成闽企首选，后继者众

民营企业众多的侨乡福建是中国企业境外上市的一个代表区域。在福州举办的“2011中国高成长企业上市论坛”公布的数据指出，福建省的境外上市企业主要选择香港及新加坡交易所，占境外上市总数七成以上，其余境外上市公司以美国、韩国、马来西亚、澳大利亚、德国及加拿大为上市地，消费零售企业与传统工业企业占上市公司比例较大。

从IPO数量看，在已上市177家福建企业中，除了1家两地上市企业，福建省有境内上市企业77家，境外上市企业99家，境外上市成为福建企业上市首选。

论坛公布的数据称，截至2011年7月15日，福建省共有177家上市公司，IPO累计筹资超过人民币1 100亿元，上市公司总市值为人民币12 356亿元，与福建省2010年GDP总量人民币14 357亿元相比比值约为86%。

目前，福建省发改委确定325家企业为2011年福建省重点上市后备企业。刘国华说：“越来越多的福建企业将加入到海外上市的行列中，上市公司是推动福建省经济发展的重要推力。”

资料来源：http://news.163.com/11/0811/21/7B74UOTM00014JB6.html。

间接境外上市是指国内企业在境外注册公司，境外公司以收购、股权置换等方式取得国内资产的控股权，然后由境外公司拿到境外交易所上市。一般情况下，境内企业要实现境外间接上市，必须先到境外直接注册成立或收购公司，即先必须搭建境外上市的载体，造一个壳公司。目前欲实现境外上市的境内企业通常的做法是：利用境外或境内的公司、自然人等适合的法律主体在香港、百慕大群岛、开曼群岛等地注册公司（或收购当地已经存续的公司，在上述地点注册或收购公司的成本是非常低的，直接委托中介公司就可完成），然后用境外成立的公司对境内企业实现控股，成立相应的外商控股或合资公司，最后将境内企业股东相应比例的权益及利润并入境外公司，来达到或实现上市目的。选择此种造壳方式上市至少可以有两方面的好处：一是可以达到规避国内上市政策监控，使境内企业得以金蝉脱壳，实现境外上市；二是可以利用上述境外公司注册地的税收优惠政策，实现合理避税的目的。目前在香港上市的主要有红筹股公司和民营公司，红筹股公司是指在境外注册成立并由境内国资企业或其关联企业控制的公司，民营公司是指在境外注册成立并由境内或境外自然人控制的公司。

以在香港联交所上市为例（在其他国家上市与在香港上市程序非常相近），企业重组并在境外上市程序包括以下关键几个步骤：（1）境内企业大股东取得境外身份。民营企业中持股超过50%的大股东，可以考虑移民境外某岛国或小国家，在一两个月时间内即可获得合法的境外身份。（2）境外注册控股公司。大股东以境外身份，在香港联交所认可的司法地区注册控股公司，用以控股境内产业。这类司法地有三处：香港、百慕大、开曼群岛。（3）境外公司控股境内产业。实现控股境内产业的主要方式有三种：一是股权置换，即境外公司与境内公司换股，不发生现金交易关系；二是资产收购，通过境外公司以现汇收购境内公司50%以上的净资产，达到控股的目的；三是合资方式，即境外投入现汇，与境内公司组建合资公司，境外公司持大股。(4) 合并报表，将利润和业绩注入境外公司，并争取在香港联交所上市。

2. 境内上市外资股方式

在我国境内上市外资股方式的典型代表是B股。B股是指在中国境内注册的股份有限公司向境内外投资者发行并在中国境内证券交易所上市，采取记名股票形式，以人民币标明其面值，以外币认购、交易和结算的股份。2001年2月以前，我国B股投资者仅限于外国和我国香港、澳门和台湾地区的投资者，从2001年2月起经国务院批准中国证监会决定允许境内的居民以合法持有的外汇交易B股。自此，B股开始了“外资股本”向“内资股”转变的历程。

3. 存托凭证境外上市方式

存托凭证是指在一国证券市场流通的，代表外国公司有价证券的可转让凭证。存托凭证上市一般是指某国的上市公司为使其股票在外国流通，将一定数额的股票，委托某一中间机构（通常为一银行，称为保管银行或受托银行）保管，由保管银行通知外国的存托银行在当地发行代表该股份的存托凭证，然后存托凭证开始在外国证券交易所或柜台市场交易。

存托凭证主要以美国存托凭证（ADR）形式存在，主要面向美国投资者发行并在美国证券市场交易。另外还有面向新加坡投资者发行并在新加坡证券市场交易的存托凭证，即新加坡存托凭证（SDR）等。存托凭证中的美国存托凭证和全球存托凭证（GDR）都可以方便跨国界的证券交易，并方便拟上市企业向美国及非美国投资者进行全球性股票发售。迄今为止，在中国已有相当多的企业在国外发行了存托凭证，但主要是ADR。

背景知识

全球上市市场的选择

目前，全球范围内比较适合中国内地企业上市的股票交易市场主要有：香港联合交易所的主板市场和创业板市场、美国纽约证券交易所及纳斯达克交易所、英国伦敦交易所和新加坡交易所等。各交易市场有不同的特征。以市场规模而论，美国的证券市场是全世界最受瞩目、最规范并且规模最大的市场，为上市企业的融资提供了非常好的制度及法律基础。相比之下，新加坡的证券市场相对要小一些。而香港联合交易所的主板和创业板两个市场，功能比较全，法制较健全，对于中国内地的企业来讲还具有语言障碍较小的优势，因此是中国内地企业比较理想的上市地。

实际上，对于计划在境外上市的中国内地企业而言，应根据企业自身特点制定相应的发展战略，考虑各种上市方式的利弊，确定适合自身的上市方式，并根据自身的特点、投资者的认可程度、市场供需状况等，在全球范围内选择适合的交易所。

二、海外投资基金融资

（一）海外投资基金融资概况

1. 海外投资基金融资的概念

所谓投资基金，就是一种利益共享、风险共担的集合投资制度，它通过发行基金证券，集中投资者的资金，交由基金托管人托管，由基金管理人管理，主要投资于股票、债券等金融工具的投资。投资基金有很多种分类，根据资本来源和运用地域的不同，投资基金可分为国际基金、海外基金、国内基金等。海外投资基金是指国外基金管理公司所发行的基金，大多数是开放型基金，以全球投资人为销售对象，在国际间筹资后，再投入投资目标国家的证券市场。因此海外投资基金融资是指通过吸收国外的海外投资基金来获得融资的方式。

2. 海外投资基金融资的特点和作用

海外投资基金融资具有如下特点：

（1）海外投资基金的共同特点是，以开放型为主，且上市销售，并追求成长性，这就有利于具有持续盈利能力和高成长潜力的企业获得资金，得到快速的发展。

（2）投资基金的投资过程分为进入阶段、增值阶段和退出阶段，在投资的过程中不一定要求控股。

海外投资基金融资的作用在于使社会闲散的资金聚合起来，并在较长的期间维系在一起，这对融资者来说相当有益。此外，稳健经营是投资基金的一般投资策略，因而投资基金对资本市场的稳定和发展也相当有益。海外投资基金的进入使融资企业或产业的商业模式、竞争态势都将被深刻改变，同时，基金的一进一退也意味着对企业价值的两轮重估。海外投资基金的进入除了能够提供资金以外，一般还参与经营管理活动，为企业在提高国际知名度、改善管理模式、开拓市场网络、进入国际资本市场、推进产业整合等诸多方面带来帮助。对于许多发展相对成熟的企业来说，后者的意义更为重要。但是投资基金的短期过渡激励也可能与企业的长远利益相冲突而对企业产生不利的影响。比如软银亚洲在2005年突然分销其持有的2 060万股盛大股票，造成盛大股价在短短十天内由43.28美元狂跌至30.95美元。

（二）中国利用海外投资基金的情况

继20世纪90年代海外风险投资基金在中国扶植起一批互联网、传媒等新生代企业之后，更多的海外直接投资基金对中国产生了兴趣。在全球资金流动性过剩的大背景下，伴随着我国加入WTO过渡期的结束，国际资金对人民币升值的强烈预期和中国经济的持续高速增长，海外投资基金也掀起了进军中国的新热潮。现在海外基金投资已经超越了高科技产业的范畴，也不局限于初创企业，各式各样的私人股权基金、收购基金对快速消费品行业（如饮料类企业）、渠道类企业（如家电连锁企业）、改制国企（如哈药、徐工）、地产类企业等都投入了重金。可以说，海外投资基金无处不在，作用不容小觑。

目前进入我国市场的海外投资基金大致有三类：产业投资基金、风险投资基金和证券投资基金，其中产业投资基金又可以分为只获取少数股权的直接投资基金和获得企业控制权的收购投资基金。从资金来源渠道看，大多属于私募基金。当前活跃于我国市场的海外投资基金如JP摩根、高盛亚洲等大多是私募基金，资金来源于投资银行、各种基金、跨国公司等私人投资者。

背景知识

什么是私募股权投资基金

私募股权投资基金（private equity fund，PE fund），一般是指成立专门的基金管理公司，向具有高增长潜力的未上市企业进行股权或准股权投资，甚至参与到被投资企业的经营管理活动中，待所投资企业发育成熟后通过股权转让实现资本增值。也有人将其翻译为“私人股权投资基金”。要明晰私募股权投资基金的概念，应对私募股权投资基金名称中的“私募”和“股权”两个关键定语进行界定。

关于“私募”：私募是和“公募”相对的概念，是指“私下募集”，即向特定的投资者募集资金。它不能像公募基金一样，通过媒体宣传、发宣传材料、宣传以往业绩、开研习会等方法向社会募集资金，而只能非公开地向私人联系募集。和公募基金“面向广大普通公众投资者”不同，私募基金面向“富人”——少数有实力的投资者。私募股权投资基金没有能力（法规也不允许）向大量甚至无限的投资人募集资金。私募基金的投资人少则几个人，多则几百人。

关于“股权”：私募股权投资基金是对未上市的企业投资，就是对这些企业做“股权”投资，而不是对已经上市的公司投资。对已上市公司的投资，不是股权投资，而是证券投资。如仍是私募，就是私募证券投资基金。

私募股权投资基金虽然是对未上市的企业投资，但是也有多数私募股权投资基金是通过所投资公司未来上市来实现资本增值。所以多数公司对企业投资时，都以该企业有没有“未来上市”的前景，作为是否对该企业投资的重要考虑因素。

我国吸收的海外投资基金在中国的主要运作模式是：投资企业股权，获取高额回报，从而分享中国经济高成长的成果。海外投资基金主要投资于企业股权（或可转换债券等证券化资产），然后通过操作海外IPO上市、出售给其他机构投资者或行业相关企业、原股东和管理层回购等多种方式退出，从而获取高额回报。基金进入的时间基本在企业上市前1～2年，投资期限多在3～5年以内，投资方式不一定要求控股，可以只获取部分股权。

近年来，进入我国市场的海外投资基金规模大幅增加，开始从试探性进入转向规模化投资，而且逐步从高科技产业向传统制造业、现代服务业以及新兴产业延伸。投资领域开始从网络、通讯、软件、生物等高风险、高成长性的高科技行业逐步渗入到日用消费品、机械、食品、建材、纺织、电器、石化、能源等传统制造业，房地产、商业、金融等现代服务业，以及物流、传媒、动漫、医疗保健等新兴产业。总的来看，选择朝阳产业中的优秀企业是海外投资基金目标选择的基本原则。从投资的地域来看，海外投资基金的投资主要集中于北京、上海、深圳等国际化大都市，并逐步向全国各地扩散。清科创业投资研究中心的数据显示，北京、上海、深圳是引入海外创业投资额最多的三个地区，占到总额的60%以上，而长三角等经济发达地区特别是浙江、江苏的优秀民企正成为新的聚焦点。

相关链接

中国地产融资寒冬　外资基金持币待进

在全球证券市场趋冷和国内信贷紧缩的背景下，内地房地产公司寄希望于海外基金的投资来缓解资金饥渴。对此，日前在新加坡召开的路透全球地产峰会上，众多海外投资机构纷纷表示了兴趣。

2008年1月，房地产公司在证券市场的融资出现拐点，在恒大地产的IPO夭折之后，几家开发商的上市计划接连搁浅。目前，中国开发商正以更优厚的条件吸引海外投资者。

花旗地产投资亚太主管David Schaefer在峰会上表示："IPO市场的火热气氛已经消散，而这给私募基金理性投资并与开发商建立长期合作提供了一个良好的契机。"他同时表示，拥有13亿美元的花旗集团中印地产基金十分乐意在中国和印度扩大投资规模。ING地产的亚洲区负责人Richard Price表示，公司即将推出一只规模7.5亿美元的中国基金，主要投向房屋建设。Price认为，在目前中国政府的宏观调控和限制房地产开发企业信贷规模的形势下，一些资金短缺的公司被迫出售廉价土地和未完工的项目，而这正是ING地产中国基金的机遇。ING地产中国区经理Richard van den Berg表示，基金的策略是在高速发展的二线城市与中国开发商一起开展投资与合作。领盛投资管理认为，商业物业的主要机会依然集中在一线城市，2008年5月，领盛投资和Realty Vailog S. P. A. 合作，在上海松江地区收购四处总价为7.9亿元人民币、面积为32万平方米的物业。澳大利亚大型养老基金AMP旗下的投资机构AMP Capital也表示，将把亚洲地产的投资提高至160亿澳元，并希望在日本和中国等市场买入地产或收购地产投资信托和开发商等业务。辉盛国际管理有限公司（Frasers Hospitality）拟建立一个私募基金，投向中国、印度和东南亚的房地产市场。这家亚洲第二大酒店式服务公寓品牌运营商透露，由于2008年新加坡海峡指数跌去了14%，公司已将股票发行的计划延迟至少一年。

资料来源：http：//www.china—cbn.com，2008-06-26。

三、国际并购融资

（一）国际并购的概念

1. 并购的概念

并购（merger&acquisition，M&A）是指企业间的兼并与收购，包括兼并和收购两层含义。

兼并（merger）是指两家或者更多的独立企业、公司合并组成一家企业。通常由一家占优势的公司吸收另一家或者多家公司。兼并的结果是一个或一些原有的公司消失了，而接受这些公司资产和责任的兼并公司以自己的名义继续存续下去。这种形式在我国《公司法》中叫做吸收合并，是合并的一部分。

背景知识

什么是新设合并

公司的合并分为吸收合并与新设合并，其中吸收合并是兼并的意思，新设合并是指两个或两个以上的公司依照法律程序，以一定的方式重新组合，重组后原来的公司都不再继续保持各自的法人地位，而是重新组成一个新的公司。比如，A公司与B公司合并成为C公司后，A、B两个公司都失去了各自的法人地位，而成为C公司的一部分。

收购（acquisition）是指一家企业用现金或者有价证券购买另一家企业的股票或者资产，以获得对该企业的全部资产或者某项资产的所有权，或对该企业的控制权。是否取得控制权是区分兼并与收购的关键。

2. 国际并购的概念

国际并购是指一国企业为了达到某种目的，通过一定的手段和支付方式，将国外企业的部分甚至全部份额的股份资产收购下来，对后者的经营管理实行实际的或完全的控制行为。因此国际并购融资是指通过国际并购行为来获得资金的融通。

（二）国际并购的动因

企业之间进行国际并购行为最基本的动机就是寻求企业的发展。寻求扩张的企业面临着内部扩张和通过并购发展两种选择。内部扩张可能是一个缓慢而不确定的过程，通过并购发展则要迅速得多，尽管它会带来自身的不确定性。

背景知识

并购的最常见的动机就是协同效应

并购交易的支持者通常会以达成某种协同效应作为支付特定并购价格的理由。协同效应（Synergy）就是指企业生产、营销、管理的不同环节、不同阶段、不同方面共同利用同一资源而产生的整体效应，是指并购后竞争力增强，使得净现金流量超过两家公司预期现金流量之和，或者合并后公司业绩比两个公司独立存在时的预期业绩高。

在具体实务中，国际并购的动因归纳起来主要有以下几类：

（1）扩大生产经营规模，降低成本费用。通过并购，企业规模得到扩大，能够形成有效的规模效应。规模效应能够带来资源的充分利用和充分整合，降低管理、原料、生产等各个环节的成本，从而降低总成本。

（2）提高市场份额，提升行业战略地位。规模大的企业，伴随生产力的提高、销售网络的完善，市场份额将会有比较大的提高，从而确立企业在行业中的领导地位。

(3) 取得充足廉价的生产原料和劳动力，增强企业的竞争力。通过并购实现企业的规模扩大，成为原料的主要客户，能够大大增强企业的谈判能力，从而为企业获得廉价的生产资料提供可能。同时，高效的管理、人力资源的充分利用和企业知名度的提升都有助于企业降低劳动力成本，从而提高企业的整体竞争力。

(4) 实施品牌经营战略，提高企业的知名度，以获取超额利润。品牌是价值的动力，同样的产品，甚至是同样的质量，名牌产品的价值远远高于普通产品。并购能够有效提高品牌知名度，提高企业产品的附加值，获得更多的利润。

(5) 实现公司发展的战略，通过并购取得先进的生产技术、管理经验、经营网络、专业人才等各类资源。并购活动不仅收购了企业的资产，而且获得了被收购企业的人力资源、管理资源、技术资源、销售资源等。这些都有助于企业整体竞争力的根本提高，对公司发展战略的实现有很大帮助。

(6) 通过收购跨入新的行业，实施多元化战略，分散投资风险。这种情况出现在混合并购模式中，随着行业竞争的加剧，企业通过对其他行业的投资，不仅能有效扩充企业的经营范围，获取更广泛的市场和利润，而且能够分散因本行业竞争带来的风险。

联想并购 IBM 全球 PC 业务

2004 年 12 月 8 日，联想集团以总价 12.5 亿美元收购了 IBM 的全球 PC 业务，正式拉开了联想全球布局的序幕。在这场中国并购市场上前所未有的大宗并购案中，总共为 12.5 亿美元的收购价格。联想集团为什么要采用“6.5 亿美元现金+6 亿美元联想股票”的支付方式？这种支付方式背后隐含着怎样的策略呢？也许有人会说，如果全部现金收购，联想一时付出 12.5 亿美元的现金太多，而如果全部换股，按照 6 亿美元的联想股票相当于 18.5%左右的股份来计算，全部换股后，IBM 将持有联想集团 38.5%的股份，联想控股所拥有的股份将减少为 25%，这样一来，不是联想并购了 IBM 的 PC，而是 IBM 吃掉了联想。

那么，联想为什么不出“5.5 亿美元现金+7 亿美元的联想股票”或“4.5 亿美元现金+8 亿美元的联想股票”呢？

曾经操刀 TCL 并购案的北京市嘉源律师事务所施贲宁律师向记者解释说：“这里面一个很重要的问题——税收。事实上，在任何一场并购案中，并购企业在选择并购目标及其出资方式前都需要进行税收筹划，设计最优的成本结构。”

除了税收方面获得的最优成本外，联想通过并购 IBM 的 PC 业务，获得了 IBM 的 PC 业务高手、IBM 遍布全球 160 个国家的渠道以及具有国际化战略规划能力的人才。对于联想来说，IBM 是它进入全球的国际通道，联想并购 IBM 后，有业内人士指出：“从收购资金层面上讲，联想当然是 IBM 的直接购买者。但从市场操作功能上看，IBM 倒更像这起交易的买家。”这种“你中有我，我中有你”的战略合作关系成为联想与 IBM 这场 PC 交易背后最具价值的商业精神。首先，在产品层面，联想与

IBM有着广泛的合作基础。其次，在产业层面，双方将共同推进IT产业变革。总之，联想与IBM双方将会在各自不同领域内的比较优势中更加专注于一个方面，同时通过推进新技术、新产品的应用，以全新的网络概念改变全球IT产业。

收购IBM的PC全球业务一年后，联想迎来了PC业务的艳阳天：2006/2007财年，联想综合营业额达146亿美元，年同比增长10%，联想个人电脑销量年同比增长12%，集团的全年毛利率达创纪录的14%。作为国内最大PC企业，联想集团当初斥巨资收购IBM个人电脑业务充分体现了协同效应的优点。

（三）国际并购的类型

1. 根据并购涉及的产业组织特征划分

（1）横向并购。横向并购是指同属一个产业或行业、生产或销售同类产品的企业之间发生的并购行为。国际横向并购的基本特征就是企业在国际范围内的横向一体化。近年来，由于全球性的行业重组浪潮，结合我国各行业实际发展需要，加上我国国家政策及法律对横向重组的一定支持，行业横向并购的发展十分迅速。

（2）纵向并购。纵向并购是发生在同一产业的上下游之间的并购。纵向并购的企业之间不是直接的竞争关系，而是供应商和需求商之间的关系。因此，纵向并购的基本特征是企业在市场整体范围内的纵向一体化。

（3）混合并购。混合并购是发生在不同行业企业之间的并购。从理论上看，混合并购的基本目的在于分散风险，寻求范围经济。在面临激烈竞争的情况下，我国各行各业的企业都不同程度地想到多元化，混合并购就是多元化的一个重要方法，国际混合并购为企业进入其他行业提供了便捷、低风险的途径。

上面的三种并购活动在我国的发展情况各不相同。数据显示，横向并购在我国并购活动中的比重始终在50%左右。横向并购毫无疑问是对行业发展影响最直接的。混合并购在一定程度上也有所发展，主要发生在实力较强的企业中，相当一部分混合并购情况较多的行业都有着比较好的效益，但发展前景不明朗。纵向并购在我国比较不成熟，基本都在钢铁、石油等能源与基础工业行业。这些行业的原料成本对行业效益有很大影响，因此，纵向并购成为企业强化业务的有效途径。

2. 根据出资方式划分

（1）现金购买资产式并购，是指并购企业使用现金购买目标企业全部或大部分资产以实现对目标企业的控制。

（2）现金购买股票式并购，是指并购企业使用现金购买目标企业大部分股票，以实现控制后者资产和经营权的目的。出资购买股票既可以在一级市场进行，也可以在二级市场进行。

（3）股票换取资产式并购，是指收购企业向目标企业发行自己的股票以交换目标公司的大部分资产的并购方式。

（4）股票互换式并购，是指收购企业直接向目标企业股东发行收购企业的股票，以交换目标企业的大部分股份的并购方式。

3. 根据是否利用目标企业自身资产情况划分

(1) 杠杆收购。杠杆收购是指收购公司在自有资金短缺的情况下，以目标公司的资产作抵押，利用目标公司资产的经营收入来支付兼并金或银行贷款，即收购公司不必拥有足额的收购资金，只准备少量的现金，然后以目标公司的资产及营运收入作为融资担保或还款来源，从而实现收购活动的方式。

(2) 非杠杆收购。非杠杆收购是指收购公司不使用目标公司的自有资金、资产及营运所得来支付或担保支付并购金的方式。

4. 按并购企业对目标企业进行收购的态度划分

(1) 善意并购，又称友好收购。目标企业同意收购企业的收购条件并承诺给予协助，双方高层通过协商来决定并购的具体安排。

(2) 敌意并购，又称强迫接管兼并，是指收购企业在目标企业管理层对其收购意图并不知晓或持反对态度的情况下，对目标企业强行进行收购的行为。

四、国际债券融资

(一) 国际债券的概念和特点

国际债券（international bonds）是指一国政府、金融机构、工商企业或国家组织为筹措和融通资金，在国外金融市场上发行的、以外国货币为面值的债券。国际债券的重要特征，是发行者和投资者属于不同的国家，筹集的资金来源于国外金融市场。与国内债券相比，国际债券具有一定的特殊性，主要体现在以下方面。

1. 资金来源广

国际债券是在国际证券市场上筹资，发行对象为众多国家的投资者，因此，其资金来源比国内债券要广泛得多。通过发行国际债券，可以使发行人灵活和充分地为其建设项目和其他需要提供资金。

2. 发行规模大

发行国际债券，规模一般都较大，这是因为举借这种债务的目的之一就是要利用国际证券市场资金来源的广泛性和充足性。同时，由于发行人进入国际债券市场必须由国际性的资信评估机构进行债券信用级别评定，只有高信誉的发行人才能顺利地进行筹资，因此，只有在发行人债信状况得到充分肯定的情况下，巨额借债才有可能实现。

3. 存在汇率风险

发行国内债券，筹集和还本付息的资金都是本国货币，所以不存在汇率风险。发行国际债券，筹集到的资金是外国货币，汇率一旦发生波动，发行人和投资者都有可能蒙受意外损失或获取意外收益，因此，国际债券很重要的一部分风险是汇率风险。

4. 有国家主权保障

在国际债券市场上筹集资金，有时可以得到一个主权国家政府最终付款的承诺保证，若得到这样的承诺保证，各个国际债券市场都愿意向该主权国家开放，这也使得国际债券市场具有较高的安全性。当然，代表国家主权的政府也要对本国发行人在国际债券市场上借债进行检查和控制。

5. 以自由兑换货币作为计量货币

国际债券在国际市场上发行，因此其计价货币往往是国际通用货币，一般以美元、英镑、德国马克、日元和瑞士法郎为主，这样，发行人筹集到的资金是一种可以通用的自由外汇资金。

（二）国际债券的种类

1. 外国债券和欧洲债券

外国债券是指在发行者所在国家以外的国家发行的、以发行地所在国的货币为面值的债券。

欧洲债券是指在别国发行的不以该国货币为面值的债券。

欧洲债券有如下特点：没有官方机构管制，发行债券的手续简便，不需要在证券委员会登记注册；除欧洲日元债券外，一般也不需要获得资信评级。发行者不需要提供大量数据资料，指定主办银行后，即可公布发行事宜；发行时机、发行条件（价格、利率、手续费等）可随行就市，由当事各方自由决定；发行债券由跨国的银团、包销团和销售团组成。面向以欧洲为中心的广大地区销售，可以自由选定债券经纪人；债券为不记名的实物债券，有利于发行者和投资者保密；投资者购买债券先缴利息所得税，可以促进债券的流通。

背景知识

扬基债券、武士债券与熊猫债券

扬基债券是在美国债券市场上发行的外国债券，即美国以外的政府、金融机构、工商企业和国际组织在美国国内市场发行的、以美元为计值货币的债券。武士债券是在日本债券市场上发行的外国债券，是日本以外的政府、金融机构、工商企业和国际组织在日本国内市场发行的以日元为计值货币的债券。2005 年 9 月，国际金融公司和亚洲开发银行获准发行“熊猫债券”，成为首批在中国内地发行人民币债券的国际多边金融机构。熊猫债券是指在中国境内以人民币计价的外国债券。

2. 公募债券和私募债券

公募债券是向社会广大公众发行的债券，可在证券交易所上市公开买卖。公募债券的发行必须经过国际公认的资信评级机构的评级，发行债券者须将自己的一切情况公之于众。

私募债券是指私下向限定数量的投资人发行的债券，这种债券发行金额较小，期限较短，不能上市公开买卖，且债券利率高，但发行价格低。私募债券一般不用经过资信评级机构的评级，也不要求发行人将自己的情况公之于众，发行手续较简便。

3. 一般债券、可兑换债券和附认股权债券

一般债券是指按债券的一般还本付息方式所发行的债券，包括通常所说的政府债券、金融债券和企业债券等。它是相对于可兑换债券和附认股权债券等债券新品种而言的。

可兑换债券是指可以转换为企业股票的债券。这种债券发行时同时给投资者一种权利，即投资者经过一定时期后，有权按照债券票面额将企业债券转换成该企业的股票，成

为企业的股东，享受企业股票分红待遇。

附认股权债券是指能获得购买发行债券企业股票权利的债券。投资人一旦购买了这种债券，在该企业增加投资时，既有购买该企业股票的优先权，同时还可获得按股票最初发行价格购买的优惠。

4. 固定利率债券、浮动利率债券和无息债券

固定利率债券是指在债券发行时就将债券的息票率固定下来的债券。

浮动利率债券是指债券息票率根据国际市场利率变化而变化的债券。其利率标准和浮动幅度一般也参照伦敦银行同业拆放利率。

无息债券是指没有息票的债券。这种债券发行时以低于票面的价格出售，到期时按票面价格收回，发行价格和票面价格之差即是投资人的收益。

（三）国际债券融资的发行准备

进行国际债券融资之前，筹资者应了解国际债券发行的一般程序、发行要素和需要准备的发行文件，以下将分别对这些内容进行介绍。

1. 国际债券的发行程序

外国债券和欧洲债券由于发行特点不同，因此其发行程序也不尽相同。

（1）外国债券的发行程序。外国政府到东道国证券市场发行外国债券，应按以下程序进行：

1）在东道国债券交易委员会注册，按照规定填写清楚注册登记表。

2）进行外国债券的评级。由专门的评级机构对发行者的偿还能力做出充分估价，对债券的信誉评级，可作为投资者购买债券的参考。

3）准备有关文件，例如注册登记表、财务代理人协议、包销人协议、销售集团协议及债券所附的契约条款等。

（2）欧洲债券的发行程序。欧洲债券市场是一个批发性的市场，凡能进入该市场筹款的筹款者，必须有很高的资信。欧洲债券的发行是在国际银行组织下进行的。这种国际银行叫主办银行，主办银行邀请几个合作银行组成发行管理集团，发行量过大时，要由几个主办银行联合进行。这种发行方式叫辛迪加集团发行。

主办银行为发行债券做准备，规定一些条件。所发行债券的大部分由发行管理集团所认购，有贷款（募集）能力的包销者将参加债券的发行。包销者由世界各地的国际银行和大公司构成，数量在30～300家。发行集团和包销者共同保证借款者以确定债券价格募集资金。推销集团的责任是把债券卖给公众。公众也包括主办行、包销者和有销售基础的银行。主办行、包销者、推销者就是债券市场的参加者，这些参加者要得到一定的佣金。欧洲债券市场不受政府的管制，能比较容易地募集到资金。具体程序如下：

1）主办者和借款者一起决定发行债券的条件（数额、期限、固定或浮动利息率、息票），在这个阶段，主办行组建发行管理辛迪加，准备各种文件，最主要的文件是说明书，在这个阶段叫初步说明书。

2）主办行通过电传对债券的发行进行说明，并邀请银行参加包销和推销集团，向可能包销者送初步说明书，在一两周之内，制定出发行债券的最终条件，辛迪加集团的借款者承担责任。

3）公布债券说明书，债券公开上市，公众募集阶段大约是两周。

4）认购结束，债券和现金交换，借款者实际卖出债券，取得现金。在各大报纸上登

醒目的广告，公开宣传这次债券的发行成功，并列出主办银行和合办银行名单。

5）债券交易日结束后债券就可以上市交易。

2. 国际债券融资的发行条件

（1）发行额。发行额的多少，除了受信用级别的限制外，还要根据发行人的资金需要和市场销售的可能性确定。

（2）偿还期限。债券的偿还期限的长短，由发行者的需要、债券市场的条件和发行债券的种类所决定，一般短则5年，长则10年、20年以上。

（3）票面利率。一般采用固定利率，也有采用浮动利率的。发行债券的种类不同，利率也不同。对发行债券者来说，利率越低越好。银行存款利率和资金市场行情的变化对债券利率影响较大。

（4）发行价格。债券的发行价格以债券的出售价格与票面金额的百分比表示。以100%的票面价格发行的叫等价发行；以低于票面价格发行的叫折价发行；以超过票面价格发行的叫溢价发行。

（5）偿还方式。国际债券的偿还方式主要是：定期偿还、任意偿还、购回偿还。

（6）认购者收益率。它是指所得的偿还价格和发行价格的差额利润率及票面利息率的总和。

（7）国际债券融资的发行费用。发行国际债券的费用主要包括债券印刷费、广告费、律师费、承购费、登记代理费、委托费、支付代理费等。发行人最终发行成本率计算公式如下：

成本率＝收益率＋［（发行额－按发行价格收入资金额＋费用）÷期限］
÷（按发行价格收入资金额－费用）

3. 发行国际债券所涉及的主要文件

（1）有价证券申请书。有价证券申请书是发行人向发行地政府递交的发行债券申请书，主要包括以下内容：发行人所属国的政治、经济、地理等情况；发行人自身地位、业务概况和财务状况；发行本债券的基本事项；发行债券集资的目的与资金用途等。

（2）债券说明书。债券说明书是发行人将自己的真实情况公之于众的书面材料，主要内容与有价证券申请书相似。

（3）债券承购协议。债券承购协议是由债券发行人与承购集团订立的协议，包括以下几个方面的内容：债券发行的基本条件；债券发行的主要条款；债券的发行方式；发行人的保证和允诺；发行人对承购集团支付的费用；承购人的保证和允诺等。

（4）债券受托协议。债券受托协议是由债券发行人和受托机构订立的协议，主要内容除受托机构的职能和义务外，基本与承购协议一样。

（5）债券登记代理协议。债券登记代理协议是债券发行人与登记代理机构订立的协议，主要内容除登记代理机构的职能和义务外，基本与承购协议一样。

（6）债券支付代理协议。债券支付代理协议是债券发行人与支付代理机构订立的协议，主要内容除债券还本付息地点、债券的挂失登记和注销外，基本与承购协议一样。

（7）律师意见书。律师意见书是债券发行人和承购集团各自的律师就与发行债券有关的法律问题表示的一种书面意见书。

本章小结

本章主要介绍了国际融资的一般概况，包括国际融资的概念、特点、作用和分类。另外还介绍了国际直接融资的主要形式，包括国际股票融资、海外投资基金融资、国际并购融资和国际债券融资。

国际融资是指一国（或地区）居民通过与非居民建立一系列的信用关系来实现货币资本或其他形态资本融通的行为。直接融资主要指资金的供给方向资金的需求方直接提供资金而无须经过中介环节。具体包括国际股票融资、海外投资基金融资、国际并购和国际债券融资等几种主要渠道。国际股票融资即境外发行股票，是指企业通过直接或间接途径向国际投资者发行股票并在国内外交易所上市来获得资金的融通；海外投资基金融资是指通过吸收国外的海外投资基金的资金来获得融资的方式；国际并购融资是指通过国际并购行为来获得资金的融通。国际债券融资是通过发行国际债券来获得资金的融通。每一种融资方式都有其独有的特点和功能，企业可以根据不同的需要使用不同的融通资金的方式达到预期目标。

重点概念

国际融资　国际股票　国际并购　国际债券　外国债券　欧洲债券　横向并购　纵向并购　混合并购　海外投资基金

复习思考题

一、思考题

1. 理解国际融资的概念需要把握几个要点？
2. 国际股票融资的特点是什么？
3. 什么是间接境外上市？其上市途径是什么？
4. 我国利用海外投资基金的状况如何？
5. 简述国际债券融资的发行条件。

二、案例分析题

花旗集团 2008 年在日本发行武士债券寻求融资

据路透社 2008 年 6 月 12 日报道，花旗集团于 6 月 13 日开始面向日本家庭发售武士债券（Samurai bond），希望通过此举融资 1 865 亿日元（合 17 亿美元）。

路透社报道说，这也是花旗集团自 2000 年以来首次面向日本家庭发售债券。报道同时指出，花旗即将面向个体投资者发售的三年期武士债券的收益率为 2.66%。此次发售活动于 6 月 30 日截止。

所谓武士债券，是指非日本籍实体在日本发行的日元债券。花旗发行的1 865亿日元武士债券，也是 2008 年以来外籍实体在日本发行的最大宗武士债券。据悉，2008 年前三个月，外国公司已经通过发行武士债券在日本筹资近 50 亿美元，为 2007 年第一季度的大约 4.5 倍。

另据日本《产经新闻》报道，花旗集团原计划于7月1日开始在日本发售1 000亿日元武士债券。但是由于信贷危机冲击，资本水平日趋下降，花旗集团不得不提前发售武士债券，并加大发行规模，以期筹得更多资金，支撑资产负债表。另一方面，武士债券发行额度日益加大，也暗示东京汇市是一个稳定的融资来源。

《产经新闻》介绍说，由于日本利率较低，日本政府发行的三年期债券的收益率仅仅在1%上下。因此花旗集团希望可以通过较高的回报率以及其他诱人的利好条款，吸引大量日本个体投资者购买其武士债券。

根据案例请说明：

1. 什么是“武士债券”？花旗集团本次发行的武士债券的主要对象是什么群体？

2. 国际债券融资的特点是什么？

3. 你认为花旗集团为什么选择日本市场进行国际债券融资？此次发行国际债券是否受到了全球金融风暴的影响？

第八章　国际间接融资实务

章前引例及分析

广西累计利用世界银行资金 1.65 亿美元造林护林

广西壮族自治区自 1990 年引进世界银行贷款资金发展林业 22 年来，广西累计利用世界银行资金 1.65 亿美元（其中世行贷款 1.63 亿美元，全球环境赠款 275 万美元），折合人民币 11.93 亿元，累计完成项目造林 936 万亩。

世界银行资金带动国内配套资金 13.4 亿元人民币，有力促进广西速生丰产林及整个林业的发展。近 10 年来，广西速丰林每年都以 200 万亩左右的面积递增。22 年来，广西引进世行资金成功实施“国家造林项目”、“森林资源发展和保护项目”、“贫困地区林业发展项目”和“广西综合林业发展和保护项目”等四期大型林业贷款项目，各项指标均达到或超过世行项目的标准要求。项目一、二、三期营造的速丰桉大部分已经采伐或进入采伐期，为广西乃至全国提供了大量的木材。

资料来源：http：//roll. sohu. com/20120229/n336251224. shtml。

本章学习目标

通过本章的学习，你应该能够：

1. 理解国际间接融资的定义，了解国际间接融资的特点与作用；
2. 掌握国际商业银行贷款的特点，以及国际银团贷款的概念、类型和特点；
3. 掌握国际货币基金组织和世界银行集团贷款对象和贷款类型；
4. 了解区域性国际金融机构贷款种类和贷款对象；
5. 掌握外债管理内容，了解我国外债管理情况。

第一节　国际间接融资概述

一、国际间接融资的基本概念

融资即融通资金，指融资主体通过各种方式使资金在持有者之间转移，以调剂余缺。如果资金的融通只发生在本国资金持有者之间，就是国内融资；如果资金融通跨越国界，就称为国际融资。国际融资是国内融资的延伸。国际间接融资指通过金融中介机构进行的跨越国界的融资活动。

国际间接融资有多种形式，资金的主要渠道来自于金融机构贷款，根据贷款主体的不同，国际间接融资的主要方式有政府贷款、国际金融机构贷款、国际商业银行贷款等。

国际间接融资业务是国际金融市场的基本业务。在世界经济一体化高度发达的今天，各国间的经济关联性和依存度不断提高，国际间接融资发挥了越来越大的作用，在各国经济发展中所扮演的角色也越来越重要。在现今国际金融市场中，间接融资业务迅速扩大，而且出现融资方式多样化、融资工具创新化和融资技术不断革新的发展趋势。

二、国际间接融资的特点

国际间接融资具有以下特点：

（一）以价值增值为目的

绝大多数国际间接融资方式都是在信用基础上的借贷行为，因此都具有信贷的基本特征，即偿还性和生息性。因此，以价值增值为目的是国际融资的最基本特征。

（二）主客体比较复杂

国际间接融资的主体是指进行融资活动当事人，即资金需求者（借款人）和资金供应者（贷款人）。国际间接融资是在不同国家的政府、企业、金融机构和个人之间进行资金融通的活动，涉及的交易主体繁多，既包括本国的政府、银行、工商企业及个人，又包括外国政府、银行、工商企业和个人以及国际金融组织。

国际间接融资的客体是指国际融资所使用的货币和金融工具。国际间接融资货币一般必须是可兑换货币，既可以是资金需求者所在国货币，也可以是资金供应者所在国货币或第三国货币。国际间接融资的金融工具除了传统的融资工具（存款单、贷款合约、票据、信用证等）外，还出现了许多创新的国际融资工具（如期权、期货、互换等）。

（三）风险较大

国际间接融资除面临国内融资手段一般风险外，还面临其特有的外汇风险和国家风险。国际间接融资通常以外国货币计价，如果汇价波动，融资货币发生贬值或升值，既可能影响借款人的偿债负担和能力，又可能影响贷款人的按期收回贷款和债权收益。国家风险又称为政治风险，通常指由于有关国家政局或政策的变化，导致投资环境的变化，从而给国际间接融资活动的预期收益带来的不确定性。引起国家风险的原因主要是有关国家发生政变、内乱和战争，政府干预、外汇管制、实行资金冻结、征用或制裁，以及政府宣布限制或推迟偿还债务等。这种风险对国际间接融资当事人来说往往是一种难以防避的风险。

（四）受到政府管制

国际间接融资涉及资金在不同国家之间的转移和流动，对各国经济的发展和稳定具有重大的影响。各国政府从本国政治、经济利益出发，为了平衡本国的国际收支，审慎管理本国金融体系的风险，以及贯彻执行本国的货币政策等，一般都会对本国企业或居民的对外融资行为实施不同程度的干预和管理。我国目前对国际间接融资实施的管理措施包括国家授权制度、计划与审批制度、登记管理制度等。

三、国际间接融资的作用

国际间接融资是在国际范围内配置资金资源，使资金在国际范围内得到优化配置，会给资金需求和资金供应者都带来益处，并推动国际贸易的发展和世界经济的增长。但是，国际间接融资对经济增长的促进作用是有条件、有限度的，它是经济增长的重要因素，但不是唯一的决定性因素。国际间接融资的流入或流出对一国经济的影响也是双向的，是一把“双刃剑”，利用得好可以促进对外贸易或国内经济的发展，利用得不好则会影响一国经济、金融的稳定，从而对经济贸易带来负面影响。

（一）积极的作用

1. 有利于推动国际贸易的发展

国际间接融资的重要内容是国际贸易融资。在国际贸易融资中，银行对进出口商融通资金，提供信贷担保，对国际贸易的发展起着极大的推动作用，尤其是大型基本货物的进出口贸易需要的资金量大，期限长，风险大，一般必须借助于国际融资才能顺利进行。

2. 有利于解决资金闲置和资金短缺的问题

世界各国的资金总是余缺不均的。一般来说，发展中国家大多资金短缺，而发达国家和石油生产国往往资金比较充裕。国际间接融资作为一种调剂资金余缺的手段，可以把国际间的各种闲置资金，按照市场经济规则来加以配置运用，充分发挥资金的“经济发动机”作用。

3. 有利于全球资源的优化配置

通过国际间接融资，对投资国来说，既可促进存量资产重组，合理配置资源，增强企业的综合实力，又有利于进入国外市场，打开销售渠道，获取更大的收益；对筹资国来说，既可以得到来自不同渠道的海外融资，降低融资成本，又可以改善企业的股权结构和资产负债结构，提高公司的经营效率和国际知名度。这对企业自身发展及全球经济增长都有重要的推动作用。

4. 有利于促进世界各国经济的发展

国家和企业的发展都离不开资金。如果资金短缺，企业就无法扩大生产，改进技术，开发新产品，增强竞争力；如果国家财力有限，很多经济项目会由于资金不足而无法上马，势必减缓经济发展的速度。国际间接融资作为各国政府、企业、金融机构筹措资金的手段和途径，既可满足东道国企业及投资项目的资金需求，又可满足各国政府调节财政开支和国际收支的资金需求，从而促进了各国的经济发展。

（二）消极的作用

1. 对东道国的消极影响

对东道国来说，如果利用外资政策失误，或不能合理有效地利用引进的外资，会带来一系列的负面效应：一是外债负担过重，容易形成债务危机；二是冲击国内产业，造成对外资的过分依赖，甚至国民经济主要部门为外资所控制；三是引进外资结构不合理，造成国内产业结构畸形；四是对利润汇出控制不当，造成外汇大量流失，引起国际收支的失衡，严重者甚至引发金融危机；五是项目审批不严，引进高污染产业，加重环境污染。

2. 对投资国的消极影响

对投资国来说，如果对自身实力和风险认识不足，盲目扩大对外投资，也会造成严重的不利后果：一是挤占国内正常发展所需的资金，影响国内经济的发展，导致国际收支状况恶化；二是受东道国政治和经济波动影响，投资风险增大，导致收益减少甚至损失。

第二节　国际间接融资的形式

国际间接融资的形式多种多样，本章主要介绍国际商业银行贷款、国际金融机构贷款和政府贷款三种。

一、国际商业银行贷款

（一）国际商业银行贷款的含义及特点

国际商业银行贷款（international banking credit）又称国际商业贷款，是指一国政府、银行和企业由于资金紧缺或外汇不足，在国际金融市场上向外国商业银行筹措的贷款。

国际商业银行贷款与政府贷款和国际金融机构贷款的援助性不同，纯粹是商业行为，特点也很鲜明。

(1) 贷款用途不受限制，借款人可以任意处置所借款项。国际商业银行贷款一般不限定贷款用途，因此借款人可根据需要自主地安排使用，借款人可将贷款在任何国家用于任何用途，而其他的国际信贷形式，如出口信贷、项目融资、政府贷款、国际金融机构贷款等，都在贷款用途上有明确的限制。

(2) 贷款金额虽然较大（国际商业银行贷款大多为银行间批发交易，每笔贷款额一般为几百万、几千万甚至高达几亿、几十亿美元），但手续简便，可以迅速满足借款人的需要。这显然和商业银行的办事风格和效率有关。

(3) 贷款条件严格，成本高。贷款成本主要包括利息和各种费用，这些都按照国际银行信贷市场的惯例来确定，远高于政府贷款和国际金融组织贷款的成本。

(4) 贷款风险高，借贷双方都面临着国际金融市场上较大的利率风险和汇率风险。贷款利率一般参照国际金融市场利率，一种是固定利率，另一种是浮动利率——随国际金融市场上的利率变动而浮动。浮动利率一般都以 LIBOR 为基础，若为中长期贷款还要加上

0.25%～0.75%的附加利率。

(5) 国际商业银行贷款的规模受到国际商业银行吸收存款规模的限制。国际商业银行贷款是由国际商业银行提供的，而国际商业银行主要是以吸收各类存款的形式从社会各界筹集闲散资金来提供贷款。因此，国际商业银行贷款的规模受国际商业银行吸收存款的规模的制约。

(二) 国际商业银行贷款的类型

按不同的分类标准，国际商业银行贷款可分为不同的种类。

1. 按贷款期限划分

(1) 短期贷款。短期贷款是贷款期限在1年以内（包括1年）的贷款。短期贷款期限多为1天、7天、1个月至6个月，大都不到1年，一般都是现款，利息率比较高，借款人一般只支付利息，没有费用负担。短期银行贷款按借贷双方当事人来分，有下列两种情况：银行与银行之间的信贷；银行对非银行客户（包括企业、政府机构等）的信贷。

(2) 中长期贷款。中长期贷款的期限则为1年以上，通常1～5年为中期，5年以上为长期。这种贷款金额大，还款期限较长。借款人有银行、企业、政府机构以及国际机构等。借贷双方一般都要签订书面的贷款协议，对贷款的有关重要事项详加规定，以便双方共同信守；有的贷款还由借方国家的主要金融机构或政府提供担保。如果借款金额大、时间长，贷款方往往需要有几家、十几家甚至数十家不同国家的银行组成银行集团（简称银团），通过其中一家或几家银行牵头共同向借款人提供贷款。目前，这种银团贷款已成为国际中长期信贷的主要方式。由于中长期贷款期限较长，利率的趋势较难预测，借款人和贷款人都不愿承担利率变化的风险，因此，通常采用浮动利率，即每3个月或半年根据市场利率的变化进行一次调整。双方确定利率时，大多以伦敦银行同业拆借利率（LIBOR）为基础，再加一定的加息率为计算标准。

2. 按贷款方式划分

(1) 双边贷款。双边贷款又称独家银行贷款、单一贷款。它是一家贷款银行对另一个国家的银行、政府、企业提供的贷款。每笔贷款少则几千万美元，多则上亿美元，期限为3～5年，按市场利率计息，贷款手续比较简便，且无各种限制。

(2) 联合贷款。联合贷款又称为俱乐部贷款，是由3～5家银行联合向一个借款人提供的贷款。

(3) 国际银团贷款。

国际银团贷款（international syndicated loan）亦称集团贷款或辛迪加贷款，是指多家商业银行组成一个集团，由一家或几家银行牵头共同向借款人提供巨额资金的一种贷款方式。

(三) 国际银团贷款

从市场的角度看，在借款数额大到一家银行无法承担的时候，银团贷款便产生了。从政府和法律的角度看，各国银行法大都禁止一家商业银行对同一借款人的贷款数额超过银行资产的一定比例。例如，我国《商业银行法》规定，对同一借款人的贷款余额与商业银行资本余额的比例不得超过10%。所以，国际银团贷款既可以使借款人获得巨额的借款，又能使银行不至于承担太大风险和违反法律。

背景知识

国际银团贷款的产生与发展

国际银团贷款是第二次世界大战以来最重要的一种国际融资手段，产生于20世纪60年代后期。二战以来，一些主要发达国家如日本、原联邦德国等因重建需要，大量向外筹资，使得国际金融市场上对资本的需求十分旺盛。同时，跨国公司的发展，使得其对国际资本的需求日益旺盛，这些公司对资本的单次需求金额往往较大，单家银行有时很难满足这种需求，而且也不愿承担如此大的风险。正是在这样的背景下，有多家银行参与的银团贷款便产生了。1968年，以银行家信托公司与雷曼兄弟银行为经理行，有12家银行参加的银团，对奥地利发放了金额为1亿美元的世界上首笔银团贷款。从此，银团贷款作为一种中长期融资形式正式登上了国际金融舞台，并得到了迅速发展。

目前，国际银团贷款约占国际资本市场借贷总额的50%以上，占发展中国家长期借款的85%以上。1987年英吉利海峡海底隧道工程就采用了国际银团贷款融资，有150家银行联合参加，贷款总金额达86亿美元。我国有两笔典型的国际银团投资，一是为中国国际贸易中心筹资2.8亿美元，由来自美、日、法、澳、英、新加坡、芬兰、约旦、我国的香港地区和内地的22家商业银行组成；二是为攀枝花钢铁公司扩建工程筹资2.1亿美元。这种融资形式对我国大中型项目建设起到了重要作用。

国际银团贷款按照组织形式可划分为直接银团贷款和间接银团贷款。

1. 直接银团贷款

直接银团贷款（direct syndicated loan）是指由国际银团内各家贷款银行直接向外国借款人贷款，整个贷款工作包括各家贷款银行发放贷款和借款人偿还贷款，均由指定的代理行统一管理。直接银团贷款具有牵头行的有限代理作用、参与行权利和义务相对独立、代理行的责任明确等特点。

2. 间接银团贷款

间接银团贷款（indirect syndicated loan）指由国际贷款银团牵头行向外国借款人贷款，然后该行将参加贷款权分别转售给其他银行，即参加贷款的各家成员行，贷款工作由牵头行统一管理。同直接银团贷款方式相比，这种贷款方式组建相对简单，并且虽然牵头行和借款人之间的关系是贷款协议书规定的债权人与债务人的关系，但是参与行与借款人之间没有直接的债权债务关系，同时牵头行本身也兼负代理行职责。间接银团贷款的特点是：牵头行身份的多重性；参与行和借款人债权、债务的间接性；缺乏比较完整的法律保证；相对比较简单、工作量小等。

国际银团贷款的主要当事人有借款人、牵头银行（lead manager）、代理银行（agent bank）和参加银行（participating bank）等。借款人有巨大的资金需求，其目标是以最经济的手段筹集资金，一般与贷款人间有较深的联系。国际银团贷款一般由一家或几家银行牵头，牵头银行是银团贷款的组织者和管理者，与借款人商定贷款条件，与其他银行协商贷款事宜。代理银行是银团贷款的代理人，负责监督管理这笔贷款的具体事项，可由牵头银行兼任或经理集团指定。参加银行是参与贷款银团并提供一部分贷款的银行。

二、国际金融机构贷款

国际金融机构又称国际金融组织，泛指从事国际融资业务、协调国际金融关系、维持国际货币及信用体系正常运作的超国家性质的金融机构，是国际金融制度发展的必然产物。国际金融组织大体分为两种类型：一类是全球性的国际金融组织；另一类是区域性的国际金融组织。国际金融组织的主要业务是给其成员国提供用于进行工业、农业等项目建设的优惠性贷款。不同机构的贷款条件是不同的，但都具有援助性质。使用贷款采购物资则多要求采用国际招标方式。

（一）全球性国际金融机构贷款

目前，全球性的国际金融机构主要有国际货币基金组织、世界银行集团等。

1. 国际货币基金组织贷款

国际货币基金组织（International Momentary Fund，IMF）是一个国际性常设金融机构，是联合国的一个专门机构。该组织于 1946 年 3 月正式成立，负责处理国际货币方面的重大问题，总部设在美国的华盛顿，是目前世界上最大的政府间金融机构。

国际货币基金组织的主要业务是贷款，其资金的来源主要有基金份额、借款、信托基金三个方面。国际货币基金组织的贷款目的在于当成员国国际收支逆差时，提供短期信贷以帮助成员国维持汇率体系稳定、币值稳定。所以，国际货币基金组织的贷款对象仅限于成员国政府，期限为短期，用途仅限于解决国际收支问题。

国际货币基金组织的贷款主要有：（1）普通贷款，是国际货币基金组织最基本的贷款，主要用于满足成员国国际收支逆差时的短期资金需要。（2）中期贷款，也称延伸贷款，这是为解决成员国特殊情况下出现的较长时间的国际收支失衡而提供的贷款，一般贷款额度和条件都较为严格。（3）出口波动补偿贷款，主要解决依赖初级产品出口的成员国由于自身难以控制的原因导致国际收支逆差时，在普通贷款以外的资金需要。（4）缓冲库存贷款，是帮助初级产品出口国维持库存进而稳定国际市场上初级产品价格而设立的一种贷款。（5）信托基金贷款，是来源于信托基金，向最贫穷的发展中国家提供的优惠贷款。（6）补充贷款，用以帮助成员国解决持续的巨额国际收支逆差的贷款。（7）结构调整贷款，主要用于促使低收入成员国制定和执行全面的宏观经济调整和结构改革政策，以恢复经济增长和改善国际收支，从而解决它们长期存在的国际收支困难。（8）紧急贷款机制，是为解决成员国出现的突发性金融危机，防止危机在更大范围内蔓延而设置的贷款安排。

2. 世界银行集团贷款

世界银行集团（Word Bank Group）由世界银行（Word Bank）、国际开发协会（International Development Association，IDA）、国际金融公司（International Finance Corporation，IFC）、解决投资争端国际中心（International Center for Settlement of Investment Disputes，ICSID）和多边投资担保机构（Multilateral Investment for Guarantee Agency，MIGA）组成。现在，世界银行集团是世界上最大的国际开发援助金融机构，其宗旨是利用其资金、高素质的人才和广泛的知识基础，帮助发展中国家走一条稳定、可持

续和平衡的发展之路。其共同的业务是通过提供贷款或参与投资，帮助基金成员国中的发展中国家和地区提高生产力水平，促进其经济发展和社会进步，改善和提高人民生活。其中前三个机构为集团的主要业务机构。

（1）世界银行。世界银行是国际复兴开发银行（International Bank for Reconstruction and Development，IBRD）的简称，1945年12月成立，其总部设在华盛顿，并在纽约、日内瓦、巴黎、东京等地设有办事处。世界银行最主要的业务活动是向成员国尤其是发展中国家提供贷款，其资金来源主要是成员国缴纳的银行股份、借款、转让债权、业务净收益和贷款资金回流，其中借款是世界银行的主要来源。贷款的方向有农业发展、能源开发、环境、教育、人口计划。世界银行贷款一般用于世界银行审定、批准的特定项目，只有在特殊情况下世界银行才考虑发放非项目贷款。贷款必须专款专用，并接受世界银行的监督。

世界银行贷款的种类主要有：1）项目贷款，又称为特定投资贷款，是用于资助成员国农业和农村发展、教育、能源、工业、交通、城市发展等方面的贷款。2）非项目贷款，是没有具体项目作保证的贷款。世界银行只有在特殊情况下，如解决成员国克服自然灾害、实行发展计划的资金需要，为成员国提供进口国内短缺的原料和先进设备所需的外汇，对出口结构单一的成员国为弥补出口收入的突然下降提供贷款，调整成员国因进口商品价格急剧上升而产生的国际收支严重逆差时，才发放此类贷款。3）技术援助贷款，包括两类：一是与项目结合的技术援助贷款，如对项目的可行性研究、规划、实施，项目机构的组织管理及人员培训等方面提供的贷款；二是不与特定项目相联系的技术援助贷款，主要用于资助为经济结构和人力资源开发而提供的专家服务。4）联合贷款，是由世界银行牵头，联合其他贷款机构一起向借款国提供的项目融资。5）“第三窗口”贷款，是世界银行在接近市场利率的一般贷款和国际开发协会的优惠贷款之间又增加的一种贷款。

（2）国际开发协会。国际开发协会成立于1960年9月24日，总部设在华盛顿。凡世界银行的成员国均可成为国际开发协会的成员国。其宗旨是：向发展中国家提供比世界银行的贷款条件更为宽厚的长期信贷，以减轻其国际收支负担，促进其经济发展，提高居民的生活水平，从而补充世界银行的作用，推动世界银行目标的实现。

国际开发协会的资金主要来源于成员国认缴的股份、成员国提供的补充资金和特别基金捐款、世界银行的拨款以及协会的业务净收益。

国际开发协会的主要业务是向较穷的发展中国家的公共工程和发展项目提供比世界银行贷款条件优惠的长期贷款，也叫软贷款。贷款期限为50年，头10年为宽限期，不必还本，从第二个10年起每年还本1%，其余30年还本3%。在整个贷款期限中免收利息，只对已拨付的部分每年收取0.75%的手续费。因此，国际开发协会的信贷具有明显的援助性质。

（3）国际金融公司。国际金融公司于1956年7月正式成立，总部设在华盛顿。国际金融公司的主要任务是对发展中国家成员国私人企业的新建、改建和扩建等项目提供贷款资金（不需要政府担保）和技术援助，促进发展中国家私营经济的增长和国内资本市场的发展。

国际金融公司的资金来源主要是：会员国认缴的股金；向世界银行、其他国家以及国际金融市场的借款；国际金融公司业务经营的净收入。国际金融公司贷款对象主要是亚非拉地区的不发达国家。贷款的资助部门主要为制造业、加工业和开采业，如钢铁、建筑材料、纺织、采矿、肥料、化工、能源、木材、造纸以及旅游和非金融服务业。该贷款不需要政府机构担保，可以直接贷给成员国的私人企业。

（二）区域性国际金融机构

世界区域性的国际金融机构主要有国际清算银行、亚洲开发银行、非洲开发银行、泛美开发银行等。

1. 亚洲开发银行

亚洲开发银行在 1966 年 11 月正式建立，总部设在菲律宾首都马尼拉，其宗旨是向其成员国与地区成员提供贷款与技术援助，帮助协调成员在经济、贸易和发展方面的政策，同联合国及其专门机构进行合作，以促进亚太地区经济的发展。同时，鼓励各国政府及私人资本向亚太地区投资，以促进该地区发展中国家的经济发展。

亚洲开发银行的主要业务是向本地区发展中国家提供贷款。自成立以来，其贷款业务发展十分迅速，涉及农业和农产品加工业、能源、工业、交通运输、通信、开发银行、环境卫生、给排水、教育、城市发展以及人口控制等众多部门。其中农业和农产品加工业、能源及交通运输业是亚行发放贷款的重点部门。亚洲开发银行的贷款对象为成员国政府及所属机构、其境内的公私企业和与开发本地区有关的国际性或地区性组织。亚洲开发银行的贷款种类按贷款条件可分为硬贷款、软贷款和赠款；按贷款方式可分为项目贷款、规划贷款、部门贷款、开发金融机构贷款、综合项目贷款、特别项目执行援助贷款和私营部门贷款。

2. 非洲开发银行

非洲开发银行是 1964 年 11 月成立的一个面向非洲的区域性政府间金融组织。该行总部设在科特迪瓦（象牙海岸）首都阿比让。其宗旨是：向非洲成员国提供投资和贷款或给予技术援助，充分利用本地区的人力和资源，以促进各国经济发展和社会进步，帮助非洲大陆制定经济和社会发展的总体规划，协调各国的发展计划，从而达到非洲经济一体化。

非洲开发银行的贷款分为普通贷款和特别贷款。普通贷款是该行用普通股本资金提供的贷款。特别贷款是用该行规定专门用途的特别基金向成员国提供的优惠贷款。

3. 泛美开发银行

泛美开发银行于 1959 年 12 月 30 日成立，行址设在美国华盛顿。泛美开发银行是由美洲及美洲以外的国家联合建立，向拉丁美洲国家提供贷款的政府间国际金融机构。其宗旨是：集中动员洲内外的力量，对需要资金的拉丁美洲国家或地区的经济和社会发展计划提供资金和技术援助，从而促进拉美国家的经济发展与经济合作。

泛美开发银行的贷款分为普通贷款、特别贷款、社会进步信托基金贷款和其他基金的贷款。普通贷款主要向成员国政府或公私机构的特定项目提供，贷款条件和期限仅具有较少的优惠性质；特别贷款主要通过其下属的各类基金发放，贷款条件、期限和还款方式均较为优惠；社会进步信托基金贷款主要用于资助拉美成员国的社会发展和低收入地区的住房建设、卫生设施、土地整改、农村开发、高等教育和训练等方面的资金需要，此项贷款须经提供基金的国家同意才能发放；其他基金的贷款各有侧重，主要是在能源、采矿、农渔、交通运输、环境保护、公共卫生、科教技术和城市发展方面的贷款，其中能源开发、采矿和农渔发展方面占主要地位。

三、政府贷款

（一）政府贷款的含义及特点

政府贷款（government loan）是指一国政府利用财政或国库资金向另一国政府提供的优惠性贷款，也称为政府援助贷款。这种贷款以国家政府的名义提供与接受而形成的，是具有双边援助性质的长期限、低利息的优惠贷款。政府贷款的借贷双方均为政府，是贷款国政府借给借款国政府。一般来说，贷款国通常是经济发达国家，借款国是经济欠发达而且资金比较紧缺的发展中国家。但政府贷款也有发达国家向发达国家提供，或发展中国家向发展中国家提供的。

政府贷款与国际商业银行贷款和国际金融机构贷款不同，具有其独有的特点：

（1）提供贷款的前提条件是两国的友好关系，是为一定的政治、外交、经济目的服务的，受两国之政治经济关系变化影响较大。即使已达成的政府贷款协议，甚至已开始动用款项，也会因双方外交关系的变化而减少甚至中断。

（2）政府贷款的申请程序复杂，两国政府要就借款条件进行双边会谈达成协议，通过政府换文后签字生效。

（3）政府贷款规模较小。因为政府贷款的资金来源是国家的国库资金，而财政预算的各项支出都有一定比例，所以数量受到一定限制。一般要受贷款国的国民生产总值、财政收支与国际收支状况的制约。

（4）政府贷款属于中长期的无息或低息贷款，是一种双边经济援助性质的优惠贷款，贷款利率低、贷款期限长、宽限期长。

（5）政府贷款有一定的附加条件，规定用途或限制采购。例如，政府贷款主要用于借款国的能源、水利、交通等基本建设。无息贷款主要用于非营利性质的城市基础设施建设。贷款的全部或部分资金用于向贷款国购买设备和物资，要求用公开招标的方式建设贷款项目，所需物资、材料及技术一般应由贷款国提供。提供贷款的政府，主要是经济合作与发展组织中发展援助委员会的成员国及石油输出国组织的成员国。贷款一般都使用本国货币，如日本用日元、英国用英镑。我国对外援助贷款则使用人民币。

（二）政府贷款的类型

1. 按借贷国家划分

（1）发达国家对发展中国家的贷款。这类贷款占政府贷款的多数。如经济合作与发展组织下属的发展援助委员会（DAC）的 19 个成员（18 个成员国和欧共体）向发展中国家提供的官方发展援助。对发展中国家而言，这些国家的贷款是一笔巨大的援助资金。

（2）石油输出国组织成员国对发展中国家的贷款。石油输出国组织成员国，如科威特、沙特阿拉伯等国，有巨额的石油收入，它们向发展中国家（主要是阿拉伯国家）提供政府贷款。

（3）发展中国家向发展中国家的贷款。如我国向越南、阿尔巴尼亚、坦桑尼亚、巴基斯坦等国提供的政府贷款。

2. 按贷款目的、用途划分

（1）项目贷款。项目贷款是指贷款国政府依双方协议规定向借款国政府提供特定建设项目所需的原材料、机器设备、技术、专利许可证以及专家指导、人员培训、劳务技术服务等，计价汇总，作为贷款额度。项目贷款的目的是为了资助借款国经济开发所需资金。

（2）商品贷款。贷款国提供商品贷款，借款国进口必需的机器、设备、原材料等，帮助贷款国缓解其国际收支困难，改善其国际收支状况。这种贷款无须同特定的建设项目相结合。

（3）现汇贷款。贷款国向借款国提供可兑换货币贷款，由借款国根据本身需要使用这笔贷款资金。借款国还本付息，必须使用与贷款货币为同一币种的可兑换货币。

3. 按政府贷款是否与其他贷款形式结合使用划分

（1）纯政府贷款。纯政府贷款指不与其他形式结合使用的政府贷款，这种贷款形式与混合贷款相比使用较少。

（2）政府混合贷款。政府贷款多半采用混合贷款的形式。混合贷款是指贷款国将政府贷款与出口信贷结合在一起，作为一项贷款提供给借款国。更优惠的混合贷款是将政府贷款、出口信贷、政府赠款（赠与成分为100%，无须偿还）合并一起提供。在混合贷款中，政府贷款一般占较小的比例，低于1/3，出口信贷则占较大的比例，在2/3以上。提供混合贷款的目的在于贷款国除了提供经济援助外，还能带动其商品出口的增长，因为混合贷款中的出口信贷部分明确规定必须用于购买贷款国的出口商品。

4. 按是否计息划分

（1）计息贷款。这类贷款利率很低，年利率为1%～3%，大大低于市场利率，也低于国际金融机构的普通贷款利率，借款国除按期还本付息之外，一般也支付一定费用。

（2）无息贷款。这类贷款不计利息，借款国只需要按期还本，无须支付利息，但一般需要支付一定的费用，如手续费、承担费，其费率均低于1%。

第三节　外债管理实务

20世纪80年代初爆发的国际债务危机对世界经济产生了巨大的影响，引起各国政府对外债问题的广泛重视，外债管理成为对外经济甚至宏观经济管理的重要内容。

一、外债概述

（一）外债的含义及内容

外债是在任何给定的时刻，一国居民所欠非居民的、以外国货币或本国货币为核算单位的、具有契约性偿还义务的全部债务。这是国际货币基金组织、世界银行、国际清算银行、经济合作与发展组织对外债的统一口径。但对于国际债务的具体内容的确定各国不尽相同，主要包括国际金融组织贷款、外国政府贷款、国际商业银行贷款、对外发行债券和国际金融租赁等。

根据外债定义，外债具有以下四个特征：

（1）外债是以“居民和非居民”为标准，是居民对非居民的债务。这里的“居民”和“非居民”都包括自然人和法人。

(2) 外债以偿还义务为根据，且这种偿还义务必须具有契约性，通过具有法律效力的文书明确偿还责任、偿还条件、偿还期限等。

(3) 外债既包括外币债务，也包括本币债务。

(4) 外债的当事双方应具有债权债务关系，例如国际金融机构贷款、国际商业银行贷款等，而直接投资、购买公司股权以及无偿捐赠，由于当事双方不具有债权债务关系，因此不属于外债。

(二) 外债的监控指标

国际上通常采用某些指标来衡量或考核一个国家的偿债能力及外债负担。最常用的指标有以下几项。

1. 偿债率

偿债率（debts service ratio）指一定时期（通常为一年）外债还本付息额与当年贸易和劳务出口收汇额的比率。公式为：

偿债率＝（本年度外债还本付息额÷本年度商品与劳务出口收汇额）×100%

这一指标反映一国当年出口商品和劳务的外汇总收入中有多大比重用于偿还外债本息。偿债率是衡量外债适度规模的核心指标，国际上公认的警戒线是20%，在指标以下视为安全。这一指标只作为主要参考，并非超过这一指标一定会发生债务危机。

2. 债务率

债务率（ratio of external debt to export）亦称外债率，是指一国或地区年末外债余额占当年商品和劳务出口收汇额的比率。公式为：

债务率＝（一年末外债余额÷当年商品和劳务出口收汇额）×100%

这是国际货币基金组织和世界银行等国际金融机构的专家，根据对一些偿债困难国家的考察得出的经验数据，它反映一个国家的外债规模是否与其他外汇收入相适应。国际上公认的安全线为100%，若超过100%，则债务负担过重。但这不能绝对化，因为一国即使外债余额很大，如果长期和短期债务期限分布合理，当年还本付息额也可保持在适度水平，债务负担不会太重。

3. 负债率

负债率（ratio of external debt to GNP）是指一国或地区外债余额与国民生产总值（GNP）的比率。公式为：

负债率＝（一国外债余额÷国民生产总值）×100%

这一指标是用来衡量一国对外资的依赖程度或从整体上考察该国的债务风险，参考标准是10%，超过这一比例就有可能对外债过分依赖，当金融市场或国内经济发生动荡时，容易发生偿债困难。

4. 短期外债比率

短期外债比率（ratio of short-term external debt）是一国期限在一年或一年以下的短期外债占整个外债的比例，是衡量一国外债期限结构是否合理的指标。国际公认标准是25%。若超过这一指标，说明短期债务比重高，偿债期过于集中，增加了偿付压力。

5. 其他债务衡量指标

还有一些指标也可作为对外举债规模安全度的参考：一国当年还本利息额对当年国民生产总值的比率，参考系数为5%；外债总额与本国黄金外汇储备额的比率，国际公认控制在 3 倍以内较为稳妥。

在运用中应结合一国具体实际情况，将各项指标加以综合考察比较，才能得出正确结论，决不能孤立地采用一个指标做结论，以免以偏赅全。

二、外债管理的含义和内容

外债管理是指一国政府对外债及其运行加以控制和监督，是由外债管理主体运用外债管理方法作用于外债管理客体的运行系统。

就一个国家来说，其对外所负的债务称为外债。就全球而言，世界各国对外所负的债务称为国际债务。全球性债务问题始于第二次世界大战以后，迅速发展于 20 世纪 70 年代，20 世纪 80 年代爆发国际性债务危机以来，国际债务问题被提上了日程，各国普遍重视对外债的管理。外债管理主要包括外债规模管理、外债结构管理和外债营运管理三个方面的内容。

（一）外债规模管理

外债规模管理是确定一国的中长期和年度合理负债水平。负债过多会超过本国的承受能力和消化吸收能力，造成不必要的风险和浪费；而借款过少又难以满足国内建设的资金需求，造成国民经济发展的迟滞。因此，确定适度的外债规模是发展中国家有效管理外债的关键，但也是难点之一。

一般来说，外债规模主要受三个因素影响：一是经济建设对外债的需求量；二是国际资本市场的可供量；三是本国对外债的承受能力。外债的承受能力是确定外债规模最重要的因素。借款不仅要看需要，更要看可能。因此，加强外债规模的控制，必须通过科学的定性、定量分析，寻找最佳规模的数量界限。

目前，世界各国用来监测外债总量是否适度的指标主要有：负债率、债务率、偿债率和其他债务衡量指标。当然，这些比率都是从某一侧面反映了一国的债务负担或偿债能力，在实际分析中，往往要综合考察各项指标，如果只考虑某项指标，其结果可能会出现偏差。

（二）外债结构管理

外债结构管理是在确定的总规模范围内，通过对国际资本市场的预测、分析，结合国内建设对资金需求的特点，对构成总量的各个债务要素即利率、期限、币种和融资形式等进行最优组合，以降低成本，减少风险，保证偿债能力，使外债发挥最大效益。具体包括以下内容：

1. 融资机构管理

国际融资有多种形式，包括官方和国际金融机构的贷款、出口信贷、发行债券、国际租赁、补偿贸易等。各种形式具有不同的优势和特点。

官方和国际金融机构贷款带有援助性质，具有期限长、利率低等特点，适于国民经济结构调整和基础产业的发展。

发行债券具有筹资金额大、成本低等特点，适于大型项目。

出口信贷由于直接与设备引进相互融资，因而受到政府的补贴和担保，具有成本低、风险小的特点，适于成套设备的引进。

商业信贷具有使用方便、偿还灵活等特点，适于出口创汇项目。

租赁特别是杠杆租赁，可以享受税收优惠，进而降低成本，适于大型运输工具的租用和不可购买但可租用的设备。

补偿贸易既可以吸收资金，又可以带动出口，因此适于中小型技术改造项目。发展中国家在借外债时，应尽可能地吸收官方或国际金融机构的优惠贷款，并根据引进设备和技术的特点采用不同的融资方式，以降低成本，增加收益。

2. 期限结构管理

期限结构管理是指一年期以上的中长期外债和一年期以下（含一年）的短期债务的分布情况。对外债期限结构的管理，首先，要通过对外债年限的合理分布，按照国际惯例，使短期外债占外债总额的比例控制在25%以下；其次，要避免借入大量年限相同的外债，防止还债过于集中；最后，要避免短期外债的增长长时间超过中长期外债的增长，防止债务短期化。

3. 利率结构管理

国际资本市场上存在着固定利率和浮动利率，对外债的利率结构进行管理包括以下两个方面：

第一，中长期债务尽可能使用固定利率，以防止国际资本市场变化对一国整体债务成本带来影响，同时避免单一利率，以享受利率正常变动的益处。在利率水平看跌时期，选择浮动利率，这主要适用于短期债务；反之，在利率水平看涨时期，选择固定利率，可降低成本。在一般情况下，还是选择固定利率为宜，因为这样便于成本核算和还债安排以及减少风险。

第二，在不受政治和使用限制的条件下，尽可能争取政府贷款或国际金融机构贷款，以享受优惠利率；同时降低非优惠利率即国际商业项目贷款的比例。在对外债的利率结构进行管理时，可采用国际金融市场上的掉期和期权等金融工具，以便于管理工作的进行。

4. 币种结构管理

对外债的币种结构进行管理源于对汇率风险的认识。当今世界，任何一种货币都无法长期保持坚挺的地位，在借用外债的整个过程——借、用、收、还四个环节中，只要发生货币兑换，就存在汇率风险。因此，对外债币种进行管理，一是从国家整体债务上讲，外债币种要与出口收汇、外汇储备相一致，避免偿债过程中的汇率风险；二是软、硬货币的搭配，防止外债使用过程中的汇率风险；三是在一个具体项目上，要使借、用、收、还四个环节币种相一致，避免汇率风险，保证按时偿还。

5. 市场与国别结构管理

对外债的市场与国别结构进行管理，主要在于多元化。由于不同市场有不同的资金来源和筹资工具，不同国家对资本流动的管理法律不尽一致，政治态度不时变化，因此要使外债来源稳定，需广泛地涉足各个市场和国家。

合理的市场结构是根据对各资本市场的管理、市场容量和金融工具的特点，结合国内资金的需求，选择不同的市场，同时避免同一时间集中进入同一市场。外债合理的国别结构，是根据引进设备的特点和债权国的资金提供形式，确定利用不同国家的贷款。避免集中于一个或几个国家，以免受政治波动影响，使外债来源稳定，满足国内建设对外债的需求。

(三) 外债营运管理

外债营运管理是对外债整个运行过程进行管理，包括外债借入管理、外债使用管理和外债偿还管理。外债借入管理要掌握好借债窗口，控制好借债总量，调整好借债结构，控制好借债成本。外债使用管理要掌握好外债的投向，力争使外债投到微观经济效益和宏观经济效益综合最优的产业和项目上去。外债偿还管理要落实好偿债资金，合理安排偿债时间，避免出现偿债高峰。

三、我国的外债管理

我国的外债是指中国境内的机关、团体、企事业单位、金融机构或者其他机构对中国境外的国际金融组织、外国政府、金融机构、企业或者其他机构用外国货币承担的具有契约性偿还义务的全部债务，包括：国际金融组织贷款、外国政府贷款、外国银行和金融机构贷款、买方信贷、外国企业贷款、发行外币债券、国际金融租赁、延期付款、补偿贸易中直接以现汇偿还的债务及其他形式的对外债务。

(一) 我国外债情况

1979年以前，我国基本上不借外债，也不接受外国投资。此后，积极利用外资是对外开放政策的主要内容之一。20世纪80年代初外债尚不足100亿美元，20世纪80年代后期，外债规模逐年递增，1990年底我国外债余额为525.45亿美元，到1995年底外债规模翻了一番，达到了1 065.9亿美元，成为继巴西、墨西哥之后的世界第三大债务国(美国除外)。到2001年底，我国外债余额为1 701.1亿美元（不包括香港特别行政区、澳门特别行政区和台湾地区对外负债)，比1979年增长了77倍，增长速度远远快于国民生产总值的增速。至2011年末，我国外债总额已达到6 949.97亿美元（不包括香港特区、澳门特区和台湾地区对外负债)，外债负债率为9.52%，偿债率为1.72%，短期外债与外汇储备的比例为15.75%，这四大外债警戒指标均在国际公认的安全线之内。上述数据表明，我国已成为发展中国家中的债务大国。

虽然我国外债绝对规模较大，但负债率、债务率和偿债率等有关指标一直低于国际公认的警戒线。目前我国外债存在的主要问题是外债结构有许多不合理之处，诸如外债的币种过分集中于美元和日元上，借债来源过分集中于少数几个发达国家，外债的投向也不尽合理。因此，合理安排，不断优化外债结构，是我国外债管理工作的一个重点。

(二) 我国外债管理制度

伴随着我国外债的发展，我国外债管理制度从1980年开始建立和逐步完善，形成了一套具有中国特色的统一计划、分工负责的外债管理制度和机制。外债管理涉及的部门及其具体分工如下：

(1) 国家发展与改革委员会（简称国家发改委）负责编制利用国外贷款的计划。国家发改委汇总并提出包括国际金融机构贷款、政府贷款、商业贷款、债券发行、项目融资等在内的年度利用外资计划，并会同财政部、中国人民银行等部门制定国家中长期利用国外贷款计划，报国务院批准。

(2) 国家外汇管理局负责：短期国际商业贷款余额指标的核定；外商投资企业发行债券、项目融资借款条件的审批；外债的登记、监测、开户，以及还本付息、相关结售汇的核准；对外担保的登记和审批等。

(3) 财政部负责主权债务的对外签约和债务资金的使用管理。

我国外债管理制度尚不完善，也存在着一些缺陷，如对外借债缺乏强有力的集中统一规划和监控，部门之间缺乏协调等问题。这些都须通过进一步的改革予以完善。

本章小结

国际间接融资指通过金融中介机构进行的跨越国界的融资活动，包括政府贷款、国际金融机构贷款、国际商业银行贷款等。国际间接融资具有以价值增值为目的、主客体比较复杂、风险较大、受到政府管制的特点。国际商业银行信贷是一国独家银行或一国（多国）多家银行组成的贷款银团，在国际金融市场上，向另一国借款人提供的不限定用途的货币贷款。按不同的分类标准，国际银行信贷可分为不同的种类。国际银行信贷按期限分类可分为短期银行信贷和中长期银行信贷，按贷款方式划分可分为双边贷款、联合贷款和国际银团贷款。

外债是在任何给定的时刻，一国居民所欠非居民的、以外国货币或本国货币为核算单位的、具有契约性偿还义务的全部债务。外债监控指标包括偿债率、债务率、负债率、短期外债比率。外债管理是指一国政府对外债及其运行加以控制和监督，是由外债管理主体运用外债管理方法作用于外债管理客体的运行系统。外债管理主要包括外债规模管理、外债结构管理和外债营运管理三个方面的内容。

重点概念

国际间接融资　国际商业银行贷款　辛迪加贷款　双边贷款　联合贷款　国际银团贷款　直接银团贷款　间接银团贷款　国际金融机构　政府贷款　外债　偿债率　债务率　负债率　短期外债比率

复习思考题

一、思考题

1. 简述国际间接融资有什么特点？有哪些作用？

2. 国际商业银行贷款有什么特点？

3. 政府贷款与国际商业银行贷款和国际金融机构贷款相比，具有哪些特点？

4. 当前国际银团贷款的特点是什么？有哪些主要类型？

5. 外债有哪些监控指标？外债管理包括哪些内容？

二、计算题

2003 年 12 月底，我国外债余额折合为 1 936.34 亿美元，其中短期外债为 770.44 亿美元，同年我国 GNP 为 14 120 亿美元，商品和劳务出口收汇额是 4 380 亿美元。若用国际上通用的指标来衡量我国外债，则我国短期外债比率、债务率和负债率分别是多少？你对此有何看法？

第四篇

国际结算实务篇

第九章　国际结算的票据

章前引例及分析

出票人甲将票据交付给收款人乙，乙通过背书将票据转让给丙，丙又将票据转让给丁，丁又将票据转让给戊，戊为最后持票人。请问：在这一系列的当事人之间，谁是票据上的前手和后手？这样的区分有何意义？

分析：(1) 甲、乙、丙、丁、戊所处的地位是相互独立的，在前者被称为前手，在后者被称为后手。例如：甲为乙的前手，乙为甲的后手，甲、乙、丙、丁均为戊的前手，戊则同时是甲、乙、丙、丁的后手。(2) 前手与后手的区分意义在于，票据上的当事人行使追索权时，只能由后手向前手追索，而前手不能向后手追索。所以在前后手的关系中，前手为债务人，后手为债权人。

本章学习目标

通过本章的学习，你应该能够：

1. 了解国际结算的概念、特点及基本情况；
2. 掌握票据的概念、特征及流通形式，了解票据的法律体系；
3. 掌握汇票的定义、必要项目、票据行为及汇票当事人的权利责任；
4. 一般了解票据贴现；
5. 掌握本票的定义、必要项目、票据行为及与汇票的异同；
6. 掌握支票的定义、必要项目及与汇票的异同。

第一节　国际结算概述

一、国际结算的概念及特点

（一）国际结算的概念

国际结算（international settlement）是发生在国际的货币收付行为。两个国家的当事人，无论是个人间、单位间、企业间或政府间，经常会发生各种类型的交易，这就需要通过银行办理债务和债权的了结和清算，也就产生了国际结算行为。

根据引起国际货币收付的不同原因，可以将国际结算分为贸易结算和非贸易结算。凡是由国际的商品交易引发的货币收付，都称为国际贸易结算，也称为有形贸易结算。凡是除商品贸易之外的其他经济、政治和文化等方面的交往引起的货币收付，都称为非贸易结算，它们都是建立在非商品交易基础上的，也称为无形贸易结算。

（二）国际结算的特点

经过几百年的发展，国际结算业务逐步完善，当代的国际结算主要呈现以下基本特征。

1. 按照国际惯例进行国际结算

国际贸易惯例，是指国际贸易在长期实践中，在某一地区或某一行业逐渐形成的为该地区或该行业所普遍认知、适用的商业做法或贸易习惯，作为确立当事人权利义务的规则对适用的当事人有约束力。这其中除去很多是专门涉及结算的国际惯例外，贸易、运输、保险等方面的惯例也与国际结算有着密切的关系。现在的国际惯例经过人们的整理、编纂，表现为书面的成文形式。某一组织、协会的标准合同文本、指导原则、业务规范、术语解释，都可以是国际惯例。自20世纪以来，国际商业组织，如国际商会，积极颁布和实施较完善的国际惯例，不断地出版和修订各种贸易与结算的规则。

比如，在贸易术语方面，有《国际贸易术语解释通则》、《1923年华沙—牛津规则》和《美国1914年对外贸易定义修订》；在结算方面，有《托收统一规则》、《跟单信用证统一惯例》；在国际货物运输方面，有国际上使用广泛的提单文本、租船合同；在保险方面，有保险协会的保险条款。20世纪90年代以后，贸易与结算规则日渐完善，更加科学化和现代化。新修订的国际惯例和规则纷纷出台，如《国际贸易术语解释通则2010》、《见索即付保函统一规则》（URDG758）、《多式运输单据规则》（ICC481）、《跟单信用证统一惯例》（ICC600）、《托收统一规则》及其评论（ICC522，ICC550）、《信用证项下银行间偿付统一规则》及其评论（ICC525，ICC551），这些规则都促进了国际贸易和结算向规范化和标准化方向迅速发展。

国际惯例促进了国际结算规则的统一，减少了当事人可能产生的分歧和争议，方便了国际结算的进行。国际惯例虽然不是法律，但在国际结算中为各国所普遍遵守，所以是处理国际结算业务的共同语言，也是国际结算业务的一大特征。

2. 使用可自由兑换货币

国际结算使用的货币应该是可自由兑换货币。因为在世界各国的货币当中，并不是所有的货币都是可自由兑换的，只有使用那些具有自由兑换性和国际通用性，并为人们所愿意接受的外国货币，才能用于国际结算。

3. 实行“推定交货”原理

推定交货又称象征性交货，是指卖方不是直接将货物交给买方，而是只要将货物交承运人托运，就算履行了向买方交货的义务，卖方发货后取得了代表物权的单据并向买方提示，只要单据上关于货物的描述是合格的，那么买方就必须付款。经过几百年的发展，凭单付款已经相当完善，现代国际贸易中，商品买卖已变为单据买卖。运输业、保险业和金融业的飞速发展，提单、保险单及各种金融票据都可以背书转让，这些条件都促进了以“推定交货”为特征的结算进程。

4. 商业银行成为结算和融资中心

银行信用在国际结算领域的出现和推广，是现代国际结算产生的基础。银行的信用一般优于商业信用，并且随着跨国银行的出现和发展，银行拥有广阔的业务网络，可以满足客户不同的时间和地点的要求。因此，国际结算业务逐步地集中于银行。

（三）国际结算的发展趋势

国际结算正朝着电子化、无纸化、标准化和一体化的方向发展，将为国际贸易提供更高效、更快捷、更便利、更安全的服务。

20 世纪中叶以后，随着科学技术的发展，国际银行业普遍采用先进的计算机技术，建立了各类联机网络和高效信息系统，使得手工操作时代形成的世界范围内银行间的资金往来、汇兑和资金结算业务，通过跨地区、跨国家的计算机网络更加紧密地联系起来，大大节约了货币票据的使用，并且使相距万里的借贷、收付双方的业务往来在瞬息之间即可完成，缩短了国际结算的时间，提高了货币的周转速度和流通速度。

SWIFT 和 EDI 的使用，电子商务和网上银行的发展，都促进了国际结算的电子化、无纸化、标准化和一体化的进程。

1. SWIFT 系统

SWIFT 网络组织标准金融信息的传输，实现了银行间低成本、同效益、及时准确的信息交换和自动化的业务处理，所以各国银行积极加入该组织，从而使 SWIFT 系统在全球迅速得到拓展使用。目前，SWIFT 系统已成为国际金融通讯和国际结算的主体网络。

利用 SWIFT 系统进行结算主要具有以下优势：

（1）成本低。与普通电报、电传相比，其成本相当于 E-mail 之于电话、通信。例如，以发往美国的 300 个字符的电文价格为例，电报为 RMB180.00，电传为 RMB21.60，而 SWIFT 仅为 RMB2.84。

（2）标准化。SWIFT 电讯格式全部都是标准化的，SWIFT 网络组织为其会员提供的用户手册包括守则、操作和标准格式三大部分，会员可以在其中查找有关 SWIFT 的各方面详细的信息。

（3）准确可靠。SWIFT 密押独立于电传密押之外，供代理行之间收发 SWIFT 电讯时使用。双方的收发电由 SWIFT 系统的密押文件自动审核。SWIFT 密押是对全部报文包括所有字母、数字和符号进行加押的，其准确性程度远远超过电传密押。所以与传统的电传密押相比，其可靠性更强、保密性更好、自动化程度更高。

（4）快捷方便。SWIFT 通过电脑网络实现自动化通讯，比传统电报电传更快捷、更方便。

(5) 综合性服务。SWIFT为各会员银行提供各种信息服务，每年出版四期SWIFT名址录，专供会员银行查阅有关银行的SWIFT代码，各SWIFT会员国业务截止时间，支票和付款的止付、起息日的规定，货币符号和银行假日等有关信息。该组织出版的《NEW LETTER》双月刊，及时报道新技术研究与推广、教育培训、问题探讨等专业最新发展和变化。

2. EDI技术

EDI是以计算机数据通讯网络技术为基础发展起来的现代信息处理和信息通讯技术，是无纸化技术。它把商务活动中票证和单据流转的相关环节，通过标准化商业文件的联网传输和自动处理整合在一起，为客户提供快速、准确的国际结算业务，被称为对传统贸易结算方式进行的一次划时代的结构性变革。联合国标准化组织将EDI描述为：将商业行政事务处理按照一个公认的标准，形成结构化的事务处理报文数据（message）的格式，从计算机到计算机的电子传输方法。更精确地说，EDI是按照标准协议，对具有一定结构的标准经济信息，经过电子数据通信网络，在商业贸易伙伴中的计算机系统之间进行交换和自动处理。

EDI技术的使用使企业能够依据标准格式在贸易与结算中直接以电子方式进行数据交换。在贸易与结算中所产生的商业文件如订单、合同、发票、订货运输单、交货通知书、进出口报关单、进口报检单、结汇单等均可转换成国际EDI标准形式（UN/EDIFACT），以电子方式通过EDI中心来传文件。EDI为国际贸易和国际结算带来了巨大的经济效益和社会效益，实现了无纸化、低成本、高效率。

国际EDIFACT和亚太地区EDIFACT委员会相继建立，负责协调成员单位之间的工作，商讨、制定有关的标准、规则和格式，并经国际标准化组织正式颁布，作为EDIFACT的系列标准。有关EDI的法律问题正在探讨之中，如果能在世界范围内形成EDI的法律法规，国际贸易与结算的无纸化和一体化将最终会实现。

3. 电子商务与网上银行

电子商务和网上银行的飞速发展为国际结算和国际贸易的发展带来了新的动力。电子商务（electronic commerce，EC）普及后，通关手续和结算将大大简化。交易双方只需将各种单据转化成电子数据，通过网络传送即可。电子商务改变了传统的贸易方式，以其全球性、快捷性、高效性、低成本渗透性的特点，极大地提高了交易和结算的效率。

电子商务活动中有三部分：信息流、资金流和物流。在现实中，信息流和物流相对比较容易实现，而通过网络进行的资金流即网上结算则是一个“瓶颈”。资金的转移是一笔交易的最基本的环节。任何一笔成功的商务最终都要归结到资金的支付与结算上来，所以网上支付是电子商务最终得以实现的关键。各种电子支付工具和电子银行（E-bank）的发展解决了这个“瓶颈”问题。网上银行有两种模式：一种是完全依赖互联网发展起来的全新的电子银行，这类银行所有的业务都靠互联网进行；另一种是在现有的商业银行基础上发展起来的，商业银行将自己的业务运用和扩展到互联网，开设新的电子服务窗口。这些网上银行服务突破了时空的界限，改变了银行与客户的联络方式，只要有一台与国际互联网相连的电脑，就可以随时随地享受银行提供的各种金融服务。同时，银行只要连入互联网的终端即可将银行业务伸向世界的每一个角落。

背景知识

SWIFT和EDI

SWIFT（Society for Worldwide Inter-bank Financial Telecommunications，环球银行间金融电讯协会），成立于1983年5月，是一个国际银行同业间非营利性的国际合作组织，总部设在比利时首都布鲁塞尔。SWIFT最初由北美和西欧15个国家的239家银行发起，如今已在全世界拥有会员银行5 000多个，其环球计算机数据通讯网在荷兰阿姆斯特丹和美国纽约设有运行中心，在各会员国设有地区处理站，连接数千个用户，日处理SWIFT电讯数百万笔。中国银行是我国最早加入SWIFT组织的银行，并于1985年5月13日开始使用SWIFT系统。之后，我国的大多数银行也都先后成为SWIFT会员。

SWIFT把银行业务分为九大类型：（1）客户汇款；（2）银行间头寸调拨；（3）外汇业务；（4）托收业务；（5）证券业务；（6）贵金属和银团贷款业务；（7）信用证和保函；（8）旅行支票；（9）银行账单处理。

EDI（Electrical Data Interchange，电子数据交换），是指在两个或两个以上用户之间，按照协议将一定结构特征的标准经济信息，经数据通讯网络在电子计算机系统之间进行交换和自动处理。美国20世纪60年代末期开始应用EDI。时至今日，欧洲大部分国家都认定EDI是经商的唯一途径。澳大利亚、日本和新加坡等国也纷纷在20世纪90年代初期宣布，所有的商户首选交易方式为EDI，不采用的商户将推迟或不予办理。

二、国际结算制度

国际结算制度，是指在特定的货币体系之下或一定的历史时期所产生的各国之间的结算或清算方式、规则和制度安排的总和。这其中包括支付货币的选择、清算机构的设立、清算程序的要求，以及各种相关协议、规定等。

历史上先后出现了多边结算制度、双边结算制度，以及集团性多边结算制度。其中多边结算制度最早产生，也是最典型的国际结算制度。

（一）多边结算制度

多边结算是指各国之间的各种结算并不是固定在某一特定的时点上汇总之后再进行的，而是在账户的变动过程中，使债权债务彼此抵消而解决各方的结算问题的一种结算制度。因为多边结算要求必须使用可兑换货币，所以又称为现汇结算。

多边结算制度萌芽于资本主义自由竞争时代，盛行于资本主义金本位时期。由于金本位时期具有货币自由输出输入、自由兑换、汇率稳定的特征，为多边结算的发展创造了有利条件。

随着国际金本位制度和布雷顿森林货币体系的崩溃，货币体系进入纸币时代，各国根据自身的对外支付能力和国际储备状况，都不同程度地对本国的货币的可兑换性和资金的输出输入进行了限制。因此，在这种情况下，进行多边结算是有条件的。

1. 货币的可兑换性

所谓货币的可兑换性是指一国的货币能随时兑换成黄金或其他货币，而不问资金的性质和来源。如果国际结算中使用的货币是不可兑换的，也就是说持有债权的国家只能用其抵偿该货币发行国的债务或向其支付，而不能换成其他货币向第三国支付，那么多边结算将无法进行。在多边结算时期，要求所使用的货币是可兑换的是首要条件。

2. 相关账户的开立

一个国家如果实行多边结算，就需要有本国的商业银行在各个金融中心的商业银行开立各种货币的账户，利用各个账户之间的账目转结来方便国内客户使用各种货币进行结算。结算中使用的币种越多，开立的账户也就越多。在国际金本位时期，英镑是国际上通用的结算货币，伦敦是当时最大的国际金融中心，当时其他各国只要在伦敦开立了英镑账户，就基本上能满足当时多边结算的要求。以后，随着美元在国际支付中重要性的提高，在纽约和芝加哥等地的商业银行中开立美元账户的国家也就迅速增加，近三十几年来，由于国际储备多元化的发展趋势，苏黎世、东京、法兰克福、巴黎、卢森堡、香港、新加坡等地也成为有关货币的结算中心。

3. 账户之间的调拨不受限制

这是指一国的商业银行在对方国家开立的账户上的余额，可以自由转到其他国家的商业银行在该国开立账户内，用以清偿债务。这样，一个国家以某一种货币表示的对外债权债务都可以通过转账的方式进行清偿。如果账户所在国或所用货币发行国对外汇管制比较严格，对账户之间的转存有很多限制，那么这种形式的清偿就会出现问题，这种多边结算也就难以进行。

多边结算并没有一个严格的组织形式，没有人为的许多规定和限制，而是在国际结算的发展过程中自发形成的。一个国家当中会有许多家商业银行不自觉地通过账户的建立加入了这个多边结算的行列，而一家商业银行一般也不会只开有一种货币的账户。从全世界来看，每时每刻都有不同的银行之间以不同的货币进行的多边结算。多边结算减少了资金调拨和结算的手续。

[例 9—1]

某日中国银行发生了几笔对外支付：

A. 我国某公司进口德国轿车，支付 USD1 250 000

B. 在英国的留学生汇给国内家人 USD100 000

C. 某企业向新加坡出口商品，收入 USD320 000

D. 某投资者通过在美国的投资收入 USD25 000

E. 我国向非洲某国投资 USD6 000 000

因为以上的交易涉及六个国家，如果每一笔交易都进行双边结算，至少要进行五次资金调拨，而在这种多边结算制度下，中国银行只需在美国的某家银行拥有账户，就可以将以上的债权债务进行集中冲抵。

在美国某银行的中国银行账户上，以上的交易表现为：

	借方	贷方
A	USD1 250 000	
B		USD100 000
C		USD320 000
D		USD25 000
E	USD6 000 000	

从以上的账户可以看出，仅仅通过这一个账户的变动就可以收付对其他五国的债权债务，并且可以对借贷双方相互冲抵一部分，这又减少了资金的调拨手续。

由于多边结算具有以上的特点，因此它促进了国际贸易在数量上和范围上的发展，是一种比较有利于世界经济发展的结算制度。

(二) 双边结算制度

双边结算制度是指两国政府签订支付协定，开立清算账户，用集中抵消的办法，清算两国之间的债权债务的一种结算制度。因为双方的结算是产生在支付协定基础上的，所以也称为协定结算。又因为在结算时使用的货币是一个记账单位而不是可兑换货币，因此也称为记账结算。在双边结算中使用的是协定外汇或称为记账外汇，这是相对于可自由兑换外汇而言的，这种外汇只能在签订协定的国家之间使用，而不能用于向第三国支付。

这种双边结算是在特定历史时期产生的。第一次世界大战和 1929—1933 年经济大萧条后，各国普遍实行外汇管制，以防止外汇和黄金的流失。在这种情况下，各国间贸易的进行受到很大影响。为了摆脱这种困境，各资本主义国家之间以及资本主义国家与其殖民地、附属国之间签订了清算协定，开展双边贸易和双边结算。就是在指定的银行开立特殊的账户，集中双方的债权债务在一定时间内进行清算。

双边结算对外汇储备较少的国家比较有利，可以保证其进出口贸易的发展，减少黄金和外汇的流出。在一定的历史时期里会促进国际贸易的发展。但有可能会加深资本主义各国之间在国际市场上竞争的矛盾，还可能会出现大国廉价取得原材料，强行推销其工业品的现象。

背景知识

我国的双边结算

双边结算在我国的国际结算中曾经发挥了重要作用，在 20 世纪 50 年代末和 60 年代初曾占我国国际结算的 70%。在新中国成立之初，国民经济处于恢复阶段，外汇储备并不富裕，而当时资本主义国家普遍实行外汇管制，美国对我国实行封锁禁运，使我国对外贸易的发展受到相当大的限制。我国只能与当时其他的社会主义国家——苏联和东欧国家以及一些第三世界国家进行贸易。因为双方均属于外汇短缺，无法利用多边结算形式，所以通过双方谈判，根据平等互利、互通有无的原则签订了贸易支付协定。20世纪60年代初，非洲一些殖民地国家先后独立，为了支持这些第三世界国家的经济发展，我国和这些国家签订的支付协定大幅增加，最多时达到26个国家。20世纪70年代后，由于双边结算的顺差清偿困难，它在我国对外清算中的比重有所下降。

（三）集团性多边结算

集团性多边结算是在双边结算基础上发展起来的，即把清算协定的范围有限度地扩大，在集团内形成了一定的制度、程序和特定清算机构的一种清算制度。这种制度不同于自发形成的多边结算制度。

这种制度出现于第二次世界大战后。1950年成立的欧洲支付同盟（European Payment Union，EPU）实现了典型的集团性多边结算制度。欧洲支付同盟多边结算的主要特点是：

（1）成立了清算机构——设在巴塞尔的国际清算银行（Bank of International Settlement，BIS)。

（2）规定了清算货币——记账单位（unit of account)，每一记账单位的含金量和美元相等，根据各国货币的含金量来计算其与记账单位的汇率。

（3）执行一定的清算程序——各国央行每月将其对其他成员国的债权债务通知国际清算银行，作为清算中心的国际清算银行把这些债权债务集中冲销，剩下的差额再同各中央银行清算。

随着欧元区的正式形成，当今世界正在掀起一场“集团化”热，如“北美自由贸易区”、“东亚经济圈”、“环太平洋经济合作组织”等，这都为集团性多边结算的发展创造了条件。

三、国际结算业务中的往来银行

办理国际结算的基本条件是要有一个国际性的银行网络，这个网络越广泛，办理国际结算的范围就越大，资金清算就越方便。要拥有这样的网络，就必须选择好往来银行，建立银行间的代理关系，这样才能顺利地开展国际结算业务。

代理行（correspondent）是指接受其他国家或地区的银行委托，代办国际结算业务或提供其他服务，并建立相互代理业务关系的银行。一般情况下，经营国际业务的银行都在国外设有分支机构，但不可能在发生债权债务的所有国家都建立分支机构，于是就需要国际间的银行合作，进而形成一个高效率的资金转存网络。这种合作，就是通过它们之间的代理关系来实现的，而这两个互有代理关系的银行就是上面提到的代理行。资信好、关系好的代理行还能提供催收拖欠款、培训员工等服务，还可以促进与贸易有关的国际信贷业务的发展。因此选择代理行就是非常重要的一项工作。

（一）代理行选择的标准

选择合适的代理行能够保证国际结算业务的顺利进行，也能促进本国贸易的发展。所以在选择时应注意：

(1) 按照客户的要求选择地区和币种等。代理行一般都选在客户所需要进行的国际结算业务发生的地方，它们对当地的经济、政治和商业往来更了解，更有利于业务开展。

(2) 适合本国的外交政策。同我国未建交的国家的银行不能往来，不能建立代理关系，双方民间商业往来发生的债权债务应通过第三国银行结算。

(3) 审查对方的资信状况。目前国际上比较通用5C原则，即Character（信用品质）、Capacity（能力）、Capital（资本）、Collateral（担保品）、Condition（经营环境）这五方面。

（二）建立代理行的程序

1. 有意向的双方银行交换各自的信息

交换的信息包括经营业绩、双方互相代理的责任和业务范围以及费用等。

2. 签订代理行协议

经过双方协商同意后，签订代理行协议，指定互相代办业务的机构、业务种类及条件。

3. 交换控制文件

控制文件包括密押、签字样本和费率表。

密押（test kcy）是用丁识别银行电讯文件的数字密码。每个银行都有绝对机密的密押表。为了高度保密，密押只掌握在个别人手中，并且每使用一段时间后就得更换。传统的密押用于银行间的电报电传中，将发出的电讯文件中的重要信息如金额、币种、日期等按密押表编成密押，代理行收到后破译密押并核对电讯文件的正确性，以验证文件的真实性。随着国际结算的电子化，出现了新形式的密押，如专用于SWIFT的密押，是电脑自动根据SWIFT报文的全部字母、数字和符号编制的，准确性强，保密性好，且自动化程度高，但为提防电脑黑客，按SWIFT守则的规定密押需要半年更换一次。

签字样本（specimen of authorized signatures）是银行授权签字人的签字样本。代理行之间往来的委托书等书面文件需要有关人员的签字才能生效。代理行之间互相交换授权签字人的签字样本后，当收到对方发来的书面文件时，用签字样本与文件上的签名核对，以辨认其真伪。

费率表（schedule of terms and conditions）是银行各种代理业务的收费依据，由此确定代理业务的手续费和佣金。代理行之间互相交换费率表，可让双方明确偿付的标准和方法。费率一般由双方协商议定。

上述三个步骤完成后，双方就可以互相委托代理业务了。

（三）账户行关系的建立

为了便于调拨资金和办理结算，各家银行一般还需要在位于货币清算中心的代理行中选择关系好、资金雄厚、信誉佳、影响大、清算方便的银行开立存款账户和往来账户。因此，代理行可以分为有账户关系的代理行和无账户关系的代理行两种，也就是说，并不是所有的代理行都会互相开立账户，而账户行关系是属于代理行关系中的一种。

账户行关系是指相互开有存款、结算等账户，在国际汇兑业务中可以通过这些账户进行结算的一种代理行关系。这些开有账户的代理行称为账户行。

选择账户行应符合以下标准：第一，账户行所在国的货币应是本国对外支付所使用的主要货币。一家银行可能在一个国家有多家代理行，但为了提高效益，防止外汇资金闲置，往往只与其中一个代理行建立账户关系以保证一定的业务量。第二，账户行要比其他一般的代理行具备更雄厚的资力、更良好的信用、更正派的作风和更友好的态度。第三，账户行应具有先进的通讯设施、较高的工作效率，账户条件比较优惠。

第二节　票据概述

一、票据的概念

从广义上讲，票据（bills）可以指所有商业上作为权利凭证的单据（document of title）和资金票据（financial document）。从狭义上讲，票据是指资金票据，即依据票据法签发和流通的、以无条件支付一定金额为目的的有价证券，包括汇票、本票和支票。本课程所讲的票据是指狭义的票据。

二、票据的性质

（一）设权性

所谓设权性，是指票据持有人的票据权利随票据的设立而产生，离开了票据，就不能证明其票据权利。这是指票据上的权利完全由票据行为所创立。票据的签发，不是为了证明已经存在的权利，而是为了创设一种权利，即支付一定金额的请求权。这种权利一旦创设，即与创设该权利的背景相分离，成为一种独立的、以票据为载体的权利。

[例 9—2]

甲国 A 公司从乙国 B 公司进口了价值 10 万美元的机器设备，A 应向 B 支付货款 10 万美元。付款方式有两种：一是直接支付现金；二是通过签发票据支付，A 和 B 商定以票据支付。于是 A 命令 C 在见票时立即向 B 付款 10 万美元。本来 B 和 C 之间是没有任何债权债务关系的，这时，C 却成了票据债务的承担者（债务人），虽然 B 和 A 之间因购货而存在债权债务关系，但票据的产生并非是为了证明这种关系，而是 A 通过票据这种工具来向 B 付款，C 是因为与 A 存在某种特定关系（存款行或债务人等）而被 A 指定为票款的支付者。

（二）流通性（negotiability）

可以流通转让是票据的基本共性。各国票据法都规定票据仅凭交付或经适当背书后交付给受让人即可合法完成转让手续，无须通知票据上的债务人。一张票据，尽管经过多次转让，几易其主，但最后的执票人仍有权要求票据上的债务人向其清偿，票据债务人不得以没有接到转让通知为理由拒绝清偿。

在英美法中，转让有三种类型：过户转让（assignment）、交付转让（transfer）与流通转让（negotiation）。这三个法律术语的含义是有区别的：

（1）过户转让，它指的是一般债权的让与，如合同的转让。这种债权让与必须以通知原债务人为条件，受让人的权利要受到转让人权利缺陷的影响。例如，A与B签订了一份贸易合同，A是卖方，他将合同的应收货款转让给了C。如果A的货物有问题或者根本没有交货，B可以对C拒付货款。

（2）交付转让。是指物权凭证的转让。这种物权凭证如提单、保险单、仓单等，可以仅凭交付或加上适当背书而转让，无须通知债务人。但是，受让人的权利不能优于出让人。如果出让人的权利有缺陷，则受让人所取得的也只是一种有缺陷的权利。例如甲窃取了乙的一份提单，并把它转让给丙，即使丙是善意的、支付了对价的受让人，由于甲对该提单无合法的权利，丙也不能对该提单取得合法权利。一旦乙发现被窃，有权要求丙返还提单。

（3）流通转让。这是票据的基本特性。许多国家在票据法中都规定，票据仅凭交付或适当背书即可转让，无须通知债务人。善意的、付了对价的受让人可以取得优于其前手的权利，不受其前手的权利缺陷的影响。例如，A将从B处偷来的票据转让给了C，C不知情且对票据支付了对价，B就不能以A是以偷窃方式获得此票据为理由，要求C归还票据。这是票据的流通转让与民法上的债权让与（assignment）的一个重大区别。

[例9—3]

A公司欠B公司2 000USD，B公司欠C公司500USD，C公司又欠A公司2 000USD，如果A公司将对C公司的2 000USD的债权转让给B公司，请问，当B向C索取款项时，C向B付多少USD？如果B又将此2 000USD债权转让给D公司，请问，当D公司向C公司索款时，C公司向D公司支付多少USD？如果以A、B、C公司间债权债务关系为基础，A公司签发一张以自己作为出票人、C公司作为付款人、B公司作为收款人的汇票，金额2 000USD，用于清偿对B公司的债务，则当B公司向C公司提示汇票时，C公司向B公司支付多少USD？如果B公司将汇票转让给D公司，请问，当D公司向C公司提示汇票时，C公司向D公司支付多少USD？

（三）无因性（non-causative nature）

票据受让人无须调查出票、转让原因，只要票据记载合格，他就能取得票据文义载明的权利。即票据本身与其基础关系相分离。所谓票据的基础关系，包括出票人与付款人之间的权利义务关系和出票人与收款人、背书人与被背书人之间的对价关系。各国票据法都认为，票据上的权利义务关系一经成立，即与原因关系相脱离，不论其原因关系是否有效、是否存在，都不影响票据的效力。票据的无因性使票据得以流通。

（四）要式性（requisite in form）

所谓要式是指票据的做成必须符合法定的形式要求。票据上面记载的必要项目必须齐全，各项必要项目又必须符合规定，否则就不能产生票据的效力。各国法律对于票据所必须具备的形式条件都作了具体的规定，当事人不能随意变更。

（五）提示性（presentment）

票据上的债权人请求债务人履行票据义务时，必须向付款人提示票据，始得请求付给票款。如果持票人不提示票据，付款人就没有履行付款的义务。因此，票据法规定了票据的提示期限，超过期限则丧失票据权利。

（六）返还性（returnability）

票据的持票人领到支付的票款时，应将签收的票据交还给付款人，从而结束票据的流通。

[例 9—4]

甲交给乙一张经付款银行承兑的远期汇票，作为向乙订货的预付款，乙在票据上背书后转让给丙以偿还原先欠丙的借款，丙于到期日向承兑银行提示取款，恰遇当地法院公告该行于当天起进行破产清理，因而被退票。丙随即向甲追索，甲以乙所交货物质次为由予以拒绝，并称 10 天前通知银行止付，止付通知及止付理由也同时通知了乙。在此情况下丙再向乙追索，乙以汇票系甲开立为由推诿不理。丙遂向法院起诉，被告为甲、乙与银行三方。你认为法院将如何依法判决？理由何在？

解答：法院应判甲向丙清偿被拒付的汇票票款、自到期日或提示日起至清偿日止的利息，以及丙进行追索所支付的相关费用。甲与乙的纠纷则另案处理。

分析：(1) 由于票据具有流通性、无因性、文义性、要式性，因此只要丙是票据的合法持有人，就有权要求票据债务人支付票款，并且此项权利不受其前手乙的权利缺陷（向甲交付的货物质次）的影响；(2) 丙在遭到主债务人（承兑银行）退票后，即有权向其前手甲、乙进行追索。同样由于票据特性，甲不能以抗辩乙的理由抗辩丙。

三、票据的当事人及权利与义务

（一）出票人（drawer）

即指做成票据、在票据上签名并发出票据的人。票据关系因出票人的出票而产生，不同的票据，其出票人有所不同。

（二）持票人（holder）、背书人（endorser）和被背书人（endorsee）

持票人是持有票据并享受票据权利的人，票据上载明的收款人即为第一持票人。背书是一种票据行为，是票据转让的一种重要方式，是指由持票人在汇票背面签上自己的名字，并将汇票交付给受让人的行为。这里的持票人称为背书人，受让人称为被背书人。同一票据可经过多次背书转让，先后有多个持票人。

（三）付款人（drawee）

付款人是指票据上载明的承担付款责任的人。不同的票据，其付款人有所不同。

（四）保证人（guarantor）

保证人是指为出票人、背书人等特定债务人向付款人以外的第三人担保支付全部或部分票据金额的人。

以上当事人可以组成不同的关系，其中出票人、持票人、付款人三者间的关系是票据的基本关系，也称票据的基本关系人。调整票据基本关系的规定，构成票据法的核心。

背景知识

关于票据的法律体系

1. 英美法系的票据法

以英国《1882年票据法》为代表的英美法系的特点是强调票据的流通作用和信用功能，保护正当持票人的利益。其具体表现是把票据关系与其基础关系严格区别开来，即不问对价关系或资金关系如何，凡善意的票据受让人均受到法律保护。

2. 票据的统一法

1930年，法国、德国、瑞士、意大利、日本以及一些拉美国家等20多个国家在日内瓦召开国际票据法统一会议，签订了《日内瓦统一汇票本票法公约》；次年，又签订了《日内瓦统一支票法公约》。日内瓦公约的签订，逐步消除了大陆法系各国在票据法上的分歧。但由于英美等国拒绝参加日内瓦公约，日内瓦公约代表的统一法与英美法系的票据法形成并存的票据法两大法系。

3. 中国的票据法

1995年5月10日正式颁布的《票据法》是新中国第一部真正规范的票据法，共有总则、汇票、本票、支票、涉外票据的法律适用、法律责任和附则7章111条。它既明确规定了票据各当事人的权利与义务，又进一步规范了票据的行为。

第三节　汇票

一、汇票的定义

汇票在国际结算中是最重要、最常用的一种结算工具。

英国《票据法》对汇票（bill of exchange）定义为：汇票是出票人向付款人签发的，要求付款人即期或定期或在一个可以确定的将来日期，对收款人或其指定人或持票人支付一定金额的无条件的支付命令（A bill of exchange is an unconditional order in writing, addressed by one person to another, signed by the person giving it, requiring the person to whom it is addressed to pay on demand or at a fixed or determinable future time a sum certain in money to or to the order of a specified person or to bearer）。我国《票据法》规定：汇票是出票人签发的，委托付款人在见票时或者在指定日期无条件支付确定的金额给收款人或者持票人的票据。由此可见，汇票具有三方面当事人：

（1）出票人。就是签发汇票的人，一般为出口商或债权人，也可以是债务人。

（2）付款人。就是汇票的受票人，一般为进口商或债务人。

（3）收款人。就是接受汇票所开金额的人，一般为出口方往来银行或第三者或出票人本人。

二、汇票的内容

《日内瓦统一汇票本票法公约》规定了汇票所必须具备的各项内容，结合表 9—1 加以说明。

表 9—1　　汇票格式

No. T/T 1996501

Exchange for US$1 000 (1)　Hong Kong，25th July 1996. (2)

At... sight (3) of this First of Exchange（Second of the same tenor and date unpaid）Pay to (4)

the order of The Chartered Bank (5) the sum of (6) U. S. DOLLARS ONE THOUSAND ONLY...

Drawn under Standard Chartered Bank Ltd.，London Letter of Credit No. 5/1996 dated 12th July 1996 against shipment of Grey Shirting from Hong Kong to Liverpool per S. S. Golden Star.

To：Standard Chartered Bank Ltd.，(7)

London (8)　For Hong Kong Textiles Manufacturing Company，Hong Kong (9)

(signed)

（一）必须写明汇票字样

如"Exchange for..."。

（二）出票的日期和地点

1. 汇票的出票地点

汇票的出票地点，一般在汇票的右上角，与汇票的出票日期相邻。汇票的出票地点事关汇票出票行为的法律适用问题。因为依照国际惯例，票据成立与否应依据行为地法律的原则，汇票是否完善有效则依据出票地的法律。如果在汇票上没有记载出票地点，则以出票人的营业所在地为出票地点。

2. 汇票的出票日期

汇票的出票日期一般在汇票的右上角，与汇票的出票地点相邻。汇票的出票日期是汇票的必要项目，如果汇票没有记载出票日期则汇票无效。汇票的出票日期如此重要，是因为汇票的出票日期有以下作用：

（1）决定了汇票的有效期。汇票的流通有其时效性，即有效期，其起算日为出票日期，没有注明出票日期的汇票无法判定其有效期。我国《票据法》规定，即期付款汇票必须在出票后 1 个月内提示。

（2）决定汇票的到期日。对于出票后若干天（月）（At... days after date）付款的汇票，付款到期日的确定就取决于出票日。

（3）决定出票人的行为能力。如出票时法人已宣告破产清算，表明其已丧失相应的行为能力，则票据不能成立。

（三）付款期限

在英国《票据法》对汇票的定义中，表达了汇票的付款期限是"on demand or at a

fixed or determinable future time”。说明汇票的付款期限分别是立刻或在固定日期或在将来可确定的时间付款。据此，我们将汇票的付款期的表达分为两大类，一类是即期付款，另一类是远期付款。

1. 即期付款

即期付款也叫见票即付，是指付款人在见票时无须承兑，立刻向持票人进行付款。能表明汇票是即期付款的语句主要有“At sight，On demand，On presentation”。如果汇票上没有任何表达付款时间的语句，通常也认为本汇票为见票即付的。

2. 远期付款

远期付款指持票人向付款人初次提示汇票时，受票人只对汇票进行承兑，付款行为发生在固定的时间或将来可以确定的时间。

(1) 远期付款的语句。在实务操作中能表现该汇票为远期付款的形式主要有以下 5 种情况：

1) At… days (months) after sight. 见票后若干天（月）付款。

这种汇票须由持票人向受益人提示要求承兑并从承兑日起算确定的付款到期日。对于这种汇票，出票人自己不能确定汇票的到期日，付款到期日取决于付款人承兑汇票的日期。例如：

At 90 days after sight Pay to A Co. the sum of four thousand u. s. dollars.

2) At… days (months) after date. 出票后若干天（月）付款。

这种汇票的到期日是从汇票的出票日起开始计算的，这种汇票需由持票人向付款人提示要求承兑，以明确承兑人的责任。例如：

At 90 days after date Pay to A Co. the sum of four thousand u. s. dollars.

3) At… days (months) after a state date. 汇票说明日期后若干天（月）付款。

这种汇票的到期日是从汇票中指定的日期开始计算的。这种汇票需由持票人向付款人提示要求承兑，以明确承兑人的责任。例如：

At 90 days after 1 May，Pay to A Co. the sum of four thousand u. s. dollars.

4) At… days (months) after B/L . 提单后若干天（月）付款。

这种汇票的到期日从汇票本身不能计算出来，而是从出口商发货后获得提单的签发日期开始计算。这种汇票同样需要向付款人提示要求承兑，以明确承兑人的责任。例如：

At 90 days after B/L Pay to A Co. the sum of four thousand u. s. dollars.

在这个表述中，首先必须明确 B/L 的签发日期，然后才能确定汇票的到期日。

5) At…days (months) after presentation. 交单后若干天（月）付款。

这种汇票的到期日从汇票本身同样不能计算出来，而是从受益人向银行交单日来确定汇票的到期日。这种汇票同样需要向付款人提示要求承兑，以明确承兑人的责任。例如：

At 90 days after presentation documents Pay to A Co. the sum of four thousand u. s. dollars.

(2) 到期日的计算。

1) 对于以 after 表述的见票后、出票后、固定日期后、提单后、交单后某一日付款的汇票，采取“算尾不算头”的方法，即不包括所述当日，但到期日包括在内。

［例 9—5］

At 90 days after sight Pay to A Co. the sum of four thousand u. s. dollars。

付款人承兑日为 5 月 10 日，则汇票的到期日如何计算？

分析：

5 月 11 日—5 月 31 日：21 天，所述当日不计算在内。

6 月 1 日—6 月 30 日：30 天。

7 月 1 日—7 月 31 日：31 天，到此为 82 天，还有 8 天。

8 月 1 日—8 月 8 日：8 天，共 90 天，8 月 8 日为付款到期日。

2）遇假日顺延。如果到期日当天为法定节假日，则应顺延到下一个营业日。如例 9—5 中，如果 8 月 8 日为星期日，则 8 月 9 日为到期日；如果 8 月 8 日为星期六，则到期日为 8 月 10 日。

3）月对月原则。汇票规定出票后、见票后、固定日期后、提单后、交单后若干月付款的汇票，采取月对月原则，其到期日是在应该付款的那个月的相应日期，若没有相应日期，则以该月的最后一天为到期日。

［例 9—6］

At 3 months after sight Pay to A Co. the sum of four thousand u. s. dollars。

付款人承兑日若为 5 月 10 日，则汇票的到期日为 8 月 10 日。

4）在实务操作中，表示时间尽量不用“from”，而用“after”，如果使用“from”，除非信用证另有规定，则计算方式与“after”相同。

（四）无条件的支付命令

汇票是债权凭证，必须有无条件支付命令的字样，如：“pay to”而不能有“请付（please pay...）”或“应付于（should be payed）”等字样，也不能加列对支付有限制性的条款，否则会影响汇票的流通使用。

例如：

（1）Pay to A Co. or order the sum of four thousand u. s. dollars only. ——有效汇票

（2）please pay to A Co. or order the sum of four thousand u. s. dollars only. ——无效汇票

（3）I will be very pleased if you pay to A Co. or order the sum of four thousand u. s. dollars only. ——无效汇票

（4）Drawn under L/C No. 123 issued by××Bank，New York，dated 12，November，2014. pay to A Co. or order the sum of four thousand u. s. dollars only. ——有效汇票

（5）Pay to A Co. the sum of four thousand u. s. dollars and debit our a/c with you. ——有效汇票

（五）收款人

收款人是汇票上的主债权人，即接受汇票所规定的金额的人。它可分三种：（1）限制性抬头，即只限指明的具体人或商号，写有“Pay×××only”等字样；（2）指示性抬头，即标明某特定收款人所指定的任何人，写有“Pay to×××order”等字样；（3）持票人抬头，即付款给任何持票人，写有“Pay bearer”等字样。

（六）一定金额

汇票金额必须确定，不能模棱两可，如“大约”（about）等。

1. 支付标的必须是货币

汇票具有金钱性特征，汇票支付标的必须是金钱，除了货币以外的任何其他标的，都不能成为汇票支付的标的。

2. 大、小写问题

汇票的金额包括两部分：货币名称和金额，金额同时以大小写表示。一般在“Exchange for”后面填小写金额，在“the sum of”后面填小写金额。我国《票据法》规定，票据金额大小写必须同时体现，并且大小写必须一致，大小写金额不符，票据无效。而《日内瓦统一汇票本票法公约》和英国《票据法》都规定票据大小写不一致时，以大写金额为准。

3. 金额必须确定

汇票的金额必须确定。所谓确定，是指汇票各当事人通过观察或计算得出汇票的金额必须相等。任何选择的或者浮动的记载或未定的记载，都会使汇票无效。

（1）选择或浮动的记载导致汇票无效。

例如：

the sum of about one thousand USD. ——无效汇票

the sum of circa one thousand USD. ——无效汇票

the sum of one thousand USD or two thousand USD. ——无效汇票

（2）利息条款。汇票上注明按一定的利率或某一日市场利率加付利息，这是允许的。但利息条款须注明利率、起算日和终止日，否则汇票无效。

例如：

Pay to A Co. the sum of four thousand u. s. dollars plus interest. ——无效汇票

Pay to A Co. the sum of four thousand u. s. dollars plus interest calculated at the rate of 6% per Annum from the date hereof to the date of payment. ——有效汇票

（3）分期付款。汇票上注明分期付款时，分期付款的条款必须具体、可操作。否则，汇票无效。

例如：

Pay to A Co. the sum of four thousand u. s. dollars by installment. ——无效汇票

Pay to A Co. the sum of four thousand u. s. dollars by 4 equal consecutive monthly installment. ——有效汇票

（4）支付等值的其他货币。是指按一定的或可以确定的汇率折算后付款，必须说明汇率。否则，汇票无效。

例如：

Pay to A Co. the sum of four thousand u. s. dollars converted into sterling equivalent. ——无效汇票

Pay to A Co. the sum of four thousand u. s. dollars converted into sterling equivalent at current Rate of exchange. ——有效汇票

（七）付款人名称

付款人是汇票的受票人即债务人，汇票必须列明付款人的姓名或者商号及其地址，以便持票人明确其提出承兑或要求付款的对象。

（八）付款地点

付款地点是指付款人履行付款义务的地点，如汇票未载明付款地点，则付款人姓名旁的地点视作付款地点。

（九）出票人签字

汇票上要有出票人签名，以确定出票人对汇票的债务责任。我国《票据法》规定，票据上的签字为签名或盖章或签名加盖章。英国《票据法》规定必须手签。目前在实务操作中，涉外票据应采用手签方式。

如果出票人是代理其委托人（公司、银行）签字，应在委托人名称前加注"for"、"on behalf of"、"for and on behalf of"等字样，并在个人签字后注明职务的名称。

[例 9—7]

For A Co.

John smith

General Manager

这样，表明 A 公司受个人 John Smith 签名的约束，不是 John Smith 个人开出汇票，而是代理公司开出汇票。

如果汇票上没有出票人的签字、伪造签字或代签名的人并未得到授权，则不能认为是出票人的签名，这样的汇票不具备法律上的效力。

三、汇票的种类

（一）商业汇票和银行汇票

根据出票人的不同，汇票分为商业汇票（trade bill）和银行汇票（banker's draft）。

商业汇票由工商企业或个人签发，付款人可以是工商企业或个人，也可以是银行。在国际结算中，商业汇票通常是由出口商开立，委托当地银行向国外进口商或银行收取货款时所使用的汇票。银行汇票通常为银行受客户委托向另一家银行签发。国际结算中，银行签发汇票后交客户寄往国外收款人，由其向付款银行取款。银行汇票的出票人和付款人都是银行。

（二）即期汇票和远期汇票

根据付款时间的不同，汇票分为即期汇票（sight bill）和远期汇票（time bill）。

凡采用见票即付形式记载付款日期的汇票称为即期汇票，即期汇票在见票后立即付款；凡采用定期付款、出票后定期付款、见票后定期付款等形式记载付款日期的汇票，称为远期汇票，远期汇票可在约定的将来某一天付款，但收款人一般需要先期向付款人提示承兑以明确付款人责任。

（三）光票和跟单汇票

根据有无附属单据的不同，汇票分为光票（clean bill）和跟单汇票（documentary bill）。

光票是指不附带任何货运单据的汇票，在国际贸易结算中，一般仅限于贸易从属费用、货款尾数、佣金等收取或支付时使用；跟单汇票是指附有货运单据、提单、发票、保险单等单据的汇票。汇票的付款人要取得货运单据提取货物，必须付清货款或提供一定的担保。跟单汇票体现了货款与单据对流的原则，对进出口双方都有利。因此，在国际贸易中，大多使用跟单汇票进行结算。

（四）商业承兑汇票和银行承兑汇票

按承兑人的不同，汇票可分为商业承兑汇票（commercial acceptance draft）和银行承兑汇票（banker's acceptance draft）。

商业承兑汇票是由工商企业或个人承兑的远期汇票，商业承兑汇票是建立在商业信用的基础之上的，其出票人也是工商企业或个人。银行承兑汇票是由银行承兑的远期汇票。在国际贸易结算中，银行承兑通常由出口商按照进口国银行的授权签发以该银行或其指定银行为付款人的远期汇票，经付款银行承兑后，该付款银行即成为该汇票的主债务人。所以，银行承兑汇票是建立在银行信用的基础之上的，便于在金融市场上贴现转让，进行流通。

四、票据的行为

（一）汇票的背书

汇票在国际金融市场中可以自由流通和转让，这就使它成为一种重要的流通手段和支付工具。但当汇票进行流通和转让时，必须办理背书手续。所谓背书，是以票据权利转让给他人为目的的一种票据行为。经过背书，票据权利由背书人转让给被背书人，由被背书人取得票据所有权，被背书人也可再继续背书转让票据。其具体做法是由背书人在票据背面签上自己的名字并交付给被背书人。背书的主要方式有三种：(1) 限定性背书，写有“Pay×××only”等字样；(2) 特别背书，写有“Pay to the order of××”字样；(3) 空白背书，又称不记名背书，是指背书人在票据背面只有签字，而不写明具体的被背书人名称。汇票的背书人也叫出让人，被背书人也叫受让人。对于受让人来说，在他以前的背书以及原出票人都是他的“前手”。对于出让人来说，所有在他让出后的受让人都是他的“后手”。根据《票据法》的规定，“前手”对“后手”都承担着对汇票付款的责任。

背景知识

背书不得记载的事项有：(1) 背书不得附有条件。我国《票据法》规定，背书不得附有条件。因为附条件使票据效力不确定，从而严重影响票据的流通。国外可以有条件背书，但这仅对背书人与被背书人起作用。(2) 将汇票金额的一部分转让的背书无效。(3) 将汇票金额分别转让给二人以上的背书无效。

（二）汇票的提示

持票人将汇票提交付款人要求承兑或付款的行为叫提示。提示可分两种：远期汇票向付款人提示承兑和即期汇票或已到期的远期汇票向付款人提示要求付款。提示必须在合理的时间之内、于正当的地点进行。

（三）汇票的承兑

承兑是远期汇票的付款人经持票人提示后，明确表示同意按出票人的指示付款的行为。付款人也在票上写明“承兑”字样，注明承兑日期，并经签字，确认对汇票的付款责任后，即成为承兑人。承兑人是汇票的主债务人，承担支付票面金额的义务。汇票的承兑有两种：（1）普通承兑。它是承兑人对出票人的指示不加限制地同意确认。（2）限制承兑。常见的限制承兑有四种：带有条件、部分承兑、限定地点及延长时间。

（四）汇票的贴现

远期汇票只有在到期之日才能付款。汇票持有人如要提前取得票款，可以向银行或贴现公司办理汇票贴现。贴现就是对已经承兑的远期汇票在到期前向办理贴现的银行或公司按票面金额支付贴息，并获得余款的行为。由于贴现汇票需要等承兑票据到期才能收到票款，所以实际上是由贴现的银行或公司垫付了资金，为此，银行或公司要收取从贴现日起至到期日止这段时间融资的利息，即贴现息。贴现的利率，叫贴现率。

被扣减的贴现息按照下面的公式来计算：

贴现息＝票面金额×贴现天数/360×贴现率

其中，贴现天数是指距到期日提早要求付款的天数，贴现率用年率来表示，英镑一年按 365 天计算，而美元等货币一年按 360 天计算。

净款（net proceeds）又称现值，即持票人所获得的现金数，按以下公式计算：

净款＝票面金额－贴现息

或者

净款＝票面金额×（1－贴现天数/360×贴现率）

[例 9—8]

计算贴现利息

一张票面为 USD20 000 的汇票注明期限是 payable at 60 days after sight，于 6 月 20 日承兑，持票人于 6 月 23 日要求贴现，当时的贴现率为 6.2%，请问持票人应得多少净款？

解答：贴现利息＝20 000×（60－3）/360×6.2%＝196.33

净款＝20 000－196.33＝19 803.67

相关链接

英国的贴现市场和再贴现业务

贴现市场是金融市场的一个组成部分。世界上以英国的贴现市场最为发达。伦敦的贴现市场上有 12 家贴现公司（Discount House），专门买入各种票据，包括贴现商业票据。还有 8 家商业银行，又称承兑公司（Accepting House），办理汇票的承兑业务。它们与普通商号约定，允许其开立以承兑公司为付款人的远期汇票，承兑公司不收兑价，在汇票上签字承兑，以此来提高汇票的声誉。出票人是收款人，将已承兑汇票向贴现公司要求贴现，从而获得资金融通。等到汇票到期日，出票人将票款交承兑公司以备持票的贴现公司来取款。这样的汇票又称为融通汇票（accommodation bill），承兑人称为融通人，收款人称为被融通人。

英国规定汇票的再贴现需要具备以下条件：(1) 汇票上必须有两个英国头等银行（即一流的大银行）的名号，其中一个是汇票的付款人，即承兑后的承兑人，另一个是贴现公司。因为贴现公司属于银行性质，贴进汇票后，贴现公司如欲出售，则必须在汇票上背书，因此汇票上有了第二个英国银行的名号。(2) 只有银行承兑的汇票才可以再贴现，商业承兑汇票不具备再贴现条件。如果贴现公司要收回资金，就得把贴进的票据提交中央银行——英格兰银行，申请再贴现。由于再贴现率比市场贴现率要高，所以贴现公司只能把少量的贴现票据交英格兰银行进行再贴现，否则就要亏本。

（五）付款

票据的最终目的是凭以付款。即期汇票提示日为付款到期日，见票后若干天付款的远期汇票从承兑日推算到日期。

（六）汇票的拒付和追索

拒付又称退票，包括拒绝付款和拒绝承兑两种含义。拒付不但是指付款人和承兑人正式表态，而且也指他们避而不见、死亡或宣告破产，甚至迟迟不作答复等各种事实上的拒付。汇票遭到拒付后，持票人成为该汇票的唯一债权人，他有权向其前手中的任何一人行使追索权。被追索人在清偿了票款以后，同样有权向其前手追索。但行使追索权，必须在法定期限之内，否则无效。英国《票据法》规定：行使追索权必须具备三个条件：(1) 须在规定的合理时间内向付款人提示汇票，未经提示，持票人不能对其前手追索。(2) 持票人须在退票后的次日，将退票事实通知其前手，后者再通知其前手，直到出票人。(3) 在退票后的一个营业日内，持票人须请公证人做成拒绝证书。

背景知识

拒绝证书是由拒付地点的法定公证人作出证明拒付事实的文件。英国《票据法》规定：外国汇票遇到付款人退票时，持票人须在退票后的一个营业日内做成拒绝证书。

（七）保证

保证是指非票据债务人对于出票、背书、承兑、付款等所发生的债务予以偿付担保的票据行为。保证人所负的票据上的责任与被保证人相同。保证使汇票的付款信誉增加，便于其流通。保证应记载的事项有：(1)“保证”字样；(2) 保证人的名称和住址；(3) 被保证人的名称；(4) 保证日期；(5) 保证人签章。

第四节　本票与支票

一、本票

英国《票据法》对本票的定义是：本票（promissory note）是出票人向收款人签发的，保证即期或定期或在一个可以确定的将来日期，对他或其指定人或持票人，支付一定金额的无条件书面承诺（A promissory note is an unconditional promise in writing made by one person to another signed by the maker engaging to pay on demand or at a fixed or determinable future time a sum certain in money to or to the order of a specified person or to bearer）。我国《票据法》规定：本票是出票人签发的，承诺自己见票时无条件支付确定的金额给收款人或持票人的票据。

根据出票人不同，本票分商业本票、银行本票和政府本票。商业本票是指由工商企业或个人签发的本票；银行本票由银行签发，我国《票据法》规定的本票只有银行本票一种，而且还有较严格的限制；政府本票是指各级政府发行的公债、市政债券等债务凭证。因此，本票的当事人只有两个：出票人，即债务人和付款人；受票人，即债权人和收款人。

根据《日内瓦统一法》的规定，本票所必须具备的内容可用表 9—2 表示。

表 9—2　　本票格式

PROMISSORY NOTE (1) £10 000.00 (7) London，25th，April，1990 (5) On the 28th July，1990 (6) fixed by the promissory note we promise to pay (2) China Export Corporation (3) or order the sum of Pounds Sterling Ten Thousand (7) Only. For and on behalf of Hehe Trading Company London (8) (Signed) (4)

可见，本票上须注明如下内容：

（1）必须写明“本票”字样；

（2）无条件的支付承诺；

（3）收款人或其指定人（未写明者即为持票人）；

(4) 出票人的签字；

(5) 出票日期和地点（未写明出票地点的，则出票人地点视为出票地点）；

(6) 付款期限（未写付款期限的，视为见票即付）；

(7) 一定金额；

(8) 付款地点（未写明付款地点的，出票地视为付款地点）。

二、支票

（一）支票的定义和内容

英国《票据法》对支票的定义是：支票是以银行为付款人的即期汇票。具体地说，支票是银行存款户对银行签发的，命令银行对某人或其指定人或持票人即期支付一定金额的无条件书面支付命令（A cheque is a bill of exchange drawn on a bank payable on demand. Detailedly speaking，a cheque is an unconditional order in writing addressed by the customer to a bank signed by that customer authorizing the bank to pay on demand a sum certain in money to or to the order of a specified person or to bearer）。我国《票据法》规定：支票是出票人签发的，委托办理支票存款业务的银行或其他金融机构在见票后无条件支付确定金额给收款人或持票人的票据。签发支票是以存款者在银行存款账户上有足够数额的存款余额，或者事前与银行商定有一定的透支额度作为前提的。利用支票办理支付结算已非常普遍。

根据《日内瓦统一汇票本票法公约》规定，支票必须具备的各项内容可见表 9—3。

表 9—3 **支票格式**

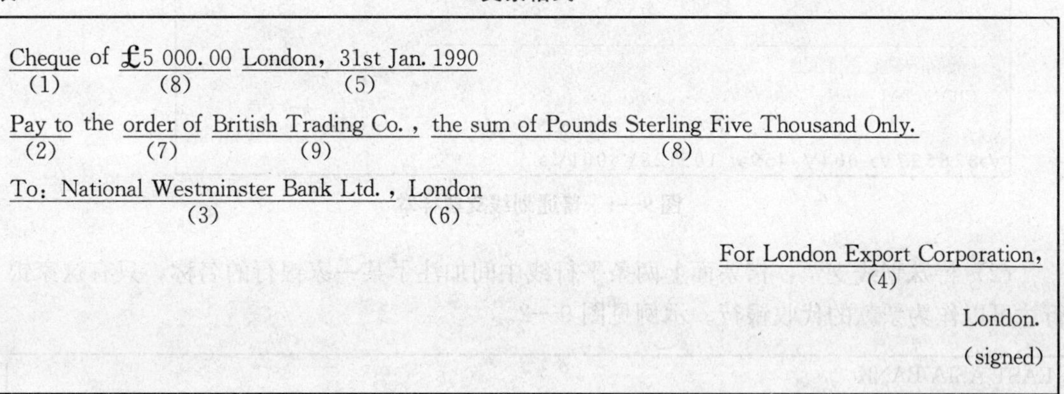
Cheque (1) of £5 000. 00 (8) London，31st Jan. 1990 (5)

Pay to (2) the order of (7) British Trading Co. (9)，the sum of Pounds Sterling Five Thousand Only. (8)

To：National Westminster Bank Ltd. (3)，London (6)

For London Export Corporation, (4)

London.

(signed)

可见，支票上须注明如下内容：

(1) 必须写明“支票”字样；

(2) 无条件的支付命令；

(3) 付款银行名称；

(4) 出票人签字；

(5) 出票日期和地点（未写明出票地点的，出票人名字旁的地点视为出票地点）；

(6) 付款地点（未写明付款地点的，付款银行所在地视为付款地点）；

(7) 必须写明“即期”字样（未写明“即期”字样的，仍视为见票即付）；

（8）一定金额；

（9）收款人或其指定人。

（二）支票的种类

1. 记名支票和不记名支票

记名支票是在支票上写明收款人姓名，银行只能对该收款人付款的支票；不记名支票是未写明收款人姓名或只写“来人”字样，银行可对任何持票人付款的支票。

2. 一般支票和划线支票

一般支票是指持票人既可以提取现金，也可以将票款转入其存款账户的支票。划线支票是在支票正面划上两道平行线的支票。划线支票只能通过银行转账。这样，划线支票可以保障持票人和出票人的利益和安全。划线支票遗失或被窃，也可通过银行代收的线索进行追查。划线支票可分为普通划线支票（general crossing cheque）和特别划线支票（special crossing cheque）。

（1）普通划线支票：指任何一家银行都可以代收转账的支票。示例见图 9—1。

The Hongkong and Shanghai Banking Corporation Limited
香港上海 豐銀行有限公司
Bonham Strand Office:35 Bonham Strand,HK
Member HSBC Group 豐集團成
文咸東街分行 香港文咸東街文華大廈
22 / 1 / 2003
日 Day 月 Month 年 Year
祈付 Pay 協康會
~~或持有人~~ ~~or bearer~~
香港
$
請勿填寫實際銀碼
（最高限額七百元正）
CHAN TAI MAN
陳大文
∀϶826527∀϶ 004∀϶459϶: 105128∀϶001∀϶

图 9—1 普通划线支票样本

（2）特殊划线支票：指票面上两条平行线中间加注了某一家银行的名称，只有这家银行才可以作为票款的代收银行。示例见图 9—2。

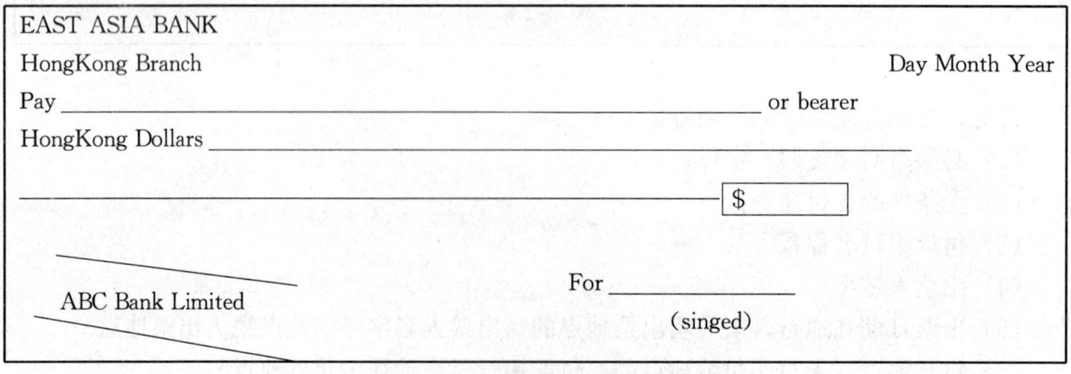

EAST ASIA BANK
HongKong Branch Day Month Year
Pay ______________________ or bearer
HongKong Dollars ______________________
______________________ $
ABC Bank Limited
For ____________
(singed)

图 9—2 特殊划线支票样本

3. 保付支票

保付支票是指支票经过付款银行在支票上加盖“保付”（certified）图章，并注明日期和签字，保证在支票提示时一定付款的支票。支票一经保付，付款银行就承担了付款责任，因此出票人和背书人都可能不受追索。支票保付后，银行立即将票款从出票人存款账户中提出，转入专户存储，以备支付。这样，也就避免了空头支票的产生。

三、支票、汇票及本票的异同

支票、汇票、本票三者的异同有：

（1）支票的签发，要求出票人与付款人之间必须先有资金关系；汇票的出票人与付款人之间不必先有资金关系；本票是约定自己付款的票据，无所谓双方间的资金关系。

（2）本票只有两个当事人，即出票人和收款人；支票与汇票有三个当事人，即出票人、付款人和收款人。

（3）支票和本票的主债务人是出票人；而汇票的主要债务人是承兑人。超过限期未能提示，或者未能作成拒绝证书，支票、本票的持票人对出票人以外的前手丧失追索权，而汇票的持票人对一切前手，包括出票人在内，均丧失追索权。

（4）支票、本票不得记载预备付款人，而汇票则可以记载。

（5）支票的出票人担保支票的付款，汇票的出票人担保付款人承兑和付款，本票的出票人自负付款责任。

（6）支票限于见票即付，无到期的记载，汇票、本票因有即期和远期付款之分，故有到期的记载。

（7）支票的付款人限于银行，汇票的付款人一般是承兑人，但也可以是参加承兑付款人或保证人，本票的出票人即为付款人。

（8）支票无承兑、参加承兑、参加付款、保证的制度，而汇票均有，本票仅有保证及参加付款，而无承兑及参加承兑。

（9）支票、本票的背书人只负追索时的偿还义务，而汇票的背书人则须负担保付款人承兑及付款的义务。

（10）支票、本票没有拒绝承兑证书，汇票则有。

（11）支票、本票没有复本，汇票则有。

（12）支票有保付和划线制度，而汇票（除即期银行汇票外）、本票均无。

本章小结

本章介绍国际结算中所要使用到的主要工具——票据。票据主要包括汇票、本票和支票，重点介绍各种票据的定义、要式和缮制。

票据有广义和狭义之分，广义上的票据指所有可以作为权利凭证的单据，包括商业单据和资金票据，狭义上的票据仅指资金票据。本章中，票据指狭义的票据，而单据仅指商业上作为权利凭证的单据，如发票、提单等。

汇票是由出票人向另一人签发的，要求即期、定期或在可以确定的将来的时间，向某人或其指定人或来人无条件地支付一定金额的书面命令。

本票是一人向另一人签发的，保证即期或定期或在可以确定的将来时间，对某人或其指定人或执票来人支付一定金额的无条件书面承诺。

支票是银行存款户对其开立账户的银行签发的，授权该银行对某人或其指定人或执票来人即期支付一定金额的无条件书面支付命令。

重点概念

票据　汇票　本票　支票

复习思考题

一、思考题

1. 汇票有几种形式的抬头？各有什么不同？

2. 如何判断一张汇票是否可流通？

3. 怎样做成普通划线支票？怎样做成特别划线支票？

二、案例分析题

1. 根据汇票的定义，请判断下列汇票中的文句是否可接受。

(1) Pay from our account No. xx to the order of W Co. the sum of two thousand US dollars.

(2) Pay to C Bank or order the sum of eight thousand US dollars and debit the same to applicant's account maintained with you.

2. 沈阳市某贸易公司（SM Trade Co.）向美国某公司（PN Co.）出口价值 23 万美元的商品，于 2013 年 7 月 4 日签发见票后 90 天付款的汇票，以 C 银行或其指定人为付款人。这家美国公司于 7 月 11 日承兑。请你完成如下任务：

(1) 代替出票人出具汇票；

(2) 代替付款人做普通承兑；

(3) 承兑次日持票人要求贴现，求贴现后的净现值（假定当日贴现率为 5.1%）。

第十章　国际结算方式

章前引例及分析

我某丝绸进出口公司向中东某国出口丝绸制品一批，合同规定：出口数量为 2 100 箱，价格为 2 500 美元/箱 CIF 中东某港。5—7 月份分三批装运，即期不可撤销信用证付款，买方应在装运月份开始前 30 天将信用证开抵卖方。合同签订后，买方按合同的规定依时将信用证开抵卖方，其中汇票条款载有“汇票付款人为开证行/开证申请人”字样。我方在收到信用证后未留意该条款即组织生产并装运，待制作好结汇单据到付款银行结汇时，付款银行以开证申请人不同意付款为由拒绝付款。

本案例表明，信用证结算业务有一定的性质和程序，信用证有关的当事人必须按照相关业务的规定办理业务，否则将出现较大的风险。本章我们要讨论国际结算的几种方式，其中重点讲述信用证结算方式。

本章学习目标

通过本章的学习，你应该能够：

1. 掌握回款结算方式的概念、当事人及业务种类和在实际中的应用；
2. 掌握托收结算方式的概念、当事人及交单方式和融资；
3. 掌握信用证结算方式的概念、特点及当事人的权利义务；
4. 掌握信用证结算方式的业务流程和信用证的种类；
5. 掌握保函结算方式的概念和种类；
6. 掌握备用信用证的概念和特点。

第一节 汇款结算方式

一、汇款的概念

汇款（remittance）也称汇付，是指由付款方通过银行，使用各种信用工具，将款项汇交收款方的结算方式。

汇款方式中，银行应付款人要求以一定的方式通过国外联行或代理行把款项付给收款人，银行只负责提供账户间划拨款项的服务而并不涉及信用问题。这种方式相对于其他的结算方式，手续最简单，银行的手续费也最少。

二、汇款业务的当事人及其关系

汇款方式涉及四个基本当事人，即汇款行、汇出行、汇入行和收款人。

（一）汇款人

汇款人（remitter）即付款人，是要求汇出汇款的一方。在国际贸易中通常是进口商。

（二）汇出行

汇出行（remitting bank）即受汇款人委托汇出汇款的银行，在国际贸易中，通常是进口方所在地银行。汇出行所办理的汇款业务叫做汇出汇款（outward remittance）。

（三）汇入行

汇入行（receiving bank）又称解付行（paying bank），即受汇出行委托解付汇款的银行，一般是汇出行的联行或代理行，并且是出口方所在地银行。汇入行所办理的业务叫汇入汇款（inward remittance）。

（四）收款人

收款人（payee）即收取款项的人，通常是国际贸易中的出口商。

在上述当事人中，有可能汇款人与收款人是同一人，这种情况在票汇中比较常见。另外，如果汇出行与汇入行之间没有代理关系，则需要有其他代理行参与，以便代汇出行向汇入行偿付款项。

三、汇款方式的种类及业务流程

汇款人到银行委托汇出款项时，首先要填写汇款申请书，然后由汇出行按照汇款申请书的要求发出汇款委托书，通过其代理行即汇入行进行解付。汇款人除将所汇金额交予汇出行，还需缴付一定的手续费。

根据汇款过程中所使用的支付工具的不同，汇款可以分为电汇、信汇、票汇三种。由于不同的汇款方式的业务流程是不同的，所以下面我们分别介绍。

（一）电汇

电汇（telegraphic transfer，T/T）是汇出行应汇款人的申请，用加押电报（tested cable）、电传或 SWIFT 形式指示汇入行付款给收款人的一种汇款方式。电汇方式的优点是速度最快，且安全性高，是目前使用最普遍的汇款方式。电汇业务的基本程序如图 10—1 所示。

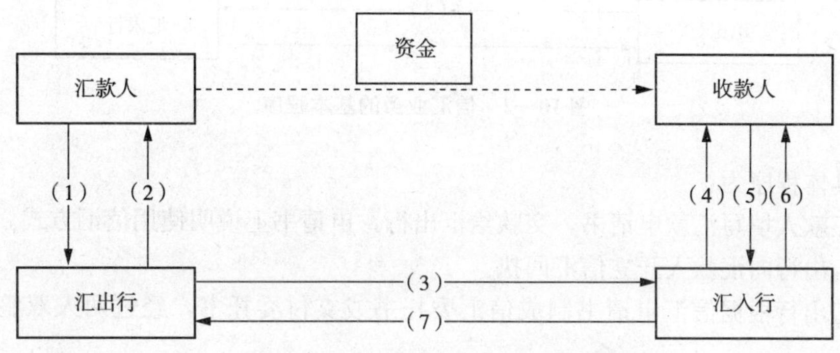

图 10—1　电汇业务的基本程序

具体程序为：

(1) 汇款人填写汇款申请书，交款给汇出行，申请书上说明使用电汇方式。

(2) 汇出行向汇款人开立电汇回执。

(3) 汇出行根据电汇申请书向汇入行发出电报、电传或 SWIFT，委托汇入行解付汇款给收款人，发电后不寄电报证实书。

(4) 汇入行收到后，核对密押，缮制电汇通知书，通知收款人收款。

(5) 收款人收到通知后在收据联上盖章，交给汇入行。

(6) 汇入行借记汇出行账户取出头寸，解付汇款给收款人。

(7) 汇入行将借记通知书寄汇出行，通知它汇款解付完毕，资金从债务人流向债权人，完成一笔电汇汇款。

电汇通常用于紧急款项或大额款项的支付、资金调拨、各种支付指示等。随着电讯业的发展，电汇变得更加方便和快捷。国际银行业经营外汇买卖业务时，都是以电汇汇率为主的，因为以电汇方式支付、交割迅速，不易受市场价格波动的影响，所以，诸如伦敦外汇市场的 LIBOR 等作为外汇市场的基准汇率，都是以电汇汇率为准的。

（二）信汇

信汇（mail transfer，M/T）是汇出行应汇款人的申请将信汇委托书或支付委托书邮寄给汇入行，授权汇入行付款给指定收款人的一种汇款方式。

汇出行向汇入行发出的付款委托称为信汇委托书（mail transfer advice）或支付委托书（payment order），委托书的内容主要有：收款人姓名、地址或开户行的名称地址、账号和户名；币别和金额；汇款人名称或地点；汇款人附言；汇入行名称、地址；头寸调拨的方法及起息日；编号、汇出日期；汇出行签字。信汇委托书一般套打，一式多联，包括正副收条、通知书、传票等。信汇结算业务的程序如图 10—2 所示。

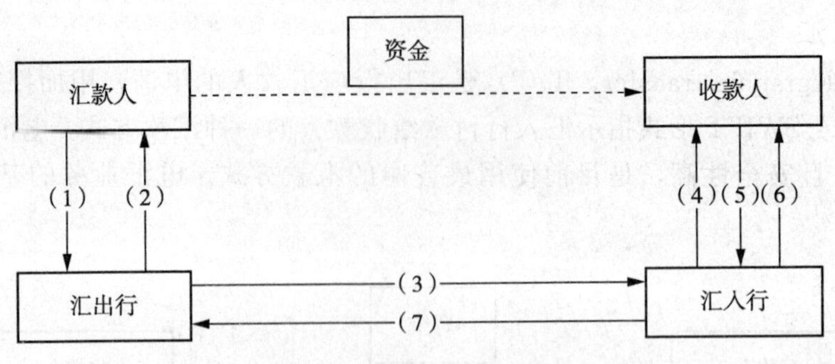

图 10—2　信汇业务的基本程序

以上具体程序为：

(1) 汇款人填写汇款申请书，交款给汇出行，申请书上说明使用信汇方式。

(2) 汇出行向汇款人开立信汇回执。

(3) 汇出行根据信汇申请书制成信汇委托书或支付委托书，经过两人双签，邮寄汇入行。

(4) 汇入行收到信汇委托书或支付委托书，核对无误后，将信汇委托书的第二联信汇通知书及第三、四联收据正副本一并通知收款人。

(5) 收款人凭收据联收款。

(6) 汇入行借记汇出行账户，取出头寸，解付汇款给收款人。

(7) 汇入行将借记通知书寄给汇出行，通知它汇款解付完毕，资金从债务人流向债权人，完成一笔信汇汇款。

(三) 票汇

票汇（banker's demand draft，D/D）是汇出行应汇款人的申请，代其开出一张有指定解付行的汇票，支付一定款项给收款人的汇款方式。

票汇中所使用的汇票式样如图 10—3 所示。

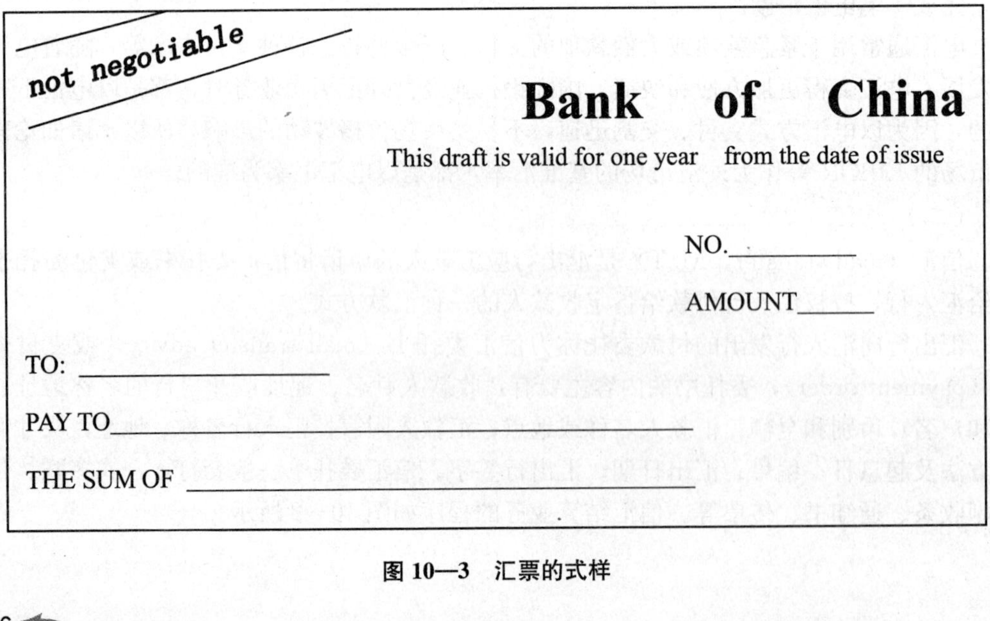

not negotiable

Bank of China

This draft is valid for one year from the date of issue

NO.__________

AMOUNT______

TO: ____________________

PAY TO____

THE SUM OF ____

图 10—3　汇票的式样

从以上的汇票格式可以看出，票汇中所使用的银行即期汇票的收款人是汇款的收款人，出票人是汇出行，付款人是汇入行，票面没有表示付款期限，就是即期汇票，所以这也可以说是一张银行支票。这种汇票可以经背书后转让流通。图 10—3 中的附式上作了划线，这使得这张汇票只能作为支付工具而不可流通。这样做是因为出票行想要限制收款人将其转让。

票汇的基本程序如图 10—4 所示。

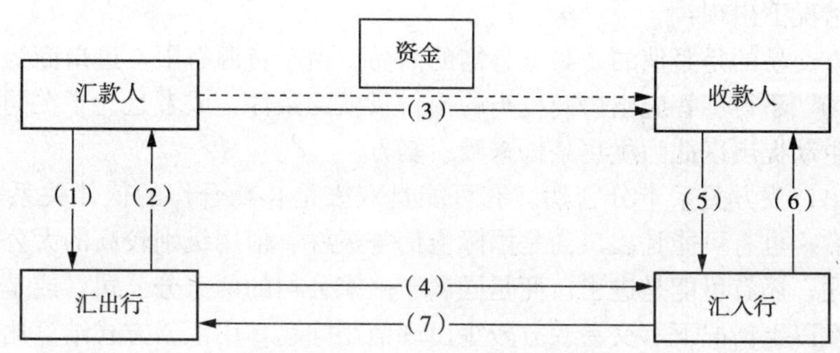

图 10—4　票汇业务的基本程序

具体程序为：

(1) 汇款人填写汇款申请书，交款付费给汇出行，申请书上说明使用票汇方式。

(2) 汇出行作为出票行，开立银行即期汇票交给汇款人。

(3) 汇款人将汇票寄给收款人。

(4) 汇出行将汇款通知书（又称票根）即汇票一式五联中的第二联寄给汇入行，将其与收款人提交的汇票正本核对。目前一般银行为了简化手续，汇出行已不再寄汇款通知书了，汇票也改为一式四联了。

(5) 收款人提示银行汇票给汇入行要求付款。

(6) 汇入行借记汇出行账户，取出头寸，凭票解付汇款给收款人。

(7) 汇入行将借记通知书寄给汇出行，通知它汇款已解付。

（四）电汇、信汇、票汇三种方式比较

电汇、信汇、票汇三种方式各有利弊，可以从不同角度进行分析对比，如表 10—1 所示。

表 10—1　　三种汇款方式的比较

项目	T/T	M/T	D/D
转移方式	电报、电传、SWIFT	航空邮寄	邮寄或汇款者携带
速度	最快	比 T/T 慢	最慢
安全性	很安全	可能会在途中丢失或延误	可以止付
银行是否需通知收款人	是	是	否
可否转让	不可以	不可以	可以
证实方式	密押	授权签字	授权签字
费用	高	低	最低

四、汇款方式的运用

（一）预付货款

预付货款（payment in advance），又称先结后出，是进口商先将货款汇付给出口商，出口商收到款项后再发货的汇款结算方式。这种方式下，出口商具有较大的主动性且没有风险，而对于进口商是十分不利的。

预付货款是建立在买卖双方签订的贸易合同的基础上的，一般情况下，预付货款主要在以下几种情况下出现：

（1）双方交易的是紧俏的、买方急需的商品。由于货源有限，进口商为了保证购得货物、占领市场，不得不答应出口商提出的预付货款的条件，或者是为了在同类竞争者之间形成优势，主动提出以此为优惠条件来吸引卖方。

（2）进出口双方关系十分密切。有可能是双方是长期合作的伙伴关系，双方互相信赖，信用可靠；也有可能是出口商是国际上信誉极好、信用级别较高的大公司，一般不会出现信用问题；还有可能是进出口商是同属于一家公司的两家分公司，或是母公司与子公司的关系。在以上情况下，交易双方较少出现信用问题，用汇款方式结算比较方便。

（3）进口商信誉不佳，或出口商对进口商的资信不了解，因此提出对方预付货款才能发货，以避免承担不能按期收汇的风险。

（4）出口商资金匮乏，只能要求进口商预付货款才能购买原材料，组织生产或组织货源，之后才能向进口商发货。

（5）大型机械设备、运输工具等大宗贸易中，或是专为进口商订制的商品买卖中，出口商往往要求预付一定比例的预付金，称为定金，并且大宗贸易一般采用分期付款方式，定金和分期付款大多采用汇款方式。

以上这些都是采用预付货款的贸易形式。预付货款是不利于进口商的。不但资金被长期占用损失利息，而且还有可能钱货两空。所以，为防止出口商的信用风险，进口商也可以采取相应的措施，如要求对方提供银行保函等，以此保证出口商按合同规定发货。

（二）货到付款

货到付款又称先出后结，是出口商先发货，待进口商收到货物后，立即或在一定时间内将货款汇交出口商的一种汇款结算方式。这种方式实际上属于赊销或延期付款性质。在这种结算方式下，进口商掌握了依货付款的主动权，并且可以不用收货后立即付款，这对出口商十分不利。

货到付款常用于以下贸易业务：

1. 售定

售定是指进口商收到货物后按事先订妥的货物价格将货款汇交出口商。货价是确定的，付款时间一般是货到即付，也可以按合同的规定，习惯上也称这种方式为“先出后结”，即先出口，后结汇。使用售定方式结算通常有以下情况：

（1）快销商品，如鲜活商品等。我国广东、广西、福建等省经常向港澳出口鲜活商品，如牛、羊、猪、鸡、鸭、鱼、鲜花、蔬菜等，因为这些商品不能积压，为了保持鲜活，出口商采用随到随出、提单随船带交进口商的方式，由进口商按实际收到的货物汇付货款，这种方式便于提货。因为从这些地区至港澳地区运输路程短，如果通过银行寄单，进口商收到单据往往迟于货到时间，影响货物交接。

（2）经常进出口的一般性日用消费品，由于进出口商之间的交易发生得较规律，业务关系较密切，为简化手续或节省费用，可以采用售定的方式。

2. 寄售

寄售是出口商出运货物后，委托国外进口商代卖，价格未定，也有时规定了最低价格，进口商将商品卖出后，扣除佣金，将款项汇给出口商。寄售的出口商称为委托人，接受寄售委托的进口商称为委托人。他们之间通常有委托寄售协议。寄售的一切运费、保费、杂费、佣金等均由委托人负担，从销售所得中扣除，受托人将净款汇寄委托人。在寄售方式下，出口商除了要承担进口商的信用风险，还要承担价格涨落的风险，所以，对出口商最为不利。

使用寄售方式通常有以下情况：

（1）滞销商品的促销。因为出口商的商品销路不畅或市场有限，采用寄售方式在国外市场上促销。

（2）新产品开拓海外市场。为了打开国外市场，出口商经常需要将新产品寄交海外的进口商，由其代卖，以争取国际市场。采用这种寄售的方式，一般是以推销为目的。

（3）剩余货物的处理。出口商在参加完国外商品交易会、展销会、博览会后，剩余的货品或样品一般交由当地的经销商以寄售方式处理掉。

第二节　托收结算方式

在贸易结算中，托收是一种重要的支付方式。在目前的国际贸易中，非信用证结算方式所占的比重越来越大，占到年贸易额的60%以上，在发达的工业国家间，这一比例更高。例如，欧盟国家之间的贸易，80%以上以非信用证方式结算。在众多非信用证结算方式中，托收是一种主要的结算方式。为了统一各国的托收做法，协调各国银行界、商业界的托收实践，国际商会于 1979 年出版了《托收统一规则》（Uniform Rules for Collections，URC），编号第 322 号出版物，得到了广泛的欢迎，各国纷纷遵照执行。1995 年，国际商会又对 URC322 作了修订，以第 522 号出版物的形式发表了新的《托收统一规则》（URC522），并于 1996 年 1 月 1 日起执行。

一、托收方式及其当事人

（一）托收的概念

托收，即委托收款。URC522 中对托收的定义是：托收是指银行依据所受指示，处理金融单据（汇票、本票、支票等）和/或商业单据（发票、运输单据、物权单据等），以求：获得付款和/或承兑，或凭付款和/或承兑而交付单据，或按其他条件交付单据。该定义是对用于国际贸易结算和国际非贸易结算的托收方式的广义概括。

在贸易托收中，出口地银行受出口商委托，收受单据并委托进口地代理行收取货款，此项业务称为出口托收（outward collection）。进口地银行受出口地银行的委托，向进口商提示单据，并将收妥款项汇交出口地代理行，此项业务称为进口代收（inward collection）。

托收是建立在商业信用基础之上的一种结算方式，其最大特点就是“收妥付汇、实收实付”。出口商与托收银行之间、托收银行与代收银行之间只是一种代理关系。无论是托收银行，还是代收银行，在跟单托收方式中，都只是对进出口货物的安全性、收汇的及时性负有道义上的责任，至于进口商能否按照规定的交单条件付款赎单，完全取决于其付款的能力和付款的愿望，银行并不承担付款的责任。因此，这种结算方式对进出口商双方来说，利益风险很不平衡。对出口商而言，其风险要更大一些。

（二）托收的当事人

1. 委托人（principal）

这是委托银行代收款项的当事人。在国际贸易托收结算中，委托人一般是出口商。在货物出运后，将全套金融单据与商业单据交给其往来银行，并以托收申请书的形式向银行提出正式的委托。

2. 托收行（remitting bank）

这是接受委托人托收申请的出口地银行，一般是出口商的开户银行。该银行将委托人递交的全套单据转递给国外代理行，并以托收函的形式对该代理行发出指示，进行委托收款。

3. 代收行（collecting bank）

这是接受托收行委托向进口商或付款人代收款项的银行。该银行位于付款人国内，一般与付款人在同一城市，在大多数情况下，代收行是托收行在付款人所在地就近选择的海外联行或代理行，不一定正好是付款人的往来银行。有些情况下，进口商为了能获得融资，往往坚持以其往来银行为代收行，委托人可能因此而指定国外的代收行，但如果托收行与该银行没有代理行关系，托收就无法进行。代收行可以直接向付款人提示单据，也可以委托另一家银行提示单据。

4. 提示行（presenting bank）

提示行即向付款人办理提示的代收行。一般情况下，提示行与代收行合二为一。

5. 受票人（drawee）

受票人即依据托收指示而接受指示的人，是对托收项目承担最终付款责任的当事人，也是接受有关单据提示的当事人。如果托收中使用了金融单据，应是金融单据中记明的付款人，在贸易托收中必定是进口商。

6. 需要时的代理（case of need）

这是委托人指定的在付款地的代理人，其作用是在付款人拒绝付款、拒收货物时，代表委托人接受单据并处理货物，例如为货物办理存仓、投保、转售及运回等事宜。需要时的代理可以为委托人对汇票作参加承兑或参加付款以取得单据，但是除非委托人在托收申请书中明确记载需要时代理的名称、地址及权限，否则有关银行不接受需要时代理的任何指示。

（三）托收方式的特点

1. 比汇款安全

在跟单托收时，由于可以通过单据控制货物，对于出口商来说，就不会像货到付款时要冒“钱货两空”的风险。而对于进口商来说，托收要比预付货款安全。

2. 收款依靠商业信用

在托收时，是否付款由进口商决定，银行只是转手交单的代理人，对付款不负责任，因此托收是对进口商有利的支付方式。当然，进口商也不是没有风险，其主要风险就是在货到后发现货物与合同不符。因此在办理托收业务时，进口商也必须了解出口商。

3. 资金负担不平衡

托收时出口商的资金负担较重，但是因为有单据，有些银行愿意做押汇，出口商因此能获得融资。而在采用汇款支付方式时，出口商没有单据，所以根本不能做押汇以改善资金周转。

4. 费用比汇款方式稍高，手续稍多

银行的托收手续费要比汇款手续费略高些，托收要通过银行交单，自然手续也比汇款多，但要比汇款安全一些。

二、托收的种类

（一）光票托收

光票托收（clean collection）是指不附带商业物权凭证单据，仅对于金融单据的托收。非贸易托收是光票托收，例如支票托收、息票托收等。光票托收也可以用于贸易结算中，但通常不用于货款主体部分的结算。因为如果对货款主体作光票托收，出口商必须将代表物权的货运单据直接放弃给进口商，然后另开汇票通过银行托收，很显然，出口商将承担钱货两空的巨大风险。所以除非进出口双方有长期可靠的贸易往来而且彼此信任，否则出口商是不愿意采用光票托收方式的。一般在贸易结算中使用的光票托收，大多是针对各类小额的贸易从属费用，以及出口货款尾数、代垫开支、佣金等费用的托收，除了使用汇票等金融单据外，还常附带有关的发票或垫款清单作补充说明。付款人对于代收行或提示行提示的金融单据，通常应一次性付清，但若付款地有关法律允许分批付款，而且付款人要求作分批支付，有关银行可以接受这一要求，但金融单据只有待付款人全部付清后才可以交给付款人。

（二）跟单托收

跟单托收（documentary collection）是指对于商业物权凭证单据的托收。跟单托收可以是带有金融单据（汇票）的跟单托收，也可以是不带有金融单据的跟单托收，即以发票代替汇票，连同有关的货运单据一起交给银行托收，以避免印花税（stamp duty）负担。按照向进口商交付货运单据的条件不同，跟单托收可分为付款交单和承兑交单两种交单条件，交单条件是出口商控制收款的重要环节。在本章我们主要研究跟单托收。

三、跟单托收业务程序

（一）一般业务程序

采用跟单托收方式结算时，首先由出口商根据合同装船发货，取得提单和其他合同中要求的单据后，即可签发汇票，填写托收申请书，送交托收行并取得回执。托收行根据委托人的托收申请书缮制托收委托书，连同跟单汇票邮寄代收行。代收行在收到托收委托书和跟单汇票及货运单据后，根据托收委托书的指示，向进口商提示跟单汇票。进口商按规定的交单条件，或付款赎单，或承兑取单并于到期日付款。代收行将收妥的票款贷记托收行账户，并发出贷记通知书。托收行收到贷记通知书后，将收妥的票款入出口商账户。至此跟单托收业务即告了结。其程序如图 10—5 所示。

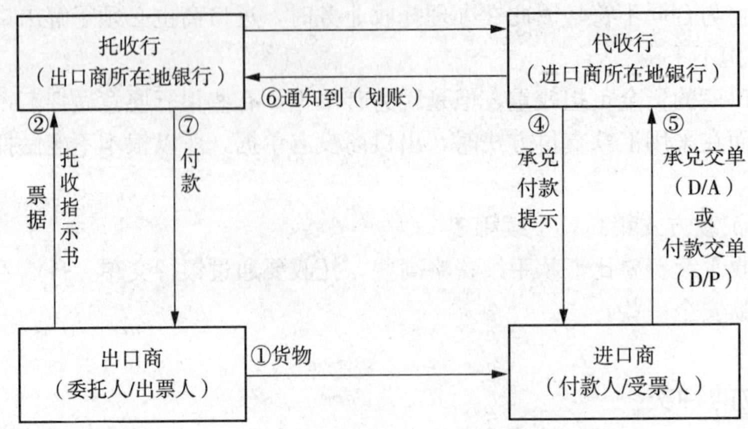

图 10—5　跟单托收程序图

（二）交单条件

1. 付款交单

付款交单（documents against payment，D/P）是指代收行以进口商的付款为条件向进口商交单。办理此类托收时，委托人（出口商）必须在托收委托书（申请书）中指示托收行，只有在进口商付清货款的条件下，才能向其交单。采用付款交单托收时，要在委托的汇票上注明“D/P”字样。付款交单根据付款时间的不同又可分为即期付款交单和远期付款交单。

(1) 即期付款交单（D/P at sight）。即期付款交单是指当代收行向进口商提示汇票和单据时，进口商立即付款，代收行在收到货款后将单据交付进口商的托收方式。在没有汇票的情况下，发票金额即是托收金额或付款金额。即期汇票，见票付款，即期交单，是即期付款交单条件的特征。采用这种托收方式，原则上是第一次提示单据时就要付款。按国际惯例，给进口商赎取单据的时间为 24 小时，以便进口商能在第一次提示单据后的下一个工作日内办理付款。但在实务中，有些进口商为减少风险，往往坚持在货物到达后才予付款。其程序如图 10—6 所示。

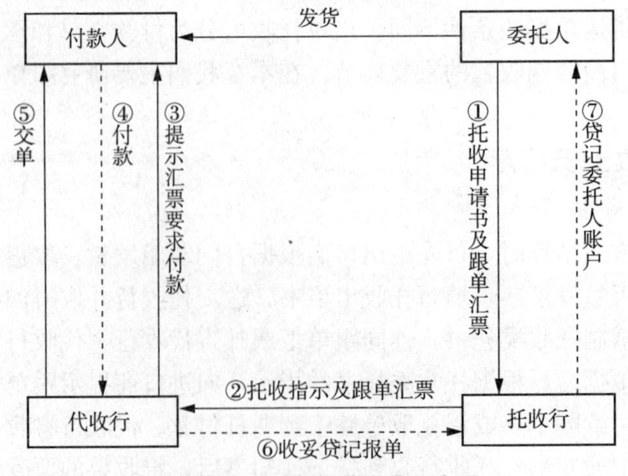

图 10—6　即期付款交单程序图

(2) 远期付款交单（D/P at...days sight）。远期付款交单是指出口商出具远期汇票及单据通过托收行一并寄代收行，代收行收到跟单汇票后，立即向进口商提示，进口商随即予以签字承兑，代收行收回已承兑的汇票，待汇票到期时再向进口商提示，要求其付款，在收到货款后将单据交进口商。远期汇票、见票承兑、远期付款、即期交单概括了这一交单条件。远期付款交单中，即使付款人承兑了汇票也不能取得单据，出口商仍可通过代收行对货物保留控制权。当然，采用远期 D/P 时进口方可以通过“信托收据”等方式得到融资。在实务中，一些拉美国家视远期 D/P 为 D/A 的做法值得注意。具体程序如图 10—7 所示。

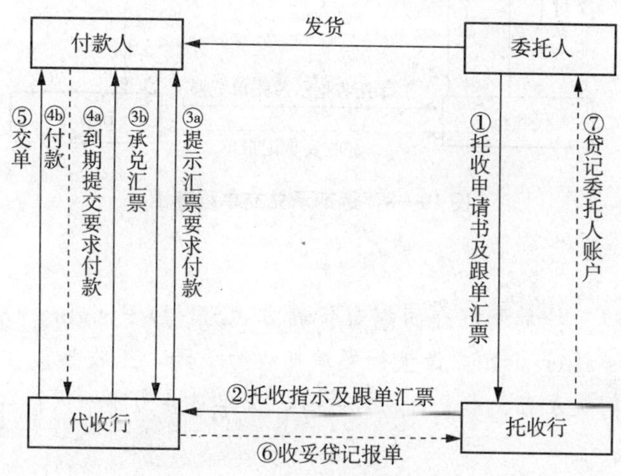

图 10—7 远期付款交单程序图

2. 承兑交单

承兑交单（Documents against Acceptance，D/A）是指被委托的代收行于付款人承兑汇票后，将货运单据交给付款人，付款人在汇票到期日履行付款义务。承兑交单与远期付款交单都属于远期托收。出口商开具的是远期汇票，进口商在见票时并不是马上付款，而是应先予承兑，只有在汇票到期时，才予付款。因此它们都属于远期托收。所不同的是交单条件。远期付款交单中，进口商只有在汇票到期并支付货款后才能得到单据；承兑交单中，进口商只要承兑后便可得到单据，这时，汇票并未到期，进口商也未能付款。

不同的交单方式对进出口双方的影响是不同的。对出口商而言，最理想的是即期付款交单，其次是远期付款交单，最后是承兑交单。因为采用即期付款交单方式，出口商在进口商付款之前始终控制着单据，从而控制了货物，不会出现既收不到货款又失去货物的情况，有利于降低风险；如果进口商付款，则出口商能迅速收到货款，有利于提高资金的使用效率。远期付款交单在风险控制方面与即期付款交单类似，但要等到汇票到期、进口商付款时，才能收回货款。因此，不同程度地存在资金积压的问题，不利于高效使用资金。承兑交单在货款收回的时间、资金占用方面同远期付款交单方式类似，而且在交单后，进口商可能会破产或无力支付货款，或无理拒付、延迟付款等。因此，无论是在风险方面，还是在资金使用方面，这种方式都对出口商不利。远期承兑交单程序如图 10—8 所示。

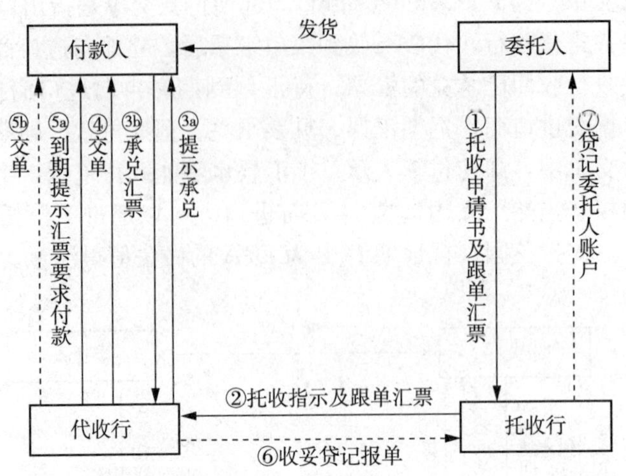

图 10—8　远期承兑交单程序图

[例 10—1]

某公司分别出口三批货物，合同规定付款方式为：D/P sight、D/P at 30 days after sight、D/A 30 days after sight，设银行寄单邮程为 7 天，托收日为 8 月 1 日，若不计银行合理工作时间，问提示日、承兑日、付款日、交单日各为哪一天？

解答：

	提示日	承兑日	付款日	交单日
D/P sight	8.8	无	8.8	8.8
D/P at 30 days after sight	8.8	8.8	9.7	9.7
D/A 30 days after sight	8.8	8.8	9.7	8.8

[例 10—2]

某公司出口服装到韩国，客人要求做 D/P 托收，并且指定韩国工业银行作为代收行。以前双方没出现过问题，但这次单据寄到韩国工业银行之后，却 6 个多月没有收到货款，而客人其实早就把货物提走卖掉了。原来是银行私自将提货单据放给了买方。后来该出口商仔细核对过去的收款记录，发现以前历次托收虽然都收到了货款，其实每次都是银行先将单据放给了客人，客人都要滞后至少一个星期才付款。

以上情况其实是跟单托收方式结算的时候指定代收行的问题。当企业自己作为出口商的时候，要谨慎对待进口商指定代收行的要求；而当企业自己是进口商的时候，可以考虑是否自己指定代收行。

分析：《URC522》规定：商业单据的交单（承兑交单 D/A 和付款交单 D/P），附有商业单据的托收，必须在付款时交出的托收指示，不应包含远期付款的汇票。如果托收包含远期付款的汇票，托收指示应列明商业单据是凭承兑而不是凭付款交给付款人。如果未有说明，商业单据只能是付款交单，而代收行对由于交付单据的任何延误所产生的任何后果不承担责任。如果托收包含远期付款的汇票，而且托收指示列明应凭付款交出商业单据时，则单据只能凭该付款才能交付，而代收行对由于交单的任何延误所产生的任何结果不承担责任 。

从以上的规定可以看出，如果是D/P托收，后面跟的汇票一定是即期汇票。如果托收含有远期汇票，那么一定是D/A，而不是D/P，全世界的银行都是如此。

四、托收业务中银行对进出口商的资金融通

[例10—3]

在收付货款方面买卖双方会涉及哪些问题?

解答: 买卖双方会涉及以下四个问题:

(1) 支付货币——是按进口国货币，还是按出口国货币，抑或按第三国货币?

(2) 付款地点——是在出口地点支付，还是在进口地点支付，或由第三国某一银行支付?

(3) 付款时间——分预付（Payment in Advance)、随订单付现（Cash With Order, C.W.O.)；现付、即付（如交货付款；装货后凭单付款)；迟付（如承兑后若干天付款；分期付款等)。

(4) 付款方式——主要有汇款、托收、信用证等三种，此外还可采取信用证与汇款结合、信用证与托收结合、汇款与保函结合等方式。

(一) 信托收据

信托收据（trust receipt，T/R）是指在远期付款交单的托收业务中，付款期限迟于货物到达目的地的日期时，进口商为向代收行借出单据而出具的借据或凭证。

进口商出具信托收据的目的是在尚未付款时先向代收行借出单据并提货，这实际上是进口商向银行融资的一种方式。但并不是所有进口商都能通过出具信托收据得到融资。在托收业务中，代收行有保管好单据的责任，如果代收行借出了单据，付款人也因此提了货，那么代收行在到期日就必须向委托人（出口商）付款，除非是出口商主动授权代收行通过信托收据放单。因此，代收行为了控制风险，一般只是在付款人（进口商）信誉较好时才愿借出单据。

信托收据中一般记载有以下内容:

(1) 进口商在赎回信托收据之前，货物所有权仍属于代收行。

(2) 进口商只能以货主（出口商或代收行）的名义将货物存仓；如果货物售出，货款应如数存入银行（代收行)，以便汇票到期时支付货款。

(3) 如果代收行因借出单据而受到损失，进口商应负责赔偿。

(4) 代收行可随时取消信托收据，收回单据及货物。

可见，信托收据在一定程度上又具有保证书的性质。

信托收据不仅适用于跟单托收，也适用于信用证结算方式。

[例10—4]

我某外贸企业与某国A商达成一项出口合同，付款条件为付款交单见票后45天付款。当汇票及所附单据通过托收行寄抵进口地代收行后，A商及时在汇票上履行了承兑手续。货抵目的港时，由于用货心切，A商出具信托收据向代收行借得单据，先行提货转售。汇票到期时，A商因经营不善，失去偿付能力。代收行以汇票付款人拒付为由通

知托收行，并建议由我外贸企业直接向A商索取货款。

分析：代收行凭信托收据将单据借给进口商，未经委托人授权，到期进口商失去偿付能力的，应由代收行负责。因此，我出口企业不能接受代收行的建议，而应通过托收行责成代收行付款。

（二）担保提货

担保提货是指在进口贸易结算中，货物到达目的地而单据未到时，进口商在征得运输公司（承运人）的同意后，凭银行保证书提货的方式。这也是进口商向银行融资的一种方式，担保提货业务适用于跟单托收和信用证结算方式。

进口商向银行申请担保提货时，应向银行提交担保提货申请书，申请书的主要内容包括：货物名称、唛头、船名、发货人、装运地点及日期、合同号（或信用证号）、金额、保证条款、进口商签字盖章等。其中，进口商向银行的保证条款是必不可少的内容，进口商一般应保证：

（1）不以任何理由拒付或延付货款；

（2）单据到达后立即向运输公司换回提货担保书并退还给银行；

（3）承担银行因出具提货担保书而遭受的任何损失。

此外，进口商还需要向银行提供有关提单的副本或轮船公司发出的货到通知书、商业发票、进口合同副本（或信用证副本）等。

接到担保提货的申请后，银行应在审查申请书及有关文件资料，并按实际货价或金额收取全额保证金后，开具担保提货保证书，以免发生进口商提货后不付款或拖延付款，使银行陷于被动的局面。

（三）出口押汇

出口押汇（outward bills）是指出口商将代表货权的提单及其他单据抵押给银行，并从银行得到扣除押汇利息及费用后的有追索权的垫款的方式，或者是银行有追索权地向出口商购买跟单汇票或全套物权单据的行为。这是银行对出口商的一种资金融通的方式。

出口押汇的基本做法是：出口商将汇票及全套物权单据交托收行请求押汇，银行审查同意，扣除利息及手续费后，将净款付给出口商。

出口押汇的特点如下：

（1）出口押汇的目的是融资。融资是出口押汇的直接目的，出口商可通过向银行融入资金的方式尽快收回货款；银行可通过融出资金而增加收入。叙做出口押汇，银行不仅可以得到手续费收入，还可以得到押汇利息，即押汇日至预计收回款项之日期间的利息。

（2）出口押汇以购买或抵押全套物权单据为基础。出口押汇不同于其他融资方式，它以购买或抵押全套物权单据为基础。银行叙做出口押汇时，不仅要看有关当事人的资信，还应严格审查物权单据及其他单据。

（3）出口押汇是有追索权的。押汇银行的垫款一般是要向付款人（进口商）收回的，但如果付款人拒付，那么押汇银行有权向出口商追索已垫款项。

由于跟单托收中的付款人是进口商，对押汇银行而言，其垫款能否收回取决于进口商的信誉，风险较大。因此，银行一般不太愿意做托收出口押汇，或对托收出口押汇的要求很严格，如要求进口商的资信良好、押汇单据必须是全套物权单据、必须取得出口保险等，此外还要收取较高的押汇利息和手续费用。

背景知识

《托收统一规则》简介

国际商会（ICC）为调和各有关当事人之间的矛盾，以利商业活动和金融活动的开展，于1958年草拟了一套《商业单据托收统一规则》（Uniform Rules for Collection of Commercial Paper）（即192号出版物），建议各银行采用，以便成为大家遵守的“惯例”。1967年，国际商会正式订立和公布了该规则，即254号出版物，从而在银行托收业务中取得统一的术语、定义、程序和原则，也使出口方在委托代收货款时得以依循和参考。根据国际贸易不断发展的情况，1978年国际商会吸取了十多年来的实践经验，对该规则又作了一次修订，并改名为《托收统一规则》（Uniform Rules for Collection）（即322号出版物），于1979年起实施。经过十几年的实践，国际商会于1993年3月起着手进行统一规则的总结回顾，并作了部分修改，制定了《托收统一规则——国际商会第522号出版物》，并于1996年1月实施。

应当指出的是，上述各种编号的出版物并不是国际上公认的法律，只有在有关当事人事先约定后，才受其约束，但它在一定程度上解决了托收过程中的问题，所以自公布以来，已经在不少国家得到推广，目前应用面比较广泛。

第三节　信用证结算方式

一、信用证的含义及特点

（一）信用证的含义

信用证（letter of credit，简称L/C）是银行出具的一种有条件的付款保证。《跟单信用证统一惯例》（《UCP600》）对信用证的定义如下：“‘跟单信用证’和‘备用信用证’（以下统称‘信用证’）意指一项约定，不论其如何命名或描述，系指一家银行（‘开证行’）应客户（‘申请人’）的要求和指示或以其自身的名义，在与信用证条款相符的条件下，凭规定的单据：向第三者（‘受益人’）或其指定人付款；或承兑并支付受益人出具的汇票；或授权另一家银行付款；或承兑并支付该汇票；或授权另一银行议付。”

申请人因与开证行之间或与受益人之间的关系而产生索偿或抗辩不得影响银行的付款承诺，受益人不得利用银行与银行之间或申请人与开证行之间的现存契约关系，故每一项契约都是独立的和控制当事人之间的各自关系的。

（二）信用证的特点

信用证具有三个重要特点：

(1) 信用证是一种银行信用，开证行承担第一性付款责任。

[例 10—5]

我国某出口公司通过通知行收到一份国外不可撤销信用证，该公司按信用证要求将货物装船后，但在尚未交单议付时，突然接到开证行通知，称“开证申请人（进口商）已经倒闭，本开证行不再承担付款责任”。那么，开证行做法是否正确呢？

在任何情况下，银行一旦开出信用证，就表明他以自己的信用作了付款保证，并因此处于第一性付款人的地位。只要受益人提交的单据与信用证的条款一致，银行（开证行）就必须承担首先付款的责任。可见，信用证是一种银行信用，开证行对受益人的责任是一种独立的付款责任。所以，在例 10—5 中，开证行的做法是错误且无理的。因为信用证一旦开出，开证行就要承担第一性的付款责任，即使开证申请人倒闭，开证行仍应履行付款责任。

[例 10—6]

某外贸公司出口一些运动器材到美国。由于信用证规定的装运期比较短，另外，具体的规格型号在生产过程中也有些调整，所以出口商提交的信用证项下单据有好几个不符点。经过和进口商磋商，进口商给出口商写了保证函，声明接受单据中的所有不符点，并且将正本的保证函寄给了出口商。那么，出口商应该怎么做？

出口商应该牢记信用证的定义———信用证是开证行的付款承诺。如果进口商直接写信给出口商，承诺接受单据中的一切不符点，那是没有任何意义的。对于出口商来说，正确的做法是：要么修改信用证，要么敦促开证行作出接受这些不符点的承诺。

(2) 信用证是一种自足文件，它不依附于贸易合同而存在。

[例 10—7]

我国某公司向美国出口一批货物，合同规定 8 月份装船，后开来信用证的装船期为 8 月 15 日前。但由于一些原因，我方要求美商将装船期延至 9 月 15 日前，美商来电称同意修改合同。我公司于 9 月 10 日装船，15 日持全套单据向指定银行办理议付，但被银行以单证不符拒绝议付。问：议付行的做法合理吗？

信用证的开立以贸易合同为基础，但一经开出并被受益人接受，便成为独立于贸易合同以外的独立契约，不受贸易合同的约束。

《UCP600》规定：“信用证与可能作为其依据的销售合同或其他合同是相互独立的交易，即使信用证中提及该合同，银行也与该合同完全无关，并不受其约束。”可见，信用证是独立于贸易合同以外的另一契约，是一种自足（独立、完整）文件。银行只对信用证负责，对贸易合同没有审查和监督执行的义务。贸易合同的修改、变更甚至失效都丝毫不影响信用证的效力。

信用证与贸易合同的关系可归纳为两方面：信用证的开立以合同为基础（合同是信用证开立的基础）；信用证被受益人接受后，其效力便独立于合同。由此可以看出，例10—7中议付行的做法是合理的，因为美商同意装船展期，相当于同意修改合同但信用证没有修改，所以装船日期与信用证不符，议付行理当拒付。

(3) 信用证业务是一种纯粹的单据业务，它处理的对象是单据。

[例 10—8]

某开证行按照自己所开出的信用证的规定，对受益人提交的经审查符合要求的单据履行了付款责任。但进口商向开证行付款赎单后发现了单据不符点，于是进口商立即要求开证行退回货款并赔偿其他损失。问：进口商的要求合理吗？

《UCP600》规定："在信用证业务中，各有关方面处理的是单据，而不是与单据有关的货物、服务及其他行为。""银行只根据表面上符合信用证条款的单据付款"，而"对任何单据的形式、完整性、准确性、真实性以及伪造或法律效力，或单据上规定的或附加的一般和/或特殊条件，概不负责"。在信用证方式下，实行的是"单据严格符合的原则"，即要求"单证一致"、"单单一致"。

即使开证申请人发现单据是伪造的，即被欺诈，但只要单据表面上与信用证相符，开证申请人就必须向开证行付款。因为，其被欺诈与信用证及开证行没有任何关系，后者对此不承担任何责任。如果出现此类情况，开证申请人只能以进口商身份凭贸易合同与出口商交涉，或申请仲裁甚至提起诉讼。所以，例 10—8 中进口商的要求不合理，进口商付款赎单后发现问题，银行对此没有向受益人追索的责任，也没有向开证申请人退回货款的义务。

二、信用证的当事人

信用证的基本当事人有 3 个：开证申请人、开证行和受益人。其他关系人为：通知行、保兑行、议付行、偿付行、承兑行等。

（一）申请人

申请人（applicant）又称开证人（opener）。在国际贸易中，申请人即为货物及其权利、义务销售合同的买方。申请人所填写的开证申请书，确立了申请人和开证行之间的契约关系。申请人的主要契约义务和权利如下：

1. 对信用证承担最终的责任

申请人作为信用证业务的委托人，对信用证承担最终的责任。即如果有关当事人在信用证名下确立的债务债权关系不能得到清偿的话，应由申请人负责偿付。比如，开证行不履行向受益人付款或受益人未按信用证规定支付银行费用等，均应由申请人承担偿付责任。

2. 及时付款赎单

申请人在接到开证行赎单通知时，应立即向开证行偿还垫款。如申请人发现单据与信用证规定不符，则有权拒绝赎单，开证银行将承担因不可追索的付款而造成的一切后果。

[例 10—9]

我国某工厂和某日本的买家签订了一笔出口五金工具的合同，开证行开证时，将货物描述写错，结果与受益人提交的单据不符，申请人应该如何处理？

（二）开证行

在信用证业务中，开证行（issuing bank）的义务和权利主要由三方面的契约关系所规定：其一是由开证申请书确立的与申请人的契约关系；其二是由信用证所确立的与受益人的契约关系；其三是由信用证表达的对通知行、议付行、付款行、保兑行等的委托请求，如果受托银行接受了委托，则开证行就与之建立了委托代理关系。开证行的主要权利和义务如下：

1. 根据开证申请人的指示开证

开证申请书是申请人对开证行的委托指示。开证行作为代理人，应按通常代理人所遵循的三条原则行事，即按委托人指示行事、按常规行事、以从事专业所应有的谨慎原则行事。其中，按常规行事，应理解为开证行有义务向信用证有关当事人提供一切服务，比如答复通知行咨询，向申请人提出有利于信用证业务的建议和提供咨询等；按谨慎原则行事则应理解为银行必须对自己工作中的过失负责。

2. 应按照《UCP600》的要求开立信用证

开证行在开立信用证时，除了应严格按照申请人的指示拟定信用证的内容外，还应按上述惯例来制作信用证。开证行在开立信用证时，必须把申请人在开证申请书上所提出的条件，都加以“单据化”，使受益人通过提交单据来证明已履行了合同的义务。开证行在开立信用证时，不得违反上述惯例中的有关规定，否则，将导致不能有效地进行支付业务，甚至使信用证本身无效。

3. 承担独立的、首先的付款责任

开证行在信用证中向受益人承诺，只要受益人提交与信用证规定相符合的单据，开证行即向受益人或其指定的银行付款。尽管开证行是接受申请人的委托而作出了付款承诺，但这一承诺不受申请人和开证行之间关系的变化的影响，所以即使申请人破产倒闭，开证行仍必须履行其在信用证中所作出的保证付款的承诺。一旦付款，即无追索权。

4. 开证行的拒付

信用证是一种有条件的支付承诺，因而当提交的单据不符合信用证规定时，开证行有权拒付。《UCP600》规定：“开证行及/或保兑行（如有的话）或代理它们的指定银行在收到单据时，必须仅以单据为确定它们是否表面上符合信用证条款，如果单据表面上不符合信用证条款，银行可拒绝接受单据。”如果银行拒绝接受单据，即拒绝付款，则“必须毫不迟延以电讯方式就此发出通知，如不可能，就以其他方式发出通知，但不得迟于收到单据的次日起的第七个工作日，这种通知必须发给从它收到单据的银行。如果是从受益人处直接收到单据，则发给受益人。该通知必须列明关于银行拒受单据的所有不符点，还须说明它是否保留单据听候交单人处理或退回交单人。”如银行未按上述规定行事，则银行将无权宣称单据与信用证条款不符，不得行使拒付的权利。

5. 取得质押的权利

开证行在接受申请人开证申请时，为了避免风险，有权要求申请人支付押金及在开证申请书中列明质押文句，即保证申请人在无力支付时，货物作为质押品可由开证行自行处分。

由于银行通常不愿承担货物的麻烦，所以开证行主要是通过收取押金的方式来控制申请人。对于风险较大的业务，开证行会增加押金，甚至收取相当于信用证金额百分之百的押金。在实务中，许多银行对于资信良好的客户，在授信额度之内，免予收取押金，作为一种提供优惠服务以承揽国际结算业务的营销手段。

6. 开证行对其受托银行的责任

在信用证中，有时开证行会委托其他银行作为保兑行、议付行、付款行、偿付行或其他代理银行办理有关业务，如果受托银行接受委托为开证行垫付了资金，开证行应及时偿还。这些受托银行在其代理权限内行事，由开证行承担可能发生的风险责任，并按费率表向各银行支付有关费用。如果信用证中规定银行费用由受益人承担，则各银行应向受益人收取。

[例 10—10]

我国某公司出口一批货物，如果单据表明货物符合信用证要求，其他方面也符合信用证要求，即单证完全相符，但货物实际上有缺陷，并已被开证行知悉。试问：开证行是否有权拒付？为什么？

解答：开证行无权拒付，因为信用证只管单据不管货物，货物质量问题由双方另行解决。

（三）受益人

在国际贸易中，受益人即为货物销售合同的卖方。在信用证业务中，受益人接受信用证意味着受益人既得到了开证行的付款保证，也确认了开证行在信用证中所提出的付款条件。受益人由信用证规定的权利和义务如下：

(1) 受益人所提交的单据，必须做到单单一致、单证一致。《UCP600》规定，银行只“凭表面上符合信用证条款的单据付款，承担延期付款责任、承兑汇票或议付……”又规定：“单据之间出现的表面上彼此不一致，将被视为单据表面上与信用证条款不符。”因此，在信用证业务中，受益人要得到开证行付款，必须做到“单单一致”和“单证一致”。只要受益人所提交的单据表面上符合上述两个一致，开证行应履行其付款承诺。

(2) 受益人所提交的单据必须符合《UCP600》的规定。信用证中对单据的规定，具体体现了相应的货物销售合同对卖方的要求，这些被要求提交的单据实际上是卖方的履约证明书。但是《UCP600》对于单据提出了普遍必须遵守的规则，比如：海运提单上“承运人或船长的任何签署或证实，必须视情况可识别其为承运人或船长。代表承运人或船长签署或证实的代理人还必须表明被代理的一方（即承运人或船长）的名称和身份”。“保险单据表面上必须是由保险公司或保险商或其代理人出具和签署的。除非信用证特别授权，保险经纪人出具的暂保单将不予接受”，等等。受益人所提交的单据如果不符合《UCP600》的规定，将不被银行接受。

(3) 受益人有要求改证的权利。作为一种有条件的支付承诺，信用证中单据化的条件必须与货物销售合同中卖方所承担的义务相一致。如果不相一致，受益人将无法以递交单据作为履约证明的方式实现其请求付款的权利。因而信用证的内容与合同不一致，受益人有权要求申请人指示开证行修改信用证。

[例 10—11]

我国一出口公司按国外开来的信用证要求发货交单后，接到通知进口商以种种理由拒绝支付货款。出口商能否收回货款？为什么？

解答：在单证相符的条件下，出口商可以获得开证行的付款，因为在信用证方式下开证行负第一性付款责任。

（四）通知行

通知行（advising bank）是开证行在受益人当地的代理行，通知行接受开证行的委托，向受益人转交信用证，可收取手续费，它的具体责任如下：

1. 验明信用证的真实性

通知行鉴定信用证上的签字、印鉴或密押，确定其真实无误后，以通知行的身份签发通知书，将信用证转交受益人。受益人从当地银行直接得到信用证真实性的保证，有效地避免了对方伪造信用证的风险。如果通知行无法鉴别信用证的表面真实性，应毫不迟延地通知开证行说明它无法鉴别，如通知行仍决定通知受益人，则必须告知受益人它未能鉴别该证的真实性。

2. 通知行的审证责任

通知行除了审核信用证的真实性之外，还在道义上承担了审核信用证有关内容的责任，以力求向客户提供良好的服务。这一审证的内容通常包括开证银行的资信、偿付路线是否合理以及信用证文句是否存在疏漏错误等。

[例 10—12]

香港汇丰银行通过中国银行大连分行通知信用证给出口公司。后因急于传递修改书，选用汇丰银行大连办事处通知修改书，修改货物规格。由于修改书未及时通知至受益人，受益人按原规格装运货物并议付，结果遭开证行拒付，其责任在谁？

解答：从国际惯例看，开证行既以中国银行为通知行，若有修改理应通过中国银行做通知修改书给受益人。由于汇丰银行大连办事处接到修改书未查到该修改属于哪一个信用证项下，所以未及时通知受益人，结果造成单证不符。《UCP600》规定：如果银行利用另一银行（通知行）的服务将信用证通知受益人时，它也必须利用同一银行的服务通知任何的修改。因此，这个责任应由开证行负责。再者，该修改未经受益人同意，原信用证有效，开证行不得拒付货款。

（五）议付行

在信用证的各种偿付方式中，议付是最常见的一种。议付行（negotiating bank）即买入受益人所交汇票和单据的银行。开证行可在信用证中指定一家议付银行，如果开证行在开出议付信用证时未指定议付行，则接受受益人交单议付的任何一家银行被视为指定的议付行。

（1）议付行在单证相符的前提下才能议付。议付行之所以议付，是因为开证银行的付款承诺，相信开证行的信用。开证行的付款承诺是有条件的，所以议付行进行议付也应满足同样的条件，即单证一致，这样才能在垫付货款后，从开证行处收回垫款。

（2）议付行有追索权和取得质押的权利。议付是可以追索的，议付行在议付后，如果不能从开证行处得到付款，议付行有权向受益人追索已垫付的货款。此外，银行为了避免风险，除了在受益人交单议付时明确追索权外，还往往要求受益人出具质押书，声明一旦发生意外时，议付行有权处理单据及其所代表的货物。

（3）议付行在议付时，可扣除自议付日至从开证行收回垫款日的押汇利息以及手续费。对于即期汇票，计息天数为议付行向开证行寄单邮程、开证行审单日程和汇款日程；如为远期汇票，则在上述天数外，还要加上汇票上所规定的见票后定期付款的天数。

（4）背批信用证。议付行在议付单据后，应把议付金额、日期、受益人发票号码等有关内容记录在信用证背面，这种记录称为背批。背批用来说明使用信用证的情况，以防止超额或重复使用信用证。

[例 10—13]

某议付行在 2002 年 9 月 12 日上午 10:00 时根据单证相符的原则议付了某个可撤销信用证项下合格的单据。9 月 12 日上午 10:30 时接到开证行撤销信用证的通知。问：议付行应该怎样处理？

解答： 议付行可以向开证行寄单索汇，说明接到撤销通知前已议付，根据《跟单信用证统一惯例》可获赔偿。

（六）保兑行

应开证行的请求，在信用证上加具保兑的银行称为保兑行（confirming bank）。保兑行和开证行一样，对信用证承担付款责任。

保兑行对受益人的承诺，也是独立的、第一性的。受益人或议付行可以在开证行和保兑行之间任择一家交单，保兑行收到符合信用证条款的单据，必须按信用证的规定予以付款或延期付款或承兑后到期付款。保兑行的付款同样是不可追索的。保兑行付款后，向开证行索偿，由开证行偿还其垫付的货款。

保兑行为信用证开证行的信用作了担保，并承担独立的付款责任，万一开证行无理拒付或倒闭，保兑行只掌握受益人交来的单据，不像开证行那样还有申请人交付的押金，除非申请人愿意付款赎单，否则保兑行将承担损失。因而，保兑行要在充分信任开证行的情况下才会同意保兑。

[例 10—14]

我出口企业收到国外开来的不可撤销的跟单信用证一份，由设在我国境内的某外资银行通知并加保兑。我出口企业在货物装运后，正拟将有关单据交银行议付时，接到外资银行通知，由于开证行已宣布破产，该行不承担该信用证的议付或付款责任，要求出口商改托收方式出口。我出口公司应如何处理？

解答： 我方应按规定交货并向该保兑外资银行交单，要求付款。因为根据《跟单信用证统一惯例》，信用证一经保兑，保兑行与开证行同为第一性付款人，对受益人就要承担保证付款的责任，未经受益人同意，该项保证不得撤销。只要受益人在信用证的有效期内将符合 L/C 规定的单据递交保兑行，保兑行必须议付、付款。

（七）付款行

开证行在信用证中指定一家银行为信用证项下汇票的付款人或是不需要开立汇票的付款信用证的执行付款的银行，称为付款行（paying bank）。付款行往往是开证行自己，如果是另一家银行，通常为出口地银行，以简化汇兑手续。

付款行应是开证行的代理行，一旦信用证中指定了另一家银行作付款行，受益人或议付行应向付款行寄单索偿，付款行应审核单据无误后才能付款，付款后无追索权，付款行再向开证行寄单索偿。付款行有权拒绝付款，此时仍应由开证行承担付款责任。

（八）偿付行

偿付行（reimbursing bank）是指开证行在信用证中指定的、代开证行向议付行或付款行清偿垫款的银行。开证行之所以指定偿付行是为了便于调拨资金，所以偿付行总是开证行在国外的账户银行，并且双方订有代理业务的协议。

开证行在信用证中指定偿付行的同时，应给偿付行以适当指示。出口地银行在议付或付款后，一面把单据寄给开证行，一面向偿付行发出索偿通知书，偿付行在开证行授权范围内予以清偿。

如果索偿行是付款行，偿付行的清偿即了结了开证行对付款行的债务。如果索偿行是议付行，偿付行的清偿并不构成付款，如果开证行审单后发现与信用证条款不符而拒付，开证行可自行向议付行要求退款。

由于一旦开证行发现单证不符而偿付行已偿付，开证行要求索偿行退款较为困难，故我国开证行通常不指定国外偿付行。

（九）承兑行

在承兑信用证中，开证行可以在信用证中规定由自己或指定的另一家银行作为汇票的付款人，承兑受益人出具的远期汇票，并到期向受益人付款。该指定银行即为承兑行（accepting bank）。

议付信用证也可使用远期汇票，此时承兑该汇票的将是开证行或开证行指定的付款行。但这类信用证汇票的收款人通常是议付行，所以付款行承兑后，到期向议付行付款。当然议付信用证并不禁止受益人直接向开证行或付款行交单，此时，远期议付信用证和承兑信用证就没有什么区别了，但在实务中这种做法极为罕见。

背景知识

出口单据中常见的不符点

在出口地银行审单中，常见的不符点有：1. 逾期交单。2. 交单不及时。3. 迟期装运。4. 超装或短装。5. 汇票、提单或保险单未经正确背书。6. 单据份数不够或漏交信用证规定单据。7. 单据漏签字。8. 汇票付款期限与信用证不符或无法确定。9. 汇票付款人不符合信用证规定。10. 汇票出票日期迟于信用证有效期或交单期。11. 漏填出票条款。12. 发票金额与汇票金额不符。13. 发票对货物描述与信用证规定不同。14. 受益人名称及地址不符。15. 货物数量、单价或发票总金额不在允许幅度之内。16. 价格条件或单价与信用证不同。17. 发票没有按信用证规定加列声明文句。18. 提单种类不能接受，如租船提单，收妥备运提单、运输代理行提单等。19. 不清洁提单。20. 信用证要求已装船提单，而提交的提单没有“已装船”的批注。21. 提单收货人、被通知人名称与信用证规定不符。22. 提单签发日迟于信用证规定装运日。23. 装卸港与信用证规定不符。24. 货装舱面。25. 提单未按信用证规定注明“运费已付/预付”。26. 提交了与信用证要求不符的保险单据。27. 保险险别不符合信用证规定。28. 保险币种与信用证不符。29. 保险超额或保额不足。30. 保险单日期迟于提单日期。31. 保险单上赔偿地点及赔偿代理人与信用证规定不符。32. 保险单所列货物与商业发票不符。33. 保险单上所列装卸港、装运日期与提单不符。34. 附属单据基本内容与发票记载不一致。35. 各单据上所列货物的数量、重量、唛头不一致。36. 商检证书出单日期迟于提单日期。

三、信用证方式的基本业务程序

国际贸易结算中使用的跟单信用证有不同的类型，其业务程序也各有特点，但都要经过申请开证、开证、通知、交单、付款、赎单这几个环节，程序如图10—9所示。

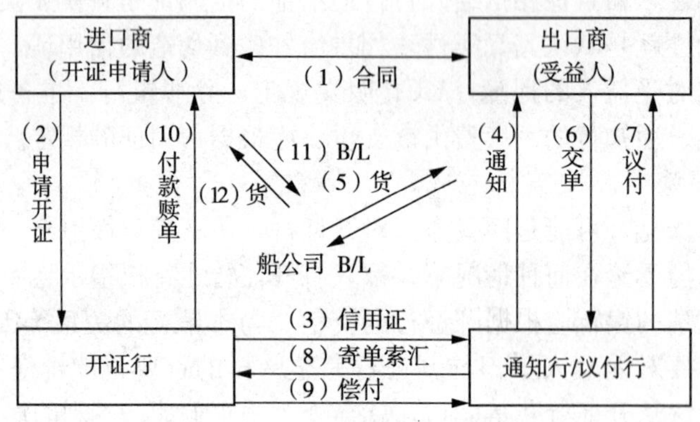

图 10—9　信用证业务流程

（一）进口商提出开证申请

如果进出口双方在销售合同中规定采用跟单信用证作为结算方式，那么进口商就必须在合同规定的装运期以前及时地向银行提出开证申请。进口商必须提交一份详细的开证申请书（application for L/C issuing），其格式由开证行提供。此外，如果进口国外贸、外汇管理当局有特定要求，进口商还须提供其他文件，如进口许可证、外汇额度证明以及合同文本等。就信用证业务本身而言，最重要的文件是开证申请书。

（二）开证行开出信用证

银行在收到进口商的开证申请后，首先要作出审查。一是审查申请人的资信，看是否为本银行客户、有无授信额度等，从而确定开证的风险以便确定应收取押金的比例。二是审查该进口交易是否符合国家关于外贸、外汇管制的规定，是否获得了有效的进口许可证、外汇额度批文等文件。三是审查开证申请书的内容，这是最主要的审查项目，主要审查开证批示是否完整、明确、简洁，是否带有非单据化条款，内容是否有自相矛盾之处，等等。

（三）信用证的通知、转递、保兑及修改

1. 信用证的通知

如果信用证以电讯方式开立，开证行总是将电讯文件直接发送给通知行，由通知行核对密押无误后以信用证通知书（advice of L/C）的形式转告受益人。如果信用证以信件方式开立，开证行一般将信用证直接寄给通知行（转递行），由其核对授权签字无误后转递给受益人，但有时亦会将信用证直接寄给受益人。由于受益人无法核对授权签字的真伪性，他还会将信用证交其往来银行或其他同开证行有代理关系的银行，以检验签字的有效性。因此，这种以受益人为收件人直接寄送信用证的情况比较少见，开证行一般通过通知行（包括转递行）向受益人转交信用证。

2. 信用证的转递

被要求通知或转递信用证的银行没有义务一定执行开证行的指示，但必须将拒绝通知或转递的情况及时通报开证行。如果通知行决定照办开证行的指示，首先必须将信用证的真伪性鉴定准确。过去有些银行（尤其是东南亚一带的银行）认为通知行的责任只是原样传递信用证，不需核对其签字或密押，其实这一观点有极大的潜在的危险，因为受益人无

法检验信用证真伪性，而且他相信通知行传递给他的信用证是真实无误的，所以通知行不说明信用证的真伪性就是默认其真实性，如果恰好碰到伪造的信用证，受益人就会面临巨大损失。为了强化对受益人的保障，UCP 明文规定，除非银行不准备通知信用证，否则必须检验其真伪性。通知行的手续费由谁支付，应根据信用证的规定。

3. 信用证的保兑

关于信用证的保兑，可能是因受益人对开证行资信不满意而引起，也可能是因开证行主动要求而引起，但无论在何种情况下，都只有开证行才有权指示另一银行对信用证加具保兑。收到保兑邀请的银行应根据开证行的资信、与本银行的关系等因素决定是否保兑。一旦作出保兑，就要对受益人承担与开证行完全一样的首要付款责任，而且不带有追索权。如果保兑行无法从开证行获得偿付，就会处于非常被动、不利的局面。因为保兑行与开证申请人并无合同关系，无法强制申请人付款赎单，因此保兑行只能处理单据及货物，或者作为开证行的债权人对其提出清偿要求。所以，银行一般只对与自己有良好业务关系的联行或代理行开立的信用证提供保兑。

4. 信用证的修改

受益人如对信用证条款不满意，可以通过申请人向开证行提出修改要求，申请人本人也可以主动提出修改要求。但不管由谁提议，在目前普遍使用不可撤销信用证情况下，每一项修改都须得到开证行、受益人以及保兑行（如有的话）的一致同意才能生效。如果开证行不同意修改信用证，就会拒绝发出修改书，但一经同意并发出修改书后，则受其约束。由于此时尚不清楚受益人是否会接受，开证行必须做好两种准备：若受益人接受，按修改后的信用证条款审单；若受益人拒绝，按信用证原来条款审单。另外，开证行还必须通过原通知行通知信用证的修改，否则应对由此产生的后果负责。

（四）出口商按信用证要求办理货物的出运

出口商在收到以他为受益人的信用证后，首先应对其进行审核。审核的目的，一是要判定开证行的资信状况，并决定是否要求信用证得到其他银行的保兑；二是要判定信用证条款是否与合同一致，是否带有无法办到的要求，是否存在着软条款，并决定是否提请申请人要求修改信用证。受益人必须注意，在没有收到合格的信用证以前，或在没有将信用证修改至令人满意的情况以前，受益人绝不能发货，否则就会丧失主动权。如果因延迟发货而遭受损失，可以凭合同向进口商提出索赔。

在受益人接受信用证后，就应严格地按照信用证的指示办理货物的出运，包括商检、托运、投保等事项，并取得有关当事人签发的合格单据。同时，受益人自己按信用证规定缮制一些必要的单据，例如发票、汇票、装箱单等，准备交单结汇。

（五）受益人交单支款

为确保安全收汇，受益人应努力使单据符合信用证的规定，因此单据的种类、名称、份数、内容、出单时间、出单人身份等都应和信用证条款相吻合。如果单据内容有修改，应在修改处加盖修正章并由出章人签字或简签。受益人交单应在合理时间内进行。这一合理时间的截止期限应是信用证到期日与最迟交单日两者中先到的日期，若由此确定的交单截止日期恰逢银行正常的非营业日，则可顺延至下一个营业日，但接受单据提示的银行应证明这一顺延。然而，如果交单时银行因不可抗力事件使营业中断，而营业恢复后已经超过最迟交单期或信用证有效期，则银行没有义务再接受单据的提示或再承担付款责任，除

非申请人授权银行这样做。

（六）指定银行付款、承兑或议付

指定银行或保兑行在收到受益人或其委托银行交来的单据后，应及时地以合理谨慎的态度审核信用证所要求的单据，如果有信用证未作要求的单据，银行无义务审核，可以退还受益人或寄单行，也可以原样寄交开证行而不承担任何责任。

银行审单应仅仅根据信用证及其修改书，不应涉及任何其他文件或事实。银行应遵守《跟单信用证统一惯例》所反映的国际标准银行惯例，对单据的表面状况作审核，以判断单据是否在表面上与信用证要求相符合。如果单据符合“单证一致、单单一致”的标准就是合格单据，银行应接受单据，并根据信用证规定作出即期付款、延期付款、承兑或议付；如果单据不合格，则有权拒收单据，拒绝安排付款。

（七）指定银行向开证行寄单索偿

指定银行在对受益人办理付款等事项后，应按信用证规定向开证行寄单。如果信用证规定一次性寄单，则一次性寄出全套单据；如果信用证规定分两次寄单，如写明“by two consecutive registered airmail”（以两个连续挂号航空信寄出），则须按信用证注明的每批单据种类及份数分两次寄出。分批寄单的好处是万一某一批单据被耽误或遗失，另一批单据仍能安全寄达开证行。

指定银行的索偿批示应向开证行发出，如信用证中另行规定了偿付行，则应首先向偿付行索偿。索偿方法应符合信用证规定，并应写明偿付行应向哪家银行的哪个账户划出资金头寸。如果偿付行未能提供偿付，则可以立即向开证行索偿，并要求因开证行延迟偿付而产生的利息。

（八）开证行或偿付行提供偿付

开证行在收到指定银行或保兑行或受益人寄来的单据后，应在五个银行工作日内完成审单工作，并在第五个工作日结束之前作出是否支付信用证款项的决定。如果单据合格，则开证行应对受益人作出付款安排，或向寄单行安排偿付。

偿付行对寄单行作偿付，则开证行应事先向该偿付行发出偿付指示或授权说明信用证号码、开证日期以及信用证金额，并说明偿付行费用由开证行支付还是向索偿行收取。若规定费用向索偿行收取，但偿付行未能收到这笔费用，则开证行仍有责任作补偿；若偿付行未能在索偿行第一次索偿时立即进行偿付，开证行仍须对索偿行连本带息地进行偿付，除非此时开证行提出单据有不符点而决定拒付。

如果开证行在审单时发现有不符点，它可以自行决定是否同申请人联系以要求申请人放弃不符点，并授权开证行对外支付。但是这一联系应在自银行收到单据后的5个工作日内完成，开证行不能以正在要求申请人放弃不符点为由而违反审单的合理时间的限制。也就是说，在第5个工作日结束前仍未得到申请人放弃不符点并同意付款的回复，开证行必须对外提出拒付。

（九）赎单

开证行向开证申请人发出单到及付款通知，开证行申请人向开证行付款赎单。

从严格意义上讲，这两个步骤已经不属于开证申请书所规定的业务了，因为信用证是开证行与受益人之间的安排，当开证行作终局性付款之后，信用证业务已告结束，但为完

整起见，此处仍将之列入信用证业务流程。

申请人收到开证行的通知后应及时到开证行验收单据。若单据合格，申请人不能无理拒付，否则应赔偿开证行的垫款损失。若单据不合格，申请人有权拒付，并在信用证到期时收回押金；申请人也可以放弃不符点，授权开证行对外支付，但应注意不要超过开证行审单时效。

一般情况下，申请人只有足额付款才能拿到单据，但若进口商想获得资金融通，也可以向开证行申请凭信托收据借单提货。很显然，这一融资与受益人毫无关系，一切风险均由开证行自负。

背景知识

《UCP600》简介

自2007年7月1日开始，《UCP600》正式启用。与《UCP500》相比，变化较大的条款有：

1. 通知行只需确定信用证的表面真实性以及条款完整性，无须审核信用证或相关修改的条款。

2. 将审单时间从“不超过7个银行工作日的合理时间”改为“最多不超过5个银行工作日”。明确了交单期限的适用范围，将单据与信用证相符的要求细化为“单内相符、单单相符、单证相符”。

3. 单据日期可以早于信用证的开立日期，但不得晚于交单日期。

4. 单据中受益人地址与申请人地址可以与信用证中要求不一致，但必须同在一国；联络细节作为地址一部分时可以不予理会。

5. 任何单据中注明的托运人或发货人无须为信用证的受益人。

6. 运输单据可以由任何人出具，无须为承运人（carrier）、船东（owner）、船长（master）、租船人（charter）。

7. 指定银行、保兑行、开证行决定拒绝承付或者议付时，有三种方式选择：(1) 拒绝承兑并如期支付或议付（refusing to honor or negotiate）；(2) 拒付时列出不符点（refuse and list discrepancies）；(3) 持有单据等候交单人指示、申请人接受不符点，或者退回单据（holding and pending further instructions from presenter）。

8. 审单内容，除了以前提及的货物，还包括服务、履约行为的描述。

9. 正本单据的确认更加宽松。

10. 多式联运提单条款改为：涵盖至少两种不同运输方式的运输单据。

11. 海运提单，明确若无 on board 日期，则出单日期视同装船日期。

12. 空运单据，若有实际发运日，则以实际发运日为装船日期，否则以出单日期为装船日期。

13. 租船提单，卸货港可以显示为信用证规定的港口范围或地理区域。

14. 注明“第二联”的铁路运输单据将被作为正本接受。

15. 公路、铁路或内陆水运单据，如运输单据上未注明出具的正本数量，提交的份数即视为全套正本。

16. 当一份运输单据上载有“shipper's load and count”，“said by shipper to contain”是可以接受的。

17. 转让信用证：规定第二受益人的单据必须提交给转让银行，不能直接寄给开证行。

四、信用证的种类

（一）跟单信用证与光票信用证

根据信用证所要求的附属单据是金融单据还是商业单据，信用证可分为光票信用证与跟单信用证两大类。

1. 光票信用证（clean L/C）

光票信用证是指不需要商业单据，尤其是不需要与物权有关的运输与保险单据，而仅凭金融单据（通常是受益人开立的汇票），或者再加上诸如发票、垫款清单、受益人申明等文件而进行付款的信用证。银行虽然也是凭合格单据承担付款责任，但因为得不到关于物权的单据，所以得不到物权的保障。如果光票信用证用于常规的货款结算，银行的风险就会很大，而且因为对受益人的单据要求很简单，受益人伪造单据欺诈的可能性也增大了。

2. 跟单信用证（documentary L/C）

跟单信用证是指凭附有货运单据的跟单汇票或仅凭货运单据进行付款的信用证。跟单信用证的关键是要有代表物权或证明货物已经装运的商业单据，汇票则是可有可无的。出于避免为流通票据缴纳印花税的考虑，跟单信用证不要求有汇票的情况已相当普遍。跟单信用证给银行带来的好处就是可以为其垫款提供物权保障，增加银行收回资金的安全性，特别适合进出口贸易结算中凭单据作“象征性交货”的特点，因此被广泛地用于贸易结算中。本节提及的信用证，若无特别说明，即指跟单信用证。

（二）可撤销信用证与不可撤销信用证

从开证行对其所开出的信用证所负责任的角度来看，信用证可分为可撤销信用证与不可撤销信用证。

1. 可撤销信用证（revocable credit）

可撤销信用证是指开证行可以不经过受益人同意，也不必事先通知受益人，在付款、承兑或议付以前，随时修改信用证内容或撤销信用证。

在可撤销信用证上，一般开证行应写明“Revocable”字样，以资识别，有些银行往往在信用证上加注表示开证行有权随时撤销的文句。

可撤销信用证的开立，给予买方最大的灵活性，因为它可以随时修改、撤回或注销，不经受益人同意，甚至不必事先通知受益人，直到它被开证行指定可使用信用证的银行付款时为止。可撤销跟单信用证包含对受益人的风险，因为信用证可以修改或注销，当货物在运输中和交单前或单据虽已交来，却在付款以前，或者如为延期付款信用证，在接受单据承担延期付款责任以前；该证已经修改注销，卖方将面临向买方索取付款的问题。

可撤销信用证平时极少使用，偶尔用于子公司之间，或特殊贸易，或作为支付承诺的代替物。《UCP600》只承认不可撤销信用证。

2. 不可撤销信用证（irrevocable credit）

不可撤销信用证未经开证行、保兑行（如有）和受益人的明确同意，该证既不能修改，也不能撤销，这就是不可撤销信用证的本质，即信用证的不可撤销性。不可撤销信用证如需修改（或撤销），必须获得开证行、保兑行（如有）和受益人的明确同意，修改书才能生效。由于不可撤销信用证代表了开证行的确定付款承诺，因此，对受益人来说无疑要比可撤销信用证安全得多。尤其是当开证行在申请人的授意下发出不利于受益人的修改时，受益人完全可以坚持采用原信用证条款，并通过合格单据迫使开证行承担责任。因为未经受益人同意的任何修改都是没有效力的，不能对受益人构成约束。同样，如果保兑行同意修改，并将其保兑责任扩展到修改书上，但受益人不同意修改，则受益人仍有权凭提示符合原信用证规定的单据要求保兑行承担责任；反之，若保兑行拒绝修改，而受益人接受，则受益人只能向开证行或其指定银行提示符合修改后的信用证规定的单据，若向保兑行提示则会因单证不符而遭拒付。在这种情况下，保兑行的责任实际上已被解除了，因为受益人不能再提交满足保兑行要求（即原信用证要求）的单据了。

《UCP600》取消了可撤销信用证，按照《UCP600》第 3 条的规定，信用证都是不可撤销的。

（三）保兑信用证与不保兑信用证

根据信用证有无开证行以外的其他银行加以保证兑付，信用证可分为保兑信用证和不保兑信用证。

1. 保兑信用证（confirmed credit）

根据开证行的授权或要求，另一家银行（保兑行）对不可撤销信用证加以保兑，只要信用证规定的单据在到期日那天或以前提交至保兑行或指定银行，并与信用证条款和条件相符，则保兑行付款、承兑汇票，或议付。

不可撤销保兑的信用证给予受益人双重的付款承诺。因为信用证规定的单据交到保兑行或其他指定银行，且符合信用证条款，构成在开证行确定付款承诺以外的保兑行的确定付款承诺。保兑行与指定银行若是分离的两家银行，指定银行应向保兑行寄单索偿，让保兑行履行其承诺，然后再由保兑行向开证行清算。倘若绕过保兑行直接向开证行寄单索偿，则保兑行对于该证不负任何责任。

通常受益人会考虑到信用的分级和开证行的金额地位，如果开证行被认为是第一流银行，就不存在信用证被另一家银行保兑的问题。然而，当信用证被一家较小的银行开证，或开证行所在国家有政治、经济风险时，受益人需要通过申请人请求开证行授权一家位于进口国家以外的银行加以保兑。有时开证行知道自己资信不够，不等受益人提出要求，在信用证中主动授权通知行加具保兑。

另一银行被授权加具保兑，但它无意照办时，它应将此事毫无延迟地通知开证行。

对于信用证的修改，保兑行应将其保兑延伸至修改书并应自其通知修改书时起受到该修改书的约束。如果保兑行选择将修改书通知受益人而不延伸其保兑，该行应将此事毫不延迟地通知开证行和受益人。

2. 不保兑信用证（unconfirmed credit）

开证行的不可撤销跟单信用证被一家通知行予以通知，信用证下面的通知行作为开证行的代理人，除了合理谨慎地核验所通知信用证的表面真实性外，对受益人不承担任何责任，这就是不可撤销不保兑的信用证。

（四）即期付款、延期付款、承兑信用证

根据受益人交单结算的方式，信用证可分为即期付款信用证、延期付款信用证、承兑信用证。

《UCP600》第10条规定："除非信用证允许的任何银行（议付行）议付，一切信用证必须指定一家银行（被指定银行）授权其付款（付款行）或承兑汇票（承兑行）或议付（议付行）。"即除了自由议付信用证不指定议付行之外，一切信用证都要指定一家银行担当即期付款行、延期付款行、承兑行或议付行。受益人必须交单给指定银行，要求即期付款、延期付款、承兑或议付。

1. 即期付款信用证（sight payment L/C）

即期付款信用证指开证行或指定的付款行一收到与信用证条款相符合的单据即予以付款的信用证。即期付款信用证有以下特点：

（1）一般不需要汇票，只凭商业单据付款，也可以开立以指定行为付款人的即期汇票。

（2）信用证在付款行所在地到期。典型的即期付款信用证，开证行往往指定出口地银行（比如通知行）为付款行，受益人只要向当地的付款行交单，即可得到无追索权的付款，且可以不被扣除议付程序中需扣除的利息。这是一种对受益人很有利的信用证。

某些即期付款信用证的付款行可以不在出口地，而在进口地的开证行或指定货币清算中心的一家银行，则受益人必须在信用证有效期内将单据寄交异地付款行，且对因邮寄延误承担责任。受益人可以自己直接寄单，也可以通过当地中介银行寄单。由于开证行并未在信用证中对议付作出承诺，故该中介银行只是寄单行，至于是否愿意叙做出口押汇（议付），是中介银行与出口方之间的问题，与开证行无关。

可以开证行自己使用信用证作为付款行，或指定（通知）/（保兑）行或其他银行使用信用证，它们就是被指定付款银行。

2. 延期付款信用证（deferred payment L/C）

延期付款信用证指受益人不开具汇票，仅向开证行或其指定付款银行提交规定行或其指定付款银行提交规定单据，付款行在未来某一特定日期付款。比如信用证上写明："在提交单据后××天付款"或"在提单出单日期后××天付款"等，《UCP600》规定：对于延期付款信用证，开证行和保兑行（如果有）应按信用证规定中所确定的日期付款。这种信用证由于无须开立汇票，因此无法进行贴现业务。

可以开证行自己使用信用证作为延期付款行，或指定（通知）/（保兑）行或其他银行使用信用证，它们就是被指定延期付款行。

3. 承兑信用证（acceptance L/C）

承兑信用证要求受益人开立以指定银行（承兑行）为付款人的远期汇票，连同规定单据向承兑行作承兑交单，承兑行收下单据后将已承兑的汇票（或以承兑通知书方式）交还受益人（或受益人的委托银行），并到期付款。

承兑信用证的汇票付款人是指定银行，包括开证行自己使用和另一受票银行被指定使用信用证。

可以开证行自己使用信用证作为承兑行，或指定（通知）/（保兑）行或其他银行使用信用证，它们就是被指定承兑行。

注意，《UCP600》取消了议付信用证这种方式。《UCP600》之前的版本均未对诸如开证行、申请人、受益人等相关当事人及保兑、议付和交单等相关行为进行定义。针对同一个概念，由于语言、文化、案例乃至价值取向的不同，不同国家、不同当事人甚至不同法院往往会有不同的解释，因此就会造成对 UCP 条款的曲解与误用，出现惯例统一而标准相异的现象。《UCP600》中删除了《UCP500》中的关于凭保议付的规定，是因为其纯属指定银行与受益人之间的私下安排。开证行或保兑行必须独立地审核单据以确定其是否相符，如果开证行或保兑行决定拒付不符单据，此时指定银行能否向受益人追索以及如何追索的问题超出了 UCP 的范围。《UCP600》对议付定义中的“被指定银行”给予了解释：被指定银行意指有权使用信用证的银行，对于可供任何银行使用的信用证而言，任何银行均为被指定银行。可以分析得知，《UCP600》延续了《UCP500》关于议付的分类。之所以开立限制议付信用证，一般来说是开证行为了增加其海外分行的费用收入或为了防止受益人伪造单据骗取货款，将受益人交单议付限制在一家自己的联行或代理行。对受益人而言，限制议付信用证非常方便，他可以向自己最熟悉的银行交单或向议付条件（利息、费用、汇率等）最优惠的银行交单。相比较而言，自由议付信用证对受益人更为便利。在《UCP600》中，议付行的义务规定散见于其他条文之中。这些条文对议付行的义务规定主要是审核单据的义务和通知的义务。议付行在收到受益人提交的单据时，必须对提示的单据进行审核，并仅以单据为基础，以决定单据在表面上看来是否构成相符提示。当按照指定行事的被指定银行、保兑行（如有）或开证行决定拒绝兑付或议付时，必须一次性通知提示人，且该通知必须以电讯方式发出。如果不可能以电讯方式通知时，则以其他快捷方式通知，但不得迟于提示单据日期翌日起第 5 个银行工作日终了。议付行没有必须议付的义务，可以自由选择对受益人提交的单据是否给予议付。一旦选择给予议付，则议付行对开证行和受益人享有下述权利：从议付行的角度出发，则议付行对开证行具有要求偿付的权利。在议付信用证下，如果被指定银行对于相符提示已经议付，并且该被指定银行将单据寄往开证行，则议付行有权要求开证行进行偿付。当议付行向开证行或其他指定银行索偿却不能获得清偿时，是否对受益人有追索权呢？对于这个问题，无论《UCP500》还是《UCP600》均没有做出明文规定。对于受益人追索权的分析，主要从理论上和实务两方面进行。

[例 10—15]

If an L/C says：

(1) draft at sight

(2) draft at 60 days after BL date

drawee：the nominated bank

问：上述分别为何种类型信用证，付款、议付还是承兑？

解答：第 1 种是付款信用证，因为付款人为被指定银行，议付信用证项下不可能付款人也是议付行自己，汇票是即期的，也就不可能是承兑信用证，故推断为付款信用证。

同理，第 2 种应为远期付款信用证。

（五）即期信用证、远期信用证、预支信用证、假远期信用证

这是国际商会对跟单信用证按使用性质所作的分类。

《UCP600》规定，一切信用证都必须明确指出其使用方法，即是适用于即期付款、迟期付款、承兑还是议付，并且还必须授权指定银行（必须有指定银行）付款，承担迟期付款责任，承兑汇票或议付。

1. 即期信用证（sight payment L/C）

如果信用证中规定其使用性质为即期付款，那么这种信用证就是即期信用证。

由于欧洲大陆国家对汇票要征收印花税，因此这些国家的即期付款信用证只要求提交相符单据而无须提示汇票，往往称为凭单付款信用证（payment against documents credit）。

2. 远期付款信用证（usance credit）

远期付款信用证与承兑信用证均是远期付款信用证。远期付款信用证是指开证行或付款行在收到符合信用证条款的单据时不立即付款，而是等到汇票到期时才履行付款义务的信用证。

迟期付款信用证（deferred payment credit）是开证行在信用证中规定货物装船或受益人交单后若干天付款的信用证，这类信用证一般不要求出口商开立汇票。简言之，迟期付款信用证就是不要求开立汇票的远期付款信用证。

远期付款信用证下，受益人能否获得付款完全取决于付款行的信用。若付款行是开证行或保兑行，则收款有保证；若是没有对信用证加具保兑的银行为付款行，它有权到期拒付。这时开证行就应承担到期付款的责任，若开证行无力支付，受益人就会遭受损失。因此，在延期付款信用证项下，受益人最好要求付款银行对信用证进行保兑，以确保到期收款。

远期付款信用证由于不开立汇票，受益人无法在贴现市场上获取融通资金，只能自行垫款或向银行借贷，因此，拟迟期付款信用证成交的货价比以承兑信用证成交的货价要稍高一些。

3. 预支信用证（anticipatory credit）

预支信用证是指允许出口商在装货交单前支取部分货款的信用证。

由于预支款是出口商收购及包装货物所用，所以预支信用证又叫打包放款信用证（packing L/C）。

申请开立预支信用证的进口商往往需要开证行在信用证中加列预支条款，为醒目起见，往往用红色打印，所以预支信用证又称为红色条款信用证（red clause L/C）。

银行按信用证规定应受益人请求预支款项后，往往要求受益人把正本信用证交出，以控制受益人向该行交单。

如果受益人预支了款项却未发货交单，预支行可以要求开证行偿付。开证行偿付后再向开证申请人追索。由于有这种风险，所以进口商只有对出口商资信十分了解或认为出口商是可靠、稳定的贸易伙伴时才会向开证行提出开立预支信用证的要求。

4. 假远期信用证

信用证中规定受益人开立远期汇票，但又规定“远期汇票可即期付款，贴现利息和承兑费用由买方负担”。这种信用证称为买方远期信用证（buyer's usance clause L/C），我国又称其为假远期信用证。

使用买方远期信用证，对受益人来说，在交单议付后，议付行向开证行索偿可得到开证行的即期付款，并且不承担贴现利息和承兑费用，因而议付行对受益人的议付，也只需扣除一个邮程来回的利息和手续费，等同于即期汇票的议付。

[例 10—16]

我出口公司与国外进口商成交一批货物，原合同规定买方开立不可撤销的假远期跟单信用证。届时，对方开来了一张 60 天的远期证。在证中规定：Discount Charges for payment at 60 days are born by buyers and payable at maturity in the scope of this credit. 对此证作一分析。

分析：信用证中仅规定了贴现费用由买方支付且货款是到期支付，没有体现出假远期信用证的“远期汇票即期收入，贴现费用及利息由买方承担”的特点。该信用证不是真正的假远期信用证，受益人也享受不到假远期信用证的优惠。

（六）可转让信用证、背对背信用证、对开信用证、循环信用证

1. 可转让信用证（transferable L/C）

可转让信用证，是指开证行允许被指定的转让行在受益人（第一受益人）要求下，将信用证部分或全部转让给一个或数个第二受益人使用的信用证。

所谓转让行（transferring bank），就是信用证中指定的承担即期付款、延期付款、承兑和议付的指定银行；如果系自由议付信用证，则为由开证行特别授权办理信用证转让的银行。由于《UCP600》并未规定只能由一家银行担任转让行，所以在经过第一受益人、申请人、保兑行（如有的话）的同意后，开证行可以指定一家以上的银行担任转让行，供受益人从中选择，但这种做法并不多见。被指定的转让行并无义务一定要接受第一受益人转让信用证的要求，除非该银行同意转让的范围和方式并照此办理。此外，转让行的各项开支费用应由第一受益人支付，但另有约定者除外。如果转让行同意办理转让，在上述费用未付清之前，转让行没有义务转让该信用证。

按照《UCP600》的规定，可转让信用证必须标明“可转让（transferable)”字样。否则，即使信用证标明诸如“可分割”（fractionable)、“可分开”（divisible)、“可让渡”（assignable)、“可转移”（transmissible）等字样，银行也应不予理会，直接按不可转让信用证对待。

此外，可转让信用证只能转让一次；如果信用证允许分批装运，第一受益人可以将原信用证分成若干部分，分别转让给两个或多个第二受益人，只要转让的总金额不超过原信用证金额，则仍看成是一次转让。任何第二受益人都无权再将自己得到的部分转让给第三受益人。但若出于各种原因，将部分转回给第一受益人则是允许的，此时第一受益人可以将转回的部分在原信用证有效期内再转给第二受益人。可转让信用证之所以只允许转让一次，是为了避免重复多次转让对申请人的利益造成不利影响，因为申请人只信任第一受益人及其选定的第二受益人，但不能信任由第二益人选定的第三受益人，等等。更何况多次转让容易造成混乱，因为这会令有关银行的业务处理变得极为麻烦，所以可转让信用证只能转让一次。

[例 10—17]

某公司通过韩国的中间商出口服装到欧洲。韩国中间商提出采用 D/A 的结算方式。该出口商觉得 D/A 结算方式风险太大，不愿意接受。此后韩国中间商提出要么改成 D/P 结算方式，要么改成转让信用证的结算方式，韩国中间商是第一受益人，该出口商是第二受益人。该公司就选择了转让信用证的方式，觉得信用证方式的风险总要比托收小。问该出口商是否有风险？

点评：要牢记转让信用证的真实意义，不能一提到信用证，首先就想到银行信用。因为转让信用证，对第二受益人来说，不受银行信用的保护，也不受商业信用的保护。

2. 背对背信用证（back-to-back credit）

普通信用证的受益人不能把信用证转让出去，可转让信用证不能满足受益人的商业要求，作为中间商人的受益人自己不能供货，需要从供货人那里购买货物，他将国外开来受益于他的原始信用证（original credit），又称主要信用证作为担保品，请求银行依据原始信用证条款，开出以供货人为受益人（第二受益人）的信用证，称为背对背信用证，又称第二信用证，或补助信用证（subsidiary credit），凭此信用证由第二受益人发货、制单、索款。

开至国外供货人的信用证就是一般的背对背信用证。开至国内供货人的背对背信用证又称为本地信用证（local credit or domestic credit）。

3. 对开信用证（counter credit 或 reciprocal credit）

在易货贸易、补偿贸易及来料加工等业务中，为了平衡贸易，防止只出不进或只进不出的单向交易，贸易双方会相互向对方开立信用证，而且经手的银行也相同，此类信用证就是对开信用证。对开信用证业务包含两份信用证，当一方当事人开立以另一方为受益人的信用证后，原受益人向原通知行申请开立第二信用证，俗称回头证，经原开证行通知给原开证申请人，从而将两笔相向交易联系起来。为了防止第一证开出后对方不开立回头证的风险，第一证可以规定受益人在交单时应附带一份担保书，保证在规定时间内开立合格的第二证；第一证也可以规定本证暂不生效，待受益人开出合格的回头证，由申请人接受后通知对方银行两证同时生效。

4. 循环信用证（revolving credit）

循环信用证带有条款和条件，使其金额可以更新或复活，不需修改信用证。循环信用证可以是可撤销的，也可以是不可撤销的和按时间或按金额循环的。在进出口双方订立长期合同、分批交货，而且货物比较大宗单一的情况下，进口方为了节省开证手续和费用，即可开立循环信用证。

循环信用证分为两种：一种是按时间循环使用的信用证，另一种是按金额循环使用的信用证。不论是按时间循环还是按金额循环，凡是上次未用完的信用证余额，可以移到下一次一并使用的称为积累循环信用证（cumulative revolving credit）。信用证未表明是否可积累时，则是不可积累的。

按时间循环的信用证是指受益人在一定的时间内（如一个月）可议付信用证规定的一定金额，议付后，在以后一定时间内（如下一个月）余额又恢复至原金额，仍可议付使用，在若干个月内循环使用，直至该证规定的总金额用完为止。

按金额循环的信用证是指受益人按照该证规定的一定金额进行议付后，该证仍恢复到原金额，可供再议付使用，直至该证规定的总金额用完为止。

当用完信用证规定的每期金额再恢复到原金额使用时，具体的恢复方式有以下三种：

(1) 自动恢复循环。每期金额用完不必等待开证行通知，即可自动恢复到原金额使用。

(2) 非自动恢复循环。每期金额用完必须等待开证行通知到达后，信用证才能恢复到原金额使用。上次未用完的信用证金额不能移到下一次一并使用的称为非积累循环信用证(non-cumulative revolving credit)。

(3) 半自动恢复循环。每次议付后一定时期内开证行未发出停止循环使用的通知，则在下期开始起，就可自动恢复到原金额使用。

[例 10—18]

可转让、对背信用证的区别

一批货物 G，国内供应商 A 与香港公司 B 商签订合同＄100 万，香港公司 B 以＄120 万与国外客户 C 签约。其中，A 为出口商，B 为中间商，C 为进口商。BANK A 为国内的通知行，BANK B 为 B 公司的账户行，BANK C 为开证行。

可转让信用证：(1) C 向 B 开出 L/C，金额＄120 万，此证称为母证。(2) B 以母证为依据，BANK B 向 A 开出 L/C，金额＄100 万，此证称为子证。(3) A 收到 BANK A 的通知，接受子证，然后发货。(4) A 将提单 ＄100 万的发票，装箱单提交 BANK A，转递 BANK B。(5) 审单无误后，BNAK B 通知香港公司 B 将发票由＄100 万替换成＄120 万，并将单据转递 BANK C。(6) 审单无误后，BANK C 解付＄120 万给 BANK B，BANK B 解付＄100 万给 BANK A。

背对背信用证：(1) C 向 B 开出 L/C，金额＄120 万。(2) B 向 BANK B 提交全额保证金，即＄100 万，银行开出一个全新的，完全独立的 L/C 给 A。(3) A 接受 L/C＄100 万，发货。(4) A 将提单 ＄100 万的发票，装箱单提交 BANK A，转递 BANK B 议付。(5) 审单无误后，BANK B 向 A 解付＄100 万，同时通知 B 买单，B 领回全套单据。(6) B将该套单据进行替换、更改，如将发票改成自己的发票＄120 万，将有供应商名字的提单替换成有自己香港公司名字的提单，其他单据照样更改，然后交给 BANK B，转递 BANK C 议付。(7) 审单无误后，解付＄120 万，同时通知进口商 A 赎单提货。

案例中，香港公司 B 账户中余额＄20 万为销售利润，根据香港的来源地征税原则，＄20 万没有税收。

国内供应商 A 如果直接卖给国外客户 C，金额为＄120 万，通过香港公司操作后，合同金额降低为＄100 万，国内税基减少，也达到了减少税收的目的。

两者区别为：(1) 转开出来的子证的所有条款，都必须依据母证原有条款开出。(2) 转开 L/C 只适用交易货物不发生变更、改装、加工等。(3) 转证情况下，出口商只有在母证货款付给中间商后，才能取得货款。(4) 背对背 L/C 全都不受上述限制，但是需要全额保证金。

第四节 其他结算方式

一直以来，信用证方式因其风险小、可靠性高的特点而成为国际贸易中最主要的结算方式，但是近年来，由于进口商需支付较高的包括开证费、改证费、偿付费等在内的银行费用，有时还需要一定的开证押金或占用一定的信用额度，并且手续繁杂，所以越来越多的进出口商开始选择银行保函等其他结算方式。

一、银行保函

（一）银行保函的概念

银行保函（banker's letter of guarantee）也称为银行保证书，是指银行根据委托人的申请，向受益人开立的担保履行某项义务并有条件的承担经济赔偿责任的书面承诺文件。银行保函属于银行信用。

在国际经济交往中，由于交易双方之间缺乏信用基础，常常需要一个第三者作为担保人，担保人以其自己的资信向受益人保证对委托人履行交易合同项下的责任义务或偿还债务承担责任，通过这样的方式促进交易的顺利进行。而银行因为具有雄厚的资金基础和强有力的经营能力，经常应客户要求提供这种担保业务。银行保函具有以下特点：

(1) 以银行信用代替商业信用，解决交易双方互不信任的问题。

(2) 适用的范围广泛。除商品贸易外，还可用于劳务、技术交易、工程承包、国际融资、设备租赁、各种合同的履行等。

(3) 内容和格式灵活多样。可以因交易要求不同而灵活变换。

（二）银行保函的种类

银行保函按其应用范围不同可分为出口类保函、进口类保函、对销贸易类保函、其他类保函四种。具体分类如图 10—10 所示。

银行保函的种类
- 出口类保函：投标保函、履约保函、还款保函、保留金或留置金保函等
- 进口类保函：付款保函、延期付款保函、租赁保函等
- 对销贸易类保函：补偿贸易保函、加工装配保函等
- 其他类保函：借款保函、关税保函、透支保函、海事保函等

图 10—10 保函的种类

下面我们介绍几种常用的保函：

1. 投标保函（tender guarantee）

投标保函是招标人在工程项目进行招标时担保银行应投标人（申请人）的请求向招标人（受益人）出具的保证书，保证投标人在开标前不撤标、不改标、不更改原报价条件，并且在中标后，要按照招标文件的规定及投标人的承诺，在一定时间内与招标人签订合同并要提交履约保函。投标保函的支付的金额一般为投标报价的1%～5%。

2. 履约保函（performance guarantee）

履约保函是担保银行应申请人的要求，向受益人开立的保证申请人履行某项合同义务的书面保证文件。这是招标人要求中标人在签订合同时必须提供的，保证如果中标人未履行合约义务便要予以赔偿。这种保函的适用范围很广泛，除此之外，可以用于一般的进出口贸易，也可以用于国际租赁、技术贸易、对外加工贸易、补偿贸易等。履约保函的支付金额一般为合同金额的5%～15%，有效期一般是至合同执行完毕为止，有时还要加一定的索偿期。

3. 还款保函（repayment guarantee）

还款保函又称预付款保函、借款保函或定金保函，是指担保行应申请人的要求向受益人开立的保证书，保证申请人履行合同中的某项义务，否则由担保行负责向受益人偿还已预付的款项和利息。我国在向外筹资时常会使用这种保函。在大宗贸易中，由于进口方常需向出口方支付一定的定金，为避免出口方违约给自己带来损失，进口方可以要求对方提供还款保函。这种保函的金额就是定金的数额。

4. 保留金或留置金保函（retention money guarantee）

在工程项目的承建或大宗贸易中，有些合约会规定将每笔付款的5%左右留在整个项目或交易完成并经业主或买方验收后再支付，这就是保留金或留置金。保留金或留置金保函就是担保银行应承包人或卖方的请求向业主或买方开具银行保证书，保证如果业主发现项目存在缺陷或买方发现货物质量不符，将由承包人或卖方退还留置金，否则由银行代为支付。

5. 付款保函（payment guarantee）

付款保函是指担保银行应进口商的要求向出口商出具的银行保函，保证只要出口方按合同规定提供货物或技术资料后，进口方一定履行部分或全部付款义务，否则由担保行代为支付或承担赔付的责任。

6. 租赁保函（leasing guarantee）

租赁保函是承租人根据租赁协议的规定，要求银行向出租人所出具的一种旨在保证承租人按期向出租人支付租金的付款保证承诺。从根本上来说，它属于付款保函。在大额租赁合约项下，一些出租人会要求保函具有一定的可转让性，以便于以其为抵押向银行或其他金融机构获得贷款来进行融资。

7. 补偿贸易保函（compensation guarantee）和加工装配保函（L/G opened for assembly processing）

补偿贸易保函是银行为进口设备一方向提供设备的一方提供的书面保证文件。保证进口方在收到与合同相符的设备后，会按规定将该设备生产的产品交付设备提供方或指定人，以偿付进口设备的款项，如进口商违约则由银行赔付。

加工装配保函是银行为进料、进件一方向供料、供件一方出具的书面保证文件，保证进料、进件一方收到与合同规定相符的原料、配件或样品后，会将合格成品交付给供料、供件方或指定人，如不能交货则以现汇偿付来料、来件的价款，否则，将由担保行赔付。

因为补偿贸易和来料加工、来件装配都属于特殊贸易，这两种保函合起来又可称为特殊贸易保函，或对销贸易保函。这些贸易的特点主要在于合同的一方获得对方商品形式的融资，而偿还大都不以现金支付方式，而以产品或加工品等实物形式。

8. 关税保函（custom guarantee）

关税保函是指担保银行为申请人临时入境未纳海关税金的货物而向当地海关出具的保函，保证该批货物在规定的时间内撤离该国，否则将由担保行向当地海关交纳规定数额的税金。

9. 透支保函（overdraft guarantee）

透支保函是指担保行为对外承包的工程公司（或其他驻外机构）在外国向当地银行申请开立透支账户以获取资金融通而开立给当地银行的保函，以保证申请人按透支契约的规定按时补足并支付利息和有关银行费用。

10. 海事保函（guarantee for marine accident）

海事保函亦称保释金保函（bail bond），是一国银行为了保释因海上事故撞损海港码头设施、其他船只、船舶合同纠纷、海难事故、海洋污染或涉嫌走私等触犯他国法律而被扣的本国船只而向当地法院或港务局出具的保函。该保函保证船主将依法庭的判决赔偿损失，否则，将由担保银行代为支付。

保函金额一般由当地法院视损失的多少确定。

（三）保函当事人及其权责

（1）委托人（principal）或称申请人（applicant），即向银行提出申请开立保函的一方。申请人要承担以下责任：担保行按照保函规定向受益人付款后，申请人必须偿还担保行所作的支付；负担保函项下的费用及利息；如果担保行要求，则应预支部分或全部押金。

（2）受益人（beneficiary），即接受保函并有权按保函规定的条款向担保行提出索赔的一方。它的责任和权利是：履行与申请人之间的合约；在申请人违约时，有权向担保行索赔。

（3）担保行（guarantor bank），是根据申请人的要求开立保函的银行。它的责任和权利是：一经接受申请就有责任按照申请书开出保函；保函开出后就有责任按照保函承诺的条件对受益人付款；如果申请人不能立即偿还担保行已经付出的款项，担保行有权处置保证金、抵押品或担保品；担保行有权拒绝开立他认为不能或不愿承担责任的保函。

根据保函开出的方式不同，在流转程序中还会出现转递行、转开行、保兑行等当事人。

背景知识

与银行保函业务有关的国际惯例

国际商会为解决在国际招标投标业务中产生的一系列问题，于1978年制定并颁布了《合约保函统一规则》(Uniform Rules for Contract Guarantees)，即国际商会第325号出版物，这是第一个有关保函业务的统一规则，其主旨是为保函业务中有关当事人谋求利益均衡。1982年制定并颁布了《开立合约保函的示范格式》(Model Forms for Issuing Contract Guarantees)，即国际商会第406号出版物。1992年，国际商会为适应保函业务的发展，又制定并颁布了《见索即付保函统一规则》(Uniform Rules for Demand Guarantees)，即国际商会第458号出版物。该出版物对见索即付保函作了规定，这是因为对申请人的“违约”由于立场不同而有不同的解释，一旦发生，各执一词很难确定；因此，受益人往往为了保障索偿顺利，要求索偿只要由他（受益人）出具一张书面索偿证明即可。这就大大简化了判断“违约”的困难，只凭单据形式的索偿证明就赔付。这种做法和上面提到的“备用信用证”做法一样，从判断事实转为凭单据付款了。但是，由于保函业务在世界范围内被普遍采用只是近20年来的事情，且各个国家的法律对保函的属性及运作的规定各不相同，再加上上述规则的精神与现行的常规做法尚有一定的出入，使《合约保函统一规则》和《见索即付保函统一规则》不像《跟单信用证统一惯例》那样普遍被各国银行所接受并采用。

二、备用信用证

（一）备用信用证的含义

备用信用证（stand-by letter of credit）是开证行应开证申请人的要求，向受益人开出的、以其自身的银行信用担保开证申请人履行义务的保证付款凭证。

《UCP600》第2条中明确规定备用信用证适用于该规则。备用信用证是一种信用证安排，它代表了开证行对受益人的以下责任（不管其称谓或代表方式如何）：(1) 偿还申请人的借款，或预付给申请人的，或记在申请人账户的款项；(2) 支付由于申请人承担的任何债务；(3) 支付由于申请人在履行义务上的违约。

备用信用证首先起源于19世纪中叶的美国，当时的美国法律禁止银行为客户提供担保，商业银行为客户出具保函被认为是越权行为，是无效的。为了既能避免与法律冲突，又能满足客户提出的代其担保的要求，美国的银行便开立了类似于保函性质的备用信用证。目前欧洲和其他地区的国家使用备用信用证的情况也在增多，日本和香港的银行也常常用备用信用证来代替保函。1998年6月，国际商会银行技术委员会与国际银行法律和惯例学会联合印发第590号出版物《国际备用信用证惯例》（International Standby Practices，ISP98)，并于1999年1月1日起正式启用。这是国际商会首次以独立的规则制定备用信用证惯例，它表明备用信用证已成为用途广泛、日趋成熟的金融工具。

（二）备用信用证的特点

由于备用信用证也适用于《UCP600》，所以本节侧重介绍备用信用证在操作中的一些特别之处。

1. 备用信用证项下所要求的特殊单据

备用信用证项下所要求的单据有索偿书、违约或其他支款事件的声明、法律和司法文件以及其他单据。其中索偿书是必要的单据，声明书是核心单据。

(1) 索偿书（demand for payment)，是指基于备用信用证条款，要求承付备用信用证的请求或构成这一请求的单据。根据这个定义，索偿书是备用信用证项下的必要单据，同时利用索偿书要求付款，是备用信用证的单据化的体现。受益人可以通过SWIFT、加押电传或其他类似的经确认的形式提交索偿书，如果经开证人允许，也可以使用纸张以外的媒体或方式来提交索偿书。

但索偿书不一定是单独的，也可以与其他单据结合在一起，也可以就是汇票或其他指示、命令或付款要求的形式。因此汇票也可以当作索偿书，所以备用信用证下的“单”也包括金融单据。如果备用信用证要求必须单独出具索偿书，索偿书必须包括：受益人向开证人或指定人索款要求；提出该索款要求的日期；索款金额；受益人签名。

（2）声明书（statement），是指违约或其他提款事由的声明、证明或其他陈述。因其证明了支款事件的发生而成为备用信用证的核心单据。如果备用信用证提供了声明书的空白格式，则受益人只需提供根据空白格式制作的、内容完整的声明书即可；如果未规定具体的内容和格式，则注明已声明、证明、担保、证实、确认、宣誓或诸如此类内容即可。

声明书一般包括：陈述，由于备用信用证中规定的提款事由已经发生，应该付款；单据出具日期；受益人签名。

（3）法律或司法文件。如果备用信用证要求出示政府出具的文件、法院命令、仲裁裁决书或类似的文件，则被认为是相符的一份文件或其副本，必须具备以下内容：由政府机构、法庭、仲裁庭或诸如此类机构出具；恰当的称号或名称；经过签署的；注明日期；经政府机构、法庭、仲裁庭或此类机构官员作出的证明或证实。

2. 备用信用证中的特殊条款

与跟单信用证相比，备用信用证为了达到特定的目的，常要列出一些特殊条款。常见的几条如下：

（1）违约声明。对违约声明的要求是备用信用证的特有条款。即备用信用证要求受益人出具违约声明的条款。在审证时要注意备用信用证的有效期与交易合同的履约期相衔接，以便受益人能在备用信用证的有效期内确知申请人未按约定期限履约的事实。

（2）商业单据的副本。除了违约声明之外，备用信用证还可能会要求一些商业单据。与跟单信用证不同的是，备用信用证通常只需要发票及其他单据的副本。要求单据的目的一般是为了证明受益人已按要求履行义务，进而证明申请人违约。

（3）先期放弃和责任递减。备用信用证中必须规定一个受益人提交单据要求赔付的日期。但备用信用证中还规定，如果在到期日前申请人已按合同履约，则受益人应通知开证人以免除其在备用证项下的责任。这类条款在退还预付款、借款、补偿贸易等备用证中常见，称为先期放弃条款。

责任递减条款是指如果申请人已按合同规定在备用证项下向受益人支付款项，便可起到备用证可用金额自动缩小和开证人付款责任自动递减的作用，而不必等待受益人出具备用信用证先期放弃通知。

这两种条款的目的都是为了保护申请人和开证人的合法权益。

（三）备用信用证与其他结算方式的区别

1. 与跟单信用证的比较

第一，备用信用证是在申请人违约时才使用，而跟单信用证是受益人履约的证明。

第二，二者要求付款的单证不同。备用信用证是凭受益人出具的证明开证申请人违约文件、索赔通知书以及其他有关文件或单据支付款项；跟单信用证以符合信用证要求的货运单据、商业发票、保险单等来作为付款的依据。

第三，备用信用证备而不用和没有货物保证等特点，使其所规定的单证不能议付；而跟单信用证以一定的货物作为银行保证的基础，单证可办理议付。

第四，二者使用范围不同。备用信用证广泛适用于保证多种形式的付款或履约交易；而跟单信用证主要用于进出口贸易结算过程中，为进出口商提供资金融通上的便利。

2. 与银行保函的比较

第一，备用信用证适用于《UCP600》，该惯例已为世界上大多数国家所接受和执行，同时，1998 年出版的《ISP98》是备用信用证专有的惯例和规则；而银行保函没有一个统一固定的国际惯例，《合同担保统一规则》、《开立合约保函的示范格式》、《见索即付保函统一规则》等国际商会的出版物尚未被广泛接受，在实务中使用得并不多。

第二，备用信用证的开证行负有第一性付款责任，即受益人向开证行交单请求付款，而不是向申请人交单索偿；银行保函中银行有时承担第一性付款责任，有时承担第二性付款责任。

第三，从信用证类别上看，备用信用证有可撤销与不可撤销之分，而银行保函为保护受益人权益通常是不可撤销的。

本章小结

汇款是指由付款方通过银行，使用各种信用工具，将款项汇交收款方的结算方式。汇款方式中，银行应付款人要求以一定的方式通过国外联行或代理行把款项付给收款人，银行只负责提供账户间划拨款项的服务，而并不涉及信用问题。这种方式相对于其他的结算方式，手续最简单，银行的手续费也最少。

在贸易结算中，托收是一种重要的支付方式。托收，即委托收款，是银行依据所受指示，处理金融单据（汇票、本票、支票等）和/或商业单据（发票、运输单据、物权单据等），以求：获得付款和/或承兑，或凭付款和/或承兑而交付单据，或按其他条件交付单据。托收是建立在商业信用基础之上的一种结算方式，其最大特点就是“收妥付汇、实收实付”。

信用证意指一项约定，系指一家银行（开证人）依照客户（申请人）的要求和指示或以自身的名义，在符合信用证条款的条件下，凭规定的单据：向第三者（受益人）或其指定人付款；或承兑并支付受益人出具的汇票；或授权另一家银行进行该项付款；或承兑并支付该汇票；或授权另一家银行议付。信用证的当事人主要有：开证申请人；受益人；开证行；通知行；议付行；付款行；保兑行；偿付行；承兑行。信用证具有的特点是：开证行负第一性付款责任；信用证是一项独立文件，不依附于贸易合同；信用证业务的处理是以单据为准，而不是以货物为准。

重点概念

汇款　托收　信用证　电汇　信汇　票汇　售定　寄售　承兑交单与付款交单　银行保函　备用信用证

复习思考题

一、思考题

1. 汇款的偿付方式有几种？各自的过程是怎样的？

2. 什么是银行保函？有哪些特点？

3. 什么是备用信用证？有哪些特点？

二、案例分析题

1. 某年6月6日，某托收行受理了一笔付款条件为D/P at sight的出口托收业务，金额为USD 100 000，托收行按出口商的要求将全套单据整理后撰打了托收函一同寄给英国一家代收行。单据寄出5天后委托人声称进口商要求托收行将D/P at sight改为D/A at 60 days after sight，最后委托行按委托人的要求发出了修改指令，此后一直未见托收行发出承兑指令。当年8月19日委托行收到托收行寄回的单据发现3份正本提单只有2份。委托人立即通过英国有关机构了解到，货物已经被进口商提走。此时，委托行据理力争，要求托收行要么退回全部单据，要么承兑付款，但是托收行始终不予理睬。货款始终没有着落。这种情况下委托行应该怎么做？

2. 我某公司以CIF价格向美国出口一批货物，合同的签订日期为6月2日。到6月28日由日本东京银行开来了不可撤销即期L/C，金额为××万日元，证中规定装船期为7月份，偿付行为美国的花旗银行。我中国银行收证后于7月2日通知出口公司。7月10日我方获悉国外进口商因资金问题濒临破产倒闭。在此情况下，我方应如何处理？

第十一章　国际结算中的单据

章前引例及分析

中国A公司委托中国某海运公司B将1万袋咖啡豆从中国上海港运往巴西某港口，船长签发了清洁提单，载明每袋咖啡豆重60千克，其表面状况良好。货到目的港卸货后，收货人巴西C公司发现其中600袋有重量不足或松袋现象，经过磅约短少25%。于是，C公司提起诉讼，认为承运人B公司所交货物数量与提单的记载不符，要求B公司赔偿货物短少的损失。B公司出具有力证据证明货物数量的短少在货物装运时业已存在，并抗辩称，因其在装船时未对所装货物一一进行核对，所以签发了清洁提单。货物数量的短少不是因承运人B公司的过失所造成的，所以B公司不应对此承担赔偿责任。经查，货物数量的短少的确不是因承运人的原因所造成，而属托运人A公司的责任。

法院认为，B公司签发的清洁提单是其已经按提单所载状况收到货物且货物表面状况良好的初步证据，B公司虽然能提供证据证明货物数量的短少在装船时已存在，而不是因其过失所造成，但该证据和理由不能对抗善意受让提单的包括收货人在内的第三人。据此，法院判决B公司应对货物数量的短少向收货人C公司承担赔偿责任。

本章学习目标

通过本章的学习，你应该能够：

1. 掌握商业发票的定义、内容和缮制；
2. 掌握提单的定义、内容和缮制；
3. 掌握保险单的定义和内容；
4. 了解附属单据。

作为服务中介，银行在办理国际结算业务中，通常需要借助于各种各样的单据来为客户服务，从而达到清算客户间债权债务的目的。单据是贸易过程中的一系列证明文件，有的还是物权凭证。作为支付凭据的单据，在实际业务中大多来源于出口商或其他债权人，是国际贸易和结算的基础和依据。在现代国际贸易和结算中，实现了“商品单据化、单据商品化”，即将交易商品的各方面情况分别用不同的单据加以体现，而这些单据的交接也就表示了有关商品的交接。单据分为基本单据和附属单据。基本单据主要包括商业发票、运输单据、保险单据，是在国际结算中必不可少的。附属单据如产地证、检验证明书、海关发票、装箱单或重量单等，是进口商为符合进口国政府的法令、规定或其他需要而要求出口方提供的特殊单据，一般信用证中都明确规定这些单据由谁出具、要具备哪些内容、如何措辞等。

第一节　国际结算的基本单据

一、商业发票

（一）商业发票概述

商业发票（commercial invoice）通常简称为发票（invoice），是卖方向买方开立的，凭以向买方收款的发货清单，也是卖方对于一笔交易的全面说明，内容包括商品的规格、价格、数量、金额、包装等。商业发票是卖方必须提供的全套出口单据的核心，其余单据均需参照它进行缮制，在内容上不得与发票的记载相矛盾，所以，发票又称为中心单据。在国际贸易结算中的任何一种结算方式下，发票都是必不可少的。

商业发票在国际贸易结算中有以下作用：

（1）交易的证明文件。发票是出口商开给进口商的售货证明，从发票上可以看到交易的详细、全面的描述。买方可以从发票上了解卖方所发运的货物是否符合合同的要求及信用证条款的规定。

（2）记账和核算的依据。世界各国的企业都是以发票作为记账凭证的，因此，发票通常都列有所装运货物价款的详细计算过程。

（3）报关纳税的依据。商业发票中关于货物的描述、货价、产地等各项记载是世界上绝大部分国家海关确定税额、税率的依据。

（4）代替汇票。在不使用汇票的情况下，商业发票可以代替汇票作为支付货款的凭证。因此在征收印花税的国家，使用汇票须计征印花税，所以一些国家的进口商在信用证或托收方式下不要求卖主提供汇票，而以商业发票代替，以免除印花税的负担。

（二）商业发票的内容与缮制

商业发票并没有统一的格式，出具商业发票的不同的国家、不同的单位都有自己的发票样式，而且交易的类型不同，发票的内容也不同。但在制作发票时所要填写的基本内容是大体相同的，商业发票一般可以分为首文、本文和结文三个部分。图 11—1 为商业发票样本。

Commercial Invoice

Sold To：

MINISTERIO DEL PODER POPULAR
PARA CIENCIA Y TECNOLOGIA.
AV. UNIVERSIDAD，ESQ. EL CHORRO，
TORRE MCT，PISO 21，LA HOYADA，
CARACAS 1010，VENEZUELA
TEL：58 212 2103822
FAX：58 212 2103659

Invoice Number：071213
Contract No.：07US01GTC3IXS3801
Date of Invoice：27 Dec 2007

From：Xingang　　To：Cabello

序号 No.	货物名称　型号 Description	数量 Quantity	单位 Unit	单价 Unit Price	合计（USD） Amount
1	MODEL 133 ANTENNA CONTROL UNIT FOR 13M ANTENNA	2	SET	USD 201 530.00	CIF CABELLO USD403 060.00
Total Value：CIF CABELLO SAY US DOLLARS FOUR HUNDRED THREE THOUSAND AND SIXTY ONLY					

CHINA NATIONAL INSTRUMENTS IMPORT & EXPORT (GROUP) CORPOTATION

图 11—1　商业发票样本

1. 首文（Heading）

商业发票的首文部分有发票的名称、开立人和抬头人的名称及地址、发票和合同号码、发票开立的地点和日期、合同号码和信用证编号、运输方式、起讫地点的名称等。

（1）发票名称。注明“发票”，一般在出口业务中使用的、由出口商出具的发票都是商业发票，所以并不要求一定要标出“Commercial”字样，但一定要醒目地标出“Invoice”的字样。如果信用证规定“Shipping Invoice”（装船发票）或“Trade Invoice”（贸易发票），均可按商业发票掌握，前面的修饰语都可以不加。

（2）发票开立人的名称和地址。发票的开立人即出口商，它必须是买卖合同中签约的卖方。审单时要核对出票人是否与信用证的受益人名称一致。发票开立人的名称和地址在发票正上方表示。一般情况下，出票人的名称与地址是相对固定的，因此大多数企业在制作空白发票时就已印刷上这一内容，或在电脑制单时已将这一内容编入程序。

（3）发票抬头人的名称与地址。发票的抬头人即收货人，是买卖合同中的买方。在信用证方式下，除非是另有规定，发票的抬头人应是信用证的申请人。发票抬头人的地址应是合同买方的地址。

（4）发票号码和开立的地点、日期。发票的号码是出口商自行编制的，应与同一批货的出口报关单的号码一致。由于商业发票是所有单据中的中心单据，所以发票的编号可以代表整套单据的代表号。

发票的开立地点即是开立人所在地点。因为其他单据的缮制均以发票的内容为依据，所以发票的出具要在其他单据之前，因而在所有单据中，发票开立的日期是最早的，如果发票的签发日期迟于汇票的出票日，就构成单证不符点，但发票的签发日也不能迟于信用证规定的议付日期。

（5）合同号码和信用证编号。合同号码即订单号码。在信用证方式下，无论信用证是否要求，发票都应列明信用证号码。

（6）运输方式、起讫地点的名称。起运地、目的地应与提单上的表示一致。如有转运，应将转运地点明确表示出来。这些内容应参照提单的相关部分缮制。

运输方式通常在发票中表示出来，各种运输方式常用的表现形式有：

海运：by sea；by streamer；by vessel；per S. S.

空运：by air；by air plane；by airway

铁路运输：by rail；by railway；by train

公路运输：by truck；by road；by highway

邮政运输：by post；by parcel post；by mail

在运输方式后最好加上具体的航次或车号等，明确清晰，方便核查。

2. 本文（Body）

商业发票的本文是说明履约情况的部分，主要说明货物和货价。内容包括唛头、货物描述与数量、规格、包装、单价、总金额、毛重与净重以及价格条件等。

（1）唛头（Marks）。唛头是运输时承运人和收货人用以识别货物的标志。发票的唛头与提单上的唛头刷法相同，要与信用证上的规定绝对一致，唛头的内容包括主标志（客户名称缩写，或发票号码、合同号码、订单号码等）、目的港标志和件数标志。每个字母、数字以及排列顺序、几何形状、特殊标志等都必须与信用证上一致。如果没有唛头，可以打出 N/M（No mark）。货物外包装一经刷制上唛头后，即确定了其合同关系。因此作为交易货物的总说明的发票，必须正确地反映出这一个标志。

（2）货物内容。货物的内容包括商品名称、品质、规格、包装、数量、重量等。贸易合同中关于货物有四个主要条款：品名条款、数量条款、品质条款、包装条款。如果在非信用证方式下，发票中应按合同条款表明货物内容；如果在信用证方式下，发票中关于货物的内容应与信用证严格保持一致。

（3）价格。价格是发票的中心内容，但同时也是发票中变化较多的项目。价格内容在发票中包括单价、佣金和总金额三个部分。

单价（unit price）由四个部分组成：计价货币、计量单位、单位数额和价格条件。在 FOB 后应体现装运港名称；在 CFR 和 CIF 价之后，应体现目的港名称。价格条件完全按信用证规定填写。

佣金（commission）和折扣（discount）也是价格的一个组成部分，但不一定出现在每一笔交易中，它取决于单价中是否含有佣金。

发票的总金额不能超过信用证金额，除非信用证另有规定。按照《UCP600》的规定，即使散装货允许在数量上有一定幅度的增减，但货款也不能超证。如果发票总额超过信用证金额，除非信用证特别授权，应将超证部分减除另做托收。对这部分超证金额，应另制汇票随装运单据一起寄开证行办理托收。

发票金额的填写

发票金额要用英文大写，以防止涂改。大写时小数点后面的数字有两种写法，如USD100.25 可以写成 say US dollars one hundred and Cents twenty-five Only，也可以写成 say US dollars one hundred，25/100。

3. 结文（Complementary Clause）

商业发票的结文主要包括出口商的签章、进出口许可证号、外汇许可证号、税则号、特殊文句说明等。

有些信用证要求在发票内加注某些细节，如要求加注其他一些单据的号码：海关税则号（customs tariff No.）、进口许可证号（import permit No.）、外汇批准号（exchange permit No.）等，这是进口商根据业务需要和本国有关法律制度及有关规定的特殊要求，均应照办。有很多信用证还要求在发票上加注各种证明或声明，如发票内容真实性和准确性及发票唯一性的声明、产地证明等。出口商在加注这些证明和号码时应注意日期等项目的吻合统一，以免造成不符点。

二、运输单据

运输单据是证明货物载运情况的单据，当出口商将货物交给承运人办理装运时，由承运人签发给出口商的证明文件，证明货物已发运或已装上运输工具或已接受监管。因运输方式的不同，运输单据包括：由船公司或其代理人签发的海运提单；由航空公司或其代理人签发的航空运单；由速递公司和邮局签发的快邮和邮包收据；铁路部门签发的铁路运单；由多式运输营运人签发的多式运输单据；公路运输公司签发的公路运单等。

（一）海运提单

1. 海运提单的概念及作用

海运提单（marine bill of lading，B/L），简称提单，是由承运人或其代理人在收到货物后，签发给托运人的凭证，表明货物已收到，货物的装载、货物将从何地运至何地，由谁收货，以及托运人和承运人双方权利、义务和责任豁免。收货人在目的港提取货物时，一般必须提交正本提单。《1978 年联合国海上货物运输公约》（简称《汉堡规则》）给海运提单的定义为：提单是指证明海上运输合同和货物由承运人接管或装载，以及承运人保证凭以交付货物的单据。

各国的海运实践都证明了提单有以下三方面作用：

（1）作为货物的收据（receipt for the goods）。表明承运人已按提单所列的内容收到了货物。对托运人来说，提单是承运人收到货物的收据，这种收据具有法律效力。即使提单上的记载是错误的，承运人也要对此负责，不能据以对抗托运人以外的第三者。

（2）作为物权凭证（document of title）。即提单代表了货物的所有权，是物权凭证。提单的合法持有者在目的港凭正本提单提货，承运人凭正本提单交货。通过转让提单可以转让货物的所有权，也就是因为提单是物权凭证，确定了提单可以转让、抵押。

（3）作为运输合同的证明（evidence of contract of carriage）。提单上列明了承运人和托运人双方的权利和义务，但提单本身并不是运输合同，而只是运输合同的证明。因在签发提单之前，构成运输合同的主要项目，如船名、航线、开船日期、运价和运输条件等，是承运人事先规定而经托运人接受的，因此合同的成立实际上是在托运人向承运人或其代理人订舱的时候。而提单的签发是在货物装船以后，也是在运输合同成立以后，所以提单是运输合同的证明。

2. 提单的当事人

提单涉及两个基本当事人，即承运人和托运人。

（1）承运人（carrier）。即船方，它是接受托运人的委托，将货物运往目的港的一方。承运人一般是实际拥有运输工具的运输公司。承运人的责任就是按提单所记载的内容将货物交给收货人，但如果货主违反规定，承运人可行使留置权。

（2）托运人（shipper）。托运人是委托承运人将特定的货物运往目的港的一方，即货方。根据价格条件的不同，托运人可能是卖方，也可能是买方，例如在 FOB 术语下，托运人就是买方。

除了以上两个基本当事人以外，提单的交接、背书、转让等过程中还会涉及以下几个当事人：

（1）收货人（consignee）。收货人一般都写在提单的抬头人一栏内，所以又称为抬头人。收货人，可以是合同中的买方，也可以是托运人本身，还可以是第三者。根据抬头一栏的不同形式，决定了提单是否能转让。抬头分为三种形式：

1）记名抬头，即在抬头人栏内写明收货人的名称。这种提单不能转让，只能由写明的收货人背书提货。按某些国家的惯例，记名提单的收货人可以不凭提单提货，提单因此失去了物权凭证的作用。为了能控制货物，银行一般不愿接受这种提单。记名抬头的格式为：Consigned to ××或者 to ××。

2）指示抬头，即在抬头栏内写有“Order”（指定人）字样。这种提单经背书可转让，持有人可凭提单向船方提货，此种提单最能体现作为物权凭证的作用。指示抬头的格式有两种：To order of ××或 To order。

3）空白抬头，又称不记名抬头或来人抬头，即在收货人栏内只填写 To bearer a 或空出不填。来人提单不需任何背书手续即可转让，或提取货物，非常方便。

（2）受让人（transferee）。受让人是在提单的背书转让过程中，接受被转让的提单的人，有权凭提单提货，也有权再转让提单。

（3）持单人（holder）。持单人是经过正当交接手续而持有提单的人。在提单交接的不同阶段，它可能是托运人，也可能是提单中指定的收货人，还可能是提单背书转让过程中的受让人。

（4）被通知人（notify party）。被通知人不是提单的当事人，只是收货人的代理人，是为了方便收货人及时提货，在船只到达目的港时由承运人通知的对象。这是承运人给予货主的一种便利。

3. 提单的内容和缮制时应注意的问题

提单虽由不同的船公司自行设计，但内容基本相同。随着近年来单据标准化的观点被广泛接受，目前提单内容的安排也基本一致，完整的提单一般包括正面和背面内容。提单的具体内容如图 11—2 所示。

<table>
<tr><td colspan="2">Shipper SHANGHAI TEXTILES IMP. AND EXP. CORPORATION 27 ZHONGSHAN ROAD, SHANGHAI，CHINA</td><td colspan="2" rowspan="5">B/L NO 2582588
中国远洋运输（集团）总公司
CHINA OCEAN SHIPPING（GROUP）CO .
Combined Transport BILL OF LADING</td></tr>
<tr><td colspan="2">Consignee
TO ORDER OF SHIPPER</td></tr>
<tr><td colspan="2">Notify Party
ABC. CORPORATION，153，FUTSUKAICHI－CHO，OSAKA JAPAN</td></tr>
<tr><td>Pre-carriage by</td><td>Place of Receipt</td></tr>
<tr><td>Ocean Vessel Voy No.
DIEK335 V. 07</td><td>Port of Loading
SHANGHAI</td></tr>
<tr><td>Port of Discharge
OSAKA，JAPAN</td><td>Place of Delivery</td><td colspan="2">Final Destination</td></tr>
<tr><td>Marks & nos No. of container Seal no. ers or P'kgs
ITOCHU
OSAKA 800CTS NO. 1－800
Container No. SOCU285723/20'
MAKU5879523/20'</td><td>Kind of Packages; Description of Goods
100% COTTON TOWEL
AS PER S/C. NO. SH107,
"FREIGHT PREPAID"</td><td>Gross Weight
20 000KGS</td><td>Measurement
48CBM</td></tr>
<tr><td colspan="4">TOTAL NUMBER OF CONTAINERS OR PACKAGES（IN WORDS）：Say Eight Hundred Cartons Only.</td></tr>
<tr><td>FREIGHT N CHARGES</td><td>REVENUE TONS</td><td>RATE PER</td><td>PREPAID COLLECT</td></tr>
<tr><td>Ex Rate</td><td>Prepaid at Shanghai</td><td>Payable at</td><td>Place and date of Issue
Shanghai，May 15，2001</td></tr>
<tr><td></td><td>Total Prepaid</td><td>No. Of Original
B（S）/L Three</td><td>Signed for the Carrier</td></tr>
</table>

LADEN ON BOARD THE VESSEL（COSCO STANDARD FORM）
DATE，May 15，2001 BY ××××

图 11—2 提单样本

（1）正面内容。提单正面的记载内容可以分为三个部分：

1）由托运人填写部分。这是在货物装运前托运人从船公司取得空白提单后需填写的内容。它包括了托运人、承运人、收货人和被通知人的名称和地址；提单号码；船名及船次、装运港和目的港；货物描述，包括货物名称、唛头、件数、重量、体积、包装、表面状况等；全套正本提单份数等内容。按《UCP600》的规定，货物的描述可使用与信用证中对货物描述并不一致的统称。

2）由承运人、船长或他们的代理人填写部分。其内容包括在核对托运人实际装货情况后加注的运费情况，一般不列明运费的具体金额，而只列明运费的交付情况，如“运费已付”（Freight Prepared）、“运费待收”（Freight to Collect），或“运费在目的港支付”（Freight Payable at Destination）等；提单签发的地点与日期；船公司、船长或其代理人的签章等。

3）契约文句。这是承运人接受委托货物的若干带契约性的印定声明文字。一般有四项条款：第一，装船条款，说明承运人收到外表状况良好的货物，并已装在船上待运。第二，内容不知悉条款，说明承运人只对货物的表面状况进行核实，对内部容物概不知情，并不负核对之责，因此承运人只是负责在目的港交付表面与提单描述相符的货物。第三，承认接受条款，说明托运人、收货人和提单持有人表示同意接受提单上的一切记载，包括背面的契约条款。第四，签署条款，表明提单正本一式几份，其中一份提货后，其余备份即行失效。

（2）背面内容。提单的背面是印就的具体运输条款，对有关当事人的责任、索赔和诉讼等均有详细的规定。主要内容有：定义；适用的法律条款；承运人责任及责任期间条款；包装与唛头条款；留置权条款；费用条款；赔偿条款；联运、转船、变更航线，装卸货和交货、共同海损、舱面货、鲜活货、战争、检疫、冰冻、罢工、港口拥挤等条款。

根据《UCP600》规定，银行对提单的背面条款不予审核。除了以上介绍的提单正背面内容外，需要时，承运人还可以在提单上加批注。

（二）其他运输单据

1. 多式联运单据

多式联运单据（multimodal transport document）是使用两种以上不同的运输工具，将货物从一个国家的收受接管地运到另一个国家的指定交货地，由多式联运经营人签发的货运单据。多式联运经营人负责联运事宜，他可能拥有运输工具，并自行承担一部分或全程联合运输任务，也可能只是组织别人来承担全部各段的运输任务，而其本身并没有任何运输工具。

多式联运单据有两个作用：货物收据和运输合同。而根据这种单据的收货人的表示形式即抬头的不同，可以决定它是否为物权凭证。如果是来人抬头或指示抬头，则可以作为物权凭证；如果是记名式抬头，则这种多式联运单据不能转让，记名收货人可不凭该单据而只凭身份提货，该单据也就不是物权凭证。

多式联运单据较联运提单的使用范围广泛，因为联运提单只适用于海运和其他运输方式的联运，而多式联运单据还可适用于不包括海运的其他运输方式的联运。

2. 集装箱提单

集装箱提单（container B/L），是指在集装箱运输方式下，由承运人或其代理人签发的提单。与其他的船运提单相比，集装箱提单具有两大特点：一是货物交接方式不同。普通船运方式中，一般是在装运港将货物交给承运人，而集装箱货物的交接方式是多种多样的，可以在集装箱码头堆场，也可以在发货人的工厂或仓库，或在集装箱货运站，因此提单签发的方式也就不同。二是物流形态不同。相较于其他船运方式，集装箱运输中货物的集散方式有两种，一种叫整箱货，另一种是叫拼箱货，习惯上拼箱货有多个发货人和多个收货人，因此承运人的责任范围有所扩大。

3. 铁路运单

铁路运单（railway bill，RWB）是国际铁路运输的主要运输单据，是由承运人签发的，证明托运人、收货人与铁路承运人之间合约的凭证。铁路运单只是运输合约和货物收据，不是物权凭证，必须记名，不得转让，而收货人必须出示身份证明后交付。铁路运单一式两联或几联，一般是运单正本作为运输合同和提货通知，而副本作为收据交托运人向银行办理结算。

4. 航空运单

航空运单（airway bill，AWB）是空运承运人与托运人订立的民用航空货运凭证。航空运单正面载有航线、日期、货物名称、数量、包装、价值、收货人名称与地址、运杂费等项目，背面则印有规定托运人和承运人之间权责关系等内容的规章条款。航空运单签发3份正本和若干份副本。3份正本中，第一份交航空承运人；第二份随货同行，货到目的地后，由航空部门交收货人，第三份交给托运人。因此，托运人交银行的是第三份正本运单。

航空运单具有货物收据、运输合约、运费账单、报关单据以及承运人内部业务往来依据等作用，它不是物权凭证，一律作记名抬头，不得转让。

5. 邮包收据和快邮收据

邮包收据（postal parcel receipt，PPR）和快邮收据（courier receipt）是邮局和快递公司签发给寄件人的寄件收据，也是双方邮寄合同的证明。由寄件人填写寄、收件人的名称及地址、物体名称、价值等内容。邮局核实并且收费后，予以签发。一份随同所寄物品一并发往目的地，然后由目的地邮局向收件人发出联件通知书，另一份则交寄件人向银行办理议付。邮寄包裹依据传递方式可分为普通包裹和航空包裹两类。

邮包收据和快邮收据是收据和邮寄合同的证明，不是物权凭证，一律作记名抬头，不得转让。

各种运输单据的比较如表11—1所示。

表11—1　　各种运输单据的比较

单据种类 / 比较项目	海运提单	铁路运单（公路运单）	航空运单	邮包收据	多式联运单据
物权凭证	是	否	否	否	是（指示式、来人式）
货物收据	是	是	是	是	是
运输契约	是	是	是	是	是
收货人的形式	指示式 来人式 记名式	记名式	记名式	记名式	指示式 来人式 记名式
可否流通转让	指示式和来人式可以	不可以	不可以	不可以	指示式和来人式可以

续前表

比较项目 \ 单据种类	海运提单	铁路运单（公路运单）	航空运单	邮包收据	多式联运单据
发给发货人的正本单据的份数	全套正本交发货人	正本交收货人，副本交发货人	第一份正本交承运人，第二份交收货人，第三份交发货人	一份收据交寄件人	全套正本交发货人
出单人	承运人或船长或他们的代理人	铁路局（公路局）	承运人或机长或他们的代理人	邮政局	承运人或多式联运经营人

三、保险单据

在国际贸易中，由于要经过长距离的运输，货物常常会因为自然灾害、意外事故或其他外来因素遭受损失。为了使货物在受损后获得经济补偿，买方或卖方应在货物出运前向保险公司办理保险。国际贸易货物运输保险有海上运输保险和陆上、航空、邮政运输保险等，由于国际货物运输绝大部分是通过海上运输进行的，所以海上运输保险在各种险种中占有主要地位。因此本节重点介绍海上货物运输保险和保险单据。

（一）保险单据的作用

保险单据是保险公司对被保险人承保后出具的书面证明，是双方签订的保险契约，是被保险人索赔的主要依据。在货物出险后，只有在既掌握了提单又掌握了保险单据的情况下，才能真正掌握货权。所以保险单据具有以下的作用：

（1）保险单据是保险合同的证明。保险单据是保险人与被保险人之间所签订的保险合同的证明。按保险业的惯例，只要保险人在被保险人填写的保险单据上签了字，保险合同就告成立，它具体地规定了保险人和被保险人的权利和义务。

（2）保险单据是赔偿证明。保险合同不同于一般的贸易合同，它是一种赔偿性的合同，而非买卖性的合同。被保险人支付保险费后，保险人即对货物在遭受合同责任范围内的损失负赔偿责任，被保险人即可凭保险单据向保险人索赔，因此保险单据也是赔偿权的证明文件。

（二）保险合同的当事人

1. 保险人

保险人（insurer）是保险合同中与被保险人订约、承诺支付保险赔款并收取保费的一方。保险人也称承保人，通常是保险公司（insurance company）、保险商（insurance underwriter）或保赔协会，同时以保险人身份经营保险业务的还有保险代理商（insurance agent）和保险经纪人（insurance broker）。保险代理商是保险人的代表，根据授权代表保险人承接保险业务。保险经纪人是指保险人和被保险人的中间人，替保险公司承揽业务，并收取佣金，因为不是独立的法人，在受理保险业务时，不能开立正式保险单据，只能出具保险经纪人的暂保单作为办理保险的认证，然后向保险公司投保。

2. 被保险人

被保险人（the insured 或 the assured）是受保险合同保障、有权在受险后按保险合同向保险人取得赔偿的人。被保险人必须对保险标的有可保利益，可保利益是对保险标的具有的权益。

保险合同中除了保险人和被保险人这两个基本当事人之外，还有投保人和受益人。投保人是指和保险人订立保险合同并支付保费的人。一般情况下，保险合同签订后，投保人即成为运输保险合同的被保险人。受益人是指根据保险合同的约定有权享受保险合同利益的人。

（三）保险单的种类

按保险单据的形式划分可分为：保险单、保险凭证和承保证明。

（1）保险单（insurance policy）是保险人与被保险人之间建立保险契约关系的正式凭证，是保险合同成立后签发的证明文件，也是诉讼、索赔的依据。保险单除具有正面的基本内容外，还在背面附有保险合约的全部条款，对保险人和被保险人的权利、义务做了详尽的规定，是完整和独立的承保形式，是一种正式保单，在实务中俗称“大保单”。

（2）保险凭证（insurance certificate）是简化了的保险单，它只列明保险单的正面的基本内容，不附有背面的保险契约条款。保险凭证上未列明的条款内容，以同类保险单上所载明的正式条款为准。保险凭证与保险单具有同等的法律效力，也可以背书转让。当信用证要求出具保险凭证时可以接受保险单，但如果要求出具保险单，则不能接受保险凭证。保险凭证俗称“小保单”。

（3）承保证明（combined insurance certificate 或 risk note）是一种比保险凭证更简单的单据。它只是在出口商的商业发票上加盖印章，注明承保的金额、险别、保险期限、保险编号、保险和理赔代理人名称及地点，并不用另出具保险单据，又称为“联合发票”。目前这种承保证明仅适用于对港澳地区出口和中国银行香港分行、澳门分行开来的信用证业务。

（四）保险单据的内容

保险单正面除了印定的说明保险人和被保险人的保险合同关系的文句外，需要填写的项目有保险人与被保险人的名称、发票及保险单的号码、货物运输标志、货物的项目、包装及数量、保险金额、总保险金额、保费、费率、装载工具名称、开航日期、航程起讫地点、承保险别、查勘人名称及地址、赔付地点、出单公司地址、出单日期及保险人签章等。保险单的基本内容如图 11—3 所示。

保险单据的具体内容包括：

（1）保险人名称。即承保的保险公司名称，而不能是保险经纪人或代理人。

（2）被保险人名称。被保险人是受保险合同保障的人，当发生保险合同规定原因内的损失时，他有权按保险合同的规定向保险人索赔。被保险人一般都是进出口商人。保险单通常填写投保人名称，经投保人作空白背书后可以随提单一起转让，也可根据信用证要求将保险单作成某人抬头。

（3）保险标的物。在货物运输保险时，保险标的物就是货物。一般包括货物项目名称、货物包装与数量，以及唛头。有时，也注出根据某号码发票与提单。

中国人民保险公司

THE PEOPLE'S INSURANCE COMPANY OF CHINA

总公司设于北京　　一九四九年创立

Head Office：BEIJING Established in 1949

保险单　　保险单次号

INSURANCE POLICY　　POLICY NO. PIC200178141

中国人民保险公司（以下简称本公司）根据（以下简称被保险人）的要求，由被保险人向本公司缴付约定的保险费，按照本保险单承保险别和背面所载条款与下列条款承保下述货物运输保险，特立本保险单。

THE POLICY OF INSURANCE WITNESSES THAT THE PEOPLE'S INSURANCE COMPANY OF CHINA (HEREINAFTER CALLED "THE COMPANY") AT THE REOUEST OF SHANGHAI TEXTILES IMP. AND EXP. CORPORATION (HEREINAFTER CALLED "THE INSURED") AND IN CONSIDERATION OF THE AGREED PREMIUM PAID TO THE COMPANY BY THE INSURED UNDERTAKES TO INSURE THE UNDERMENTIONED GOODS IN TRANSPOTRTATION SUBJECT TO THE CONDRRIONS OF THIS POLICY, AS PER THE CLAUSES PRINTED OVERLEAF AND OTHER SPECIAL CLAUSES ATTACHED HEREON

标记 MARKS &NOS	包装与数量 QUANTITY	保险货物项目 DESCRIPTION OF GOODS	保险金额 AMOUNT INSURED
ITOCHU OSAKA NO. 1—800	800CTS	100% COTTON TOWEL	USD9350

总保险金额：TOTAL AMOUNT INSURED：US Dollars Nine Thousand Tree Hundred and Fifty Only.

保费　　费率　　装载运输工具

PREMIUM AS ARRANGED　　RATE AS ARRANGED　　PER CONVEYANCE SS.　　DIEK335 V. 07

开航日期　　自　　至

SLG. ON OR ABT. AS PER BILL OF LADING　　FROM Shanghai TO Osaka，Japan

承保险别：CONDITIONS COVERING All Risks and War Risk,

所保货物，如遇出险，本公司凭本保险单及其他有关证件给付赔款。

CLAIMS, IF ANY PAYABLE ON SURRENDER OF THIS POLICY TOGETHER WITH OTHER RELEVANY DOCUMENTS

赔偿的损失或事故，应立即通知本公司下述代理人查勘。IN THE EVENT OF ACCIDENT WHEREBY LOSS OR DAMAGE MAY RESULT IN A ALAIM UNDER THIS POLICY IMMEDIATE NOTICE APPLYING FOR SURVEY MUST BE GIVEN THE COMPANY' S AGENTASMENTIONED HEREUNDER.

中国人民保险公司上海分公司

THE PEOPLE'S INSURANCE CO. OF CHINA

赔款偿付地点 CLAIM PAYABLE AT/IN JAPAN IN THE CURRENCY OF DRAFTS. SHANGHAI BRANCH

日期 DATE MAY 15，2001　　SHANGHAI 上海

图 11—3　保险单样本

（4）保险金额。即保险人的赔偿限额，须用规定货币表明，同时以英文大写列示。除非信用证另有规定，保险金额应该不小于 CIF 或 CIP 价格的 110%。

（5）保险的航次或期间或两者兼有。货物运输保险人的责任期间不是根据某月某日来定，而是根据某一程运输来定。保险单上一般都需注明起止港名称、运输方式及开航时间，在海运时还需注明船名和航次。货物如需转运或采用联合运输，也需作相应说明。

（6）承保险别。保险险别是保险单内容中最主要的部分，所以需特别注意措辞准确、组织严密。在信用证方式下险别要符合信用证规定。

（7）保险费。被保险人按保险单上列明的费率支付保险费后，就有权要求保险人出立保险单。有时，保险单可以不打出保险费或仅仅注明“根据约定已付”（paid as arrange）字样。

（8）查勘人。保险单通常注明保险人在目的港的代理检验人，以使货物出险时能及时查勘，分析出险原因及受损程度，以确定赔偿责任。

（9）出单地点和日期。出单地点关系到适用法律，出单日期则是保险人责任的起点。因此银行不接受出单日期迟于运输单据签发日期的保险单。

（10）保险人签字。一般的保险单都由保险人或其代表签字。但根据英国保险法，海上保险公司出具保险单时可以用盖图章代替签名。

保险单正面除上述填写的内容外，还印有正文，主要说明保险单是保险人与被保险人双方的保险合同，还规定了保险人的责任范围、责任起讫界限及除外责任等。

保险单背面一般印有货物运输保险条款，表明正面所承保的基本险别的保险条款内容。保险单背面另粘贴有附加条款，表明承保的附加险别的保险条款内容。

保险单的正文、货物运输条款和附加条款三者之间的关系是：货物运输条款、附加条款与正文矛盾时，以货物运输条款为准；货物运输条款与附加条款矛盾时，以附加条款为准。

背景知识

海上保险的险别

保险人的责任是用险别名称来表示的，而险别是根据损失的原因和类型来确定的；同时，保险人的承保责任又是根据一定的保险条款来确定的。

一、损失

在海上运输途中，船只和货物由于遭受暴风、雷电、洪水、地震、海啸等自然灾害，或由于船舶或驳运工具搁浅、触礁、沉没、碰撞、失火、爆炸，以及船长、船员的不法行为等意外事故所造成的各种损失，叫做海损（average）。根据发生情况的不同，损失可分为以下几种类型：

1. 全损（total loss）

全损是指保险标的物在运输途中全部灭失或等同全部灭失的损失。

2. 共同海损

共同海损是指海运途中，由于自然灾害或意外事故，使船只、货物共同处于危险状态之中，为了保证同一航程中遇险财产的共同安全和免除危险所作出的有意识而又合理的特殊损失或支出的特殊费用。共同海损通常是由利害关系人船方、货方和运费收入方按比例共同分担。

3. 单独海损

单独海损是指船舶、货物在海上因自然灾害或意外事故所造成的但不能列入共同海损的那部分灭失或损害。

二、险别

可能导致海上运输货物灭失或损坏的自然灾害和意外事故种类很多，货物灭失或受损的程度也往往很不一样，保险公司对此进行分类，以确定不同情况下的承保责任。通常将海上货物运输险分为基本险和附加险两大类。

1. 基本险

基本险是可以单独投保的险别，是保险人对保险标的物所承担的最基本的保险险别。基本险大致可分为以下三类：

(1) 平安险（free from particular average，F. P. A.），又称单独损不赔险。平安险除不对全损和共同海损负责外，对意外事故造成的单独海损和货物装卸时的部分损失也负责，但对自然灾害造成的部分损失不负责。

(2) 水渍险（with particular average，W. P. A. 或 W. A.），又称单独海损赔偿险。即承保范围包括了平安险不赔的那部分单独海损以及平安险的承保责任，也就是在平安险的基础上再加上由于自然灾害造成的单独海损。

(3) 一切险（all risks），责任范围在水渍险的基础上，保险人还负责赔偿一般外来原因造成的损失，即一般附加险包括的责任。也就是说，一切险的承保范围包括平安险、水渍险以及下面将述及的 11 种一般附加险，但不包括特别附加险。

2. 附加险（additional risks）

附加险是不能单独成立的一种险别，必须附属在基本险之上，只有在投保了基本险之后才能加附加险。附加险通常分为一般附加险和特别附加险两大类。

一般附加险是根据货物的不同性质所设立的附加险，承保一般外来原因造成的损失，主要有以下 11 种：偷窃提货不着险（theft，pilferage，and non-delivery，T. P. & N. D.）；淡水雨淋险（rain，fresh water damage，F. W. R. D）；短量险（risk of shortage）；玷污险（risk of contamination）；渗漏险（risk of leakage）；碰损破碎险（risk of clashing & breakage damage）；串味险（risk of odour damage）；钩损险（hook damage）；受潮受热险（damage caused by sweating and/or heating）；锈损险（risk of rusting）；包装破裂险（loss and/or damage caused by breakage of packing）。

特别附加险是不根据商品性质，而是根据特别需要设立的附加险，承保特殊外来原因造成的损失。主要有以下几种：战争险（war risk）；罢工、暴动、民变（risk of strike，riots and civil commotions，简称为 S. R. &. C. C.)；货不到险（failure to deliver)；进口关税险（import duty)；拒收险（rejection)；黄曲霉素险（aflatoxin)；舱面险（on deck)；存仓火险责任扩展条款（fire risk extention clause)。

第二节　国际结算的附属单据

一、装箱单

装箱单（packing list）又称“包装单”、“码箱单”或“码单”，是全面反映货物包装情况的单据，是商业发票的重要补充。在国际贸易中，除了散装货外，一般都需要提供装箱单。它是收货人清点核对货物和海关验货以及商检部门验货的主要依据。

装箱单的内容因货物不同而不同，一般包括：合同号码、发票号码、装箱单号码、出单日期、唛头、商品名称、商品及包装规格、每件包装的毛重、净重和数量、进口商或收货人名称及地址、船名、目的地等。

在缮制装箱单时应注意：其内容应与发票和其他单据表达一致。装箱单的样本如图11—4 所示。

Packing List

Sold To：
MINISTERIO DEL PODER POPULAR
PARA CIENCIA Y TECNOLOGIA.
AV. UNIVERSIDAD，ESQ. EL CHORRO，
TORRE MCT，PISO 21，LA HOYADA，
CARACAS 1010，VENEZUELA
TEL：58 212 2103822
FAX：58 212 2103659

Invoice Number：071213
Contract No.：07US01GTC3IXS3801
Date of Invoice：27 Dec 2007

From：Xingang　　To：Cabello

唛头 Shipping Marks	货物名称　型号 Description	尺寸 Dimensions（in.）	数量 Quantity	净重 Net Weight（lbs）	毛重 Gross Weight（lbs）
N/M	MODEL 133 AN-	80×70×39	1	843	1 340
	TENNA CONT-	31×26×21	1	33	114
	ROL UNIT FOR	31×27×41	1	62	179
	13M ANTENNA	48×43×36	1	601	817
		48×43×36	1	599	817
		37×26×44	1	461	585
		48×48×42	1	406	644

MODEL 133 AN	80×70×39	1	846	1 345
TENNA CON-	31×26×21	1	35	121
TROL UNIT	31×27×43	1	76	192
FOR 13M AN-	48×43×36	1	596	833
TENNA	48×43×36	1	593	833
	37×26×44	1	460	584
	57×58×44	1	1 086	1 406
	48×48×42	1	381	630
CHINA NATIONAL INSTRUMENTS IMPORT& EXPORT (GROUP) CORPOTATION				

图 11—4　装箱单样本

二、原产地证明

原产地证明（certificate of origin）就是原产地证明书，简称产地证。由于国际贸易领域中出现了反倾销、配额、优惠关税等政策措施，一国对于国别贸易量的统计就变得十分重要，原产地规则也应运而生。原产地证明书示例如图 11—5 所示。

Asia-Pacific Trade Agreement (Combined declaration and certificate)					
1. Goods consigned from: (Exporter's business name, address, country)			Reference No. Issued in... (Country)		
2. Goods consigned to: (Consignee's name, address, country)			3. For official use		
4. Means of transport and route:					
5. Tariff item number:	6. Marks and number of Packages:	7. Number and kind of packages/description of goods:	8. Origin criterion (see notes overleaf)	9. Gross weight or other quantity:	10. Number and date of invoices:
11. Declaration by the exporter: The undersigned hereby declares that the above details and statements are correct: that all the goods were produced in... (Country) and that they comply with the origin requirements specified for these goods in the Asia-Pacific Trade Agreement for goods exported to ... (Importing Country) Place and date, signature of authorized Signatory			12. Certificate It is hereby certified on the basis of control carried out, that the declaration by the exporter is correct. Place and date, signature and Stamp of Certifying Authority		

<table>
<tr><td colspan="6">（申报和证书合一）</td></tr>
<tr><td colspan="3">1. 货物运自（出口人名称、地址、国家）：</td><td colspan="3">编号：
签发
（国家）</td></tr>
<tr><td colspan="3">2. 货物运至（收货人名称、地址、国家）：</td><td colspan="3">3. 官方使用</td></tr>
<tr><td colspan="6">4. 运输工具及路线</td></tr>
<tr><td>5. 税则号列</td><td>6. 包装唛头及编号</td><td>7. 包装件数及种类；货物名称</td><td>8. 原产地标准（见背页说明）</td><td>9. 毛重或者其他数量</td><td>10. 发票编号及日期</td></tr>
<tr><td colspan="3">11. 出口人声明
下列签字人证明上述资料及申明正确无误，所有货物产自……（国家）
且符合亚太贸易协定原产地规则的相关规定，该货物出口至……（进口国）

申报地点、日期及授权签字人的签字</td><td colspan="3">12. 证明
根据所实施的监管，兹证明上述出口商的申报正确。

地点和日期：
签字和签证机构印章</td></tr>
</table>

图 11—5　原产地证明书样本

原产地证的作用主要有以下几个：

（1）作为进口国实行国别贸易政策的通关证件。

（2）作为进口国给予优惠关税待遇的进口计税凭证。

（3）作为出口国享受配额待遇的通关凭证。

原产地证主要可分为两大类：普惠制产地证和一般的产地证。

（1）普惠制产地证。普惠制（generalized system of preference，G. S. P），是工业发达国家给予发展中国制成品和半制成品一种关税优惠待遇。这种制度是由给惠国对受惠国给予的单方面关税优惠，具有普遍性、非歧视性和非互惠性原则。我国普惠制产地证的签发机构为各地的进出口商品检验局。

（2）一般的产地证。向给惠国以外的国家出口商品，一般按信用证的要求，如果信用证未规定产地证的签发人时，出口商可提供由自己签发的产地证。但信用证一般都会要求由权威机构出具，如商品检验局或商会，以维护其准确性和权威性。

背景知识

普惠制原产地证

普惠制原产地证是发展中国家向发达国家出口制成品或半制成品享受普遍优惠税率而规定要填写的证明，当进口国的海关接到此种证明后凭以给予减免关税的待遇。

普惠制是普遍优惠制的简称，是在一次联合国贸发会议上，发展中国家取得的一种贸易优惠，是发达国家对来自发展中国家大部分工业品、半制成品和部分农产品，特别是纺织品实行减税、免税进口，单方面的关税优惠。由于享有这种减免税优惠，受惠国的产品在施惠国市场上的竞争能力相应提高，从而能扩大出口，增加出口收汇。

普遍优惠制的基本原则有三条，即普遍的；非歧视性的；非互惠的。普遍的原则，是指所有的发达国家都应当对所有发展中国家出口的制成品、半制成品提供优惠待遇。非歧视性的原则，是指发达国家不能用任何借口把某些发展中国家排斥在受惠国范围以外。非互惠原则，是指发达国家应单方面给予发展中国家关税优惠，而不要求发展中国家对发达国家给予同等优惠待遇，是一种单向的税率优惠。以上三原则是既定原则。然而，由于现行普惠制方案提出的受惠产品范围和受惠国获益程度有限，一些主要施惠国又通过各种手段限制优惠待遇，甚至随意决定自己的受惠国，致使普惠制方案遭到扭曲，加上普惠制以外的其他非关税措施盛行，有关原产地的规则既复杂又不统一等因素，从整个情况看，普惠制并未达到预期目标，对发展中国家的经济增长和工业化的促进作用相当有限。

三、检验证明书

商品检验证明书（inspection certificate）简称商检证，是商品经检验后由检验机构出具的对商品品质、重量、数量、包装、卫生、疫情等情况给予鉴定的书面证明。出具商检证的机构一般都是各国设立的专业性的商品检验和鉴定机构，也有私人的或同业公会设立的民间公证机构。

商检证的作用主要有以下几个：

(1) 证明出口货物已达到某些标准。出口方在发货前拿到进口方规定的检验机构签发的商检证，可以减少双方纠纷，明确货物出现品质、数量、残损等方面问题的责任。

(2) 计价的依据。因为有的货物是按照质量等级来计价的，或是价格条款中有关于品质的增减条款，商检证所提供的证明是进出口双方计算价格的依据。

(3) 报关验收的证明。各国都会对各种进出口货物的质量、数量、包装、卫生等方面制定某些法律和法规，规定和限制某些检验标准，因此当事人出具的有效商检证明就是报关必需的证明文件。

(4) 有效办理索赔时作为仲裁或诉讼的证明文件。进出口双方在货物的品质、数量等方面出现纠纷时，或向保险或运输方面索赔时，检验证明是索赔的重要证明文件，也是向仲裁庭或法院举证的有效证件。

检验证书的种类繁多，常见的有以下几类：品质检验证书、重量检验证明、数量检验证明、兽医证书、卫生检验证书、消毒检验证书、温度检验证书、验舱证书、植物检疫证书等。

四、船公司证明

船公司证明（shipping company's certificate）是由船公司或承运人提供的证明船舶的

国籍、船级、船龄、挂靠港口等事项的文件。通常是出口商应买方或进口国有关当局的要求而提供的。常见的船公司证明有：

（1）船籍证（certificate of ship's nationality），由船舶登记国主管部门签发的，是证明船舶国籍的法律证书。

（2）船龄证（certificate of vessel's age），一般船龄在 15 年以上的船为超龄船，25 年以上的为报废船。许多保险公司对超龄船不予承保。

（3）航程证（certificate of itinerary），用以说明该航次的航线和中途挂靠港口的证明。

（4）船级证（certificate of classification），是由船舶检验机构对符合入级条件的船舶授予的一种证书，主要记载船舶的技术营运性能，能反映船舶的技术状况，关系到船舶保险费与租金高低。

（5）收单证明（receipt for shipping documents）。为了使进口商及时凭单提货，出口商有时将一套单据委托船长随船带交收货人，此时船长必须签发收单证明。

五、其他单据

由于各笔贸易性质的不同或进口商要求的不同，有时还会出现以下一些单据：

（1）受益人声明，即在信用证交易中出口商自己出具的说明已经履行了合同义务的证明。

（2）电报抄本。当出口商向进口商发出电报或电传后，用电报或电传副本来说明它已按进口商的要求作了通知。

（3）中性单据，是在某种单据上不表现出口方的真实名称。

（4）重量/体积证明书，又称货载衡量证书，或简称衡量证书，是以重量或体积为计价单位的商品在装运前由商检机构、公证行、重量鉴定人进行计量后出具的证明书，作为船厂公司计算运费、安排舱位及出口商履约和办理议付的依据。

本章小结

商业发票是卖方向买方开立的，凭以向买方收款的发货清单，也是卖方对于一笔交易的全面说明，内容包括商品的规格、价格、数量、金额、包装等。海运提单是由承运人或其代理人在收到货物后签发给托运人的凭证，表明货物已收到，货物的装载、货物将从何地运至何地，由谁收货，以及托运人和承运人双方的权利、义务和责任豁免。保险单据是保险公司对被保险人承保后出具的书面证明，是双方签订的保险契约，是被保险人索赔的主要依据。在货物出险后，只有在既掌握了提单又掌握了保险单据的情况下，才能真正掌握货权。

除了商业发票、运输单据和保险单据这三种主要单据外，根据各笔贸易的性质的不同和进口商的要求，出口商还需要提供其他一些单据，如原产地证、各种检验证书、装箱单、重量单、船公司证明等。

重点概念

单据　海运提单　商业发票　保险单据　形式发票　海关发票　清洁提单　不清洁提单　班轮提单　租船提单　多式联运提单　集装箱提单　铁路运单　航空运单　邮包收据　保险凭证　承保证明　原产地证明　装箱单　检验证书

复习思考题

一、思考题

1. 商业发票有哪些作用?

2. 发票的缮制要注意哪些内容?

3. 海运提单有何作用?

4. 保险单据有何作用?

5. 清洁提单与不清洁提单有什么不同?银行为什么不愿意接受不清洁提单?

二、案例分析题

1. 某银行开出的信用证规定的运输条款如下:

货运至:韩国仁川　发货:新西兰港口

运输单据:全套清洁已装船提单

信用证受益人提交的提单显示:

装货港:NAPIER,NZ　卸货港:釜山　最终目的地:仁川

开证行收到提示的单据后,认为单证不符,理由是提单中的卸货港与信用证规定的不一样。而出口地银行(议付行)认为,符合信用证要求。由此,开证行提请国际商会银行委员会对该争议予以解释。你认为应该如何解释?

2. 有一张信用证,在其货物描述中包括"FOB 上海"。信用证受益人提交的商业发票上没有注明"FOB 上海"。开证行以此为理由而拒付。你的看法如何?

第五篇

实训篇

实训一 外汇与汇率

实训目的

熟练掌握外汇的概念和基本特征以及汇率的表示方法，能通过所学的知识读懂各银行的报价，会实际运用汇率进行各种计算。

实训要求

能对各种报价进行分析判断，熟练地对汇率行情进行分析。

实训材料

1. 中国银行 2013 年 3 月 31 日的外汇牌价见表 1。

表 1 **中国银行外汇牌价**

2013 年 3 月 31 日 （人民币/100 外币）

货币名称	现汇买入价	现钞买入价	现汇卖出价	现钞卖出价	中行折算价
英镑	937.53	908.58	945.06	945.06	953.69
港币	79.67	79.04	79.98	79.98	80.62
美元	618.46	613.5	620.94	620.94	625.86

根据外汇牌价进行交易，请回答下列问题：

（1）一位出国旅游者到中国银行兑换 3 000 元港币现钞，需要付多少人民币现钞？

（2）一位客户欲将 1 000 英镑现钞兑换等值的人民币，该客户能兑换多少人民币？

（3）一家出口企业到中国银行以 10 000 美元即期结汇，能兑换多少等值人民币？

（4）中国银行港币/人民币、美元/人民币买卖差价是多少点？它们买卖差价是多少？

2. 2010 年 6 月 19 日，人民币汇率形成机制改革重新启动。从央行发布的相关声明来看，新的汇改基本上延续了 2005 年 7 月至 2008 年 6 月的人民币汇率形成机制，即以市场调节为基础、参考一篮子货币的管理浮动汇率制。根据我国汇率改革的实际，结合图 1，分析目前人民币的走势及对我国经济的影响。

3. 如果你是银行，你向客户报出美元兑港元汇率 7.805 7/67，客户要以港元买美元 100 万元，问：

（1）你给客户什么汇价？

（2）如果客户以你的上述报价向你购买了 500 万美元，卖给你港元，随后，你打电话给一经纪人想买回美元平仓，几家经纪人的报价是：

经纪人 A：7.805 8/65，经纪人 B：7.806 2/70，经纪人 C：7.805 4/60，经纪人 D：7.805 3/63。

同哪一个经纪人交易对你最有利？

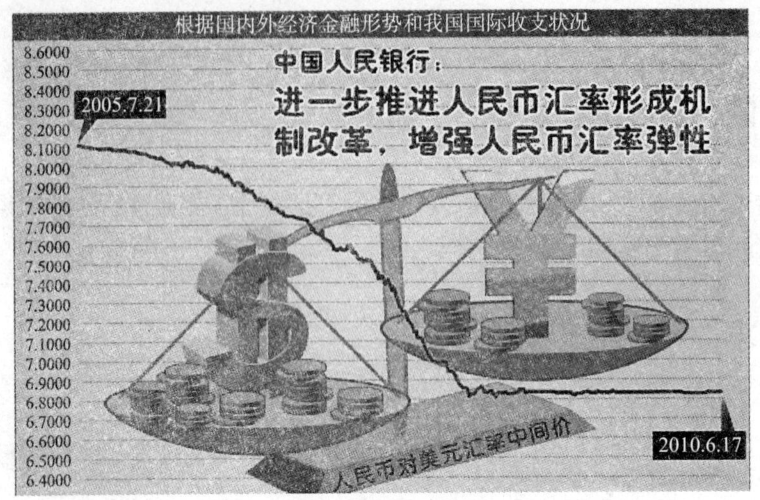

图 1　人民币对美元汇率走势图

4. 桥讯各国币别的即期汇率报价表（见表 2）。

表 2　　桥讯各国币别的即期汇率报价表

①	BANK②	CTR③	SPOT④	GMT⑤	PREV1	PREV2	GMT⑥	HIGH－LIW⑦	GMT⑧
EUR	WEST LB	TOK	0.931 5～21	01：12	16～21	16～23	00：41	0.932 3～0.929 3	22：41
JPY	TOKAI	TOK	113.97～07	01：12	98～04	99～03	00：56	114.01～113.57	22：04
GBP	IBJ	TOK	1.485 5～65	01：11	48～58	49～54	00：46	1.487 4～1.480 7	22：43
CHF	H S B C	H K	1.628 5～05	01：06	87～92	77～92	23：45	1.630 7～1.627 2	00：45
AUD	WESTPAC	SYD	0.558 6～91	01：06	80～90	85～90	01：06	0.558 6～0.557 5	22：39
HZD	PO SANG	H K	0.441 5～25	01：04	27～32	26～32	00：58	0.442 7～0.442 2	22：23
CAD	BROKER	A/P	1.509 7～02	01：12					

注：①币别；②报价银行；③银行所在地址；④即期汇率的 BID RATE 和 OFFER RATE；⑤报价时的格林尼治时间；⑥前一个及前两个报价；⑦当日最高价与最低价；⑧发生的时间。

实训二　国际收支平衡表的编制与分析

实训目的

掌握国际收支平衡表的内容和编制原理，并对国际收支平衡表进行分析，能说明国际收支平衡是否平衡，什么原因导致国际收支平衡不平衡，如何进行调节。

实训要求

编制国际收支平衡表，并对国际收支平衡表进行分析。

实训材料

1. 国际收支平衡表编制举例。

[例 1] 本国企业动用其在国外银行的存款进口 50 万美元的设备。因为动用在国外银行存款就是对外资产减少，因此记作：

	贷（+）	借（−）
进口		50 万美元
私人短期资本	50 万美元	

[例 2] 本国政府动用外汇储备 40 万美元和 70 万美元的药品向外国提供援助，记作：

	贷（+）	借（−）
出口	70 万美元	
无偿转移		110 万美元
官方储备	40 万美元	

[例 3] 某拉美国家拖欠外国银行贷款的到期利息 300 万美元不还，所拖欠的利息转化为新的债务，则在该拉美国家的国际收支平衡表中记作：

	贷（+）	借（−）
投资收益		300 万美元
私人短期资本	300 万美元	

[例 4] 美国政府发行的国库券被一家瑞士银行认购 3 000 万美元，该瑞士银行从它在美国银行的账户提款支付。这时，美国向外国居民出售了债券，美国对外负债增加；同时美国银行中的瑞士居民存款减少，就是美国对瑞士的负债减少。在美国国际收支平衡表中记作：

	贷（+）	借（−）
证券投资	3 000 万美元	
私人短期资本		3 000 万美元

[例 5] 一个美国居民购买了一家德国公司发行的股票，用他在纽约某银行的账户支付 2 万美元。这时美国居民持有了德国公司的股权，美国对外债权增加；同时德国公司拥有了在美国银行的美元存款，美国的对外短期债务增加。在美国国际收支平衡表中记作：

	贷（+）	借（−）
证券投资		2 万美元

私人短期资本　　　　　　　　2 万美元

[例 6] 美国进口商用其在纽约某银行的账户支付 10 万美元给英出口商。在美国国际收支平衡表中记作：

	贷（+）	借（−）
进口		10 万美元
私人短期资本	10 万美元	

注：从这个例子也可以看出，美国进口商对外支付美元后，美国的对外负债并未清偿。

[例 7] 本国政府从它在美国某银行的账户中提取 38 万美元，在国际黄金市场上购买黄金10 000盎司，在本国的国际收支平衡表中记作：

	贷（+）	借（−）
货币性黄金		38 万美元
外汇储备	38 万美元	

注：从这个例子也可以看出，在国际黄金市场购买黄金，只改变官方储备的构成，不改变官方储备的数量。

最初国际收支被简单解释为对外贸易差额（balance of trade），因为贸易盈余可以带来黄金内流。后来国际收支被用来描述一个国家的外汇收支。外汇收支，即一经济体在一定时期内必须同其他国家立即以货币结清的各种到期收付的差额。它所包含的经济交易都是以现金支付为基础（on cash payment basis）。那些不引起现金支付的交易，如补偿贸易、易货贸易、实物形式的无偿援助以及清算支付协定下的记账贸易等，都没有被包括在外汇收支里。

[例 8] 某年，A 国发生经济业务如下，请根据业务编制 A 国国际收支平衡表。

(1) A 国一家企业向美国出口一批价值 100 万美元的货物，A 国应该怎样记入国际收支平衡表?

提示：从 A 国来看，引起 A 国外汇收入增加，则应在贷方记出口，同时将出口收入记在对外短期资产的借方，表示对外短期资产的增加，当然，对外短期资产项目体现在资本与金融账户中的其他投资项下。即：

借方：对外短期资产（增加）　　　　100 万美元
贷方：出口　　　　　　　　　　　　100 万美元

(2) A 国一家外贸公司租进日本一家运输公司经营的轮船运输设备，用 A 国银行在日本的分行账户上的外汇余额支付 4 万美元，A 国应如何记入国际收支平衡表?

提示：从 A 国来看，该外贸公司租进轮船，相当于从日本进口了 4 万英镑的劳务，是借方项目，记入借方，用美元支付，等于 A 国对外短期资产减少 4 万美元，记入贷方，即：

借方：运输支出　　　　　　　　　　4 万美元
贷方：对国外短期资产　　　　　　　4 万美元

(3) 一批英国居民到 A 国旅游，共花费 13 万美元，A 国应如何记入国际收支平衡表?

提示：从 A 国来看，该批英国居民购买了 A 国居民提供的旅游服务，价值 13 万美元，相当于英国从A国进口了13万美元的服务产品，是贷方项目，记入贷方，另一方面，由于A国居民得到了13万美元，A国居民对英国的要求权增加，相当于A国居民在英国的资产增加，应记入借方。即：

借方：对国外私人的短期负债　　　　　　13万美元

贷方：向外国居民提供旅游服务　　　　　13万美元

（4）一法国合格境外机构在A国进行证券投资，经A国有关部门审核，将自己的投资所得股息与红利20万美元支票汇回法国，A国应如何记入国际收支平衡表？

提示：从A国来看，该法国居民从A国获得投资收益20万美元，属于A国外汇支出的增加，记入借方，用美元支付，相当于A国对外资产的减少，是贷方项目，记入贷方，即：

借方：投资收益　　　　　　　　　　　　20万美元

贷方：对国外私人的短期负债　　　　　　20万美元

（5）A国政府向菲律宾政府赠送价值50万美元玉米。A国应如何记入国际收支平衡表？

提示：A国的记录是：向菲律宾出口玉米，出口增加，记入贷方，反映对外国居民提供商品；而这项出口属于馈赠，并不获得外汇收入，所以，记入单方面转移的借方，即：

借方：官方单方面转移　　　　　　　　　50万美元

贷方：商品输出　　　　　　　　　　　　50万美元

（6）一家德国公司用90万美元，在A国某大城市建立大型零售商业企业，A国应如何记入国际收支平衡表？

提示：从A国来看，收到了来自德国的资金90万美元，已属于利用了外商直接投资，记入对外直接投资的项目的贷方，支付90万欧元，属于对外短期负债的增加，记入贷方，即：

借方：对国外私人的短期负债　　　　　　90万美元

贷方：对外直接投资　　　　　　　　　　90万美元

根据以上经济业务的会计分录，按照复式记账原则，做出A国该年国际收支平衡表（见表3）。

表3　　　　　　　　　　A国某年国际收支平衡表　　　　　　　　　　单位：万美元

项目	借方（一）	贷方（十）	余额
货物		100 [1] ＋50 [5]	＋150
服务	4 [2]	13 [3]	＋9
收入	20 [4]		－20
经常转移	50 [5]		－50
经常账户余额	－74	＋163	＋89
资本账户	0	0	0
金融账户	100 [1] ＋13 [3] ＋90 [6]	4 [2] ＋20 [4] ＋90 [6]	－89
资本与金融账户余额	－203	＋114	－89
余额	－277	＋277	0

2. 请同学们找来我国《2012年国际收支报告》并阅读，同时完成以下题目：

(1) 2012年国际收支情况是：(　　)。

A. 经常项目顺差，资本金融项目逆差

B. 双逆差

C. 双顺差

D. 经常项目逆差，资本金融项目顺差

(2) 2012年，我国进口金额是多少？出口金额是多少？

(3) 从服务项目来看，我国国际竞争力比较差的产业有哪些？

(4) 我国的前三大贸易伙伴国是哪些？

(5) 外来直接投资是否包括港澳对大陆的投资（注意小字部分）？

(6) 2012年6月，我国外汇储备相当于多少个月的进口额？应该相当于多少个月的进口额适当？

(7) 外汇储备过量、国际收支顺差对我国经济的影响是什么？

(8) 2012年人民币对主要货币走势如何？

注：《2012年国际收支报告》可到国家外汇管理局网站下载。

3. 请根据表4简要分析日本在1990—1996年这段时间的国际收支状况。这段时间日本的国际收支是否平衡？如不平衡，可采取哪些措施进行调节？

表4　**1990—1996年日本国际收支概览表**　(单位：亿美元)

项目	1990年	1991年	1992年	1993年	1994年	1995年	1996年
经常项目差额	440.7	682.0	1 125.8	1 316.5	1 302.5	1 110.5	658.8
其中：商品贸易	692.8	960.8	1 247.6	1 394.2	1 441.9	1 317.9	835.6
服务贸易	−429.0	−417.9	−439.6	−430.8	−480.6	−573.5	−622.4
收益	224.9	259.5	356.1	404.1	402.3	442.9	535.5
经常转移	−48.0	−120.4	−38.3	−51.0	−61.1	−76.8	−89.9
资本项目差额	−10.6	−12.0	−13.0	−14.6	−18.5	−22.3	−32.9
金融项目差额	−307.2	−676.6	−1 002.7	−1 022.1	−851.1	−639.9	−280.9
其中：直接投资	−487.2	−303.3	−146.3	−137.2	171.8	−224.7	−232.4
证券投资	88.8	444.0	−269.6	−708.7	−272.2	−365.8	−411.4
其他投资	91.2	−817.3	−586.8	−176.2	−40.71	−49.4	362.9
错误与遗漏	−214.0	−77.3	−103.8	−5.0	−183.0	137.8	6.4
国际收支总差额	−91.1	−83.9	6.3	274.8	252.6	586.1	351.4

实训三　国际黄金市场与外汇市场

实训目的

掌握国际黄金市场与外汇市场的概念、特点，了解国际黄金市场与外汇市场的基本交易方式。

实训要求

了解外汇市场的交易规则及交易时间分布，掌握国际黄金市场的交易品种及交易规则以及黄金市场的交易盈亏核算方法。

实训材料

1. 外汇市场交易时间表（见表5）。

表5　外汇市场交易时间表

地区	城市	开市时间（北京时间）	收市时间（北京时间）	活跃品种	活跃程度
大洋洲	惠灵顿	4:00	13:00	AUD、NZD	较小
	悉尼	6：00	14:00	AUD、NZD	较小
亚洲	东京	8:00	16:00	JPY	一般
	香港	9:00	17:00	JPY、HKD	一般
	新加坡	9:00	17:00	NZD、JPY	一般
	巴林	14:00	22:00	USD	较小
欧洲	法兰克福	16:00	次日0:00	JPY、EUR、GBP、CHF	较好
	苏黎世	16:00	次日0:00	CHF	一般
	巴黎	16:00	次日0:00	EUR	一般
	伦敦	17:00	次日1:00	所有币种	活跃
北美洲	纽约	20：00	次日4：00	所有币种	活跃
	洛杉矶	23:00	次日7:00	所有币种	一般

2. 黄金交易所交易品种简介。

（1）上海黄金交易所的历史及与国际黄金市场的联系。

上海黄金交易所于2002年10月30日开业，当时的交易量每天只有几百千克，交易品种也只有现货的两个品种，经过多年的发展，目前的黄金交易所日交易量已经基本达到四到五吨，值得一提的是，黄金交易所越来越重视投资品种的开发，目前的交易品种已经有6个之多，其中现货4个品种，分别是Au9999标准金、Au9995标准金、Pt9995标准金、Au50 50克小金条，延期交收业务品种两个，分别是Au（T+5）、Au（T+D），至2007年的8月末，金交所所有品种的成交量是797 954.8千克，交易额12 742 930.44万元，黄金交易所又推出白银的延期交收业务，这些延期品种的推出主要是针对国内的黄金投资需求的。

国内的黄金市场因为目前仍然为以现货为主的市场，其交易量同国际黄金市场的交易量相差悬殊，所以受国际黄金市场的影响非常大，基本上是国际市场的影子市场，但在涨跌幅度比较大的交易日，则相对波动幅度要小，具体表现为上涨时比国际折算成的人民币价格要低 1 元左右，而下跌时又高 1 元左右，造成这种现象的原因很多，有交易量的问题，也有金融类会员参与的问题。

(2) 黄金交易品种简介。

1) 交易时间：每周一至周五（国家法定假日除外）上午 10:00—11:30；下午 13:30～15:30；夜市：21:00～23:30。

2) 交易方式：报价单位为元/克，人民币元以后保留两位小数，最小加价单位为分。按照价格优先、时间优先的原则，采取自由报价、撮合成交、集中清算、统一配送的交易方式。

3) 交易品种：主要是现货交易和保证金交易。

现货交易品种有 Au9999（成色为 99.99%以上的 1 千克标准金锭，每手为 100 克）、Au9995（成色为 99.95%以上的 3 千克标准金锭，每手为1 000克）、Au50（成色为 99.99%以上的 50 克标准金条，每手为 50 克）、Pt9995（成色为 99.95%以上的 1、3、4、5 千克标准铂金锭，每手为1 000克），以上各品种全部为全额交易（标准铂金因为其价值交易时冻结 102%的资金，二次清算结束后返还多余款项），即买方必须在交易前将交易的全额资金存入交易所指定账户；卖方必须在交易前将交易的全部实物存放于交易所指定的金库；实行 T+0 交易方式及二次资金清算方式［所谓二次清算，是指第一次清算在交易时实时冻结资金及交易手续费，第二次清算在收盘后买卖双方针对重量溢短（交易所无成色溢短）、运输保险费再次清算，经过这两次清算才真正地做到钱货两清］。如买方要提取现货，可在全国自由选择交易所指定的近 50 家银行的金库提货（铂金则只能在上海与深圳提货），提货的重量必须为各标准金锭（条）标准重量的整数倍。

保证金交易品种有 Au（T+5）和 Au（T+D）。

Au（T+5）交易是指实行固定交收期的分期付款交易方式，交收期为 5 个工作日（包括交易当日）。买卖双方以一定比例的保证金（合约总金额的 15%）确立买卖合约，合约不能转让，只能开新仓，到期的合约净头寸即相同交收期的买卖合约轧差后的头寸必须进行实物交收，如买卖双方一方违约，则必须支付另一方合同总金额 7%的违约金，如双方都违约，则双方都必须支付 7%的违约金给黄金交易所。

Au（T+D）交易是指以保证金的方式进行的一种现货延期交收业务，买卖双方以一定比例的保证金（合约总金额的 10%）确立买卖合约。与 Au（T+5）交易方式不同的是：该合约可以不必实物交收，买卖双方可以根据市场的变化情况，买入或者卖出以平掉持有的合约，在持仓期间将会发生每天合约总金额万分之二的递延费（其支付方向要根据当日交收申报的情况来定，例如，如果客户持有买入合约，而当日交收申报的情况是收货数量多于交货数量，那么客户就会得到递延费，反之则要支付）。如果持仓超过 20 天，则交易所要加收按每个交易日计算的万分之一的超期费（目前是先收后退），如果买卖双方选择实物交收方式平仓，则此合约就转变成全额交易方式，在交收申报成功后，如买卖双方一方违约，则必须支付另一方合同总金额 7%的违约金，如双方都违约，则双方都必须支付 7%的违约金给黄金交易所。

4）盈亏计算，公式如下：

盈亏=[（卖出成交价一当日结算价）×卖出量]＋[（当日结算价一买入成交价）×买入量]＋（上日交易结算价一当日结算价）×上日净持仓

说明：金交所在资金清算时是实时控制盈亏的。以延期交收业务为例，一位客户先期打入资金100万元，第一个交易日内做多以120元/克买入10手，当日的结算价格为120.2元/克，递延费的支付方向为多付空，则当日收盘清算后，该客户的资金余额为1 000 000+（120.2－120）×10 000－120×10 000×（0.60/00＋0.20/00）＝1 001 904元，其中被冻结资金12万元，可提资金881 904元；第二个交易日，当日结算价格为120.5元/克，递延费的支付方向为多付空，而且当日为周五，该客户没有交易，则当日收盘清算后，该客户的资金余额为1 001 904＋（120.5－120.2）×10 000－120.5×10 000×3×0.20/00＝1 004 181元，其中被冻结资金12.05万元，可提资金883 681元；第三个交易日，该客户以121元/克卖出平掉手中的多头仓位，当日的结算价格为120.8元/克，递延费的支付方向仍然为多付空，则当日收盘清算后，该客户的资金余额为1 004 181＋（121－120.5）×10 000－121×10 000×0.60/00＝1 008 455元，其中被冻结资金0万元，可提资金1 008 455元。

实训四 外汇交易实务

实训目的

掌握即期外汇交易、远期外汇交易、外汇掉期交易等传统外汇交易的基本概念和特点，掌握外汇期货交易、外汇期权交易、互换交易的概念和特点，并能分析交易主体所遇到的各种外汇风险，通过各种外汇方法进行最合理的避险。

实训要求

运用各种外汇交易方法进行外汇风险管理，从中找到最低成本的合理避险措施。

实训材料

1. 外汇模拟交易。

流程：进入www.forex.com——点“简体”——点右上角“免费模拟账户”——填写个人信息——递交——获得账户、密码——点右上角“登录”——选“模拟账户”，进入HTML平台——登录交易平台——点平台左中位置图表——点击下载JAVA程序，获得实时价格。

外汇期权模拟交易实验

内容一：了解招商银行外汇期权业务。

登录 http：//www.cmbchina.com/personal＋business/products/invest/whqq/。阅读招商银行对外汇期权的介绍，更加深入地了解现实生活中的外汇期权交易。主要浏览“外汇期权学堂”，学习外汇期权技巧。

内容二：通过模拟交易了解外汇期权交易。提供两个平台：

一是建设银行的外汇期权交易模拟平台。这个平台不是实时的交易，虽然价格是变化的。其特点是简单易懂，但是不够完善。程序是：进入 http：//202.96.33.10，北京建设银行网页——点网页右中位置“外汇期权模拟交易”——点网页左上角“用户注册”——进入注册页面——点“接受”——填写个人信息（要知道学生证号）——屏幕显示“恭喜！你已经注册成功。”——点击“进入”——使用刚才注册的用户名和密码登录——进入交易区进行交易。

二是由 zh.finotec.com 提供的平台，其价格是实时的，大家了解一下即可。流程是：登录 http：//zh.finotec.com——下载软件——申请账户——到邮箱查看账户名和密码——通过点击桌面上 FINOTRADER 登录——点击 ADVANCED。

问题讨论：

（1）通过浏览招商银行网页上列出的外汇期权品种，你新掌握的知识有哪些？

（2）你在交易平台做了哪些操作？

2. 某日，天一公司在某交易所买入两份日元期货合约，买入价格为 0.001 25 日元，缴纳初始保证金 9 100 美元。请分析：

（1）期货市场结算价多少的情况下，要求天一公司每份补交 400 美元？

（2）期货市场结算价多少的情况下，天一公司可在保证金账户中取出 2 000 美元？

[补充资料]

规避汇率风险　专家列出多种良方

汇率改革后，更具弹性的汇率制度将使企业面临的汇率风险加大。目前，我国规避人民币汇率风险只有人民币远期结售汇，掉期业务也刚刚开放，其他如人民币期货、期权等仍未开展，企业规避汇率风险的选择的确不多。那么，当前企业究竟如何防范人民币汇率风险呢？

方法一：对外签约时采用多种计价货币。

由于人民币从此脱离了其与美元汇率挂钩的关系，开始走上相对独立的浮动机制，故企业在对外签约时，可多用非美元币种或美元与其他币种组合，如欧元、英镑、日元等。因为未来如果美元发生汇率波动，而欧元等其他币种汇率不一定与美元同幅度变动。

方法二：协商使用固定汇率，把成本锁定。

企业在对外签订商务合同时，可与外商协商，在合同中的价格条款上规定使用固定汇率，即在签订合同时约定一个汇率，如果未来汇率发生超过一定范围的波动，则价格条款按波动的汇率进行调节。如某企业向美国出口商品，签订合同时单价为 USD100.00/件，合同约定按 1 美元兑人民币 8.27 元计算成本，为82 700元人民币，如当美元兑人民币汇率变为 8.11 时，则此时商品单价变为 USD101.97/件，如当美元兑人民币汇率变为 8.43

时，则此时单价变为USD98.1/件，每件产品成本总是固定在82 700元人民币。

方法三：灵活运用国际贸易结算方式。

常见的国际贸易结算方式有预付货款、跟单信用证、跟单托收和赊销等，每种结算方式在规避汇率风险方面作用不同，需要灵活掌握。

(1) 预付货款。对出口商而言，在人民币汇率有升值预期时，可多使用预付的结算，因为根据现行国家外汇管理规定，预付货款属于经常项目收汇，企业既可保留现汇，又可随时办理结汇，企业可根据自己对外汇市场的判断决定何时办理结汇。

(2) 跟单信用证。对出口商而言，当人民币汇率有升值预期时，应尽量多使用即期信用证结算，以便尽早收汇；当有贬值预期时，应尽早多使用远期/延期付款信用证结算，推迟收汇。对进口商来说，则需持相反方法。

方法四：向银行申请办理国际贸易融资或其他授信业务。

对于进口商来说，有出口押汇、票据贴现、出口保理等业务可供选择。特别是出口押汇和票据贴现，是经常必须采用的品种。

(1) 出口押汇，是指银行有追索权地购买出口商发运货物后提交的全套单据，即出口商发运货物后通过向银行申请办理出口商押汇，则可提前取得该笔出口货物项下的应收外汇款项（通常为应收外汇款项的8%左右）。根据现行国家外汇管理规定，出口商办理出口押汇后所取得的外汇款项可办理结汇手续，这样就达到了规避汇率风险的目的。

(2) 票据贴现是指银行保留追索权地购入已经金融机构承兑的未到期票据，即出口商通过向银行申请办理票据贴现业务来实现远期收汇即期化。出口商提前获得的外汇，既可保留现汇，又可办理结汇手续，从而达到规避汇率风险的目的。

对于出口商来说，可供选择的有进口押汇、授信开立远期/延期付款信用证等。

方法五：向银行申请办理保函业务。

银行保函业务是指以银行名义向中国境外机构或境内的外资金融机构承诺，当债务人未按照合同约定偿付债务时，由银行履行偿付义务。银行出具的保函分融资类保函与非融资类保函两大类，其在规避汇率风险上有所区别，企业要根据实际作出选择。

此外，还有远期结售汇业务和掉期业务。

3. 美国的一家跨国公司设在某国的分支机构急需 250 万英镑支付当期费用，美国的这家跨国公司于是在 3 月 12 日向其分支机构汇去了 250 万英镑，三个月后归还。当时的市场行情为：GBP1 ＝ USD1. 579 0/1. 580 6，3MTHS 20/15，期货价格为 GBP1 ＝ USD1. 580 0，每份合约面值为 25 000 英镑，期权协定价格为 GBP1＝USD1. 579 5，期权费 GBP1＝USD0. 001 2。如果 6 月 12 日的汇率为 GBP1 ＝ USD1. 574 6，期货价格为 GBP1＝USD1. 573 3，这家跨国公司不采取任何保值措施和分别采取远期外汇交易、期货交易和期权交易措施来避险，相对而言，哪一种措施更可行？为什么？

全班同学分为 5 个小组，第一组不采取任何避险措施，第二组采用远期外汇交易避险，第三组采用外汇掉期交易避险，第四组采用外汇期货交易避险，第五组采用外汇期权交易避险。请各组同学按照各自分配的角色做实验，并撰写实验心得。

实训五 国际融资实务

实训目的

掌握国际融资的具体方式和外债规模管理的措施。

实训要求

分析国际直接融资和国际间接融资的实际业务和情况，熟练地做各种国际信贷业务。

实训材料

1. 假定A国在某一年度的国民生产总值（GNP）为50 000亿元，商品和劳务出口收入为1 500亿元。偿还的外债本息额为120亿元，当年外债余额为1 000亿元，其中1年以上的长期债务为850亿元。请运用衡量国际债务的各项指标，计算分析A国的外债状况是否适度？有无问题？应如何解决？

2. 阅读材料并回答问题。

材料一　全球最大化妆品集团欧莱雅签订了收购中国护肤品牌小护士的协议。协议签署意味着这一化妆品行业巨鳄进入中国市场的步伐加快。有关欧莱雅将收购中国国内某一化妆品品牌的猜测在行内和社会上已流传多年。事实上，这一结合正是持续近四年商谈的结果。此次收购后，小护士的品牌、生产基地、销售渠道及管理团队将完全并入欧莱雅。欧莱雅中国总裁盖保罗表示，对欧莱雅集团而言，中国是一个具有重要战略意义的市场，此次收购是其在中国发展所迈出的重要一步。这一论断从历时四年的漫长谈判中即可窥端倪。如果不是出于对中国市场未来前景的充足信心，用整整四年时间收购一家公司，这在外界看来几乎是不可想象的。盖保罗称，欧莱雅在其国际化发展进程中，一直十分看好亚洲，特别关注有着巨大潜力的中国市场。作为一个有着近百年历史的世界化妆品行业领头羊，欧莱雅仅2002年在中国的销售额已超过一亿欧元，增长大大高于其他市场。盖保罗认为，其在中国市场的成功绝非偶然，“世界需要中国这个大市场”。

材料二　经过一年多时间的考察，美国吉斯达控股有限公司最终选定南通，投资10亿美元在该市经济技术开发区建设世界最大的服饰跨国采购中心。吉斯达南通服饰跨国采购中心位于南通开发区，规划面积600万平方米，一期启动区基地面积35万平方米，建筑面积26万平方米，2005年5月投入使用。整个中心设计成“半敞开园林式交易馆”，5座连在一起的巨大的蝶状交易馆坐落于临江生态公园里。同时配套建设国际会展中心、五星级国际商务酒店、科研中心、医疗保健中心、教育培训中心等国际一流的服务设施。

问题讨论：

（1）为什么外国一些大公司会选择在中国进行投资？

(2) 这些投资对双方有哪些方面的影响?

实训六 国际结算的票据与单据

实训目的

了解国际结算中的票据和单据的具体要求，重点掌握票据的性质及汇票的特点、内容、票据行为和具体制作。

实训要求

能熟练地填制汇票、判断票据在实际应用中遇到的问题，能根据具体的情况解决问题。

实训材料

1. A公司欠B公司2 000USD，B公司欠C公司500USD，C公司又欠A公司2 000USD，如果A公司将对C公司的2 000USD的债权转让给B公司，请问，当B向C索取款项时，C向B付多少USD? 如果B又将此2 000USD债权转让给D公司，请问，当D公司向C公司索款时，C公司向D公司支付多少USD? 如果以A、B、C公司间债权债务关系为基础，A公司签发一张以自己作为出票人，C公司作为付款人，B公司作为收款人的汇票，金额2 000USD，用于清偿对B公司的债务，则当B公司向C公司提示汇票时，C公司向B公司支付多少USD? 如果B公司将汇票转让给D公司，请问，当D公司向C公司提示汇票时，C公司向D公司支付多少USD?

2. 根据表6中所给条件开立汇票。

表6

项目	汇票一	汇票二
Date	20 May, 2006	3 August, 2006
Amount	GBP 4 000	USD 5 000
Tenor	At sight	At 60 day after sight
Drawer	Harbin foreign trade Co.	China National Animal By-products Imp. & Exp. Corp., Beijing Branch, Beijing
Drawee	CITY BANK NEW YORK	Bank of Atlantic, London
Payee	To the order of Bank of China Heilongjiang Branch	The order Bank of China Beijing Branch

汇票一

EXCHANGE FOR ______________ ________, ____________________________

PAY THIS FIRST BILL OF EXCHANGE（SECOND OF SAME TENOR AND DATE UNPAID）TO THE ORDER OF ____________________________ THE SUM OF ____________________________

TO ____________________________ FOR ____________________________

____________________________ ____________________________

汇票二

EXCHANGE FOR ______________ ________, ____________________________

PAY THIS FIRST BILL OF EXCHANGE（SECOND OF SAME TENOR AND DATE UNPAID）TO THE ORDER OF ____________________________ THE SUM OF ____________________________

TO ____________________________ FOR ____________________________

____________________________ ____________________________

3. 某年5月，A公司向B公司销售货值为6.5万美元的商品。5月20日，B公司作为出票人向A公司开出以C银行为付款人，A公司为收款人的指示性抬头定日付款汇票，金额6.5万美元，付款日7月20日。6月10日，收款人A公司将汇票背书转让给D公司。7月5日，D公司再背书转让给E公司。E公司于到期日向C银行作付款提示遭拒付。E公司及时作成拒绝证书并通知了全体前手后，向出票人B公司行使追索权。但B公司以收到的货物与合同不符为由拒绝偿付票款。试问：B公司做法是否有理？B公司的正确处理方法是什么？

实训七 汇款与托收结算方式

实训目的

了解汇款业务的流程和业务特点以及汇款业务的实际应用，了解托收结算方式的业务流程和业务特点以及跟单托收业务在实际操作中所需要的单据。

实训要求

掌握汇款业务的实际操作程序，掌握托收结算的规则和操作程序。

实训材料

1. 天津M出口公司出售一批货物给香港G商，价格条件为CIF香港，付款条件为D/P见票30天付款，M出口公司同意G商指定香港汇丰银行为代收行。M出口公司在合同规定的装运期内将货物装船，取得清洁提单，随即出具汇票，连同提单和商业发票等委托中行通过香港汇丰银行向G商收取货款。5天后所装货物安全运抵香港，因当时该商品的行市看好，G商凭信托收据向汇丰银行借单，提取货物并将部分货物出售。不料因到货过于集中，货物价格迅速下跌，G商以缺少保险单为由在汇票到期时拒绝付款。你认为M公司应如何处理此事？说明理由。

2. 上海华峰机电进出口公司向香港N公司出口整套机电设备，贸易合同规定，N公司应预付15%的货款。假如：(1) N公司用信汇方式支付预付款，汇出行是香港渣打银行，汇入行是中国银行上海分行，请写出该笔信汇业务的流程图；(2) N公司用票汇方式支付预付款，汇出行是香港渣打银行，汇入行是中国银行上海分行，请写出该笔票汇业务的流程图；(3) N公司用电汇方式支付预付款，汇出行是香港渣打银行，汇入行是中国银行上海分行，请写出该笔电汇业务的流程图。

在上述业务中，假如：(1) 中国银行上海分行在香港渣打银行有账户，香港渣打银行在给中国银行上海分行的交款指示中可以怎样写？(2) 香港渣打银行在中国银行上海分行有账户，香港渣打银行在给中国银行上海分行的交款指示中可以怎样写？(3) 如果两家银行之间并没有账户关系，但两家银行在香港汇丰银行都存有账户，香港渣打银行在给中国银行上海分行的交款指示中可以怎样写？

3. 客户在香港汇款，以境外账户行香港分行为境外代理行汇入港币，国内上海某家商业银行为收款银行，填写方法如下：

收款人银行的代理行名称：×××BANK，H. K. BR.

(INTERMEDIARY INST.) (CHATS NO. ×××)

收款人银行名称：×××BANK，SHANGHAI BR. (SWIFT ADD：×××)

收款人名称：×××BANK，SHANGHAI

收款人账号：(HKD A/C NO.)：×××

备注或附言：应注明实际的收款单位名称和账号（收款人单位账号组成必须是行号＋收款人账号，A/C NO：×××——×××）。

4. 如汇款人在香港或香港以外的地区以账户行美洲银行纽约分行为境外代理行汇美元，填写方法如下：

收款人银行的代理行名称：BANK OF AMERICA NEW YORK

收款人名称：×××BANK，SHANGHAI

收款人账号：(USD A/C NO.)：×××

备注或附言：应注明实际的收款单位名称和账号（收款人单位账号组成必须是行号＋收款人账号，A/C NO：×××——×××）

实训八 信用证结算方式

实训目的

知道信用证业务的流程和业务特点以及信用证业务的实际应用。

实训要求

掌握信用证业务的开证、审证和修改以及在实际业务中信用证操作所面临的问题该如何解决。

实训材料

1. 审核下面的信用证（见图 2），列出存在的问题。

不可撤销信用证

汇丰银行吉隆坡分行　　　　　　　　2013 年 1 月 5 日
通知行：中国银行厦门分行
受益人：厦门 K 纺织品进出口公司　　　　中国厦门海天路 888 号
申请人：宋氏纺织品批发公司　　　　　　马来西亚吉隆坡班海路 7 号
金额：USD30 000
有效期：2013 年 3 月 31 日在我方到期
敬启者：
兹开立不可撤销跟单信用证第 KHL13176 号，以贵公司为受益人，金额为美元三万壹仟元整，受益人可开具即期汇票，以开证行汇丰银行吉隆坡分行为付款人，并注明以下条款："根据 2013 年 1 月 5 日跟单信用证第 KHL13176 号开具本汇票"。
随附下列单据：
1）商业发票 2 份；
2）全套清洁，已装船海运提单，作成"凭发货人指示"，并注明"运费已付"；
3）保险单按发票金额加 10%，投保一切险；
4）英国劳氏船级社证明信一封，证明装运货物轮船的船龄不超过 15 年；
2 000 条纯毛毛毯，每条单价 18 美元——CFR 巴生港，一次装运，装运期为不超过 2013 年 3 月 15 日，自中国厦门港运往巴生港，允许分批装运，允许转船。本证所产生的任何费用均由受益人负担。
本信用证根据《UCP600》开立。

签名：×××；×××

图 2　信用证

2. China Camping Shanghai Import and Export Corporation 与 Sport and Camping

Co.，Ltd. of New York 签订合同，出口帐篷（tent）一批，计 5 000 顶，合同单价 USD10.00/PC FOB Shanghai，不需要唛头，要求全部货物于 2012 年 12 月 10 日前出运。11 月 25 日，该公司收到一份以本公司为受益人、由 Bank of New York 于 2012 年 11 月 23 日开出的即期不可撤销信用证。开证人为：Sport and Camping Co.，Ltd. of New York，信用证号为：A00920，信用证金额为 USD50 000.00（允许 5%以内的金额递减），信用证有效期至 2012 年 12 月 23 日。该公司备妥货物后于 12 月 5 日（信用证规定的最迟装运期前）装船出运，装船数量比原计划增加了 3%，该公司准备通过中国银行上海分行议付。请根据上述有关信息，缮制一份跟单汇票以及一份商业汇票。

（1）跟单汇票：

BILL OF EXCHANGE
凭 不可撤销信用证
Drawn under .... Irrevocable L/C No ....
日期
Dated .... 支取 Payable with interest @ .... % .... 按 .... 息 .... 付款
号码 汇票金额
No. .... Exchange for ....
见票 .... 日后（本汇票之副本未付）付交 .... 金额 ....
.... sight of this FIRST of Exchange (Second of Exchange being unpaid) Pay to the Order of .... the sum of ....
款已收讫
Value received ....
....
此致：
To ....
....

（2）商业汇票：

中国野营用品进出口上海公司
CHINA CAMPING SHANGHAI IMPORT AND EXPORT CORPORATION
电话：0086－21－99999999 号码（INV. NO.）：....................
TEL：0086－21－99999999 日期（DATE）：....................
COMMERCIAL INVOICE
MESSER：....................
....

唛头 SHIPPING MARKS	品名及规格 DESCRIPTION OF GOODS	数量 QUANTITY	金额 AMOUNT
有错当查 E. &O. E			

参考文献

1. 庞红，尹继红，沈瑞年．国际结算．北京：中国人民大学出版社，2006.

2. 冷丽莲，李占云．国际汇兑与结算．大连：东北财经大学出版社，2004.

3. 郭晓晶．国际结算．北京：科学出版社，2006.

4. 方士华．国际结算．大连：东北财经大学出版社，2005.

5. 姚莉，王学龙．国际结算．北京：中国金融出版社，2002.

6. 蒋琴儿，秦定．国际结算理论·实务·案例．北京：清华大学出版社，2007.

7. 郭晓晶．国际金融．北京：清华大学出版社，2005.

8. 韩玉珍．国际金融．北京：首都经济贸易大学出版社，2002.

9. 李克桥，崔喜元．国际金融实务．北京：中国财政经济出版社，2007.

10. 秦凤鸣，徐涛．国际金融．北京：经济科学出版社，2004.

11. 潘百翔，王英姿．国际金融．北京：北京大学出版社，2006.

12. 侯高岚．国际金融．北京：清华大学出版社，2005.

13. 倪信琦，李杰辉．国际金融．北京：中国人民大学出版社，2008.

14. 黄志强．国际金融实务．北京：高等教育出版社，2005.

15. 孙连铮．国际金融．北京：高等教育出版社，2003.

16. 全国经济专业技术资格考试用书编写委员会．金融专业知识与实务．北京：中国人事出版社，2007.

17. 史薇．国际信贷．北京：中国商务出版社，2005.

18. 宋浩平．国际信贷．北京：首都经济贸易大学出版社，2006.

19. 潘丽娟．国际信贷．北京：中国金融出版社，2003.

20. 中国银行业从业人员资格认证办公室．公共基础．北京：中国金融出版社，2007.

21. 中国银行网站 http：//www.boc.cn/cn/static/index.html.

22. ［英］斯蒂芬·瓦尔迪兹，朱利安·伍德著，何为等译．国际金融市场．北京：中国金融出版社，2005.

23. 罗孝玲．期权投资学．北京：经济科学出版社，2005.

24. 刘玉操．国际金融实务．大连：东北财经大学出版社．2001.
25. 黄广明等．大众外汇交易实务：汇市投资胜算．北京：中国经济出版社，2002.
26. 杨自理，侯慧卿．汇率预测与外汇交易技巧．北京：中国经济出版社，1995.
27. 计东辉．大众外汇交易实务：实战解码．北京：中国经济出版社，2002.
28. 贺金凌．国际金融期货与选择权交易．成都：西南财经大学出版社，1995.
29. 徐禾花，于超英．国际金融市场投资技巧．北京：中国金融出版社，1996.
30. 田文锦．国际金融实务．北京：机械工业出版社，2006.
31. 韩玉珍．国际汇兑实务．北京：北京大学出版社，2005.

图书在版编目（CIP）数据

国际金融实务/刘金波主编．—2 版．—北京：中国人民大学出版社，2013.8
21 世纪高职高专规划教材·金融保险系列
ISBN 978-7-300-17965-0

Ⅰ.①国…　Ⅱ.①刘…　Ⅲ.①国际金融　Ⅳ.①F831

中国版本图书馆 CIP 数据核字（2013）第 205707 号

21 世纪高职高专规划教材·金融保险系列
国际金融实务（第二版）
主　编　刘金波
副主编　苗　闫　张婷婷　张　涛
参编者　许鸿凤　赵丽娟　孙　煊　余　浩

出版发行	中国人民大学出版社		
社　　址	北京中关村大街 31 号	**邮政编码**	100080
电　　话	010－62511242（总编室）		010－62511398（质管部）
	010－82501766（邮购部）		010－62514148（门市部）
	010－62515195（发行公司）		010－62515275（盗版举报）
网　　址	http：//www. crup. com. cn		
	http：//www. ttrnet. com（人大教研网）		
经　　销	新华书店		
印　　刷	北京东方圣雅印刷有限公司	**版　　次**	2009 年 9 月第 1 版
规　　格	185 mm×260 mm　16 开本		2013 年 9 月第 2 版
印　　张	19	**印　　次**	2016 年 6 月第 2 次印刷
字　　数	438 000	**定　　价**	36.00 元